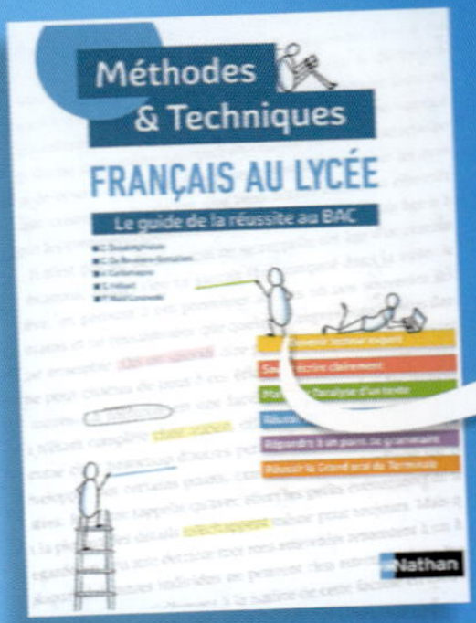

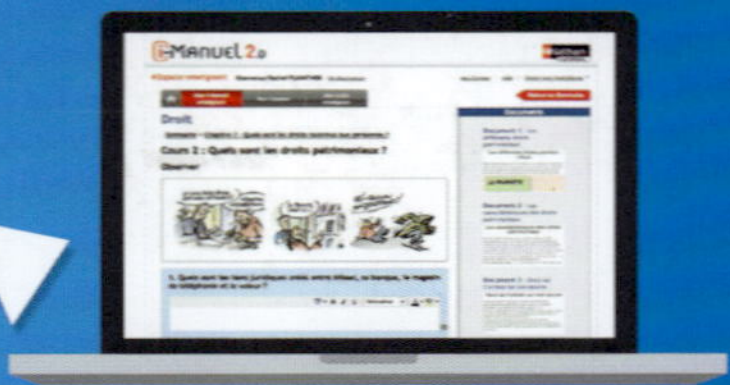

i-MANUEL 2.0

LA SOLUTION NUMÉRIQUE

pour mettre les élèves en activité

LIVRE + LICENCE i-MANUEL 2.0

DISPONIBLE EN MAI ET EN INTÉGRALITÉ FIN AOÛT

1 Avec votre spécimen, bénéficiez d'une licence personnelle i-Manuel 2.0 Enseignant

Cette licence vous permet d'accéder à toutes les fonctionnalités du i-Manuel 2.0, de vidéoprojeter et d'animer vos cours.

1. Rendez-vous sur imanuel.nathan.fr
2. Cliquez sur « **Espace Enseignant** », et identifiez-vous à l'aide de vos identifiant et mot de passe Nathan habituels
3. Saisissez **votre clé** d'activation **personnelle**

VOTRE CLÉ D'ACTIVATION PERSONNELLE

NG-2-12-FPRW6-2FAB0

W0310594

Votre clé d'activation est unique et personnelle, une fois utilisée, elle ne sera plus valide.
Elle offre un accès à un seul enseignant à une licence personnelle d'une durée de 1 an et ne peut pas être partagée.

2 Si vous prescrivez ce livre, vous pourrez activer les licences i-Manuel 2.0 de vos élèves

À partir de la rentrée, cette activation vous permettra de mettre vos élèves en activité avec le numérique.

1. Rendez-vous sur imanuel.nathan.fr
2. Cliquez sur « **Espace Enseignant** », et identifiez-vous à l'aide de vos identifiant et mot de passe Nathan habituels
3. Activez **les clés** de chacun **de vos élèves**

Les clés d'activation élèves sont imprimées à l'intérieur des livres élèves, il faut activer au minimum 12 clés élèves pour créer une classe.
L'activation des licences i-Manuel des élèves est laissée au libre choix de l'enseignant et l'ouvrage imprimé peut toujours être utilisé seul.

LICENCE 100% NUMÉRIQUE i-MANUEL 2.0

- Rapprochez-vous de votre référent numérique pour en savoir plus
- Toutes les infos sur les licences et les tarifs sur www.cns-edu.com

Nathan

Méthodes & Techniques

FRANÇAIS AU LYCÉE

Le guide de la réussite au BAC

- Christophe Desaintghislain
- Cécile de Rousiers-Gonçalves
- Valérie Carlomagno
- Sébastien Hébert
- Patrick Wald Lasowski

Nathan

Avec ce livre, une licence i-Manuel 2.0

Le i-Manuel 2.0, un outil simple d'utilisation qui reprend l'ensemble des contenus de ce livre sous forme numérique et interactive.

Il permet d'accéder au contenu de ce manuel à tout moment et en tout lieu sur un ordinateur ou une tablette. L'utilisateur peut donc passer du papier au numérique et choisir le support qui lui convient le mieux selon le travail à faire et le lieu où il se trouve.

Une véritable interactivité entre l'enseignant et sa classe

- Piloter la classe : assurer le suivi du travail des élèves à distance et en cours (recevoir et envoyer du travail, faire des commentaires, intervenir en temps réel)
- Intégrer et envoyer à la classe, à un ou plusieurs élèves, des documents personnels
- Afficher les corrigés ou la correction individuelle du travail de l'élève
- Vidéoprojeter en classe les activités, les documents et les corrections pour animer les cours et travailler collectivement
- Télécharger la version papier pour une utilisation sans connexion
- Imprimer des documents pour mettre les élèves en situation d'examen

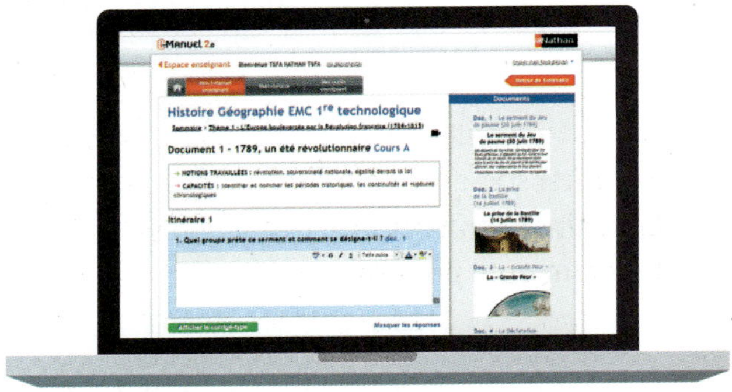

Des fonctionnalités innovantes pour favoriser l'intérêt, la motivation et l'implication des élèves

- Saisir les réponses en travaillant sur ordinateur ou tablette
- Faire les activités et les exercices, préparer ou réviser le cours en classe ou à la maison
- Accéder directement aux ressources numériques, vidéos, logiciels professionnels, fichiers élèves...
- Sauvegarder le travail effectué dans un dossier (classeur)
- Envoyer le travail à son professeur
- S'enregistrer, s'auto-évaluer et se former aux outils numériques

Toutes les infos et les tutos sur www.nathan.fr/i-manuel2

Des ressources numériques en accès direct

Flashez les QR Codes avec votre smartphone ou saisissez les mini-liens associés pour accéder à des vidéos, animations, QCM...

SOMMAIRE

1 DEVENIR UN LECTEUR EXPERT

2 SAVOIR ÉCRIRE CLAIREMENT

3 MAÎTRISER L'ANALYSE D'UN TEXTE

4 RÉPONDRE À UNE QUESTION DE GRAMMAIRE

5 RÉUSSIR LES ÉPREUVES DU BAC

1 Faites une première approche

- **Observez les informations autour du texte.** Le nom de l'auteur, la date de publication, le ou les titres (celui de l'extrait et celui de l'œuvre) sont des informations importantes qu'il faut utiliser : elles favorisent la compréhension du texte.
- **Déterminez le genre du texte.** Il est important de déterminer à quel genre appartient le texte : roman, théâtre, poésie, argumentation (essai, articles, lettre ouverte…). Votre analyse en dépend : on observe différents éléments selon le genre du texte.
- **Faites appel à vos connaissances.** Parfois, quelques lignes en chapeau avant le texte (ou bien des notes en bas de page) donnent des renseignements qui facilitent la lecture et précisent le contexte. Elles constituent des indices importants pour une meilleure compréhension et permettent de situer ses propres connaissances ou souvenirs sur un auteur ou une période.

2 Lisez le texte une première fois

- **Définissez la situation d'énonciation.** Qui écrit (bien distinguer auteur et narrateur par exemple) ? Qui parle ? Quand ? Le lieu de l'écriture ou de l'histoire est-il précisé ? Y-a-t-il un ou des destinataires désignés ? Quels sont les personnages ? Répondre à ces questions est une première étape essentielle.
- **Repérez des informations précises.** De quoi parle le texte ? On peut s'appuyer sur des phrases qui paraissent claires, des mots importants. Il faut également bien repérer à quels personnages ou quelles personnes renvoient les pronoms personnels dans le texte.
- **Relisez bien les premières et les dernières lignes du texte.** Elles éclairent sur la situation au début et à la fin du texte. Une progression, une évolution est donc identifiable. Cela met souvent en valeur les intentions de l'auteur : ce qu'il veut montrer.

3 Notez vos impressions

- **Établissez une relation personnelle avec le texte.** Lorsqu'on lit un texte pour la première fois, des références viennent à l'esprit (une image, un film, un livre, un moment que l'on a vécu…). On peut formuler par écrit ou à l'oral ces effets que suscite en nous cette lecture.
- **Créez un lien avec les personnages.** Souvent un lecteur peut s'identifier à un personnage ou au contraire s'en démarquer. C'est une façon de se positionner dans la lecture. L'histoire (fictive ou réelle) peut provoquer chez le lecteur colère, ennui, curiosité…Autant de réactions que le lecteur peut exprimer.

Juste une QUESTION

Les textes étudiés en cours de français sont-ils toujours des textes d'auteurs classiques et anciens ?

Non. Vous rencontrerez aussi dans votre cours de français des écrivains contemporains et de nouvelles formes d'expressions littéraires. La littérature aujourd'hui s'exprime de diverses façons, notamment numérique. La chanson est parfois une façon actuelle d'écrire de la poésie. Hugo aujourd'hui serait peut-être un chanteur engagé.

Faire une première approche

Exercice 1

1. Quel est le genre de ce texte ? Justifiez votre réponse en vous appuyant sur des éléments précis.
2. Relevez les informations autour du texte qui aident à sa compréhension. Justifiez vos choix.
3. Pourquoi le titre et l'intertitre sont-ils importants ?

CES AUTRES MURS QUI DIVISENT LE MONDE

Berlin célèbre, ce samedi 9 novembre 2019, le moment historique qui vit le mur érigé entre l'Allemagne de l'Ouest et l'Allemagne de l'Est* s'effondrer**, alors que la Guerre froide semblait toucher à sa fin. « Nous pouvons changer les choses en bien, c'est le message de la chute du Mur », estimait en 2014 la chancelière allemande, Angela Merkel.

Les barricades antimigratoires

Mais force est de constater que des séparations demeurent ou ont vu le jour aux quatre coins du monde ces dernières années. On compte actuellement entre 10 et 70 « murs » sur Terre, selon différentes estimations rappelées par *Le Monde* en 2018.

* le mur de Berlin, le « mur de la honte » construit dans la nuit du 12 au 13 aout 1961, qui a divisé la ville durant 38 ans.

** la destruction du mur le 9 novembre 1989.

Le 9 novembre 2019, www.france24.com

Exercice 2

1. Quels indices identifient le genre du texte ?
2. Pourquoi la date d'écriture est-elle importante ?
3. Quelle information le nom du personnage, Antigone, donne-t-il au lecteur ?

CRÉON. Tu ne comprends donc pas que si quelqu'un d'autre que ces trois brutes sait tout à l'heure ce que tu as tenté de faire, je serai obligé de te faire mourir ? Si tu te tais maintenant, si tu renonces à cette folie, j'ai une chance de te sauver, mais je ne l'aurai plus dans cinq minutes. Le comprends-tu ?

ANTIGONE. Il faut que j'aille enterrer mon frère que ces hommes ont découvert.

CRÉON. Tu irais refaire ce geste absurde ? Il y a une autre garde autour du corps de Polynice et, même si tu parviens à le recouvrir encore, on dégagera son cadavre, tu le sais bien. Que peux-tu donc sinon t'ensanglanter encore les ongles et te faire prendre ?

Jean Anouilh, *Antigone*, 1944, Éditions de la Table Ronde

Créon et Antigone, dans la tragédie de Sophocle, gravure de Goncharov, 1956.

Lire le texte une première fois

Exercice 3

1. Quels indices permettent d'identifier le genre du texte ?
2. Qui sont les personnages ? Comment sont-ils désignés ? À qui renvoient les pronoms personnels utilisés dans le texte ?
3. Qui est celui qui raconte l'histoire ? Que savons-nous sur la situation de narration : lieu et moment de l'histoire ?
4. Repérez deux phrases qui selon vous sont essentielles pour bien comprendre ce texte ?

Deux hommes paraissent au fond du boulevard de Courcelles, en provenance de la rue de Rome.

L'un, de taille un peu plus haute que la moyenne, ne parle pas. Sous un vaste imperméable clair et boutonné jusqu'au cou, il porte un costume noir ainsi qu'un nœud papillon noir […]. Bref il est très bien habillé mais son visage livide, ses yeux fixés sur rien de spécial dénotent une disposition d'esprit soucieuse. Ses cheveux blancs sont brossés en arrière. Il a peur. Il va mourir violemment dans vingt-deux jours mais, comme il l'ignore, ce n'est pas de cela qu'il a peur.

L'autre qui l'accompagne est d'apparence tout opposée : plus jeune, nettement moins grand, menu, volubile et souriant trop, il est coiffé d'un petit chapeau à carreaux bruns et beiges, vêtu d'un pantalon décoloré par plaques et d'un chandail informe porté à même la peau, chaussé de mocassins marbrés d'humidité.

Jean Echenoz, *Au piano*, Éditions de Minuit, 2002.

Noter ses impressions

Exercice 4

1. **Quel est le thème de ce poème ?**
2. **Quels images ou souvenirs évoque-t-il en vous ?**
3. **Que pensez-vous du titre ?**
4. **Relisez les deux premiers et deux derniers vers du poème ? Qu'en concluez-vous**
5. **Remplissez la carte mentale pour synthétiser votre première relation avec ce texte.**

Colloque sentimental

Dans le vieux parc solitaire et glacé
Deux formes ont tout à l'heure passé.

Leurs yeux sont morts et leurs lèvres sont molles,
Et l'on entend à peine leurs paroles.

Dans le vieux parc solitaire et glacé
Deux spectres ont évoqué le passé.

– Te souvient-il de notre extase ancienne ?
– Pourquoi voulez-vous donc qu'il m'en souvienne ?

– Ton cœur bat-il toujours à mon seul nom ?
Toujours vois-tu mon âme en rêve ? - Non.

– Ah ! les beaux jours de bonheur indicible
Où nous joignions nos bouches ! - C'est possible.

– Qu'il était bleu, le ciel, et grand, l'espoir !
– L'espoir a fui, vaincu, vers le ciel noir.

Tels ils marchaient dans les avoines folles,
Et la nuit seule entendit leurs paroles.

Verlaine, « Colloque sentimental », *Les Fêtes Galantes*, 1869

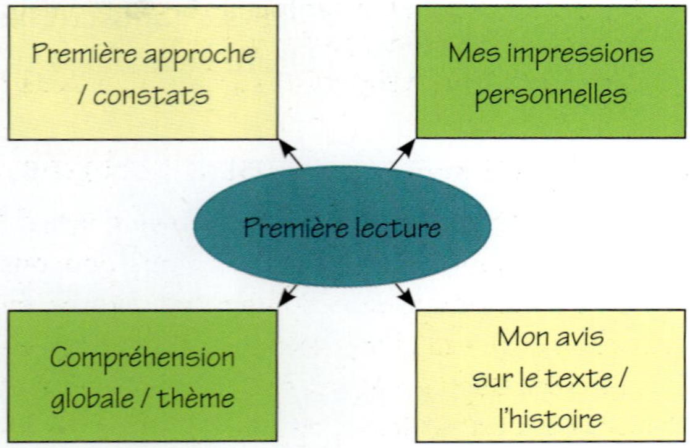

Exercice Bilan

1. **Quelles informations vous apporte la lecture du titre, du nom de l'auteur et de la date de publication ?**
2. **Quelles annotations feriez-vous dans ce texte ?**
3. **Pouvez-vous répondre aux questions suivantes : Qui ? Quand ? Où ? Quoi ?**
4. **Quelle phrase ou quel mot du texte vous touche particulièrement ? Pourquoi ?**
5. **Quelles impressions fait naitre en vous ce texte ? Rédigez une phrase pour les exprimer.**
6. **La lecture de ce texte est-elle pour vous agréable ou désagréable ? Pourquoi ?**

La première fois que je me vis dans un miroir, je ris : je ne croyais pas que c'était moi. À présent, quand je regarde mon reflet, je ris : je sais que c'est moi. Et tant de hideur a quelque chose de drôle. Mon surnom arriva très vite. Je devais avoir six ans quand un gosse me cria, dans la cour : « Quasimodo ! » Fous de joie, les enfants reprirent en chœur : « Quasimodo ! Quasimodo ! » Pourtant, aucun d'entre eux n'avait jamais entendu parler de Victor Hugo. Mais le nom de Quasimodo était si bien trouvé qu'il suffisait de l'entendre pour le comprendre. On ne m'appela plus autrement.

Amélie Nothomb, *Attentat*, Albin Michel, 1997.

2 Comment organiser son carnet de lecteur

Le carnet de lecteur suit l'élève de la seconde à la première. Il recueille ses impressions sur les œuvres étudiées en classe ou découvertes ailleurs. Manuscrit ou numérique, il permet de se construire une culture de manière très personnelle.

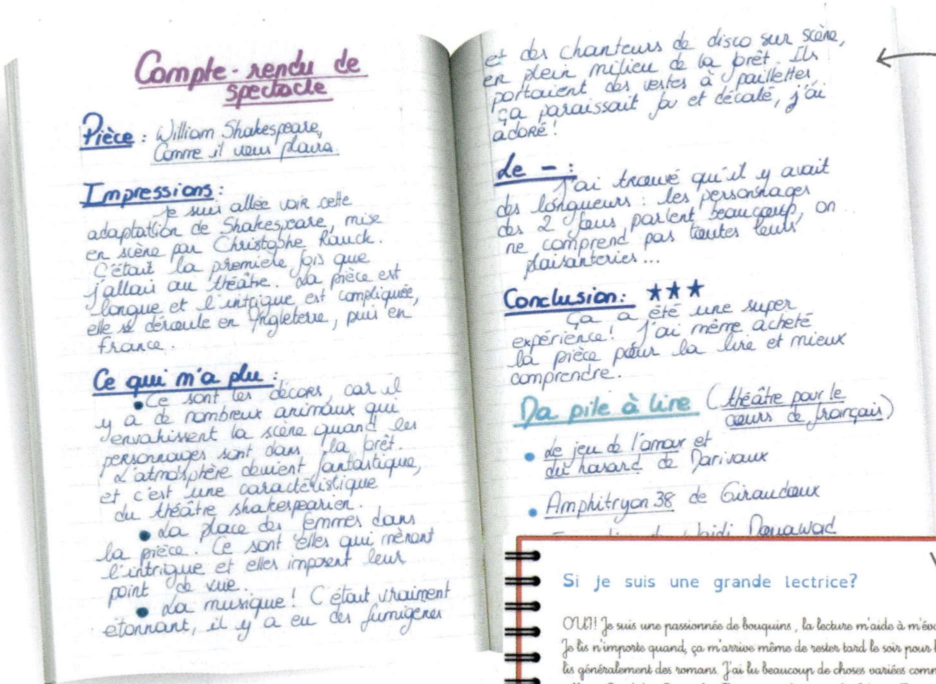

Le carnet comporte des renseignements sur les auteurs, et des témoignages qui correspondent à sa propre expérience de lecture.

Le carnet est rédigé à la première personne, l'élève parle de son expérience de la littérature et de la lecture en général.

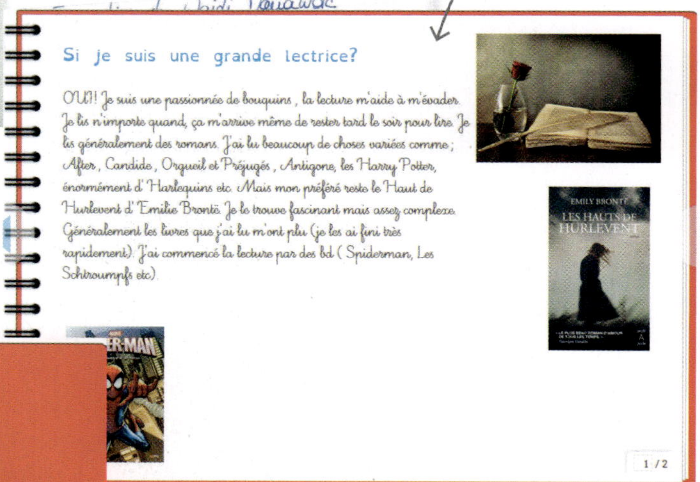

Observation

1. Quels types d'informations comprend le carnet de lecteur ?
2. Quels indices montrent qu'il s'agit d'un travail personnel ?

1 Racontez votre expérience de lecteur

- **Notez vos impressions.** Le carnet recueille vos impressions au fil de la lecture : personnages, intrigue, atmosphère. C'est le support idéal pour consigner son enthousiasme ou sa déception, indiquer quelle fin on aurait préférée ou son personnage favori.

  On peut copier les passages que l'on a aimés ou insérer des lectures à voix haute, si le format est numérique. Les recherches biographiques sur l'auteur y trouvent leur place.

- **Écrivez pour mieux lire.** Conçu en lien avec le cours, il est nourri par les travaux d'appropriation autour de l'œuvre. Il peut s'agir d'une lettre adressée à l'auteur, d'une réécriture du dénouement ou de l'ajout d'une péripétie.

  Certains de ces écrits s'apparentent à ce que l'on nomme les *fanfictions*. À cela s'ajoute le compte-rendu de rencontre avec un auteur ou ses impressions de spectateur.

2 Enrichissez votre connaissance des œuvres

- **Approfondissez en convoquant d'autres arts.** Que le carnet soit manuel ou numérique, il doit être enrichi par des recherches artistiques. On peut ajouter, par exemple, des images d'adaptation filmique, de représentation théâtrale.

  On peut chercher aussi quelle musique pourrait servir de bande originale à la lecture. Enfin, réécrire un poème permet d'en pénétrer profondément la signification.

- **Familiarisez-vous avec les personnages et l'intrigue.** Certaines pages, consacrées aux personnages, illustrés par une galerie d'images, définissent leurs caractéristiques, leur rôle dans l'intrigue, ce qui les rend sympathiques ou négatifs.

  Dans le cas d'un recueil de poèmes, ce sont les différentes images du poète, les lieux et l'atmosphère du recueil que l'on privilégie.

3 Créez un outil de préparation à l'examen

- **Puisez dans les ressources du carnet.** Dans la partie entretien de l'épreuve orale, il faut présenter une œuvre. Pour la choisir, avant l'épreuve, consultez les notes rassemblées tout au long de l'année dans le carnet pour choisir celle que vous avez vraiment appréciée. Le carnet représente la mémoire de vos lectures et de vos impressions.

- **Réfléchissez à la présentation.** Tous les travaux dans le carnet de lecteur peuvent servir à préparer l'entretien. Ils donnent une idée approfondie des enjeux de l'œuvre, grâce aux manipulations sur les textes et aux recherches artistiques.

  Ils permettent une approche subjective, émotive de l'œuvre, et une compréhension personnelle. Le carnet répond à l'objectif de l'entretien : parler de ses impressions de lecteur et évoquer son goût personnel.

Juste une QUESTION

Puis-je présenter mon carnet de lecteur lors de l'examen ?

Non, le carnet reste un document préparatoire, vous ne pouvez pas l'apporter le jour de l'examen, mais vous vous servirez de toutes vos recherches pour témoigner d'une vraie expérience de lecture.

Raconter son expérience de lecteur

Exercice 1

Voici le sommaire d'un carnet de lecteur.

1. **Quelles sont les œuvres poétiques ? À quel siècle appartiennent-elles ?**
2. **De quel genre littéraire relève *Le Chef d'œuvre inconnu* de Balzac ?**

Exercice 2

1. **Lisez ces deux travaux d'élèves. Relevez les impressions de lecture.**
2. **Quel texte vous paraît le plus personnel ?**

Travail 1 – Dans « Des Cannibales », Montaigne va décrire les sauvages, les habitants du Nouveau monde, et il va les comparer avec les Européens. Il trouve que les Européens sont les plus sauvages, et que les vrais Barbares sont ceux qui viennent coloniser le Nouveau continent. Il parle aussi des moyens de transport, les coches, dans le chapitre « Des Coches », et de l'injustice que les Européens ont commise.

Travail 2 – J'ai eu du mal avec la lecture de Montaigne au début parce que les phrases sont longues, mais après je me suis habitué. Dans les deux chapitres à lire, il décrit les habitants du Nouveau monde, mais en fait il parle beaucoup des Européens. Ça nous fait réfléchir sur notre société et sur notre manière de regarder ceux qui sont étrangers. J'ai bien aimé parce qu'il parle de choses très importantes juste en décrivant le Nouveau monde. Ma citation préférée : « Chacun appelle barbarie ce qui n'est pas de son usage. »

Exercice 3

Vous avez recopié dans votre carnet un extrait qui vous paraît important.

1. **Quelles impressions pourriez-vous noter à partir de ce texte ?**
2. **Précisez si ce personnage sera une aide ou un obstacle pour le narrateur.**

Paquita était une espèce de messagère de la mort, une petite fourmi industrieuse, luisante, corsetée de noir, les cheveux plaqués, la jambe courte, de mignonnes petites chaussures à haut talon, toujours tirée à quatre épingles, un lourd bijou au doigt, une torsade de perles pour dissimuler son double menton (Paquita avait alors 68 ans), pas de profil, les traits effacés par l'éclat de sa dentition un peu forte de Gitane et ses yeux insondables de Mexicaine. Quand elle se chapeautait elle avait l'air casquée. Une fourmi industrieuse et pas plus haute que ça ! Active, industrieuse, ayant l'œil à tout. Et intelligente jusqu'au bout des ongles ! On pouvait tout lui dire. Elle comprenait tout.

Blaise Cendrars, *L'Homme foudroyé,* 1945

Exercice 4

Vous avez choisi cet extrait des *Lettres persanes* pour votre carnet, et vous voulez reformuler les idées.

1. **Quelle reformulation est à votre avis la plus fidèle au texte ? Quelles erreurs commet l'autre ?**
2. **Proposez votre reformulation.**

Texte de Montesquieu

Les hommes peuvent faire des injustices, parce qu'ils ont intérêt de les commettre et qu'ils préfèrent leur propre satisfaction à celle des autres. C'est toujours par un retour sur eux-mêmes qu'ils agissent : nul n'est mauvais gratuitement ; il faut qu'il y ait une raison qui détermine, et cette raison est toujours une raison d'intérêt.

Montesquieu, *Lettres persanes,* LXXXIV, 1721

Reformulation 1

Les hommes peuvent être injustes par intérêt et par égoïsme. On ne fait pas le mal pour le mal, il faut y trouver un intérêt.

Reformulation 2

Les hommes sont toujours dans leur propre intérêt et ils veulent être satisfaits, car c'est la raison qui les détermine, et cette raison est une raison d'intérêt.

Enrichir sa connaissance des œuvres

Exercice 5

Quelle image, pour votre carnet, vous semble la plus proche de ce qu'exprime le poète ? Écrivez un commentaire personnel pour expliquer votre choix.

Le temps a laissé son manteau
De vent, de froidure et de pluie,
Et s'est vêtu de broderie,
De soleil luisant, clair et beau.

Il n'y a bête ni oiseau,
Qu'en son jargon* ne chante ou crie :
Le temps a laissé son manteau
De vent, de froidure et de pluie.

Rivière, fontaine et ruisseau
Portent, en livrée jolie,
Gouttes d'argent d'orfèvrerie,
Chacun s'habille de nouveau :
Le temps a laissé son manteau.

Charles d'Orléans, *Ballades et Rondeaux*, 1440

* Qui dans son jargon…

Botticelli, *Le Printemps*, 1544

Jean-François Millet, *Le Printemps*, 1873

Giuseppe Arcimboldo, *Le Printemps*, 1527

Créer un outil pour l'examen

Exercice 6

1. Voici le travail d'un élève sur *La Princesse de Clèves* de Mme de Lafayette. Quelles sont ses impressions ?

2. En quoi ces éléments seront-il utiles face au jury le jour de l'examen ?

J'ai lu avec plaisir le roman de Mme de Lafayette, même si le début m'a beaucoup ennuyée, avec toutes les histoires de la cour du XVIe siècle, parce que ce n'est pas une époque que l'on connaît bien. Mais quand la Princesse, qui s'appelle alors Mlle de Chartres, arrive à la cour, ça devient bien. Elle se marie, mais rencontre un duc très séduisant dont elle tombe amoureuse. Comme elle est très vertueuse, elle avoue son amour à son mari. C'est une situation très moderne. On peut tous être confrontés à ça. Et la Princesse ne se ment pas, elle analyse, elle est très droite. Mais son mari en meurt de chagrin. La suite par contre m'a déçue : la Princesse refuse de vivre son amour avec le duc. Je la comprends quand même, elle pense à l'amour comme étant dangereux et passager. J'aurais imaginé une autre fin.

Exercice Bilan

À vous de jouer ! Réalisez votre carnet de lecteur

Étape 1. Effectuez des recherches sur l'auteur et le contexte historique de l'œuvre que vous lisez ; cherchez des images de l'auteur.

Étape 2. Créez votre galerie de personnages, en cherchant pour chacun des images, et en justifiant votre choix. Indiquez s'ils vous sont sympathiques ou non. Suivez la même démarche pour les différents lieux de l'œuvre.

Étape 3. Racontez l'intrigue (roman, théâtre), expliquez les thèmes principaux (poésie) ou les thèses défendues (texte d'idées). Réécrivez la fin du récit si elle ne vous convient pas, ou discutez les idées de l'auteur.

Étape 4. Cherchez des musiques qui constituent la « playlist » de votre lecture. Il faut aussi justifier vos choix.

Étape 5. Donnez votre avis sur cette œuvre : intrigue, personnages, thèmes, rythme (trop rapide, trop lent), style (agréable, compliqué, surprenant). Constituez un florilège des meilleurs extraits.

3

Comment prendre des notes et faire des fiches

Prendre des notes, c'est être capable d'effectuer une trace écrite pour la réutiliser soit pour un oral soit pour réaliser une fiche. La prise de notes commence par une écoute très attentive ou une lecture très rigoureuse.

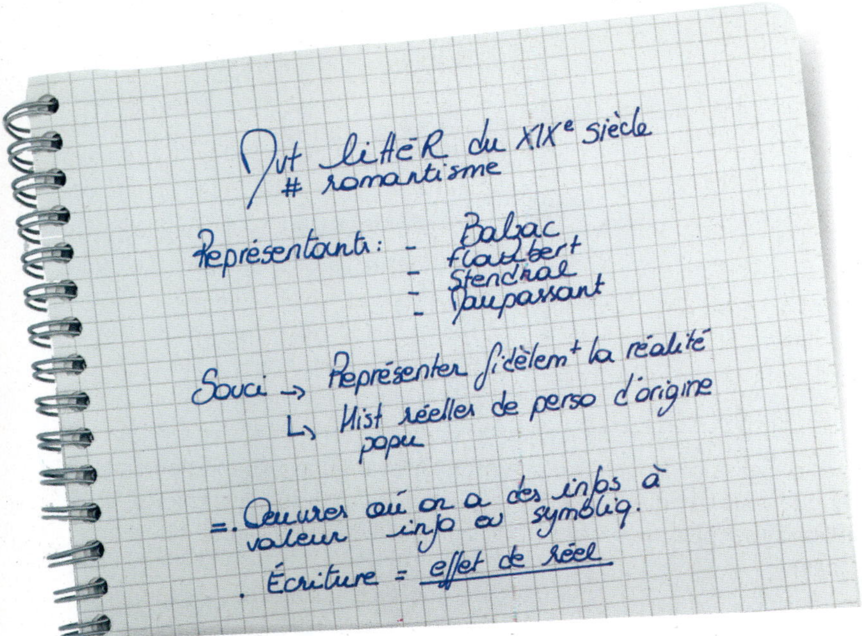

La prise de notes est personnelle, elle utilise des abréviations et des signes propres à chacun.

Observation

1. Quelles différences peut-on relever entre la prise de notes et la fiche ?
2. Identifiez chaque abréviation de la prise de notes.
3. Quelles sont les utilisations possibles des notes ? de la fiche ?

Le 10/11 *Bel Ami* de Maupassant et le réalisme – Définition : mouvement littéraire de la 2e moitié du XIXe qui raconte avant tout le réel, la réalité. – Sujets : récits réalistes tirés du vécu, mettant en scène des personnages ordinaires. – Les auteurs : Balzac, Flaubert, Stendhal, Maupassant… ont le goût du détail, se documentent en général avant d'écrire, et se montrent les plus neutres possible pour raconter des histoires qui semblent réelles. – Le réalisme s'oppose le romantisme (libération de l'imagination et de la langue) qui le précède	Effet de réel Voir Flaubert Carnets de travail

La fiche met les notes en forme. La colonne de droite est complétée au fur et à mesure de l'année.

1 Adoptez vos règles pour la prise de notes

- **Organisez-vous.** Que ce soit sur papier ou sur ordinateur, pensez à écrire la date et le titre en recourant à une typographie particulière. Faites apparaître distinctement le plan du cours ou de l'exposé oral. Surlignez et utilisez des couleurs pour mieux mémoriser.
- **Utilisez des abréviations.** L'important est d'adopter un code personnel et de le garder à l'identique pour toutes vos prises de notes. N'abusez pas des abréviations. Une abréviation doit toujours renvoyer au même mot. Plusieurs techniques sont possibles : enlever des sons (on-ou-en-an ou les voyelles), ôter les mots inutiles, adopter des signes et des symboles, schématiser.

Abréviations courantes		Signes		Symboles
bcp : beaucoup	**h** : homme	+ : plus	½ : moitié	Lettres grecques :
càd : c'est-à-dire	**m** : même	- : moins	≠ : différent	**Φ** : philosophie
cf : voir	**ms** : mais	± : plus ou moins	**ø** : aucun	**Θ** : théâtre
ĉ : comme	**pdt** : pendant		**ε** : appartient	**ψ** = psychologie
Ccl : conclusion	**p ou pp** : page(s)	= : égal	// : parallèle	♀ : femme
ds : dans	**qqch** : quelque chose	> : supérieur	→ : conséquence	♂ : homme
ê : être		< : inférieur	← : cause	**W** : travail
gd : grand	**tt** : tout	∞ : infini		
	vs : opposé à			

- **Exploitez vos notes.** Relisez vos notes après le cours ou avant une présentation orale afin de s'assurer que vous comprenez tout ce qui est écrit. Au besoin, complétez-les afin de pouvoir les utiliser plus tard pour faire des fiches ou répondre à une question de façon ordonnée.

2 Respectez les principes de construction d'une fiche

- **Adoptez toujours la même présentation.** La fiche se construit à partir de la lecture d'une œuvre ou à partir des notes prises en cours. Elle sert aux révisions, soit avant une interrogation soit avant un examen. Elle permet de revoir rapidement les notions et les connaissances abordées souvent plusieurs semaines, ou plusieurs mois plus tôt.

  Les types de fiches à réaliser en vue des révisions du BAC sont divers : biographie d'un auteur, analyse d'un extrait, étude d'une œuvre, caractéristiques d'un mouvement littéraire.

- **Organisez votre fiche.** Choisissez un support pratique comme la fiche cartonnée de petit format. Indiquez le titre et prévoyez une marge pour des annotations complémentaires.

  Il est important de varier la taille des lettres pour mettre en valeur les rubriques et les titres. Adoptez aussi des couleurs afin de mettre en relief les éléments importants. Surlignez les idées-clés, les définitions. Pensez à suivre une disposition aérée, stricte et simple.

Juste une QUESTION

Faut-il tout prendre en notes ?

Non, il ne faut pas que la prise de notes monopolise toute votre attention. Il ne s'agit pas de recopier des phrases entières, mais d'être très attentif aux paroles ou aux écrits pour en tirer l'essentiel. La prise de notes fait appel à votre rapidité de compréhension, puis à votre esprit de synthèse.

Les règles de la prise de notes

Exercice 1

Réécrivez les phrases suivantes en utilisant des abréviations, des signes et des symboles.

1) La multiplication de petits détails vrais est un des procédés d'écriture du réalisme.

2) Sur les cent quarante-neuf naufragés accrochés au radeau de *La Méduse*, onze survécurent.

3) Le genre du roman prend son essor au XIIe siècle avec le cycle des romans de la Table Ronde.

Exercice 2

1. **Quelle prise de notes est conforme au texte oral ?**
2. **Quelles erreurs sont commises dans l'autre prise de notes ?**

Texte oral.

« L'information passe par les médias et la presse. Celle-ci date du XVIe siècle, mais, depuis le XIXe siècle, le domaine de l'actualité est devenu un marché florissant, les médias se sont multipliés et trois familles se sont ajoutées à la presse : la radio, la télévision et internet. Le lecteur doit donc faire le tri parmi toutes les informations qui lui sont proposées. »

Prise de notes élève 1.

Médias nés au XVIe et dvlpt fort au XIXe.

Le marché de l'actualité est florissant.

3 familles de presse = radio + TV + web → lecteur doit faire un tri des infos.

Prise de notes élève 2.

Médias + presse = moyens d'infos.

Presse en 1er, dès XVIe, puis X des médias à partir du XIXe

4 familles = presse + radio + TV + web → tri des infos par lecteur.

Exercice 3

À partir de la lecture de l'extrait suivant, prenez en note ce qui vous semble essentiel.

Le registre polémique : issu du mot grec *polemos* qui signifie le combat et la guerre, ce registre est utilisé pour défendre des idées, dénoncer celles de son adversaire. Le débat et la provocation sont recherchés.

Dans un texte recourant à ce registre, on trouve le lexique des émotions et des figures de style d'insistance comme l'anaphore, l'hyperbole et l'accumulation. Il y a de nombreuses marques de la première personne ainsi que des procédés de dévalorisation.

Beaucoup de genres littéraires, comme le pamphlet ou la satire, appartiennent au registre polémique.

Exercice 4

Établissez les notes qu'on pourrait prendre sur la définition du mot "gradation".

Gradation : Nom commun.

- Augmentation successive et par degrés.
- Figure de rhétorique par laquelle on assemble plusieurs idées, plusieurs expressions qui enchérissent les unes sur les autres.
- (Peinture) Passage insensible d'une couleur à une autre.
- (Plus courant) (Peinture & sculpture) Artifice de composition qui consiste à faire saillir le personnage ou le groupe principal, en affaiblissant graduellement l'expression, la lumière, etc., dans les autres figures à mesure qu'elles s'éloignent du centre de l'action.
- (Architecture) Disposition de plusieurs parties qui sont rangées par degrés ou les unes au-dessus des autres et dont les formes et les ornements sont symétriques.

Dictionnaire des définitions et synonymes Le Robert.

Exercice 5

Constituez votre petit dictionnaire personnel de 10 abréviations et 5 signes que vous utiliserez régulièrement.

Les principes d'une fiche

Exercice 6

1. Quelle maladresse décelez-vous dans la présentation de cette fiche élève ? À quelles difficultés va se heurter son auteur lors de ses révisions ?

> **Titre** : *Le port*
>
> **Auteur** : Baudelaire du XIXe siècle qui est un poète français, né le 9 avril 1821 et mort le 31 août 1867 à Paris. Poète qui inclut la modernité comme motif poétique et rompt avec l'esthétique classique. Il a aussi popularisé le poème en prose.
>
> **Genre littéraire** : poésie.
>
> **Thèmes du texte** : Baudelaire parle du voyage et du rêve qui apporte le bonheur.
>
> **Plan** : un lieu qui évoque le rêve et le poète qui aspire au bonheur.
>
> **Procédés et citations** : on a un champ lexical de la lumière, une anaphore et une rime interne.

Exercice 7

Réalisez la fiche « Biographie d'un auteur » à partir des informations ci-dessous. Retenez les faits essentiels, les œuvres et leurs caractéristiques.

Né le 9 avril 1948 à Metz, élevé dans une famille catholique, Bernard-Marie Koltès fréquente une école jésuite, avant de préparer le métier de journaliste à Strasbourg. Mais il décide d'être auteur dramatique. Il entre alors à l'école du Théâtre national de Strasbourg et crée sa compagnie. En 1972, *L'Héritage* est interprété par l'actrice Marie Casarès. Cinq années plus tard, il triomphe au festival d'Avignon avec *La Nuit juste avant les forêts*, Koltès retire de ses voyages une multitude d'images. Il séjourne un mois sur un chantier en Afrique, et écrit, en 1979, *Combat de nègre et de chiens*. Le paysage du port de New York l'inspire pour *Quai Ouest*, publié en 1985. À partir de 1986, atteint du sida, Koltès accélère le rythme de son écriture : il traduit le *Conte d'hiver* de Shakespeare ; il s'inspire d'un fait divers pour écrire, en 1988, *Roberto Zucco*, l'itinéraire d'un meurtrier. Mais il meurt le 15 avril 1989, avant que sa pièce ne soit jouée. Il a quarante et un ans.

Exercice 8

À partir d'une explication linéaire de texte réalisée en classe, vous réalisez votre modèle de fiche « Analyse d'un texte ».

ANALYSE D'UN TEXTE		
Citations	Procédés	Interprétations

Exercice Bilan

Constituez la fiche biographique d'un auteur de votre choix. Respectez les principes d'une fiche biographique à la fois dans son contenu et sa présentation.
Mettez au point le modèle que vous suivrez pour toutes vos fiches biographiques.

Quel est son nom ? (nom et pseudonyme si nécessaire).

Quand et où est-il né ? mort ?

Que sait-on de sa famille (milieu social, relations familiales, fratrie…) ?

Où a-t-il vécu ?

A-t-il fait des études ? Lesquelles ?

A-t-il vécu des événements importants dans sa vie privée ayant pu marquer son œuvre (mort d'un proche, catastrophe naturelle, événement politique, voyage…) ?

Indiquez ses œuvres les plus importantes avec les dates (pensez à les insérer au fil de sa vie et à préciser leur genre).

Citez un ou plusieurs auteur(s) et mouvement(s) littéraire(s) qui lui sont contemporains.

4

Comment réussir une lecture à voix haute

Lire, c'est d'abord un acte physique où la voix est l'instrument essentiel, car celui qui lit doit faire partager à un auditoire l'intérêt et la richesse du texte. Une lecture à voix haute efficace passe donc par une préparation précise et une mise en voix, qui anticipe ses effets.

Des pauses (/) et des silences (//) sont indiqués avant la lecture : ils vont déterminer un rythme. Tout comme les enjambements d'un vers sur l'autre (↩).

Une Grenouille vit un Bœuf
Qui lui sembla de belle taille.
Elle qui n'était pas grosse en tout comme un œuf,
Envieuse s'étend, et s'enfle, et se travaille
Pour égaler l'animal en grosseur,
Disant : « Regardez bien, ma sœur,
Est-ce assez ? dites-moi : n'y suis-je point encore ?
— Nenni. — M'y voici donc ? — Point du tout. — M'y voilà ?
— Vous n'en approchez point. » La chétive pécore
S'enfla si bien qu'elle creva.
Le monde est plein de gens qui ne sont pas plus sages :
Tout Bourgeois veut bâtir comme les grands Seigneurs,
Tout petit Prince a des Ambassadeurs,
Tout Marquis veut avoir des Pages.

Le ton de la voix augmente sur certains mots sur lesquels insister.

Les dialogues doivent être mis en valeur par la lecture : ils donnent du caractère aux personnages

Rupture du ton pour la moralité

Jean de La Fontaine, « La Grenouille qui se veut faire aussi grosse que le Bœuf », *Fables*, 1668.

Observation

1. Sur quels passages de la fable le rythme de lecture va-t-il accélérer et, au contraire, ralentir ? Pourquoi ?
2. Sur quels mots l'articulation et le ton vont être particulièrement différents ? Pourquoi ?
3. Comment lire les 3 vers qui constituent la fin de la moralité ?

1 Maîtrisez les contraintes d'une bonne lecture

- **Pensez à la dimension physique de la lecture.** Lire à haute voix nécessite que l'on soit audible. Il faut donc s'échauffer un peu les cordes vocales et s'éclaircir la voix en toussant doucement dans l'intérieur de son coude. Le souffle est l'autre élément essentiel. Avant de débuter la lecture, il faut aspirer et expirer trois ou quatre fois lentement pour maîtriser ses pulsations.
- **Lisez d'abord silencieusement.** Pour bien s'approprier un texte, une première lecture silencieuse est indispensable. Il faut la renouveler plusieurs fois si possible avant de commencer à préparer sa lecture à voix haute.
- **Prenez en compte votre auditoire.** On doit savoir relever les yeux du texte à des moments choisis, ceux des pauses et des silences notamment. Pour que l'auditoire se sente concerné par la lecture, il doit être séduit par un rythme adapté, surtout pas trop rapide. Écouter un texte doit être un plaisir : un rythme de lecture trop accéléré est un obstacle à une bonne écoute.

2 Préparez votre lecture à voix haute par des repérages

- **Repérez les mots à mettre en valeur par l'intonation et le volume.** Le ton de la voix n'est pas le même durant toute la lecture. Il faut insister sur certains mots ou certaines phrases en articulant distinctement ou en haussant le volume de sa voix.
- **Maitrisez le rythme.** Il faut repérer où faire des silences, des pauses, ou au contraire où il faut accélérer. Lire rapidement ou lire lentement crée des effets qui provoque une réaction chez l'auditoire (surprise, crainte, amusement…).
- **Respectez les liaisons.** Dans cette étape de préparation, il faut repérer les liaisons entre certains mots. Elles donnent de la fluidité à la lecture.

3 Adaptez votre lecture au texte

- **Mettez en valeur le sens du texte.** La lecture amplifie le texte. Il faut prendre le temps de le maîtriser avant la lecture à voix haute. Ceci pour bien comprendre les enjeux de l'histoire et les intentions de l'auteur.
- **Prenez en compte le genre du texte.** Le théâtre demande de lire des répliques de personnages différents en respectant leurs caractères individuels. La poésie vise à créer une certaine mélodie en fonction des registres, du rythme et des enjambements. Le récit met en avant une histoire qui doit captiver l'attention de l'auditoire.
- **Appropriez-vous le moment de lecture.** On doit faire preuve de personnalité dans sa lecture et montrer une intention. En effet, chacun exprime des émotions dans sa façon de lire et l'auditoire doit percevoir ces émotions.

Juste une QUESTION

Question : Comment diminuer son stress avant de lire à haute voix ?

N'hésitez pas à pratiquer un exercice de respiration abdominale durant une minute avant de passer à l'oral : vous inspirez fort pendant trois secondes par le nez tout en gonflant votre ventre, vous bloquez l'air trois secondes, puis vous expirez par la bouche en laissant le ventre redevenir plat. Cela ralentira votre pouls et votre stress.

Maîtriser les contraintes d'une bonne lecture

Exercice 1

a. Lisez une première fois silencieusement chacune des phrases proposées.
b. Échauffez ensuite votre voix en prononçant chacune d'elles sur quatre tonalités différentes : chuchotement, voix neutre, voix forte, cri. Laquelle des versions préférez-vous ? Pourquoi ?

– « Aujourd'hui maman est morte. Ou peut-être hier, je ne sais pas. »

Albert Camus, *L'Étranger*, 1942.

– « Je le vis, je rougis, je pâlis à sa vue. »

Jean Racine, *Phèdre*, 1677.

– « Je rêve que mes quatre petits-enfants vivront un jour dans un pays où on ne les jugera pas à la couleur de leur peau mais à la nature de leur caractère. »

Martin Luther King, 28 août 1963

Préparer sa lecture à haute voix par des repérages

Exercice 2

1. Dans le texte suivant, repérez les différents types de phrases en soulignant la ponctuation. Faites valoir les intonations correspondantes dans votre lecture à voix haute.

SERGE. Alors ?

MARC. …

SERGE. Tu n'es pas bien là. Regarde-le d'ici. Tu aperçois les lignes ?

MARC. Comment s'appelle le…

SERGE. Peintre. Antrios.

MARC. Connu ?

SERGE. Très. Très !

Un temps.

MARC. Serge, tu n'as pas acheté ce tableau trente mille euros ?

SERGE. Mais mon vieux, c'est le prix. C'est un ANTRIOS !

MARC. Tu n'as pas acheté ce tableau trente mille euros !

SERGE. J'étais sûr que tu passerais à côté.

MARC. Tu as acheté cette merde trente mille euros ? !

Yasmina Reza, « *Art* », Éd. Albin Michel, 1998

Exercice 3

1. Enregistrez votre lecture de ce poème et vérifiez si vous respectez les différentes consignes de la grille.
2. Vous pouvez vous aider des indications de lecture qui vous sont proposées :

↗ Rythme accéléré
↘ Rythme plus lent
/ Pause
// silence
Mot Intonation plus forte

On n'est pas sérieux, quand on a dix-sept ans.
↘ – Un beau soir, / foin des bocks et de la limonade, /
↗ Des cafés tapageurs aux lustres éclatants ! /
– **On va** / ↘ sous les tilleuls verts de la promenade. //
→ Les tilleuls sentent **bons** / dans les **bons** soirs de juin !
↗ L'air est parfois si doux, qu'on ferme la paupière ; /
↘ Le vent chargé de bruits, / – la ville n'est pas loin, - /
→ A des parfums de vigne // et des parfums de bière … //
[…]
↘ Nuit de juin ! // **Dix-sept ans** ! // – On se laisse **griser**. //
↗ La sève est du champagne et vous monte à la tête …
→ **On divague** //; on se sent aux lèvres un baiser
↘ **Qui palpite là**, // comme une petite bête …

Arthur Rimbaud, « Roman », 1870

J'ai lu et relu le texte en silence	
J'ai porté des indications de lecture à voix haute	
Je sais quelle intention donner en lisant	
Je lis assez fort pour me faire entendre	
Je fais des silences et des pauses	
Je varie le rythme de ma lecture	
Je fais passer une émotion	

Adapter sa lecture au texte

Exercice 4

1. **Selon vous quels sentiments éprouve l'auteur pour le personnage qu'il décrit dans cet extrait ? Comment allez-vous traduire cela dans votre lecture ?**
2. **Repérez les moments de pause possibles dans votre lecture.**
3. **Soignez-bien la lecture du dialogue entre les deux personnages.**
4. **Demandez à un camarade de vous évaluer à partir de la grille proposée.**

Au lieu-dit « La Fontaine », une vielle dame claudiquait* devant un mur non jointoyé. À son bras, un panier de mûres. Elle leva les yeux et c'était le regard que je cherchais, paysan, dur, luisant de vieux savoirs. Elle appartenait à cette catégorie de gens pour qui la santé des prunes est un enjeu plus important que le haut débit.

– Comment vont les choses ? ne trouvai-je qu'à dire.

– Il n'y a plus de noyer ici, dit-elle. Le noyer aime la vie et ici il n'y a plus personne. De l'autre côté (elle parlait du versant sud), ils ont des champignons.

– Leur chance, dis-je.

– Un malheur ! Les gens accourent de la ville comme des doryphores** et cueillent tout, sans distinguer le cèpe de l'amanite*** ! S'ils me montrent leur récolte, je ne leur signale rien. Qu'ils s'empoisonnent !

Quelle figure que cette sorcière. Elle allait bien avec les ruines.

*boitait

**insecte qui envahit parfois les récoltes

***champignon mortel

Philippe Tesson, *Sur les chemins noirs*, Éd. Gallimard, 2018.

Attendus de la prestation orale	Éléments évalués
Lecture correcte et expressive d'un texte déjà connu.	Capacité à faire entendre sa voix et à faire preuve dans sa lecture d'une intention de sens. Capacité à adresser sa lecture.

Grille d'évaluation officielle. Épreuves Anticipées de Français. Ministère de l'Éducation Nationale, 2019.

Exercice Bilan

1. **Exercez-vous à deux à la lecture de ce texte : lisez-le à un(e) camarade qui devra vous évaluer en fonction des critères de la grille.**
2. **À la suite de la première lecture, inversez les rôles.**

Maître Chicot, l'aubergiste d'Épreville, arrêta son tilbury devant la ferme de la mère Magloire. C'était un grand gaillard de quarante ans, rouge et ventru, et qui passait pour être malicieux.

Il attacha son cheval au poteau de la barrière, puis il pénétra dans la cour. Il possédait un bien attenant aux terres de la vieille, qu'il convoitait depuis longtemps. Vingt fois il avait essayé de les acheter, mais la mère Magloire s'y refusait avec obstination.

- J'y sieus née, j'y mourrai, disait-elle.

Il la trouva épluchant des pommes de terre devant sa porte. Agée de soixante-douze ans, elle était sèche, ridée, courbée, mais infatigable comme une jeune fille. Chicot lui tapa dans le dos avec amitié, puis s'assit près d'elle sur un escabeau.

- Eh bien ! la mère, et c'te santé, toujours bonne ?

- Pas trop mal, et vous, maît' Prosper ?

Guy de Maupassant, *Le Petit Fût*, 1884.

Articulation	Claire • Confuse •	La lecture transmet une intention	Oui • Non • À améliorer •
Rythme	Bon • Trop rapide • Trop lent •	La lecture est une interprétation personnelle du texte	Oui • Non • À améliorer •
Intonation	Bonne • Trop faible • Trop forte •	Liaisons entre les mots	Satisfaisantes • À améliorer •

5

Devenir un lecteur expert

Comment lire une œuvre intégrale

Lire des œuvres littéraires pour préparer les épreuves écrite et orale est obligatoire. Mais quelles que soient son aisance et sa pratique, il existe des techniques pour s'organiser dans son travail.

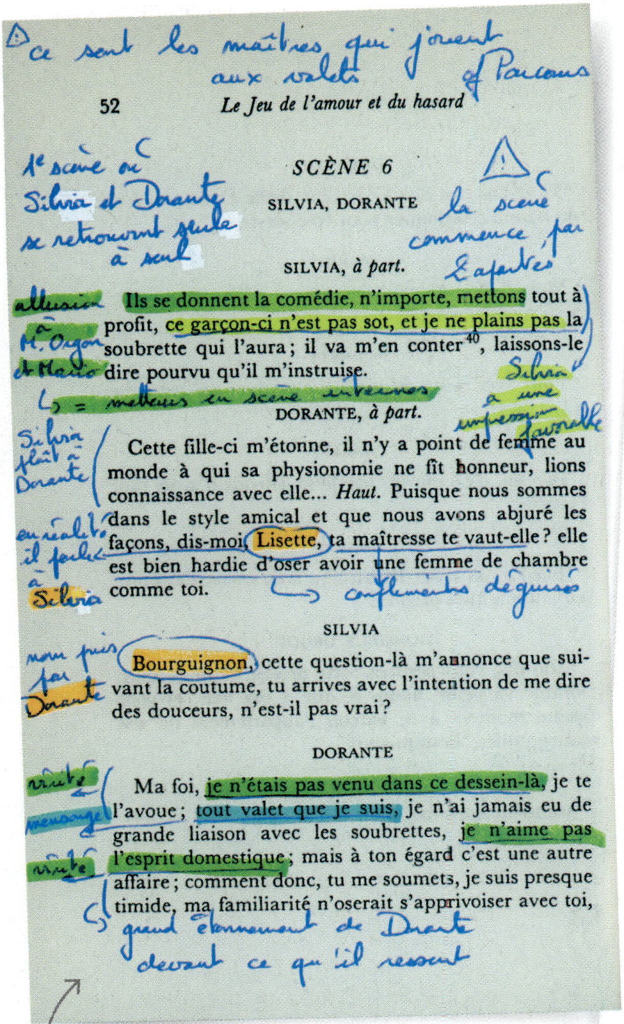
52 *Le Jeu de l'amour et du hasard*

SCÈNE 6

SILVIA, DORANTE

SILVIA, *à part.*

Ils se donnent la comédie, n'importe, mettons tout à profit, ce garçon-ci n'est pas sot, et je ne plains pas la soubrette qui l'aura ; il va m'en conter[40], laissons-le dire pourvu qu'il m'instruise.

DORANTE, *à part.*

Cette fille-ci m'étonne, il n'y a point de femme au monde à qui sa physionomie ne fît honneur, lions connaissance avec elle... *Haut.* Puisque nous sommes dans le style amical et que nous avons abjuré les façons, dis-moi, Lisette, ta maîtresse te vaut-elle ? elle est bien hardie d'oser avoir une femme de chambre comme toi.

SILVIA

Bourguignon, cette question-là m'annonce que suivant la coutume, tu arrives avec l'intention de me dire des douceurs, n'est-il pas vrai ?

DORANTE

Ma foi, je n'étais pas venu dans ce dessein-là, je te l'avoue ; tout valet que je suis, je n'ai jamais eu de grande liaison avec les soubrettes, je n'aime pas l'esprit domestique ; mais à ton égard c'est une autre affaire ; comment donc, tu me soumets, je suis presque timide, ma familiarité n'oserait s'apprivoiser avec toi,

Les annotations donnent des informations sur la situation des personnages et sur l'évolution de l'intrigue.

La fiche est une synthèse sur la description des personnages, leurs relations et leur rôle dans la pièce.

FICHE PERSONNAGES

Les maîtres

Silvia

- Fille de Monsieur Orgon, et sœur de Mario
- Pas de description physique (théâtre) mais un air de distinction
- Caractère très décidé : elle refuse de se marier *« J'entendis Lisette maltraitée par son mari [...] et je faisais là-dessus mes réflexions »*
- Place dans l'intrigue : elle demande à son père de prendre les habits de sa servante Lisette pour observer incognito son fiancé (Acte I scène 2)
- Dénouement : elle tombe amoureuse de Dorante et consent à l'épouser

Dorante

- Fils d'un ami de M. Orgon
- Pas de description physique mais *« votre futur est un des plus honnêtes hommes du monde » ; « bien fait, aimable, de bonne mine » ; « on ne peut pas avoir plus d'esprit »* (Acte I scène 1)
- Place dans l'intrigue : il décide de se déguiser pour observer incognito sa future femme → il prend l'habit d'un serviteur et se fait appeler Bourguignon
- Dénouement : il tombe amoureux de Silvia sans savoir qu'elle est celle qu'on lui destinait.

Observation

1. Sur quoi portent les informations annotées sur la page ?
2. Quelles caractéristiques des personnages sont présentes sur la fiche ?
3. Comment la fiche explique-t-elle l'intrigue ?

Analyser la syntaxe

Exercice 5

1. Dans le texte suivant, chaque passage souligné signale une différence de syntaxe par rapport au français actuel. Essayez de trouver toutes ces différences.

2. À l'aide du contexte, recherchez la signification des mots en italique.

Un laboureur riche et aisé, apres avoir tenu son filz quelques années à Paris, le *manda querir* <u>par le conseil</u> de son Curé. Quand il fut venu, le père qui estoit ja vieulx, fut joyeux de le veoir. <u>Et ne *faillit*</u> à envoyer *incontinent* querir monsieur le curé à disner <u>pour luy faire feste de son filz</u>. <u>Le curé vient, qui veid le jeune enfant</u>, et luy dit : « <u>Vous soyez le bien venu</u> mon amy : Je suis bien aise de vous veoir. <u>Çà disnons</u>, et puis <u>nous parlerons à vous.</u> »

Bonaventure des Periers, *Nouvelles récréations et joyeux devis*, 1558.

Exercice 6

Dans quels siècles situez ces deux extraits ?

Extrait A

L'homme, quelque heureux qu'il soit, s'il n'est diverti et occupé par quelque passion ou quelque amusement qui empêche l'ennui de se répandre, sera bientôt chagrin et malheureux. Sans divertissement il n'y a point de joie. Avec le divertissement il n'y a point de tristesse. Et c'est aussi ce qui forme le bonheur des personnes de grande condition qu'ils ont un nombre de personnes qui les divertissent, et qu'ils ont le pouvoir de se maintenir en cet état.

Extrait B

J'ai vu ce matin une jolie rue dont j'ai oublié [le nom
Neuve et propre du soleil elle était le clairon
Les directeurs les ouvriers et les belles [sténo-dactylographes
Du lundi matin au samedi soir quatre fois par [jour y passent

Exercice Bilan

Ces textes se situent dans différents siècles. Après les avoir lus, complétez le tableau suivant.

XVIe siècle	XVIIe/XVIIIe	Français moderne	Indices ayant permis de situer le texte

Extrait A

Ô beaus yeus bruns, ô regars destournez,
Ô chaus soupirs, ô larmes espandues,
Ô noires nuits vainement atendues,
Ô jours luisans vainement retournez

Extrait B

Le pays a pris le nom du fleuve, qui se jette dans le grand Océan, assez près des Colonnes d'Hercule et de cet endroit où la mer furieuse, rompant ses digues, sépara autrefois la terre de Tharsis d'avec la grande Afrique.

Extrait C

Ils ont leurs guerres contre les nations qui sont au delà de leurs montaignes, plus avant en la terre ferme, ausquelles ils vont tous nuds, n'ayant autres armes que des arcs ou des espées de bois, apointées par un bout, à la mode des langues de noz espieuz.

Extrait D

Un seul geste, et l'homme serait mort. Le tuer n'était rien : c'était le toucher qui était impossible. Et il fallait frapper avec précision. Le dormeur, couché sur le dos, au milieu du lit à l'européenne, n'était habillé que d'un caleçon court, mais, sous la peau grasse, les côtes n'étaient pas visibles.

Extrait E

Devant cette accusation, devant l'unanimité des témoins, l'accusé paraissait surtout étonné. Il faisait des gestes et des signes qui voulaient dire non, ou bien il considérait le plafond. Il parlait avec peine, répondait avec embarras, mais de la tête aux pieds toute sa personne niait.

Les mouvements littéraires

L'expression « mouvement littéraire » désigne un ensemble d'auteurs qui se regroupent autour du même idéal esthétique. L'histoire de la littérature est marquée par la succession de ces mouvements, qui manifestent une volonté de rupture et de renouveau.

L'humanisme

La rupture. Au XVIe siècle, fascinés par les grandes découvertes, les savants, les érudits, les artistes rejettent les conceptions du Moyen Âge, qui leur apparaît comme une époque sombre et violente.
Les principes et les thèmes. L'humaniste affirme sa confiance dans les capacités de l'homme. Passionné par l'étude, il fonde sa réflexion sur l'ouverture aux autres, le rôle de l'éducation et l'indépendance d'esprit.

Les Lumières

La rupture. À la mort de Louis XIV, en 1715, un vent de contestation souffle sur la société. Entraîné par les écrivains philosophes, le mouvement des Lumières veut faire partager son idéal de progrès.
Les principes et les thèmes. Opposant les lumières de la raison à l'aveuglement des préjugés, les écrivains combattent le despotisme et le fanatisme, au nom de la tolérance et de la liberté de penser.

« Aie le courage de te servir de ton propre entendement. Voilà la devise des Lumières. »

Emmanuel Kant

Le classicisme

La rupture. Sous le règne centralisateur de Louis XIV, en réaction au baroque, les artistes de la seconde moitié du XVIIe siècle veulent donner plus de rigueur à leurs œuvres.
Les principes et les thèmes. Les écrivains défendent un idéal de puissance et d'équilibre, d'harmonie et de goût. Ils veulent instruire, plaire et émouvoir, en illustrant les valeurs de « l'honnête homme ».

Le réalisme-naturalisme

La rupture. Observateurs des mutations de la société industrielle du XIXe siècle, les écrivains réalistes et naturalistes veulent en donner une image vraie, en représentant fidèlement ses mœurs.
Les principes et les thèmes. Les écrivains réalistes explorent tous les milieux sociaux, ne cachant rien des maladies, de la souffrance et de la pauvreté. À travers leurs personnages, les écrivains naturalistes montrent l'influence qu'exercent le milieu social et l'hérédité sur les individus.

Le romantisme

La rupture. S'opposant aux valeurs de la société bourgeoise, les artistes de la première moitié du XIXe siècle expriment le refus d'un monde qui n'a plus d'idéal.

Les principes et les thèmes. Les écrivains affirment la richesse et la puissance de leur moi intérieur, souffrant, sensible, qui s'exalte dans la passion amoureuse et la fusion solitaire avec la nature. Ils privilégient le lyrisme, rapportent le destin de héros passionnés qui luttent contre l'indifférence de la société.

Folon, *Déjeuner du matin, hommage à Prévert*, 1979.

Le surréalisme

La rupture. Rejetant une société qui a conduit au désastre de la Première Guerre mondiale, passionnés par la psychanalyse, les surréalistes veulent exprimer librement leurs rêves et leurs désirs enfouis.

Les principes et les thèmes. Les poètes surréalistes célèbrent l'amour fou et s'ouvrent à l'univers de l'inconscient, délivrés de l'autorité de la raison, sans craindre de choquer ou dérouter le lecteur. Les surréalistes associent des univers totalement différents et introduisent l'étrange et le merveilleux dans le quotidien.

« Le surréalisme repose sur la croyance [...] à la toute puissance du rêve, au jeu désintéressé de la pensée.

André Breton »

Les autres mouvements littéraires

La courtoisie, entre les XIIe et XIVe siècles, célèbre la « fin amor », où le chevalier montre courage et sacrifice pour conquérir le cœur de sa dame.

La Pléiade réunit les poètes qui, au XVIe siècle, autour de Ronsard et du Bellay, utilisent l'ode et le sonnet.

Le baroque privilégie l'expression du vertige et de l'exubérance, au début du XVIIe siècle.

Le symbolisme, à la fin du XIXe siècle, cherche les correspondances qui permettent de passer du monde visible au monde des rêves et des idées.

L'absurde, né après la Seconde Guerre mondiale, exprime l'angoisse d'une humanité perdue dans un monde sans repères.

Le Nouveau roman crée des récits énigmatiques, marqués par la présence obsédante des objets, l'anonymat des personnages.

Comment lire un article de presse

Un article de presse propose une analyse, objective ou pas, d'une situation. Il faut savoir repérer les techniques d'écriture et de mise en page employées pour capter l'attention des lecteurs et les convaincre de la justesse de l'analyse.

La version en ligne de l'édition papier est accessible depuis le site du journal. Les différentes rubriques du bandeau assurent un accès continu à l'actualité

Le Monde

Consulter le journal

Se connecter

S'abonner

ACTUALITÉS · ÉCONOMIE · VIDÉOS · OPINIONS · CULTURE · M LE MAG · SERVICES

CULTURE · ARTS

Partage

Une banane scotchée à un mur vendue 120 000 dollars à la foire d'Art Basel… avant d'être mangée

On ne sait pas si « le monde de l'art devient fou », mais on constate, avec ce qui est arrivé à l'œuvre de Maurizio Cattelan, qu'il ne manque toujours pas de liquidités.

Par Harry Bellet · Publié le 08 décembre 2019 à 09h38 - Mis à jour le 08 décembre 2019 à 20h14

Lecture 3 min.

L'actualité de l'art contemporain procure son lot de nouvelles réjouissantes, ou consternantes selon les points de vue. La dernière en date est survenue à la foire d'Art Basel à Miami, qui s'est achevée dimanche 8 décembre. Sur le stand de la galerie du français Emmanuel Perrotin, qui pourrait vendre un réfrigérateur à des esquimaux ou des chaussettes à un cul-de-jatte, trônait une banane. Une vraie banane, bien jaune, scotchée à la cimaise grâce à un fort ruban adhésif gris-argent, lequel formait une fort belle oblique par rapport au fruit. Il en demandait 120 000 dollars, et les a obtenus.

Le titre accroche la curiosité du lecteur et cherche à créer une émotion particulière.

La photo illustre l'article mais propose aussi une vison originale de l'événement en insistant sur sa dimension médiatique

Harry Bellet, *Le Monde.fr*, 8 décembre 2019

Observation

1. Par quoi l'œil du lecteur est-il attiré ? Pourquoi ?
2. Quels effets cherche à provoquer la lecture du titre et de l'intertitre de l'article ?
3. Sur quoi la photo qui accompagne l'article semble-t-elle particulièrement insister ? En quoi est-elle bien plus qu'une simple illustration ?

1 Repérez la construction de l'article

- **Portez attention à la mise en page.** L'article doit visuellement accrocher la curiosité ou l'intérêt du lecteur. Le chapeau et les intertitres mettent en valeur des points importants, les illustrations (photos, dessins ou schéma) rendent la lecture plus agréable
- **Identifiez rapidement les informations essentielles.** Qui ? Quand ? Où ? Quoi ? Tout article renvoie à un évènement sur lequel on donne des informations. Lire un article impose donc de repérer le sujet qui est traité, le moment ainsi que le lieu et les personnes concernées. Le titre et le chapeau fournissent généralement ces premières informations.
- **Regardez la source de l'article.** Un article de presse est publié dans un journal, en version papier ou numérique, ou bien sur le site du journal. Il faut être attentif à la « source » d'où est issu l'article, car cela donne des indications sur le type d'information et de lecteur qui est concerné.

2 Identifiez le message du journaliste

- **Définissez le type de l'article.** Il y a quatre principaux types d'articles : les articles d'information sans commentaires, les articles d'opinion où le journaliste prend position, les enquêtes d'investigation sur des sujets politiques, sociaux ou culturels, et les reportages rapportant des faits dont le journaliste a été témoin.
- **Repérez les indices de l'objectivité ou de la subjectivité.** Un journaliste personnalise souvent son article par une opinion, un jugement de valeur en accord avec celui du journal. Des adjectifs ou des adverbes peuvent indiquer une prise de position. Repérer les traces de cette subjectivité permet au lecteur de conserver un regard critique.
- **Identifiez la fonction de l'image d'actualité.** La photo de presse est toujours une interprétation de la réalité. Le photographe choisit de nous montrer ce qu'il veut de la situation, c'est à dire son point de vue de cette réalité. Il faut repérer ses choix. La photo a quatre fonctions principales : informer, illustrer, argumenter ou intriguer.

3 Analysez l'écriture

- **Repérez la place donnée au lecteur.** Le journaliste doit capter l'adhésion et obtenir la complicité du lecteur en l'interpellant plus ou moins directement avec des pronoms personnels comme « on » ou « nous ». Il peut utiliser aussi des références ou des valeurs partagées par le lecteur et essayer de toucher ses sentiments ou sa raison.
- **Étudiez le ton du journaliste.** Le journaliste peut utiliser la polémique pour dénoncer ou déplorer une situation. Il a recours au pathétique pour toucher la sensibilité du lecteur ou parfois l'ironie pour obtenir sa complicité.
- **Comprenez l'utilisation des témoignages.** Pour illustrer son article, le journaliste peut faire appel à des témoins (des personnes concernées directement) et à des experts. Cela donne une impression d'objectivité et de précision.

Juste une QUESTION

Quel type d'article propose le sujet du BAC pour la contraction de texte ?

Il s'agit d'un article de mille mots environ (à résumer en 250), avec une dimension argumentative forte, assez proche d'un essai. Vous devrez donc respecter le point de vue de l'auteur sans donner votre avis et reformuler les informations que vous jugerez essentielles.

Repérer la construction

Exercice 1

1. **Quelle est la source de l'article ?**
2. **Quels éléments d'informations le titre et l'intertitre mettent-ils en valeur ? Le chapeau apporte-t-il des informations supplémentaires ?**

DES POUSSIÈRES VOLCANIQUES ISLANDAISES POLLUENT LE NORD DE LA FRANCE

Une station de mesure en Île-de-France a permis d'identifier l'origine très inhabituelle d'une forte pollution au soufre et aux sulfates depuis lundi.

Entre lundi soir et mercredi, des poussières émises par le volcan islandais Holuhraun, lié au système volcanique du Bardarbunga, ont provoqué une pollution de l'air très inhabituelle sur une grande partie du nord de la France, a averti Airparif, l'association francilienne de surveillance de la qualité de l'air. [...]

Un volcan polluant

« En appelant des collègues de l'Ineris, ils m'ont appris qu'ils avaient mesuré de leur côté des pics de SO_2 (dioxyde de soufre). Quand j'ai appris ça, je me suis douté qu'on était en présence d'une pollution issue d'une éruption volcanique », explique par téléphone Jean Sciare, spécialiste des aérosols au LSCE (Laboratoire des sciences du climat et de l'environnement).

Ouest France, le 25 septembre 2014

Exercice 2

1. **À quel moment de l'article accède-t-on aux informations sur le lieu et l'événement ?**
2. **Repérez la chute de l'article.**

Drôle de rencontre

Une jeune femme qui allait récupérer sa voiture sur le parking de Paderborn (Rhénanie-du-Nord), en Allemagne, aperçoit un reptile tranquillement en train de prendre le soleil. Pas effrayée pour un sou, elle attrape la bête et l'enferme dans une boîte en plastique, avant de l'amener au commissariat le plus proche. Les policiers, un peu surpris, contactent les pompiers. Dépêché au poste de police, un vétérinaire découvre dans la boîte un serpent d'un bon mètre de long, inoffensif car non venimeux, mais néanmoins impressionnant. Quant à savoir d'où vient l'animal...

Marc Seriver, *Lausanne Matin*, 25 juin 2005

Identifier le message

Exercice 3

1. **Comparez les titres et chapeaux des deux articles. Quelles différences notez-vous ?**
2. **Selon vous, lequel de ces deux articles se rapprochera le plus de l'enquête d'investigation ? Pourquoi ?**

Manifestations à Hong Kong

LA CHRONOLOGIE DE LA CONTESTATION

La tension monte encore d'un cran à Hong Kong après l'irruption de manifestants au sein du Parlement. Retour sur les temps forts de la contestation.

L'Express, 1 juillet 2019

Manifestations à Hong Kong

UN MORT ET DES QUESTIONS

Vendredi, un étudiant de 22 ans est mort après une chute et cinq jours de coma. Les manifestants accusent la police, mais les circonstances restent obscures.

Libération, 8 novembre 2019

Exercice 4

Diriez-vous que le journaliste fait preuve d'objectivité ou pas ? Justifiez votre réponse.

LA LIBERTÉ DE LA PRESSE RECULE DANS LE MONDE, OÙ « LA HAINE DES JOURNALISTES A DÉGÉNÉRÉ EN VIOLENCE »

Dans son rapport annuel sur la liberté de la presse, Reporters sans frontières constate « un accroissement des dangers » pour les journalistes.

« La haine des journalistes a dégénéré en violence », prévient Reporters sans frontières (RSF) dans son rapport 2019 sur la liberté de la presse dans le monde, publié jeudi 18 avril. Sur la carte du monde, seulement 24 % des 180 pays et territoires étudiés affichent une situation *« bonne »* ou *« plutôt bonne »* pour la liberté de la presse, contre 26 % en 2018.

Faujour, *Le Monde* avec AFP, 18 avril 2019

Exercice 5

1. Quel effet la photo cherche-t-elle à produire sur le lecteur ? Quelle est sa fonction ?
2. Est-elle seulement illustrative ?
3. Comment interprétez-vous le lien avec le titre de l'article ?
4. Qu'est-ce qui distingue l'attitude d'un lecteur du journal papier de celle d'un lecteur sur écran ?

Megan Rapinoe et Alex Morgan ont remporté le Mondial 2019 avec les USA

Site du journal *L'Equipe*, le 22/10/2019

Analyser l'écriture

Exercice 6

1. Identifiez les passages de l'article où le journaliste donne son avis. Parvient-il à vous convaincre ? Pourquoi ?
2. À quel moments le journaliste semble-t-il s'adresser plus directement à son lecteur en cherchant sa complicité ?

"STAR WARS : L'ASCENSION DE SKYWALKER" : LES ADIEUX DÉCEVANTS D'UNE SAGA AU FIRMAMENT

Le temps des adieux est venu. Lancée en 1977, la saga *Star Wars* s'achève avec *L'Ascension de Skywalker*, un film qui a la lourde tâche de refermer cet univers galactique devenu mythologique. […]

Il est un peu triste de se quitter sur des sentiments mitigés. Mais peut-être qu'après « *tout ce temps* » (comme dit C-3PO), la nostalgie pour *Star Wars* n'est plus ce qu'elle était. Quand réapparaît le personnage de Lando Calrissian, un vieux de la vieille, on a un peu l'impression d'être invité à un après-midi d'animations dans une maison de retraite. La fatigue se mêle à la fête…

Frédéric Strauss, *Télérama.fr*, le 18 décembre 2019

Exercice Bilan

1. Par quels moyens Michel Serres recherche-t-il l'adhésion de son lecteur ?
2. Diriez-vous que le ton de l'article est polémique ou pathétique ? Justifiez votre réponse.
3. Donnez un titre à cet article et rédigez un chapeau de deux lignes pour le présenter.

Confondre l'identité et l'appartenance est une faute de logique, réglée par les mathématiciens. Ou vous dites a est a, je suis je, et voilà l'identité ; ou vous dites a appartient à telle collection, et voilà l'appartenance. Cette erreur expose à dire n'importe quoi. Mais elle se double d'un crime politique : le racisme. Dire, en effet, de tel ou tel qu'il est noir ou juif ou femme est une phrase raciste parce qu'elle confond l'appartenance et l'identité. Je ne suis pas français ou gascon, mais j'appartiens aux groupes de ceux qui portent dans leur poche une carte rédigée dans la même langue que la mienne et de ceux qui, parfois, rêvent en occitan. Réduire quelqu'un à une seule de ses appartenances peut le condamner à la persécution. Or cette erreur, or cette injure nous les commettons quand nous disons : identité religieuse, culturelle, nationale… Non, il s'agit d'appartenances. Qui suis-je, alors ? Je suis je, voilà tout ; je suis aussi la somme de mes appartenances que je ne connaîtrai qu'à ma mort, car tout progrès consiste à entrer dans un nouveau groupe : ceux qui parlent turc, si j'apprends cette langue, ceux qui savent réparer une mobylette ou cuire les œufs durs, etc. Identité nationale : erreur et délit.

Michel Serres, *Libération*, 19 novembre 2009

8 Comment parler d'une œuvre artistique

Analyser une œuvre artistique fait partie de toute formation. Au-delà de ses connaissances personnelles, il faut, dans la démarche, interroger le contexte culturel de la création, rechercher les moyens utilisés par le peintre et étudier l'effet produit sur le spectateur.

Un portrait féminin : l'artiste s'inscrit dans la tradition du portrait d'une personne publique ou privée, célèbre ou anonyme.

Photographie de Marie Laurencin
Peintre, compagne d'Apollinaire, disciple de Matisse, Marie Laurencin est influencée par les milieux de l'avant-garde artistique, au début du XXe siècle, avec Picasso, Braque et le poète Max Jacob.

Marie Laurencin, *Femme au turban*, peinture à l'huile, 1941

Une impression de grâce énigmatique : l'absence de décor, la longueur et le teint blanc du visage, aux yeux très noirs, font penser à un masque.

Des couleurs fluides : la couleur est utilisée d'une manière légère et délicate, sans insistance sur les traits du visage

Juste une QUESTION

Quelle est la différence entre portrait peint et portrait photographique ?

L'invention de la photographie au XIXe siècle a concurrencé la peinture dans l'art du portrait. Alors que la photo conserve l'image exacte du modèle, les peintres ne cherchent plus la ressemblance. Ils réalisent une création originale, qui va parfois jusqu'à transformer les traits du modèle.

Observation

1. À travers son thème et ses couleurs, quel effet cherche à produire le tableau sur le spectateur ?
2. En quoi ce tableau vous parait-il en rupture avec la tradition du portrait ?
3. Apollinaire parle de l'effet « raffiné et élégant » que produit l'œuvre de Marie Laurencin. Partagez-vous ce jugement ?

1 Reliez l'œuvre aux grands thèmes de la création artistique

- **La dimension sacrée de l'art.** De l'Antiquité à la Renaissance, l'art se développe principalement dans un rapport au sacré. À travers la peinture ou la sculpture, la représentation de scènes religieuses est alors la thématique privilégiée. Elle reste toujours actuelle.
- **La représentation de l'humanité.** À la Renaissance, la peinture s'appuie sur l'harmonie du corps humain. Solennels ou familiers, portraits, scènes, paysages et natures mortes renvoient à l'humanité. Cette inspiration se poursuit encore aujourd'hui.
- **La mise en scène du pouvoir politique.** À travers la peinture, mais aussi la sculpture, l'œuvre artistique sert à magnifier le pouvoir politique, à illustrer sa puissance.
- **La recherche artistique.** Depuis la seconde moitié du XIXe siècle, la peinture rejette les codes culturels préalables. Elle multiplie les recherches esthétiques, toujours en quête de renouveau. Cette dynamique reste toujours celle de l'art.

2 Analysez la composition de l'œuvre

- **Identifier les lignes de force.** Se confondant avec les éléments représentés, des lignes verticales, diagonales, horizontales, courbes, structurent le tableau. Elles mettent en valeur les personnages, les objets ou des détails qui se situent à leurs intersections.
- **Repérer les plans successifs.** Le peintre donne de la profondeur au tableau, du proche au lointain, en s'appuyant sur la perspective. Le regard passe du premier plan, au second, puis à l'arrière-plan. Il est conduit par le point de fuite. C'est à dire le point imaginaire où se rejoignent les lignes de perspective du tableau.
- **Comprendre le jeu des couleurs.** Les couleurs chaudes (jaune, orangé, rose, rouge) provoquent une impression d'énergie et de proximité. Les couleurs froides (vert, bleu, violets) suggèrent la fraicheur et l'éloignement. La lumière peut opposer des zones lumineuses et des zones sombres, en créant un effet de clair-obscur.
- **Tenir compte de la technique utilisée.** Au-delà des fresques murales, le créateur utilise la peinture à l'huile, les bâtonnets de pastel ou, depuis le XXe siècle, la peinture acrylique. La création s'appuie aujourd'hui sur de nouveaux produits, comme la bombe pour les tags et les graffiti.

3 Construisez votre commentaire

- **Révéler l'intention de l'artiste.** Parler d'une œuvre artistique conduit d'abord à indiquer les conditions de sa création et ce qu'elle représente en s'appuyant sur le nom du peintre, le titre du tableau, la date de sa réalisation. Puis on évoque le sujet traité, sa composition, les raisons pour lesquelles il a été réalisé.
- **Exprimer l'effet ressenti.** Parler d'une œuvre artistique conduit à exprimer l'émotion éprouvée en la regardant. On s'attache à indiquer son originalité, à trouver éventuellement sa dimension symbolique. On explique son importance dans l'histoire de l'art et son intérêt pour le spectateur aujourd'hui.

Les grands thèmes de la création artistique

Exercice 1

1. Dans quel contexte, selon vous, ce tableau a-t-il été peint ?
2. Que représente-t-il (lieu, situation, personnages, atmosphère) ?
3. Quelle a été l'ambition du peintre en créant sa toile ? De quelle manière a-t-il mis cette ambition en valeur ?

Pietro Lorenztti, *Polyptyque de la vie de Beata Umilta*, Detrempe sur bois, XIVe siècle.

Exercice 2

1. À quelle époque, dans quel contexte historique et social ce tableau a-t-il été réalisé ?
2. Quelles intention, selon vous, animaient le peintre ? Sur quoi portait son ambition ?
3. De quelle manière son œuvre s'inscrit-elle dans la représentation de l'humanité ?

Edgar Degas, *La famille Bellelli*, huile sur toile, 20 x 25, 1858.

Exercice 3

1. Que représente la toile d'Édouard Pignon ? Dans quel contexte, selon vous, a-t-elle été peinte ?
2. Quels sont les personnages représentés ? De quelle manière sont-ils mis en valeur ?
3. Comment le thème de cette toile s'inscrit-il dans l'histoire de la création artistique ?

Édouard Pignon, *Le Meeting*, huile sur toile, 90 x 72, 1933.

Exercice 4

1. De quelle manière le tableau de Ernst et celui de Basquiat constituent-ils une rupture dans l'histoire de l'art ?
2. Pourquoi peut-on parler de recherches esthétiques à leur sujet ?
3. Expliquez en quelques mots ce qui fait l'originalité de ces deux œuvres.

Max Ernst, *L'Éléphant de Célèbes*, huile sur toile, 125,4 x 107,9, 1921.

Jean-Michel Basquiat, *Autoportrait (Self-Portrait)*, Acrylique et craie grasse sur papier marouflé sur toile, 100 x 70, 1984.

La composition de l'œuvre

Exercice 5

1. Repérez dans ce tableau les différents plans qui se succèdent.
2. Comment la représentation du ciel est-elle mise en valeur ?
3. Analysez le jeu des couleurs. Quelle est son originalité ?

Caspar David Friedrich, *Le moine au bord de la mer*, huile sur toile, 110 x 171,5, 1808

Exercice 6

1. Expliquez comment la toile s'organise à partir de la représentation du corps.
2. De quelles manières les couleurs s'opposent-elles dans le tableau ? Pourquoi peut-on parler de clair-obscur ?
3. Quelle est, finalement, l'atmosphère qui se dégage de la toile ?

Giovanni Bellini, *Jeune femme à sa toilette*, huile sur bois, 62x79, 1515.

La construction du commentaire

Exercice 7

1. En vous appuyant sur le nom du peintre, le titre du tableau, la date de sa réalisation, le sujet traité, expliquez quelle a été l'intention du peintre en créant son œuvre et dans quel contexte il l'a réalisée.
2. Analyser la composition du tableau, ses lignes de force, ses couleurs.
3. Rédigez un paragraphe dans lequel, en reprenant vos réponses aux questions 1 et 2, vous expliquerez pourquoi ce tableau est résolument moderne.

Hans Hartung, *T1946-16*, huile sur toile, 145 x 96, 1946.

Exercice 8

1. Quelle a été l'intention de l'artiste en réalisant cette photographie ? De quelle manière son thème s'inscrit-il dans l'histoire de la création artistique ?
2. Analysez sa composition : plans, couleurs…
3. Quelle est l'impression produite sur le spectateur ?
4. Rédigez un paragraphe de synthèse où, après avoir repris les réponses aux questions 1, 2 et 3, vous donnerez votre jugement personnel sur cette photographie.

Reza, *Afghanistan*, 1985

Les mouvements artistiques

En proposant un nouvel idéal esthétique, les mouvements artistiques développent une nouvelle vision de l'art et de la société. Au-delà de la littérature, l'ensemble des arts plastiques, qu'on appelle aussi les arts visuels, c'est-à-dire la sculpture, l'architecture, la peinture ou la photographie, participe pleinement à l'histoire du mouvement et à sa définition.

Le Bernin, *Apollon et Daphné*, marbre, 1625.

Le baroque

Le mot « baroque » désigne une perle de forme irrégulière. C'est ainsi que le mouvement baroque se caractérise par la virtuosité exubérante des artistes. L'amplification du mouvement, la surcharge décorative, les formes torsadées intensifient l'effet dramatique et contribuent à la dimension spectaculaire du baroque. Celle-ci exprime le vertige de l'humanité confrontée à l'infiniment grand et l'infiniment petit de l'univers.

Le classicisme

En réaction au foisonnement du baroque, les artistes de la seconde moitié du XVIIe siècle font preuve d'harmonie, de naturel et de puissance. Les thèmes traités par les œuvres doivent faire réfléchir, inspirer un sentiment moral ou créer une impression de majesté. Les formes cherchent à atteindre la perfection dans l'équilibre de la composition.

François Girardon, *L'Hiver*, marbre, 1683.

> « L'essence du classicisme est de venir après. L'ordre suppose un certain désordre qu'il vient réduire. »
>
> Paul Valéry

Le réalisme

Observateurs de leur temps, les artistes du XIXe siècle représentent les lieux et les habitudes de la vie quotidienne sans se laisser arrêter par les préjugés du goût et de la morale. Ils montrent le monde ouvrier ou celui des paysans au travail et trouvent dans les grandes villes les sujets de scènes familières, comme une visite à l'hôpital, une promenade en famille, une soirée au café-concert. C'est ainsi que les artistes réalistes cherchent à « faire de l'art vivant ».

Jules Dalou, *Le Casseur de pierres*, bronze, 1868.

Le cubisme

Au début du XXe siècle, les artistes développent des formes de plus en plus géométriques dans leurs œuvres, cherchant à atteindre la structure cachée des choses, au-delà de l'apparence immédiate. Ils abandonnent ainsi l'illusion de la profondeur et superposent plusieurs points de vue, en représentant différentes facettes de la même réalité. Les volumes géométriques du cubisme préparent le terrain de l'abstraction.

Pablo Picasso, *La Guitare*, tôle de métal, fils métalliques, 1912.

L'abstraction

L'art abstrait se développe depuis le début du XXe siècle en rupture avec l'art figuratif, qui s'attache à imiter la nature, en reproduisant l'apparence des êtres et des objets. Désormais les lignes, les formes, les couleurs valent pour elles-mêmes dans leur dynamisme et les artistes créent des oeuvres qui s'adressent à l'imagination du spectateur.

> « L'art est toujours plus abstrait que nous ne l'imaginons. La forme et la couleur nous parlent de forme et de couleur, et tout s'arrête là. »
>
> Oscar Wilde

Henry Moore, *Festival Reclining Figure*, marbre, 1950.

2

Savoir écrire clairement

Savoir écrire clairement

« L'amélioration de la compréhension et de l'expression écrite et orale est un travail qui permet à l'élève d'enrichir son lexique, de structurer sa pensée par le mot le plus juste, de percevoir la nuance d'une formule chez un auteur, d'en proposer une reformulation, d'appréhender et de manipuler la structure syntaxique d'une phrase, de s'approprier le fonctionnement et les nuances de sa langue.

L'acquisition d'un vocabulaire technique permet de décrire le fonctionnement de la langue et des discours, en particulier le discours littéraire.

Ces connaissances linguistiques portent sur les classes grammaticales, les différents rapports qui s'établissent entre les mots au sein de la phrase et du texte, ainsi que sur les notions relatives au fonctionnement du discours littéraire. »

D'après le Bulletin Officiel du Ministère de l'Éducation nationale, 2019

9

J'écris sans faire de fautes

Nous sommes souvent évalués sur notre connaissance des règles de l'orthographe lexicale (la façon d'écrire les mots) ou syntaxique (leur place et leurs accords dans la phrase). Le respect d'un certain nombre de règles de base permet d'éviter l'essentiel des fautes courantes.

Version initiale

- L'orthographe des mots
- Les règles de l'accord
- Les signes orthographiques

Cet article nous montre que la plupart de la population française voit le vieillissement comme négative sans réellement le connaitre. À l'heure actuel, ce vieillissement est seulement percu par les dépenses qu'il engendre et non par ce qu'il est réellement. Ont découvre ainsi un vieillissement complexe ce composant de différentes facettes. Le côté social est beaucoups oublié par la société pour ces personnes se retrouvant la plus part du temps seul se qui les amènes à contracter des maladies.

Version améliorée

Cet article nous montre que la plus grande part de la population française voit le vieillissement comme négatif, sans réellement le connaître. À l'heure actuelle, ce vieillissement est seulement perçu par les dépenses qu'il engendre et non par ce qu'il est réellement. On découvre ainsi un vieillissement complexe, se composant de différentes facettes. Le côté social est beaucoup oublié par la société pour ces personnes se retrouvant la plupart du temps seules, ce qui les amène à contracter des maladies.

Juste une QUESTION

Pourquoi mon correcteur d'orthographe fait-il des fautes ?

Le correcteur d'orthographe porte mal son nom. Car il ne fait que des propositions parmi lesquelles vous devez choisir. En acceptant la première qui se présente, vous risquez d'ajouter des fautes à votre énoncé. Utilisé de façon réfléchie, il vous permet au contraire de vous améliorer.

Observation

1. Quelle image le texte initial donne-t-il de la personne qui l'a écrit ?
2. Relevez trois autres fautes contenues dans le texte. En quoi gênent-elles la compréhension du travail d'analyse effectué ?
3. Repérez l'ensemble des fautes et indiquez leur nature.

1 Retenez l'orthographe des mots

L'orthographe est l'ensemble des règles et des usages qui définissent l'écriture des mots. Ces codes sont partagés par l'ensemble des utilisateurs d'une même langue.

- **La formation des mots.** Le vocabulaire français s'est formé en grande partie au moyen d'emprunts aux langues mortes, aux dialectes ou aux langues étrangères. L'orthographe de ces mots s'est fixée au fil des siècles.
- **Les familles de mots.** D'autres mots sont formés à partir du radical de mots simples, auxquels on a ajouté des préfixes ou des suffixes. Ils forment des familles de mots, dont les racines permettent de retrouver l'orthographe.

Exemple. On retrouve les deux « r » de « terre » dans « atterrir », « atterrissage », « terrestre », « extra-terrestre », etc.

2 Appliquez les règles d'accord

L'accord en genre (féminin/masculin) et en nombre (singulier/pluriel) règle la plupart des mots qui composent un groupe nominal ou un groupe verbal.

- **Le genre et le nombre des noms.** Chaque nom (fauteuil, chaise) possède un genre (*un* fauteuil ; *une* chaise) purement arbitraire, qu'il est nécessaire de connaître. Le nom possède également un nombre, singulier (*un* fauteuil) ou pluriel (*des* chaises). Ce genre et ce nombre se retrouvent dans les pronoms (il/ils ; elle/elles).
- **L'accord des adjectifs.** Les adjectifs servent à qualifier le nom, avec lequel ils s'accordent en genre (la *belle* chaise) et en nombre (les *belles* chaises).
- **La conjugaison des verbes.** La conjugaison des verbes dépend du genre et du nombre de leur sujet (noms ou pronoms), auquel s'ajoute le temps et le mode exprimés.

Exemple. Le fauteuil et la chaise *sont/étaient/seront posés* côte à côte.

Remarque. Les adverbes (*bien*, *justement*, *toujours*…) sont invariables.

3 Respectez les signes orthographiques

Certains signes orthographiques permettent de distinguer différentes prononciations ou de signaler une évolution orthographique.

- **La cédille et le tréma.** On met une cédille au *c* devant *a*, *o*, et *u*, lorsque le *c* doit se prononcer [s] : un commerçant. On met le tréma des voyelles de certains mots, lorsqu'il faut conserver leur prononciation : *aiguë, ambiguïté, astéroïde*, etc.
- **Les accents.** L'accent aigu se place uniquement sur le *e*. Il permet d'obtenir un *é* fermé (*café, pavé, vélo*). L'accent grave signale un *è* ouvert (*frère, carrière, chère*). Il peut aussi figurer sur le *a* et le *u*. Il permet alors de distinguer les homonymes (a/à ; ou/où ; la/là, etc.). L'accent circonflexe allonge les voyelles (*rôle, pôle, mâle, chêne*, etc.) ou permet de distinguer certains homonymes (*cote/côte* ; *mur/mûr* ; *boite/boîte*, etc.).

Exercices

Retenir l'orthographe des mots

Exercice 1

1. **À qui s'adresse Caboussat ? À quel problème personnel est-il confronté ?**
2. **Quelles techniques utilise-t-il pour masquer ses fautes ? Avez-vous déjà eu besoin de ce genre de stratagèmes ? En quelles occasions ?**
3. **Pourquoi le personnage considère-t-il son orthographe comme un handicap ? Qu'en pensez-vous ?**

CABOUSSAT, *seul.* – J'ai réfléchi à ce que m'a dit Machu... Je serai maire, le premier magistrat d'Arpajon ! puis conseiller général ! puis député !... et après ? le portefeuille* ! qui sait ?... (*Tristement.*) Mais non ! ça ne se peut pas !... Je suis riche, considéré, adoré... et une chose s'oppose à mes projets... la grammaire française !... Je ne sais pas... (*Regardant autour de lui avec inquiétude.*) Je ne sais pas l'orthographe ! Les participes surtout, on ne sait par quel bout les prendre... tantôt ils s'accordent, tantôt ils ne s'accordent pas... quels fichus caractères ! Quand je suis embarrassé, je fais un pâté*... mais ce n'est pas de l'orthographe !

Eugène Labiche, *La Grammaire*, scène 5, 1867.

*le portefeuille : la place de ministre.
*un pâté : une tache d'encre.

Exercice 2

Trouvez trois mots français issus de chaque mot grec de la liste suivante. Écrivez-les en faisant attention à leur orthographe.

- *Phobos* : crainte
- *Psyché* : âme
- *Thérapeuein* : soigner
- *Pathos* : souffrance
- *Logos* : étude, discours
- *Phagein* : manger
- *Télé* : à distance, au loin
- *Phoné* : son, voix
- *Graphein* : écrire

Exercice 3

Trouvez trois mots dérivés (Ex : chanter ® chanson, enchanter) ou composés (porter ® portefeuille) à partir des verbes suivants :

chanter
porter
battre
couper

Exercice 4

Pour chaque expression, indiquez si l'orthographe est correcte. Rectifiez les erreurs.

A. inocculer un virus
B. une ecchymose
C. un soufle au coeur
D. un cruel dilemne
E. progresser par palliers
F. du même accabit
G. un ilot de bonheur

Appliquer les règles d'accord

Exercice 5

Accordez les adjectifs placés entre parenthèses en fonction du genre et du nombre des noms qui les précèdent.

Des alvéoles (profond) – Des après-midi (ensoleillé) – Des éclairs (ardent) – Des effluves (subtil) – Des orthographes (compliqué) – Des élastiques (tendu) – Des pétales (bleu) – Des épithètes (choisi) – Des ténèbres (épais) – Des rails (ajusté) – Des planisphères (différent)

Exercice 6

1. **Mettez au féminin les noms qui suivent.**
2. **Formez un groupe nominal pluriel de forme : déterminant + nom + adjectif (Ex : des avocates distinguées).**

accompagnateur – avocat – chat – auteur – citoyen – métis – traducteur – acheteur – lion – hôte – héros – personnage – professeur – écrivain – amour.

Exercice 7

Conjuguez au pluriel les énoncés suivants (Ex : il chante une chanson ® ils chantent/chantaient/chanteront des chansons).

Je parle beaucoup – Tu passes le temps – Il fredonne toujours – Je finis bien – Tu bâtis pour l'avenir – Elle jaunit à l'automne – J'abats du travail – Tu cueilles une fleur – Il reconstruit son avenir – Je souscris un emprunt – Tu tords le cou à la vérité.

Exercice 8

Indiquez la phrase où se trouve un mauvais accord.

Liste 1 :

A. Ils ont mangé.
B. Ils ont mangé des pommes.
C. Les pommes qu'ils ont mangées.
D. Les pommes qu'on a mangé.

Liste 2 :

A. Quel film as-tu vu ?
B. Quelle peur tu m'as faite !
C. Quelle robe a-t-elle mis ?
D. Quels articles a-t-il vendus ?

Respecter les signes orthographiques

Exercice 9

Ajoutez une cédille quand elle est nécessaire.

agacant – ca – remercier – une gercure – un cyclone – un fabricant – un commercant – une caméra – un soupcon – une facon – un négociant – il lancait – un hamecon – récent – effacant – un glacon.

Exercice 10

Placez un tréma sur *i*, *o*, ou *u* quand il est nécessaire.

- ambiguité, guider, innocuité
- se targuer, exigue, longue
- anti-aérien, piano, hair
- protéine, astéroide, continuité

Exercice 11

Placez, lorsque c'est nécessaire, des accents sur les *e* des mots suivants. Classez ensuite l'ensemble des mots dans un tableau comme celui-ci :

son *é* fermé	son *è* ouvert

Mots à classer : un cachet – regulier – une reclamation – un gene – un siege – une lettre – reflechir – un reverbere – relever – apres – reche – un arret – une cle – un lievre – une fleche – une variete.

Exercice 12

Corrigez les fautes contenues dans les formules de politesse suivantes.

- *Sincérement votre.*
- *Vueillez croire, Madame, a mes sentiments les meilleur.*
- *Bien a vous.*
- *Je vous pris d'accepter, Madame, Monsieur, mes salutation distinguée.*
- *Bien sincérement.*

Exercice Bilan

Corrigez dans cette introduction les vingt fautes qu'elle contient.

Le concept de pudeur est définit comme une : « Disposition à éprouver de la gêne devant ce qui peut blesser la décence, devant l'évocation de choses très personnelles », Dictionaire Larousse.

La notion de pudeur et variable selon chaques personnes, chaque culture et chaque tradition. Elle différe selon chaque individu et est exprimer et comprise de manières différente. Pour la plus part des personnes, la pudeur est en relation direct avec le corp et le sexe et pour d'autre cela fait référence à la vie privée, a la pudeur verbal.

Au contraire, l'apudeur fait référence aux personnes qui ne ressentent pas de honte ou de gëne à montrait leurs corps face à des individus où à parler de chose intime, faisant référence à leur vie privée. On qualifie ces personnes « d'impudique ».

10

J'utilise habilement la ponctuation

Les signes de ponctuation sont, à l'image des accents, mis à rude épreuve par l'usage intensif des claviers. Ils sont pourtant indispensables à la compréhension de tout message écrit, car ils remplacent les pauses et les intonations perçues à l'oral. Leur utilisation est très codifiée.

Version initiale

Le point marque la fin de la phrase.

Le tiret encadre une énumération.

La parenthèse insère une précision dans la phrase.

Alfred de Musset né à paris en décembre 1810 est issu d'une famille très cultivée il abandonne ses études de droit et de médecine pour devenir écrivain malgré l'échec de sa première pièce la nuit vénitienne.

Musset varie les tons il passe du comique à l'amertume du lyrisme à la fantaisie au sein d'une même scène les personnages apparaissent comme des êtres tourmentés à l'image de Musset lui-même qui illustrent à leur manière les thèmes du romantisme

Version améliorée

Alfred de Musset, né à Paris en décembre 1810, est issu d'une famille très cultivée. Il abandonne ses études de droit et de médecine pour devenir écrivain, malgré l'échec de sa première pièce, La Nuit vénitienne.

Alfred de Musset varie les tons – il passe du comique à l'amertume, du lyrisme à la fantaisie – au sein d'une même scène. Les personnages apparaissent comme des êtres tourmentés (à l'image de Musset lui-même), qui illustrent à leur manière les thèmes du romantisme.

Juste une QUESTION

Les virgules sont-elles toujours utiles ?

Vous pensez que la ponctuation est secondaire ? Analysez les deux phrases suivantes et retenez que le destin peut tenir à une simple virgule : « On mange les enfants » n'a pas tout à fait le même sens que : « On mange, les enfants ! »…

Observation

1. Lisez la version initiale. À quelles difficultés vous heurtez-vous ?
2. Quels signes de ponctuation la version améliorée introduit-elle ?
3. La compréhension du texte est-elle toujours aussi difficile ? Pourquoi ?

1 Employez les majuscules

- **Les emplois les plus fréquents.** La majuscule marque le début d'une phrase ou d'un vers. Elle caractérise les noms propres : nom, prénom, surnom, peuple ou lieu.
- **Les emplois symboliques.** La majuscule sert aussi à désigner un dieu ou une divinité (*le Créateur*), une institution (*l'Académie*), une époque ou un événement historique (*la Renaissance*), une abstraction personnifiée (*la Justice*) ou un titre honorifique (*Son Excellence*).
- **Les titres d'œuvres.** Enfin, la majuscule est employée pour évoquer le titre d'une œuvre (qu'il faut souligner dans une copie) : Les Misérables, de Victor Hugo.

2 Utilisez la ponctuation de la phrase

- **Le point.** Il marque la fin d'une phrase déclarative. Il peut prendre la forme d'un point d'interrogation ou d'exclamation pour exprimer une modalité différente.
- **Le point-virgule.** Il sépare deux propositions liées par leur sens : *Je m'en vais ; je reviendrai vite.*
- **Les deux points.** Ils signalent une relation logique entre des propositions (la cause, la conséquence, l'explication, l'illustration) ; ils introduisent aussi le discours rapporté (discours direct ou citation). Dans ce cas, ils sont suivis de guillemets.
- **Les points de suspension.** Ils marquent la fin d'une énumération ou, placés entre parenthèses, la suppression de mots à l'intérieur d'une citation.

3 Placez les virgules à l'intérieur de la phrase

La virgule marque une courte pause à l'intérieur de la phrase. Elle sépare des mots, des groupes de mots ou des propositions de même nature. Elle sépare aussi les compléments circonstanciels du verbe, ainsi que les différents termes d'une énumération. Elle peut enfin servir à encadrer une proposition subordonnée ou une incise.

> **Exemple.** Henriette d'Angleterre, qu'on appelle Madame car elle est l'épouse du frère du roi, meurt brutalement à vingt-six ans. Lors de son oraison funèbre, alors que Bossuet évoque ces moments terribles, « l'auditoire, écrit Voltaire, éclata en sanglots et la voix de l'orateur fut interrompue par ses soupirs et ses pleurs ».

4 Utilisez tous les signes de ponctuation

- **Les parenthèses.** Parfois remplacées par des tirets, elles insèrent dans la phrase un mot, un groupe de mots ou une proposition considérés comme secondaires.
- **Le tiret.** Il s'emploie pour introduire une prise de parole ou une énumération listée.
- **L'apostrophe.** Elle signale l'élision de la voyelle finale d'un mot lorsque le mot suivant commence lui-même par une voyelle (*l'ombre*).

Employer les majuscules

Exercice 1

1. Recopiez les groupes nominaux suivants, en ajoutant une majuscule lorsque c'est nécessaire.
2. Dans quels cas peut-on hésiter ? Pourquoi ?

les italiens – une encyclopédie – la provence – le panthéon – louis XVI – les dieux du stade – le parfum français – l'ancien testament – l'encyclopédie de diderot – le prophète – la sécurité sociale – le roi – jean de la fontaine – la fédération française de football – la révolution de 1789 – les écritures – l'école primaire – le lycée fénelon – l'académie des sciences – le 14 juillet – comprendre le chinois – la libération.

Exercice 2

Rétablissez les majuscules dans les énoncés suivants.
Liste 1 :

A. les francophones québécois
B. monsieur le recteur
C. le boulevard de la liberté
D. le pas-de-calais

Liste 2 :

A. un verre de rouge
B. un américain à paris
C. l'argot et le verlan
D. le continent africain

Exercice 3

1. Recherchez sur Internet des informations sur le mythe d'Orphée.
2. Recopiez le texte en rétablissant toutes les majuscules manquantes.

le mythe d'orphée est l'un des plus célèbres de l'antiquité. orphée est d'abord l'amoureux qui va jusqu'aux enfers réclamer aux dieux « une existence d'une juste mesure » pour celle qu'il aime. c'est par amour pour eurydice qu'il se retourne et la regarde, provoquant son retour à la mort. cette histoire d'un amour absolu inspire le divin orphée de l'écrivain espagnol calderon ou l'eurydice du français jean anouilh. depuis la renaissance, le mythe d'orphée célèbre aussi la puissance du chant poétique : c'est cette puissance mystérieuse de l'écriture qu'évoquent gérard de nerval ou jean cocteau quand ils reprennent dans leurs textes la figure d'orphée.

Utiliser la ponctuation de la phrase

Exercice 4

Rétablissez la ponctuation du texte suivant, où seules les virgules ont été conservées. Ajoutez les majuscules qui ont été oubliées.

Qu'est-ce que la farce quelle est l'origine de ce mot la farce met en scène des situations familières, à travers lesquelles domine le désir de tromper l'autre bons tours joués aux marchands, moqueries à l'égard des bourgeois, satires des moines le mot « farce » lui-même est dérivé du verbe « farcer », qui signifie tromper le comique de la farce, dont s'inspirera la commedia dell'arte italienne, repose sur le quiproquo, sur des gestes violents, sur des pitreries verbales et des jeux de mots grossiers

Placer les virgules

Exercice 5

« Il inventa peut-être aussi la virgule, le point-virgule, et certainement la rime, qui n'est pas autre chose qu'un signe de ponctuation pour l'oreille. »
Dans cette citation, quelle fonction de la ponctuation l'écrivain Marcel Pagnol évoque-t-il ? Justifiez votre réponse en une phrase.

A. Sa dimension graphique
B. Sa dimension mélodique
C. Sa dimension syntaxique
D. Sa dimension grammaticale

Exercice 6

Les virgules ont été supprimées de l'article suivant. Recopiez-le en les rétablissant.

Est-ce une bouffée de chaleur révolutionnaire devant tant de lettres enchaînées ? Une soif de clarté ?

Ce matin-là un jour lointain du IIe siècle avant J.-C. Aristophane de Byzance qui règne alors sur la Bibliothèque d'Alexandrie décide d'insérer un blanc entre deux noms. Son estimé collègue Aristarque de Samothrace poursuit le travail. Et c'est ainsi que d'un blanc est née la ponctuation cet art de découper de rythmer d'atteler de détacher des brigades de mots.

Alexandre Demidoff, *Le Temps*, le 12 juillet 2019.

Exercice 7

Rétablissez la ponctuation des phrases suivantes, en y insérant des virgules lorsque c'est nécessaire.

- Le XVIIIe siècle provoque une révolution du regard : l'indigène le barbare l'esclave deviennent les juges de l'Européen.
- Dans les Lettres persanes de Montesquieu le voyageur porte un regard neuf un regard critique sur les mœurs des parisiens.
- Mieux que Bougainville grand voyageur bardé de certitudes le Tahitien devient l'observateur le sociologue de ses visiteurs.
- Donner la parole à un étranger qui analyse notre civilisation la regarder avec curiosité voilà une démarche philosophique.

Utiliser tous les signes de ponctuation

Exercice 8

Insérez dans le texte l'ensemble des corrections que vous jugerez nécessaires.

né en russie romain gary est âgé de treize ans lorsqu'il s'installe en france avec sa mère instructeur dans l'armée de l'air il rejoint le général de gaulle en juin 1940 et combat durant la guerre aux côtés des forces de la france libre à la libération il mène de front une carrière d'écrivain et de diplomate et obtient le prix goncourt en 1956 pour les racines du ciel mais ce succès auprès du public ne lui suffit pas il écrit alors dans un style totalement différent du sien un roman sous le pseudonyme d'émile ajar et obtient sous ce nom un second prix goncourt en 1975

Exercice 9

1. **Justifiez les signes de ponctuation employés dans le tract suivant.**

2. **Quelles corrections pourriez-vous lui apporter ?**

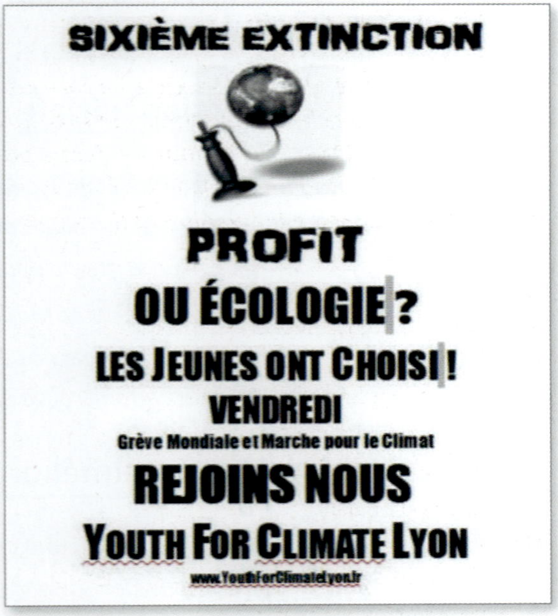

Exercice Bilan

Le texte suivant est écrit sans majuscules ni ponctuation. Corrigez-le.

avec le petit prince antoine de saint-exupéry crée un personnage attachant à la fois fragile et volontaire la rencontre de l'adulte avec l'enfant permet la confrontation de deux univers opposés celui du rêve et celui de la réalité mais très vite des liens d'affection réunissent les deux personnages l'enfant donne à l'adulte une leçon de sagesse saint-exupéry qui meurt durant la seconde guerre mondiale explore ainsi la richesse intérieure de chacun en invitant le lecteur à écouter la voix de l'enfant qui est en lui

11 J'améliore ma phrase

Dans la phrase, le sujet précède généralement le verbe, qui est lui-même suivi des compléments d'objet ou des compléments circonstanciels. C'est l'ordre normatif de la phrase, qui obéit à un souci de logique et de clarté, et permet de se faire bien comprendre.

Version initiale

Les tournures orales
La longueur de la phrase
La mise en relief

L'Avare c'est une pièce qui fait rire depuis plusieurs siècles. Harpagon son personnage principal comme le titre l'indique présente un personnage-type qui déclenche le rire du spectateur.

Dans le texte de Molière, il y a des exemples nombreux de procédés comiques, comme le comique de caractère, mais aussi le comique de geste, et le comique de mots, qu'on trouve également présent dans le texte.

Version améliorée

L'Avare est une pièce qui fait rire depuis plusieurs siècles. Harpagon est son personnage principal, comme le titre l'indique. Il représente un personnage-type qui déclenche immanquablement le rire du spectateur.

Les exemples de procédés comiques sont très nombreux dans le texte de Molière. On y trouve ainsi le comique de caractère. Mais le comique de geste ou encore le comique de mots y sont également présents.

Juste une QUESTION

Que faut-il surveiller lorsqu'on relit son brouillon ?

Souvent, la relecture ne sert à rien, parce qu'elle ne se fixe pas d'objectifs précis. En relisant votre brouillon, surveillez vos phrases. Elles doivent être courtes et bien ponctuées. Chaque phrase doit posséder au moins un verbe. Mais au-delà de trois verbes, vous risquez de ne plus être compris…

Observation

1. Lisez la version initiale. Quels détails rendent les explications confuses ?
2. Quelles transformations la version améliorée apporte-t-elle ?
3. La compréhension du texte est-elle toujours aussi difficile ? Pourquoi ?

1 Évitez les tournures orales

- **L'oral.** À l'oral, il est courant de disloquer la phrase, de manière à en mettre en relief le sujet ou le thème, tout en donnant un temps de réflexion à la pensée.
- **L'écrit.** Mais ce type de construction grammaticale ne peut être utilisé à l'écrit, où il apparaît comme incorrect.

Version initiale : *Ce roman, moi, il m'a plu, au point que je l'ai lu d'une traite.*

Version améliorée : *Ce roman m'a tellement plu que je l'ai lu d'une traite.*

2 Réduisez la longueur de vos phrases

- **Les phrases trop longues.** Elles sont difficiles à comprendre pour le lecteur. Et leur construction complexe, en multipliant les subordonnées, peut entraîner des erreurs.
- **La phrase courte.** Une proposition subordonnée peut souvent être remplacée par un groupe nominal, un gérondif, un participe passé ou une proposition infinitive.

Version initiale : *Chaque fois qu'une métaphore apparaît dans le poème, il en résulte que la femme est comparée à une rose dont la beauté disparaîtra rapidement.*

Version améliorée : *Toutes les métaphores du poème comparent la femme à une rose à la beauté éphémère.*

3 Mettez en relief ce qui est important

- **L'antéposition.** Le déplacement d'un mot ou d'un groupe de mots en tête de phrase permet de mettre en relief les éléments importants du message.
- **La mise en valeur.** La forme emphatique (« *c'est… que* », « *c'est… qui* ») ou les présentatifs (« *il y a* », « *voici* ») mettent en relief les premiers mots d'une phrase.

Version initiale : *Le personnage révèle les raisons de son attitude à la fin de son réquisitoire.*

Version améliorée : *C'est seulement à la fin de son réquisitoire que le personnage révèle les raisons de son attitude.*

4 Donnez du rythme et de l'ampleur à vos phrases

Pour être harmonieuse, la phrase doit être rythmée. Le rythme ternaire ordonne les mots ou les groupes de mots trois par trois, donnant à la phrase une ampleur harmonieuse.

Version initiale : *L'étude des poèmes du parcours permet de mesurer l'évolution du genre poétique. Celui-ci obéit d'abord à des règles rigoureuses. Il se renouvelle ensuite au cours des siècles.*

Version améliorée : *L'étude des poèmes du parcours permet de mesurer l'évolution du genre poétique, son obéissance à des règles rigoureuses, son renouvellement progressif au cours des siècles.*

Éviter les tournures orales

Exercice 1

1. **Quelles sont les marques de l'oralité présentes dans l'exposé suivant ?**
2. **Réécrivez le texte en respectant le code de l'écrit.**

« Une élection de délégués, euh… ça représente beaucoup d'investissement des candidats. Il faut parler aux autres, voir avec eux les problèmes de la classe. On perd des récrés … il faut le vouloir pour passer du temps comme ça… Heu, mais bon ! ça vaut le coup, hein ? Parce qu'on apprend plein de choses et qu'aider les autres, c'est important, des fois. »

Exercice 2

Réécrivez les phrases suivantes de façon à supprimer les mises en valeur inutiles.

A. L'écrivain réaliste, avant de rédiger son roman, il prend des notes et il construit un plan rigoureux.

B. Moi, je pense que les brouillons constituent un travail de préparation indispensable.

C. Une fois, nous avons étudié en classe les plans de la mine réalisés par Zola pour écrire son roman *Germinal*.

D. Moi personnellement, regarder les manuscrits d'écrivain, je trouve ça intéressant.

E. Cette première phrase, je l'ai analysée parce qu'elle montre vraiment très bien comment on entre dans un roman.

Réduire la longueur des phrases

Exercice 3

Transformez les phrases suivantes de manière à supprimer les propositions subordonnées.

- Au vers 2 du poème de Baudelaire, la comparaison que l'on trouve développe l'image de l'incendie.
- On retrouve la même image dans la strophe suivante, qui prend cette fois la forme d'une métaphore filée.
- Sophocle, Rotrou, Cocteau et Anouilh sont les écrivains qui ont été tour à tour les auteurs d'une tragédie intitulée *Antigone*.
- La cause première du destin tragique de l'héroïne est qu'elle est incapable d'accepter la simplicité de sa vie quotidienne.
- Sans qu'il le sache, le personnage est confronté à un destin qui est implacable.

Exercice 4

Les phrases suivantes sont trop longues et difficilement compréhensibles. Réduisez leur longueur en les simplifiant.

- Ce que les œuvres des philosophes des Lumières nous enseignent, est que l'esprit critique se caractérise comme étant essentiel pour toute société.
- Bien que l'auteur utilise un ton ironique, le personnage adopte une attitude que l'on ne peut tolérer.
- Celui qui a écrit cet article attaque de manière vive les préjugés de la société du XVIIIe siècle.
- Les points de vue de ceux qui ont prononcé ces discours sont exactement les mêmes.
- Rousseau pense qu'il a raison lorsqu'il affirme que c'est la propriété privée qui est à l'origine des inégalités qui apparaissent entre les hommes.

Exercice 5

Transformez la longue phrase complexe qui suit en cinq propositions indépendantes, coordonnées ou juxtaposées.

Lorsqu'on étudie Les Fleurs du mal de Baudelaire, on s'aperçoit que les sources d'inspiration du poète sont nombreuses, ce que le sommaire du recueil reflète bien, car il classe les différents poèmes en plusieurs grandes parties qui donnent un éclairage sur leur contenu et aussi sur les intentions de Baudelaire, ses états d'âme, ce qui le rend triste ou heureux.

Mettre en relief un élément

Exercice 6

Réécrivez les phrases suivantes de manière à mettre en relief les éléments soulignés.

- La fable donne souvent aux animaux les vices et les vertus des hommes.
- Le jeu des oppositions et les contrastes violents plongent peu à peu le lecteur dans une atmosphère étrange et saisissante.
- Les tenues extravagantes choisies par le metteur en scène donnent à la représentation de cette tragédie des allures comiques.
- Le lecteur est séduit par le caractère des personnages, la beauté de l'héroïne et les rebondissements de l'intrigue.

Donner du rythme à ses phrases

Exercice 7

1. **Repérez dans les phrases suivantes les groupes syntaxiques qui vont par deux (rythme binaire) ou par trois (rythme ternaire).**
2. **Sur quoi ce rythme de chaque phrase permet-il d'insister ?**

- Il eut beau protester, on ne le crut pas. (Maupassant)
- Je n'ai plus rien à apprendre, j'ai marché plus vite qu'un autre, et j'ai fait le tour de ma vie. (Chateaubriand)
- La culture n'est rien ; c'est l'homme qui est tout. (Le Clézio)
- On n'est jamais si heureux qu'on croit, ni si heureux qu'on l'avait espéré. (La Rochefoucauld)
- Il faut rire avant que d'être heureux, de peur de mourir sans avoir ri. (La Bruyère)
- L'aise, la joie, l'abondance remplissent l'âme de telle sorte qu'elles en éloignent tout le sentiment de la misère des autres, et mettent à sec, si l'on n'y prend garde, la source de la compassion. (Bossuet)

Exercice 8

Réécrivez les groupes de phrases suivants en leur donnant un rythme ternaire.

- Les formes du discours argumentatif sont très diverses. Cette diversité répond à l'évolution de la littérature. Elle est rendue possible par la multiplication des moyens de communication. Elle correspond aux enjeux sociaux, politiques et culturels de chaque époque.
- Le discours argumentatif conserve la trace des modèles de l'Antiquité. Il obéit aux principes de la rhétorique. Il agit à la fois sur le cœur et sur la raison.
- L'avocat plaide dans l'enceinte du tribunal. Le chroniqueur défend son opinion dans les colonnes des journaux. Le publicitaire séduit en mettant en valeur les objets de consommation. Tous argumentent de manière à convaincre ou persuader.

Exercice Bilan

Décrivez en cinq phrases cette couverture de roman, de manière à expliquer les intentions de son concepteur.

12

Je choisis le mot juste

Qu'est-ce qu'un mot juste ? L'emploi des mots dépend de la situation de communication qui, elle-même, implique l'emploi d'un niveau de langue adapté. À l'oral comme à l'écrit, le choix des mots révèle une part de nous-mêmes. Surtout, il facilite la compréhension du message, lorsqu'il est juste et précis.

Version initiale

- Le lexique
- Les répétitions
- Le pronom adapté

Les œuvres d'art nous évoquent le passé. Par exemple les tableaux de grands peintres peuvent faire passer des messages symboliques à celui qui les regarde ou rendre un hommage au passé. Par exemple Guernica *du grand peintre Pablo Picasso qui dénonce le bombardement par l'Allemagne de cette ville produit en 1937. L'art peut être constructif et intéressant quand tout le monde peut y avoir accès.*

Version améliorée

Les œuvres d'art nous aident à nous souvenir du passé. Les tableaux des grands peintres adressent des messages symboliques à ceux qui les regardent, en rendant hommage à leur époque. Par exemple *Guernica*, de Picasso, dénonce le bombardement de ce village espagnol en 1937 par les Allemands. L'art peut être utile et passionnant pour tout le monde, dès lors qu'on y a accès.

Juste une QUESTION

Quand utiliser un mot concret ou un mot abstrait ?

Les mots concrets (*miroir, bleu, homme…*) se réfèrent à des êtres ou des objets. Connus de tous, ils conviennent à l'oral et à l'écrit. Les mots abstraits (*liberté, indépendance…*) se réfèrent aux idées. Réservez-les à l'analyse, au commentaire, à la dissertation ou à l'essai. Mais sans en abuser ! N'utilisez que les mots que vous maîtrisez vraiment.

Observation

1. Quelle est l'idée générale du paragraphe ? Est-elle correctement exprimée dans la première version ? Pourquoi ?
2. Quelles autres maladresses la version initiale contient-elle ?
3. Que peut-on reprocher à l'auteur de cet essai ? Quels défauts sa façon d'écrire révèle-t-elle ?

1 Enrichissez votre lexique

- **Chassez l'imprécision.** Les mots imprécis (*chose*), les termes passe-partout (*parle*), les expressions familières (*le daron, genre !*) nuisent à la qualité de l'expression, écrite ou orale.
- **Choisissez le terme juste.** Pour éviter ces incorrections et ces maladresses, il est nécessaire d'utiliser le terme juste en exploitant les ressources du lexique.

Version initiale : *Les Confessions de Rousseau conduisent l'écrivain à dire à ceux qui lisent son livre tout ce qu'il a fait de mal, en écrivant ses souvenirs. Il y a donc dans le texte de nombreuses confidences sur sa vie.*

Version améliorée : Les Confessions de Rousseau conduisent l'écrivain à avouer au lecteur ses erreurs et ses fautes, à travers le récit de ses souvenirs. Il multiplie ainsi les confidences autobiographiques.

2 Supprimez les répétitions

- **Le style négligé.** La répétition d'un même terme affaiblit l'expression en donnant l'impression d'un style négligé et d'un lexique limité.
- **Les nuances du discours.** On évite les répétitions par l'emploi de synonymes ou de périphrases qui nuancent le discours tout en l'enrichissant.

Version initiale : *Albert Camus écrit de nombreux livres pour défendre ses idées. Il défend ainsi son idée de la condition humaine dans son livre L'Étranger.*

Version améliorée : Albert Camus consacre de nombreux écrits à la défense de ses idées. Il expose ainsi sa conception de la condition humaine dans son roman L'Étranger.

3 Choisissez le pronom adapté

L'utilisation du pronom doit le mettre en relation de façon claire avec le nom auquel il se rapporte. Le choix du pronom adapté permet ainsi d'éviter les nombreuses ambiguïtés qui sont source de confusion.

Version initiale : *Rimbaud porte sur le monde un regard lucide. Celui-ci évoque ainsi dans « Le dormeur du val » la présence de la mort. Elle est amenée progressivement jusqu'au vers final.*

Version améliorée : Rimbaud porte sur le monde un regard lucide. Il évoque ainsi dans « Le dormeur du val » la présence de la mort. Celle-ci est amenée progressivement jusqu'au vers final.

4 Utilisez le vocabulaire de l'analyse littéraire

Pour rédiger la réponse à une question, un commentaire ou une dissertation, ou encore mener une analyse à l'oral, il est nécessaire d'utiliser le vocabulaire technique de l'analyse littéraire. Il s'agit pour cela de désigner précisément les notions littéraires et les procédés rhétoriques mis en œuvre par le texte.

Version initiale : *Dans ce texte, Ronsard exprime la brièveté de l'existence à travers la présence de la rose.*

Version améliorée : Dans ce sonnet, Ronsard exprime la brièveté de l'existence à travers la métaphore filée de la rose.

Exercices

Enrichir son lexique

Exercice 1

Choisissez le ou les mots justes de façon à préciser le sens des termes soulignés.

- Le livre de Verlaine regroupe ses poèmes.

bouquin – volume – tome – recueil – ouvrage – roman

- Le narrateur montre au lecteur les sentiments qu'il éprouve envers les personnages de son histoire.

expose – étale – dévoile – écrit – présente

intrigue – récit – discours – narration – monologue

- Le texte de Hugo est contre la peine de mort.

refuse – s'oppose – condamne – agrée – repousse

- Le dernier vers du poème provoque l'étonnement.

l'ahurissement – la stupeur – la surprise

Exercice 2

Réécrivez les passages de copies suivants en corrigeant les mots et expressions soulignés.

- *Marcel Proust fait ranimer les lieux de son enfance. L'auteur de romans explore les moments de bonheur et les chagrins, qui l'ont très marqué. Ses romans explorent aussi tout un monde décédé dont il cherche à rendre l'atmosphère.*
- *La correspondance de Voltaire a un rôle important dans sa vie. Ceux à qui il écrit appartiennent à toutes les couches de la société. La lecture de ses lettres donnent une bonne idée de la philosophie des Lumières.*
- *Dans cette phrase de Jean Giono, la personnalisation de l'eau passe par les verbes d'action. Il souligne par ce moyen un combat entre l'homme et la nature. Il souligne la lutte de l'humanité contre la menace du bazar.*

Supprimer les répétitions

Exercice 3

Trouvez des synonymes pour chacun des termes soulignés dans les phrases suivantes.

- La vie de Hugo est mouvementée.
- L'auteur a de bonnes idées.
- L'écriture sobre de Malherbe contraste avec le style compliqué de Théophile de Viau.
- Cette pièce a de bon dialogues.
- Ce roman multiplie les descriptions de lieux et les descriptions de personnages.

Exercice 4

Retrouvez à quel terme renvoie chacune des périphrases suivantes.

- Le siècle des Lumières
- Le recueil scandaleux de Charles Baudelaire
- L'auteur des *Trois Mousquetaires*
- Le plus ancien des prix littéraires
- Le chef de file du surréalisme
- L'univers magique des planches
- Ces récits en vers qui font parler les animaux
- L'inventeur de l'autobiographie

Choisir le bon pronom

Exercice 5

Recopiez les phrases suivantes en utilisant les pronoms personnels ou relatifs qui conviennent.

- Rousseau fait le procès de la civilisation. ... est convaincu qu' ... a perverti les hommes et créé les injustices sociales. À ses yeux, ... sont nées de la propriété. Voltaire ... reproche ainsi de trahir les efforts des Lumières pour le progrès, ... il est le plus ardent défenseur.
- À travers la mémoire de Marcel Proust, ... découvrons tout un monde disparu, ... le romancier recrée à travers ses souvenirs. Ce sont ... qui donnent un charme particulier à sa *Recherche du temps perdu*.
- Bossuet, homme d'Église, et Rousseau, philosophe, ont accusé Molière d'être immoral. ... dénonce ses audaces de libre penseur, ... lui reproche son conformisme conservateur. ... oublie alors que Molière n'est ni prêtre ni philosophe, mais homme de théâtre. ... fait rire en montrant la façon ... vivent les êtres humains.

Utiliser le vocabulaire de l'analyse littéraire

Exercice 6

Associez chaque terme à la définition qui convient.

néologisme •	• idée toute faite
huitain •	• mot inventé
exposition •	• ensemble de mots renvoyant au même thème
stéréotype •	• premières scènes d'une pièce
rhétorique •	• premières lignes d'un roman
césure •	• dernier vers d'un sonnet
chute •	• strophe de huit vers
champ lexical •	• art du discours
incipit •	• coupe centrale du vers

Exercice 7

Réécrivez le paragraphe suivant en remplaçant les mots soulignés par le terme qui convient : pronom, témoignage, identité, narrateur, préface, déclare, genre.

Dans ses *Confessions*, Rousseau inaugure un nouveau type d'écriture littéraire : l'autobiographie. L'auteur, celui qui raconte l'histoire et le personnage principal se confondent en une seule personne. Le mot « je » désigne une personne réelle qui s'engage à dire toute la vérité sur son existence. Dans les pages d'introduction à son oeuvre, il cite : « Je veux montrer à mes semblables un homme dans toute la vérité de la nature. » Tels sont les enjeux de l'autobiographie : il s'agit d'une histoire vraie adressée au public, et qui donne à l'auteur l'occasion de réfléchir sur sa vraie personnalité.

Exercice 8

Réécrivez ce paragraphe de présentation d'une œuvre intégrale en modifiant les termes soulignés, trop imprécis ou maladroits.

- Les textes de Rimbaud rédigés en 1870 sont réunis en 1895 dans un livre de poésies préfacé par Verlaine. Elles expriment les passions de l'adolescent vagabond, rêveur, amoureux, impatient de vivre pleinement sa vie. Elles parlent aussi d'une révolte contre les bourgeois et disent sa révolte devant de la guerre. Il commence ainsi l'écriture d'une poésie nouvelle qui, tout en étant proche et familiale, multiplie les images affolantes.

Exercice Bilan

Présentez l'analyse linéaire de ce début de poème sous la forme d'un court paragraphe. Utilisez les mots suivants pour vous aider :

mouvement, descriptif, imparfait, tableau, lugubre, décor, marques de l'énonciation, connecteurs temporels, rimes, comparaisons, narratif, temps composés, enjambement, négation, personnification.

Les nuages couraient sur la lune enflammée
Comme sur l'incendie on voit fuir la fumée,
Et les bois étaient noirs jusques à l'horizon.
Nous marchions, sans parler, dans l'humide gazon,
Dans la bruyère épaisse et dans les hautes brandes,
Lorsque, sous des sapins pareils à ceux des Landes,
Nous avons aperçu les grands ongles marqués
Par les loups voyageurs que nous avions traqués.
Nous avons écouté, retenant notre haleine
Et le pas suspendu. – Ni le bois ni la plaine
Ne poussaient un soupir dans les airs ; seulement
La girouette en deuil criait au firmament…

Alfred de Vigny, « La mort du Loup », *Les Destinées*, 1864

Alfred de Vigny, *l'écrivain romantique, à la fois poète, romancier et dramaturge.*

La réussite au bout du stylo

« Confus », « maladroit », « trop lourd », « négligé », « familier »... Ces annotations ornent parfois les marges de vos copies et vous n'arrivez pas à répondre aux attentes de votre professeur. Voici quelques solutions simples qui pourraient améliorer vos notes.

Chassez les fautes de syntaxe

Évitez certaines locutions composées : « Malgré que », « de par son style », « pour ce qui est de » sont des tournures fautives ou trop lourdes. De même, les pléonasmes et les répétitions, s'ils permettent d'insister lourdement sur une vérité supposée, sont malvenus dans une copie : « L'auteur met clairement en évidence », « Le style de l'écriture de l'écrivain », « Le thème est très omniprésent » sont des formulations incorrectes.

Allégez vos constructions

Les phrases complexes – celles qui possèdent plusieurs verbes – sont souvent source de maladresses. Les subordonnées se sont enchaînées dans votre copie au point que vous en avez perdu la maîtrise.
Quand les « qui » et les « que » se multiplient, faites l'analyse grammaticale de votre phrase pour retrouver et valider le verbe de la principale. Ne dépassez pas deux subordonnées par phrase, et préférez-leur toujours un groupe nominal.
Par exemple : « Bien que ce personnage ne s'exprime pas beaucoup, il est important dans l'intrigue parce qu'il la fait évoluer » peut devenir plus simplement « Malgré sa discrétion, ce personnage est important, car il fait évoluer l'intrigue. »

> Tout écrivain, pour écrire nettement, doit se mettre à la place de ses lecteurs.
>
> Jean de La Bruyère

Traquez les répétitions

Pour les termes qui reviennent souvent dans les essais, les commentaires ou les dissertations, constituez des listes de synonymes que vous pourrez utiliser pour supprimer les répétitions : « L'auteur nous montre que... » peut ainsi devenir « L'écrivain nous invite à découvrir », « Le romancier nous permet de comprendre que » ou encore « Le poète nous fait partager »...

Relisez votre brouillon

Lorsqu'on rédige son brouillon, les mots suivent le fil de la pensée, parfois interrompue par une idée nouvelle. Ce qui apparaissait clair dans votre esprit devient alors confus à la relecture. Par exemple, lorsque vous avez écrit : « L'image du théâtre comme un endroit triste provoque l'ennui », qu'avez-vous voulu dire vraiment ? Probablement que « Nous avons du théâtre, l'image d'un endroit triste qui provoque l'ennui. » Mais vous seul vous êtes compris. Une fois votre brouillon achevé, relisez soigneusement chaque phrase en surlignant les verbes et leurs sujets et mettez de l'ordre dans vos phrases.

Lorenzo Lotto, *Retable de San Bernardino*, (détail), 1521.

> « Si les gens ne savent pas bien écrire, ils ne sauront pas bien penser, et s'ils ne savent pas bien penser, d'autres penseront à leur place. »
>
> George Orwell

Évitez le style oral familier

Ce qui peut être acceptable à l'oral doit être banni à l'écrit. Chassez de votre copie les mots trop vagues et ambigus, comme « ça », « chose », « l'auteur parle », etc.

Montrez aussi au correcteur que vous maîtrisez les règles de la négation, qui a été étudiée en cours d'année. Le « ne » de la négation doit toujours précéder le « pas » qui l'exprime.

Si vous souhaitez utiliser un terme familier, parce qu'il vous semble révéler au mieux votre pensée, placez-le entre guillemets, afin de montrer que vous connaissez sa valeur d'emploi : « C'est une forme de "ras-le-bol" qui s'empare du héros. »

Soulignez la progression de votre raisonnement

Entre deux grandes parties d'un devoir, qu'il s'agisse d'un commentaire, d'une dissertation ou d'un essai, il est nécessaire de ménager des transitions qui récapitulent les idées développées et annoncent celles qui suivent. La transition – intercalée entre deux grandes parties – met en valeur la rigueur et la clarté du raisonnement qu'elle souligne, à travers l'utilisation de termes d'articulation logique. Préparez-la au brouillon si nécessaire.

13 Je construis un paragraphe

Qu'il figure dans un essai, une dissertation ou un commentaire, le paragraphe obéit toujours aux mêmes principes. Il commence par énoncer une idée, qu'il développe au moyen d'arguments, eux-mêmes illustrés d'exemples. La dernière phrase prend la forme d'une phrase conclusive.

Exemple de paragraphe

Idée directrice de l'argument
Phrase conclusive
Connecteurs

Le fantastique se développe [d'abord] dans cette nouvelle de Maupassant à partir d'une situation qui provoque une impression de malaise et de doute. Il s'agit [en effet] pour l'écrivain réaliste de jouer avec les sentiments qu'éprouve le lecteur. Le romancier utilise ainsi la première personne du singulier (« je », « mon »), qui provoque l'identification du lecteur au narrateur. [De plus], la multiplication des questions que celui-ci se pose souligne son incompréhension devant ce qui survient : « Qu'était-ce que cela ? Quand ? comment ? pourquoi ces cheveux avaient-ils été enfermés dans ce meuble ? » (l. 17). Cependant, le doute laisse vite place à un sentiment de peur panique devant l'inexplicable.

Ce paragraphe de commentaire explique comment Maupassant donne une tonalité fantastique à son récit. Il commence par exposer un premier argument au moyen du connecteur « d'abord », avant de le justifier dans la phrase suivante. Le second argument, introduit par « De plus », s'appuie sur une citation. Un renvoi à la ligne du texte étudié est mis en place. La dernière phrase annonce le paragraphe suivant.

Juste une QUESTION

Combien de lignes pour faire un bon paragraphe ?

Il n'y a pas de règle stricte. Retenez qu'un paragraphe, pour être bon, ne doit développer qu'une seule idée, que ce soit sur cinq ou sur vingt lignes. Tout changement d'idée nécessite un retour à la ligne, un nouvel alinéa (commencez à trois carreaux de la marge) et donc un nouveau paragraphe.

Observation

1. Reformulez l'idée affirmée dans la première phrase du paragraphe. Quelle sera l'idée directrice du paragraphe suivant ?
2. Observez les connecteurs utilisés. Quelle est leur fonction ?
3. À quoi servent les citations ? Que viennent-elles illustrer ?

1 Formulez l'idée directrice du paragraphe

- **L'idée directrice.** Chaque paragraphe développe une idée importante : celle-ci figure dans le plan que vous avez construit pour répondre au sujet. Elle constitue une étape de votre raisonnement et vous devez l'affirmer clairement au début de chaque paragraphe.

  Exemple. *Selon l'auteur du texte, la lutte contre les injustices menée au XVIIIe siècle par les philosophes des Lumières est remise en cause aujourd'hui par la mondialisation.*

- **Le changement d'idée directrice.** Il implique un changement de paragraphe, marqué par le retour à la ligne et l'utilisation de l'alinéa (le commencement en retrait du paragraphe).

2 Apportez des arguments

Les arguments développent l'idée directrice de chaque paragraphe. Ils ont une fonction d'explication et de justification. Sans arguments, l'idée directrice reste une affirmation gratuite. Vos paragraphes développeront ainsi deux ou trois arguments afin de valider l'idée développée.

Exemple. Pour un paragraphe de commentaire, les arguments seront constitués, par exemple, par la mention de procédés d'écriture qui valident l'idée directrice.

3 Illustrez les arguments au moyen d'exemples

Les exemples illustrent les arguments en les validant. Vous pouvez choisir d'illustrer vos arguments au moyen de citations, de références à des auteurs ou à des œuvres, de renvois à l'actualité, à l'histoire littéraire ou à des figures de style, en fonction du type d'analyse ou d'argumentation développé par le paragraphe.

Exemple. Dans un paragraphe de dissertation, vous pouvez utiliser, par exemple, un auteur du parcours de lecture pour montrer les préoccupations d'une époque.

4 Soignez la phrase conclusive

Une phrase conclusive clôt le paragraphe, de manière à souligner l'aboutissement du raisonnement et à relancer l'attention du lecteur. Vous pouvez choisir de reformuler l'idée directrice développée ou d'annoncer celle du paragraphe suivant.

Exemple. *Certes, le héros du roman connaît un parcours chaotique. Mais ce désordre n'est-il pas à l'image de sa personnalité et de ses contradictions intimes ?*

5 Reliez les éléments du paragraphe par des connecteurs

Utilisez des connecteurs logiques ou des connecteurs d'énumération pour souligner l'enchaînement rigoureux des idées à l'intérieur d'un paragraphe ou le passage logique d'un paragraphe à l'autre.

Exemple. D'une part, d'autre part, enfin… / Cependant, ainsi, par conséquent…

Formuler l'idée directrice

Exercice 1

Séparez l'idée annoncée et son explication de manière à mettre en valeur l'idée directrice du paragraphe.

- Le dialogue entre les deux personnages de Marivaux s'annonce comme difficile, voire impossible, car Angélique se voit bombardée de phrases impératives, interrogatives ou interro-négatives, par sa mère, qui veut à tout prix savoir ce qu'elle pense.
- Les grands romanciers se sont toujours attachés à représenter la société de leur temps pour en souligner les qualités et les défauts, ce qui nous montre que le roman a une dimension argumentative que l'on trouve déjà chez Rabelais.
- La poésie lyrique touche particulièrement les lecteurs en permettant à l'écrivain d'exprimer des émotions personnelles, où tout le monde se reconnaît.

Exercice 2

1. **Lisez le texte suivant. Que pouvez-vous dire de ce portrait ?**
2. **Formulez deux idées directrices qui pourraient être développées dans un commentaire.**

La reine avait plus que personne que j'aie jamais vu, de cette sorte d'esprit qui lui était nécessaire pour ne pas paraître sotte à ceux qui ne la connaissaient pas. Elle avait plus d'aigreur que de hauteur, plus de hauteur que de grandeur, plus de manières que de fond, plus d'inapplication à l'argent que de libéralité, plus de libéralité que d'intérêt, plus d'intérêt que de désintéressement, plus d'attachement que de passion, plus de dureté que de fierté, plus de mémoire des injures que des bienfaits, plus d'intention de piété que de piété, plus d'opiniâtreté que de fermeté et plus d'incapacité que de tout ce que dessus.

Cardinal de Retz, *Mémoires*, 1675-1677.

Apporter des arguments

Exercice 3

Utilisez ces notes pour rédiger le début du paragraphe d'essai qu'elles mettent en place : idée directrice et premier argument développé.

- Craintes actuelles : perte de l'écrit au détriment de l'oral.
- En réalité : écrit de plus en plus utilisé.
- Car : a) développement des outils de communication (Exemple : Smartphones) et des réseaux sociaux (Ex : Facebook).
- Mais : transformation des usages de l'écrit (Ex : abandon des règles de l'orthographe).
- Conclusion : l'écrit reste vivant, mais se transforme irrésistiblement.

Exercice 4

1. **Quelle idée directrice pourrait vous permettre de commenter un aspect du texte suivant ? Sur quelles caractéristiques du texte repose-t-elle ?**
2. **Rédigez le début d'un paragraphe de commentaire en apportant au moins deux arguments.**

Victor Hugo (1802-1885)

Biarritz est un village blanc à toits roux et à contrevents verts posé sur des croupes de gazon et de bruyère, dont il suit les ondulations. On sort du village, on descend dans la dune, le sable s'écroule sous vos talons, et tout à coup on se trouve sur une grève douce et unie au milieu d'un labyrinthe inextricable de rochers, de chambres, d'arcades, de grottes et de cavernes, étrange architecture jetée au milieu des flots, que le ciel remplit d'azur, le soleil de lumière et d'ombre, la mer d'écume, le vent de bruit.

Victor Hugo, *Voyage aux Pyrénées*, 1843.

Illustrer par des exemples

Exercice 5

Indiquez, pour chacun des arguments suivants, quel type d'exemple convient le mieux : citation, fait d'actualité, référence à une lecture, histoire littéraire, figure de style. Plusieurs réponses sont possibles.

Essais

- Argument : L'attrait pour des civilisations lointaines a toujours existé.
- Argument : Les écrivains participent à leur manière aux changements de la société.

Commentaires

- Argument : Le retour du refrain donne au poème une mélodie particulière.
- Argument : La description du paysage prend une dimension symbolique.

Dissertations

- Argument : Le parcours du personnage met en évidence la difficulté des rapports sociaux.
- Argument : La dimension comique des échanges n'efface pas la réflexion sur les rapports humains.

Soigner la phrase conclusive

Exercice 6

1. **À travers quels termes la phrase conclusive est-elle annoncée dans ces exemples ?**
2. **Laquelle des deux phrases récapitule l'idée directrice du paragraphe ? Laquelle annonce l'idée directrice du paragraphe suivant ?**
3. **Aidez-vous de ces exemples afin de rédiger la phrase conclusive pour l'exercice 2.**

- La poésie constitue en définitive le genre noble par excellence, le seul qui soit capable d'exprimer par le langage les sentiments de l'humanité, les plus intimes, les plus profonds.
- À travers cette longue description, le romancier ne se contente donc pas de mettre sous les yeux du lecteur un paysage avec toutes ses particularités. Il le rend vivant.

Exercice Bilan

1. **Lisez attentivement le texte de Marivaux.**
2. **En vous aidant des indications fournies, rédigez le paragraphe de commentaire indiqué par le plan. Vous intégrerez les exemples qui conviennent.**

HORTENSIUS. – Madame la Marquise ne pouvait charger de ses ordres personne qui me les rendît plus dignes de ma prompte obéissance.

LISETTE. – Ah ! le joli tour de phrase ! Comment ! vous me saluez de la période la plus galante qui se puisse, et l'on sent bien qu'elle part d'un homme qui sait sa rhétorique !

HORTENSIUS. – La rhétorique que je sais là-dessus, Mademoiselle, ce sont vos beaux yeux qui me l'ont apprise.

LISETTE. – Mais ce que vous me dites là est merveilleux ; je ne savais pas que mes beaux yeux enseignassent la rhétorique.

HORTENSIUS. – Ils ont mis mon cœur en état de soutenir thèse, Mademoiselle ; et, pour essai de ma science, je vais, si vous l'avez pour agréable, vous donner un petit argument en forme.

LISETTE. – Un argument à moi ! Je ne sais ce que c'est ; je ne veux point tâter de cela : adieu.

Marivaux, *La Seconde Surprise de l'amour*, 1727.

Idée directrice : Hortensius ne parvient pas à séduire Lisette car celle-ci n'est pas dupe de sa maladresse verbale.

Argument 1 : utilisation d'un langage soutenu, dans le but de flatter et d'impressionner (Hortensius).

Argument 2 : attitude moqueuse de Lisette, faisant semblant d'être séduite par ce discours.

Phrase conclusive : Hortensius échoue, parce qu'il ne maîtrise pas l'art d'argumenter. Personnage néanmoins attachant…

14 Je relie mes idées entre elles

Qu'on explique, argumente ou raconte, il faut, pour être bien compris, tisser des liens entre les parties du discours. Les connecteurs sont des outils précieux qui permettent de se faire mieux comprendre.

Exemple de paragraphe

L'opposition
L'addition et l'explication
La cause et la conséquence

Chacun devrait avoir conscience que les données personnelles qu'il éparpille sur Internet pourraient être détournées ou utilisées à des fins malveillantes. Cependant, ce n'est pas vraiment le cas. D'ailleurs, beaucoup d'internautes estiment difficile de gérer leurs données personnelles sur le web. C'est ainsi que pour la majorité des internautes, les notions de vie privée et de vie publique restent floues. Il est vrai que cela ne va pas de soi. Mais, c'est comme souvent, cela mérite d'être appris. Et le jeu en vaut la chandelle. Car chacun est l'unique responsable de la protection de ses données personnelles et de sa vie privée.

Ce paragraphe, extrait d'un essai, utilise les connecteurs logiques de façon à montrer la progression du raisonnement. Les connecteurs éclairent la pensée, explorant les causes et les conséquences, annonçant parfois une explication ou une opposition. Indispensables balises du texte d'idées, ils guident le lecteur dans la compréhension d'une argumentation ou d'une démonstration.

Juste une QUESTION

Les connecteurs sont-ils indispensables ?

Oui et non. Certains élèves abusent des connecteurs, en les plaçant au début de chaque paragraphe et entre toutes les phrases ou presque… La copie semble alors avoir été écrite par un robot. Néanmoins (encore un connecteur !), placés judicieusement, ils donnent au devoir une impression de fluidité et de clarté bienvenue.

Observation

1. Quelle est l'idée générale défendue par ce paragraphe ? Reformulez-la oralement.
2. Trouvez un synonyme pour chacun des termes encadrés.
3. Pourrait-on supprimer ces termes sans changer le sens du texte ? Qu'en concluez-vous ?

1 Utilisez les connecteurs

- **La logique implicite.** Lorsqu'on écrit un texte, on a tendance à faire comme si le lecteur pouvait en suivre la logique sans effort, de manière naturelle.
- **Le rôle des connecteurs.** Au contraire, il est important d'expliciter les liens qui unissent entre eux les phrases ou les paragraphes du discours à l'aide des connecteurs.

Version initiale : *La propagande par l'image est omniprésente dans les médias. Elle n'est pas toujours perçue par ceux qui en sont les victimes.*

Version améliorée : *S'il est vrai que la propagande par l'image est omniprésente dans les médias, elle n'est cependant pas toujours perçue par ceux qui en sont les victimes.*

2 Organisez votre propos

De nombreux termes d'articulation permettent de classer les différentes étapes d'un devoir ou d'un exposé, en indiquant l'ajout d'une idée à une autre. Ces connecteurs d'énumération vous rendent plus cohérent et compréhensible par le lecteur ou l'auditeur.

Exemples. Et, puis, en outre, de surcroît, d'ailleurs, voire, d'une part… d'autre part, d'un côté… de l'autre, par ailleurs, ensuite, premièrement, d'abord, en premier lieu, de plus, enfin, en dernier lieu, etc.

3 Soulignez la progression de votre raisonnement

La progression d'une argumentation ou d'une explication est rendue plus claire par des connecteurs qui indiquent l'opposition, la cause, la conséquence ou la concession.

- **Pour exprimer l'opposition :** mais, cependant, en revanche, au contraire, or, alors que, toutefois, pourtant, etc.
- **Pour exprimer la cause :** en effet, car, parce que, puisque, en raison de, du fait de, vu que, sous prétexte que, à cause de, etc.
- **Pour exprimer la conséquence :** ainsi, c'est pourquoi, à tel point que, en conséquence, si bien que, de sorte que, donc, etc.
- **Pour exprimer la concession :** il est vrai que, sans doute, certes, quoique, même si, bien que, etc.

4 Annoncez vos explications et vos exemples

- **L'explication.** Afin de développer une idée, il est nécessaire de l'éclairer par des explications. Utilisez les connecteurs suivants : c'est-à-dire, effectivement, en d'autres termes, d'ailleurs, en effet, etc.
- **L'exemple.** De la même manière, soulignez l'importance des exemples que vous apportez en annonçant clairement leur présence : par exemple, c'est ainsi que, c'est le cas de, notamment, comme, etc.

Utiliser les connecteurs

Exercice 1

Repérez les connecteurs logiques dans le texte et indiquez quelle relation logique ils explicitent.

Il est démontré, disait-il, que les choses ne peuvent être autrement : car tout étant fait pour une fin, tout est nécessairement pour la meilleure fin. Remarquez bien que les nez ont été faits pour porter des lunettes, aussi avons-nous des lunettes. Les jambes sont visiblement instituées pour être chaussées, et nous avons des chausses. Les pierres ont été formées pour être taillées et pour en faire des châteaux ; aussi monseigneur a un très beau château : le plus grand baron de la province doit être le mieux logé ; et les cochons étant faits pour être mangés, nous mangeons du porc toute l'année. Par conséquent, ceux qui ont avancé que tout est bien ont dit une sottise : il fallait dire que tout est au mieux.

Voltaire, *Candide*, 1759.

Exercice 2

Articulez chaque couple de phrases au moyen d'un connecteur qui explicitera la relation logique qui les unit.

- L'humour est une dimension essentielle de l'humain. Il exprime sa capacité à s'amuser devant les épreuves de la vie. (explication)
- Les faiblesses des hommes sont représentées au théâtre. Elles s'étalent dans les pages d'un roman. (addition)
- La réflexion et le rire se confondent parfois. Les mots ne sont jamais innocents, même lorsqu'ils paraissent légers. (cause)
- L'oralité et la familiarité n'ont pas leur place dans la littérature. Ils apportent une tonalité et une vérité nouvelles au texte. (concession)

Exercice 3

Répondez aux questions posées en articulant deux propositions indépendantes au moyen d'un des connecteurs mis entre parenthèses.

- La corrida est-elle encore une passion légitime ? (cependant, toutefois, néanmoins)
- La lecture d'une œuvre intégrale peut-elle mieux nous faire comprendre le monde ? (parce que, grâce à, en effet)
- Les textes étudiés pour l'examen sont-ils choisis au hasard ? (par conséquent, c'est pourquoi, de sorte que)

Organiser son propos

Exercice 4

Le plan de commentaire qui suit porte sur un sonnet de Ronsard intitulé « Derniers vers ».
Reliez chaque partie ou sous-partie au moyen d'un terme d'articulation.

I. Le portrait sinistre d'un vieillard

1. Déchéance physique poignante
2. Angoisse face à l'approche de la mort

II. Un poème d'espoir

1. L'acceptation calme de la mort
2. Un hommage à l'amitié

Exercice 5

Décrivez le tableau suivant en un paragraphe rédigé. Vous utiliserez cinq connecteurs au minimum.

René Magritte
Le Château des Pyrénées, 1959

Souligner la progression d'un raisonnement

Exercice 6

Réécrivez le texte en y insérant ces connecteurs : d'une part, en effet, en revanche, en définitive, d'autre part.

Pendant la Renaissance, on disait d'un homme avisé « il a du nez ». À notre époque on dit de quelqu'un qui est au courant « il a l'œil », car c'est la vue qui est aujourd'hui le sens le plus sollicité. L'image est facile à comprendre et accessible à tout le monde. Sa particularité consiste à s'adresser à l'émotivité ; elle ne laisse pas de temps à la réflexion et au raisonnement comme une conversation ou la lecture d'un livre. C'est dans son immédiateté que réside sa force et aussi son danger.

Gisèle Freund, *Photographie et société*, Éd. du Seuil, 1974.

Exercice 7

1. **Repérez les connecteurs logiques utilisés par Pascal.**
2. **Sur le même modèle, développez l'idée suivante : « La nature est superbe, le plus beau spectacle qui soit ; mais elle est fragile. »**

L'homme n'est qu'un roseau, le plus faible de la nature ; mais c'est un roseau pensant. Il ne faut pas que l'univers entier s'arme pour l'écraser : une vapeur, une goutte d'eau suffit pour le tuer. Mais quand l'univers l'écraserait, l'homme serait encore plus noble que ce qui le tue ; parce qu'il sait qu'il meurt et l'avantage que l'univers a sur lui. L'univers n'en sait rien.

Toute notre dignité consiste donc dans la pensée.

Pascal, *Pensées*, 1669 (posthume).

Annoncer ses explications et ses exemples

Exercice 8

1. **Quel est le thème du texte suivant ? Quelle est la thèse défendue par l'auteur ?**
2. **Quels exemples pourriez-vous apporter aux endroits marqués d'un Δ pour rendre la pensée de l'auteur plus claire ? Au moyen de quels connecteurs ?**

Pour mesurer l'impact et la nouveauté des *fake news*, il faut bien saisir leur nature. Il s'agit d'informations mensongères fabriquées par des individus, des mouvements ou des puissances étrangères. Une fois le message conçu, il est propulsé simultanément dans le grand bouillon numérique par des comptes malveillants – relayés par d'autres comptes automatisés – pour surfer sur la grande vague du buzz. Les réseaux sociaux Δ fonctionnent comme un immense accélérateur à bobards et illusions conspirationnistes*. Δ Le lynchage devient planétaire ; la campagne de presse se transmue en condamnation haineuse. Δ Le réel disparaît devant l'émotion, la raison critique devant le règne de l'opinion.

Laurent Greilsamer, « Facebook, Twitter & Co », 24 janvier 2018.

*bobards et illusions conspirationnistes : théories du complot.

Exercice Bilan

1. **Repérez les connecteurs d'énumération utilisés par l'auteur.**
2. **Sur le même modèle, rédigez un paragraphe défendant l'idée que nous vivons l'âge d'or des réseaux sociaux.**

Voici l'âge d'or de la presse occidentale : une période qui court du début des années 1870 jusqu'à la Première Guerre mondiale durant laquelle les journaux élargissent puissamment leurs bases, sans être encore concurrencés par les autres médias à venir. L'extension de leur audience et de leur influence vient alors rendre aigus deux problèmes nés du triomphe de la liberté d'expression. D'une part, la vénalité, par quoi des influences occultes menacent la vérité. Et d'autre part, la diffamation, la réputation des citoyens pouvant être injustement piétinée par une presse qui échappe souvent à toute sanction.

Jean-Noël Jeanneney, *Une histoire des médias, des origines à nos jours*, Éd. du Seuil, 2015.

15

Je m'appuie sur une citation

Une citation est la reproduction exacte des paroles ou des écrits d'un auteur. Elle met en valeur vos connaissances littéraires et vos lectures. S'appuyer sur une bonne citation permet d'illustrer avec efficacité un propos et de creuser la réflexion sur une idée.

Version initiale

La citation
Les sources
Le verbe introductif

Lire des fables de La Fontaine, c'est découvrir à la fois les animaux et les hommes. Le fabuliste représente toujours avec justesse le monde animal, tout en donnant une leçon de morale aux hommes. C'est ce que veut dire Hyppolite Taine lorsqu'il écrit que La Fontaine parle des animaux pour parler des hommes.

Version améliorée

Lire des fables de La Fontaine, c'est découvrir à la fois les animaux et les hommes. Le fabuliste représente toujours avec justesse le monde animal, tout en donnant une leçon de morale aux hommes. Ainsi, dans son ouvrage intitulé La Fontaine et ses fables (1861), Hyppolite Taine écrit : « Jean de La Fontaine a aimé et observé les animaux, et son livre est une galerie de bêtes aussi bien que d'hommes. » Le critique du XIXᵉ siècle souligne par là les qualités d'observateur de La Fontaine au sein de la nature, mais aussi sa connaissance profonde des êtres humains.

Juste une QUESTION

Faut-il apprendre par cœur des listes de citations ?

La réponse est oui, si vous choisissez le sujet de dissertation le jour de l'examen. On attend de vous que vous montriez votre maîtrise des œuvres intégrales. Pour le commentaire ou l'essai, c'est plus simple : le texte étudié vous offre un gisement de citations sur lesquelles vous pourrez vous appuyer.

Observation

1. Qu'ajoute la citation à l'idée défendue par le paragraphe ?
2. À quels signes typographiques reconnaît-on une citation ? Comment est-elle introduite ?
3. Quelle est la fonction de la phrase qui suit la citation ?

1 Choisissez soigneusement vos citations

Le choix de la citation est déterminant, car celle-ci éclaire l'idée développée par le paragraphe.

- **La citation illustration.** La citation a une fonction d'illustration. Elle confirme un argument, une affirmation ou l'analyse d'une figure de style développés dans le paragraphe.

  Exemple. *L'atmosphère développée par le poème est particulièrement lugubre. « La girouette en deuil » du vers 12 en est une illustration parmi d'autres, très nombreuses.*

- **La citation argument.** La citation peut aussi servir d'argument lorsqu'on développe le thème d'un essai ou la problématique d'une dissertation.

  Exemple. *Dès la première ligne de son roman, Camus instaure le trouble chez son lecteur : « Aujourd'hui, maman est morte. Ou peut-être hier, je ne sais pas. »*

- **Le choix de la citation.** Pour convaincre, votre citation doit être percutante. Elle peut être coupée en signalant cette coupe par des points de suspension entre crochets : [...].

2 Insérez la citation dans votre texte

Pour insérer la citation à l'intérieur de votre propre texte, plusieurs possibilités existent :

- **La citation est présentée après le signe deux points.** Elle se présente avec ou sans verbe introductif. Les sources sont alors indiquées entre parenthèses.

  Exemple. *Pour Maupassant : « Les réalistes de talents devraient plutôt s'appeler des Illusionnistes. » (Préface de Pierre et Jean)*

- **La citation est signalée par un verbe introductif.** Par exemple *déclarer, affirmer, écrire, confier, remarquer,* etc. Le verbe introductif peut être placé avant ou après la citation. Une préposition indique alors sa source : *dans, chez, pour, selon, d'après*...

  Exemple. *« Je hais les livres ! », s'exclame Rousseau dans Émile ou de l'éducation.*

- **La citation est intégrée dans une phrase.** On signale alors les termes modifiés ou supprimés au moyen de crochets.

  Exemple. *Pour le héros du roman, il « est très rare qu'un homme puisse supporter [...] sa condition d'homme ». (Malraux, La Condition humaine)*

3 Commentez la citation pour la justifier

Un commentaire est indispensable, car le passage cité est sorti de son contexte. Vous devez évoquer le sens que la citation a pour vous, apporter des renseignements à sa compréhension ou en faire l'analyse littéraire. Ce commentaire peut se placer avant ou après la citation.

Exemple. *Dans la préface de son Journal extime, l'écrivain Michel Tournier définit ainsi l'originalité de son projet autobiographique : « Les choses, les animaux et les gens du dehors m'ont toujours paru plus intéressants que mon propre miroir. » Il veut montrer par là que ses actions et ses sentiments personnels ne l'intéressent pas autant que la vie des êtres qui l'entourent, sur lesquels il porte un regard attentif et curieux.*

Choisir sa citation

Exercice 1

Parmi ces citations, laquelle pourriez-vous utiliser pour évoquer les plaisirs de la lecture ? Justifiez votre réponse.

- « La lecture encombre la mémoire et empêche de penser. » (Wells)
- « La lecture, une porte ouverte sur un monde enchanté. » (Mauriac)
- « Si les livres ne correspondent pas à notre humeur présente, nous ne les trouvons pas bons. » (Cocteau)

Exercice 2

Quel passage du texte suivant choisiriez-vous pour illustrer un paragraphe d'essai sur les dangers des nouvelles technologies ? Justifiez votre réponse.

Apple connut, grâce à l'écran tactile de l'iPhone, le plus spectaculaire de ses succès commerciaux. Le Web 2.0 était comme un nouvel organe humain, comme un corps plus léger, comme un cerveau immense. La fuite en avant technologique n'était pas vécue comme un mouvement tragique. Grâce au Web 2.0, l'homme, être égoïste et borné, était devenu un animal intrinsèquement social.

Aurélien Bellanger, *La Théorie de l'information*, Éd. Gallimard, 2012.

Exercice 3

Les citations suivantes sont trop longues. Quel(s) passage(s) conserveriez-vous pour les rendre plus efficaces ? Indiquez les coupes nécessaires par le signe [...].

- « Peut-être, répondit le docteur, mais vous savez, je me sens plus de solidarité avec les vaincus qu'avec les saints. Je n'ai pas de goût, je crois, pour l'héroïsme et la sainteté. Ce qui m'intéresse, c'est d'être un homme. » (Albert Camus, *La Peste*)
- « On déclame sans fin contre les Passions ; on leur impute toutes les peines de l'homme, et l'on oublie qu'elles sont aussi la source de tous les plaisirs. C'est, dans sa constitution, un élément dont on ne peut dire ni trop de bien ni trop de mal. Mais ce qui me donne de l'humeur, c'est qu'on ne les regarde jamais que du mauvais côté. » (Denis Diderot, *Pensées philosophiques*)

Insérer sa citation

Exercice 4

1. **Quelles erreurs les élèves suivants ont-ils faites en citant le texte étudié ?**
2. **Réécrivez chaque citation de manière à en corriger les erreurs.**

Extrait du texte étudié : Chacun connaît des couples fusionnels, profondément soudés, sur lesquels le temps ne semble pas avoir de prise. Après vingt ou trente ans de vie commune, ils continuent à se couver des yeux. Mais ces couples sont rares, la fragilité des sentiments semblant plutôt la règle. (Jean-François Dortier)

Citation 1 : L'auteur explique qu'il y a des couples fusionnels mais il ajoute que ces couples sont rares, la fragilité des sentiments étant plutôt la règle.

Citation 2 : Il est rare « de voir des couples fusionnels », même s'ils existent et sont touchants. Pour l'auteur, la règle est plutôt la fragilité des sentiments.

Citation 3 : « L'amour ne rime pas avec toujours », comme le cite l'auteur, pour qui l'amour montre plutôt la fragilité des sentiments.

Exercice 5

En utilisant les indications données entre parenthèses, présentez les citations suivantes au moyen d'une phrase. Utilisez les prépositions et les verbes introducteurs qui conviennent en les variant dans chacune de vos phrases.

- « Madame Bovary, c'est moi ! » (Gustave Flaubert, à propos de l'héroïne de son roman *Madame Bovary*, 1857)
- « Pourquoi douter des songes ? La vie, remplie de tant de projets passagers et vains, est-elle autre chose qu'un songe ? » (Narrateur du roman de Bernardin de Saint-Pierre, *Paul et Virginie*, 1788)
- « L'écrivain original n'est pas celui qui n'imite personne, mais celui que personne ne peut imiter. » (Chateaubriand, *Génie du christianisme*, 1802)
- « L'enfer, c'est les autres. » (personnage de Garcin, à la fin de *Huis clos* de Sartre)
- « Le merveilleux est toujours beau, il n'y a même que le merveilleux qui soit beau. » (André Breton, *Manifeste du surréalisme*)

Commenter une citation

Exercice 6

1. **Présentez l'image suivante en citant un élément du texte qui y figure.**
2. **Poursuivez votre travail en commentant les propos que vous avez choisi de citer.**

Exercice 7

1. **Présentez et commentez cette citation sous la forme d'un paragraphe rédigé.**
2. **Quel pourrait être le sujet de la dissertation dans laquelle cette citation trouverait place ?**

La citation à commenter :

La tragédie est si loin de nous, elle nous présente des êtres si gigantesques, si boursouflés, si chimériques que l'exemple de leurs vices n'est guère plus contagieux que celui de leurs vertus n'est utile. » (Jean-Jacques Rousseau, *Lettre à d'Alembert sur les spectacles*, 1758)

Exercice Bilan

1. **Repérez dans le texte les deux règles édictées par l'auteur pour profiter de « l'exotisme ».**
2. **Reformulez ces deux règles en leur associant la citation de l'auteur qui vous paraît les illustrer au mieux.**
3. **Rédigez un paragraphe de présentation de ce texte, en y insérant vos deux citations.**

L'exotisme du vingtième siècle est une bête subtile, il faut tendre ses filets assez haut pour l'attraper.

Pour moi, j'obéirais volontiers à quelques règles. La première est celle du non-savoir. Rien n'est plus ennemi du sentiment exotique que l'érudition : préparer un déplacement, lire la notice de l'*Encyclopaedia Universalis*, le Guide bleu ou des ouvrages d'histoire ou de géographie sur le pays convoité, voilà de quoi je me garderais. Je fais mine que le pays où je débarque a échappé par miracle à toute science. Dans cette direction, je m'avance assez loin. Je rêve d'un livre de voyage qui nous épargnerait non seulement la science de ce pays, mais même la description des paysages, surtout dans ce siècle de la photographie. Décrire un pays, c'est le rendre familier, banaliser l'insolite, faire du « même » avec de « l'autre », rapprocher le lointain, supprimer les gouffres.

La deuxième règle est la lenteur et l'égarement. Rien n'est plus hostile au voyage que l'avion. Cet engin déteste la patience des choses. Le train même est un peu précipité, haletant, nerveux. Et comme on n'a pas toujours une pirogue ou un cheval sous la main, il faut ruser de manière à soumettre son déplacement à la lente et capricieuse horloge du monde. C'est ici que l'égarement joue son petit rôle. On peut faire l'effort de s'embrouiller dans les routes et de voyager comme un éberlué. Un bon truc est de se tromper de gare, mais sans le faire exprès bien entendu.

Gilles Lapouge, *Pour une littérature voyageuse*, Éd. Complexe, 1992.

16 J'introduis un exemple

Les exemples permettent à la fois d'étoffer l'argumentation d'un devoir et de montrer sa culture générale. Ils servent ainsi à illustrer votre propos, en le rendant plus concret, mais aussi à démontrer la justesse d'une affirmation, en venant la valider.

Paragraphe avec un exemple

Les termes introductifs
L'exemple
Le développement de l'exemple

Dans un avenir plus ou moins proche, les hommes n'auront plus besoin de se déplacer pour aller à la rencontre des autres. Grâce à la réalité virtuelle, c'est le monde extérieur qui viendra à eux. Nous pouvons prendre comme exemple l'objet « nomade » par excellence : le téléphone portable. Cet outil que tout le monde possède rapproche les hommes sans qu'ils aient besoin de se déplacer. Aux sons est venue s'ajouter l'image, puis la vidéo. Bientôt, les hologrammes permettront sans doute les réunions familiales ou professionnelles dans des espaces virtuels. Reste à savoir si ce futur envisageable est également souhaitable.

Dans ce paragraphe extrait d'un essai, l'idée défendue est énoncée dans les deux premières phrases. Cette idée est d'abord justifiée. Puis l'exemple est introduit après avoir été annoncé clairement. Il est ensuite soigneusement développé, sur plusieurs lignes. L'exemple prend ainsi une valeur d'argument. Il débouche sur une phrase conclusive annonçant le paragraphe suivant.

Juste une QUESTION

Quelle expression utiliser pour introduire un exemple ?

Vous pouvez bien sûr utiliser l'expression consacrée « Par exemple » (et surtout pas l'abréviation « Ex : »). Mais d'autres tournures peuvent vous aider : « *Ainsi* », « *c'est notamment le cas de* », « *on peut illustrer ce propos par* », « *on peut mentionner* », « *comme on peut le voir dans* »… Tout dépend du type d'exemple que vous avez choisi.

Observation

1. Quel exemple le candidat choisit-il pour éclairer son opinion ?
2. Repérez la place de l'exemple occupée dans le raisonnement. Comment est-il développé ?
3. Quelle est la fonction de l'exemple dans l'argumentation ? Illustrer ou démontrer ?

1 Choisissez votre exemple

Selon le travail que vous avez à effectuer, choisissez le type d'exemple qui convient le mieux.

- **Les objets d'étude.** Ce que vous avez étudié pendant l'année peut toujours servir d'exemple le jour de l'examen. N'hésitez pas à faire des fiches de révisions dans lesquelles vous noterez l'essentiel de ce qui a été vu en classe sur chaque grand genre littéraire.
- **Les lectures.** Les œuvres au programme, les lectures cursives et les lectures personnelles constituent un gisement d'exemples dans lesquels vous pouvez puiser pour illustrer un sujet de dissertation, un essai ou un commentaire.
- **Les cas concrets.** Un exemple peut être issu de votre propre expérience, de l'actualité, de statistiques… Ce type d'exemple est indispensable dans le cadre d'un exposé ou de l'essai.
- **Les références culturelles.** Les paroles d'une chanson, un film, une visite au musée, la référence à une fable ou à un mythe sont autant de références culturelles que vous ne devez pas hésiter à utiliser. Votre carnet de lecteur doit vous permettre de vous souvenir de ces références culturelles.

2 Intégrez l'exemple dans votre texte

- **L'exemple illustration.** L'exemple, lorsqu'il est bref, est intégré dans la phrase par des mots-outils (*comme*, *par exemple*, *ainsi*) ou annoncé par la ponctuation (*les deux points*).
- **L'exemple argument.** Lorsqu'il est plus long, l'exemple doit faire l'objet d'une phrase ou d'un paragraphe. Dans ce cas, il est introduit par des locutions comme : *c'est notamment le cas de*, *on peut mentionner*, *on peut citer l'exemple de*, *comme en témoigne*, *on peut signaler*, etc.

Exemple. C'est à travers les exclamations et l'énumération que Victor Hugo exprime son indignation : « Quoi ! le gouvernement veut restreindre, amoindrir, émonder, mutiler le suffrage universel ! »

3 Développez votre exemple

Trop souvent, les exemples présentés dans les copies sont seulement évoqués rapidement, comme s'ils n'avaient qu'une fonction illustrative. Or, on peut construire un paragraphe entier sur un exemple bien choisi. L'exemple prend alors une valeur argumentative, bien plus forte.

Exemple. Annie Ernaux choisit d'appuyer son œuvre entière de romancière sur l'autobiographie, ce qu'on a pu lui reprocher. Mais elle n'est pas la seule ni la première. Marcel Proust, par exemple, construit l'ensemble de *la Recherche* sur l'exploration de son enfance et de sa vie. Le romancier, lorsqu'il s'expose, raconte aussi son époque et ses contemporains. C'est ce qu'attendent à la fois le lecteur de Proust et celui d'Annie Ernaux.

Choisir un exemple

Exercice 1

Associez chaque exemple à l'idée qui convient.
Les idées défendues

A. L'art de La Fontaine repose d'abord sur la vivacité du récit dans ses fables.
B. L'invention de l'imprimerie a permis d'étendre l'humanisme à l'Europe entière.
C. Le lyrisme d'Apollinaire s'inscrit dans une tradition qui traverse les siècles.
D. Contrairement à l'univers du conte, celui du conte philosophique montre au lecteur un univers bien réel.

Les exemples proposés

A. De la même manière, on peut par exemple affirmer que le développement d'internet a sorti de l'isolement des centaines de millions d'individus jusque-là coupés du monde.
B. Comme par exemple dans Le Loup et l'Agneau, il suffit au fabuliste de quelques vers pour mettre ses protagonistes face à face.
C. L'esclave que croise Candide au Surinam est par exemple saisissant de réalisme lorsqu'il évoque la façon dont on le traite.
D. Depuis Ronsard et son « *Carpe diem* », tous les grands poètes ont évoqué leurs sentiments personnels.

Exercice 2

Trouvez pour chaque phrase deux exemples illustrant l'idée qu'elle contient.

- Il n'y a pas de roman sans narrateur. Mais celui-ci peut apparaître plus ou moins présent dans le récit.
- « Science sans conscience n'est que ruine de l'âme » : les propos de Rabelais n'ont jamais été autant d'actualité.
- L'argumentation est souvent orale et l'ensemble du corps participe à convaincre l'auditoire.
- Les comédies de Molière font rire, mais, le plus souvent, elles traitent de sujets graves.

Intégrer l'exemple dans le texte

Exercice 3

Réécrivez la phrase de commentaire suivante, de manière à lui ajouter l'exemple choisi par l'élève pour l'illustrer.

Dans cet extrait de *La Peau de chagrin*, le personnage de Raphaël éprouve le sentiment d'être menacé par les convives qui l'entourent.
Exemple : champ lexical de la violence / « sourde envie », « se courrouce », « rumeurs d'émeute ».

Exercice 4

1. **Lisez le sujet de dissertation et reformulez sa problématique.**
2. **Répondez à la question posée par le sujet en quelques lignes. Illustrez votre réponse au moyen de deux lectures faites cette année.**

Sujet. Selon Maupassant, la littérature répond à l'appel des gens qui crient : « Consolez-moi ! Amusez-moi ! Attristez-moi ! Faites-moi rêver ! Faites-moi rire ! Faites-moi frémir ! Faites-moi pleurer… »
L'œuvre que vous avez étudiée vous a-t-elle apporté plusieurs de ces satisfactions ?

Exercice 5

Complétez chaque énoncé par un exemple illustrant l'idée qu'il contient. Variez les termes qui permettent d'introduire vos exemples.

A. L'ironie procure à celui qui s'en sert un certain plaisir. Mais ce plaisir est le plus souvent teinté de mélancolie.
B. Le fait divers illustre les tensions qui parcourent la société. Il est révélateur de nos angoisses et de nos doutes devant une remise en cause de la normalité.
C. La télé-réalité ne donne au spectateur qu'une illusion de réalité. À vrai dire, elle propose un univers factice dans lequel tout semble manipulé par ceux qui inventent les programmes.

Développer son exemple

Exercice 6

Sur le modèle proposé, développez un exemple à partir de l'une des œuvres intégrales que vous avez lues cette année

Une œuvre littéraire est intimement liée à son époque. Un roman comme *Au Bonheur des dames*, qui contient beaucoup d'éléments sur le développement des grands magasins au XIXe siècle, permet néanmoins de réfléchir sur notre propre société.

Exercice 7

Développez un exemple à partir du tableau suivant illustrant l'idée selon laquelle les portraits peints rendent immortels les modèles choisis par l'artiste.

Johannes Vermeer, *La Jeune Fille à la perle*, 1665.

Exercice 8

Trouvez pour chaque phrase un exemple illustrant l'idée qu'elle contient. Développez-le ensuite au moyen d'une autre phrase ou d'un bref paragraphe.

A. Au théâtre, l'exposition présente les personnages, donne le ton de l'œuvre et les données de l'action.

B. Durant la seconde moitié du XIXe siècle, les poètes rejettent les règles de la versification.

C. La nouvelle présente une intrigue resserrée qui tient le lecteur en haleine plus facilement que dans un roman.

Exercice Bilan

1. Lisez et analysez le sujet de l'essai.
2. Complétez le plan de l'essai en illustrant les arguments apportés au moyen d'exemples.
3. Rédigez l'une des deux parties.

Sujet

Les Lumières faisaient de l'accès au savoir un idéal de société. Internet pose cependant la question de la propriété intellectuelle des œuvres qui y sont partagées librement. Pensez-vous, comme l'auteur de l'article, que le partage des œuvres artistiques doit être contrôlé ?

Vous vous appuierez sur vos lectures personnelles, votre connaissance de l'objet d'étude, ainsi que sur le parcours associé.

I. Le partage total, expression d'une liberté

1. La circulation des œuvres artistiques sur Internet est l'expression d'une liberté.

→ Musique, images, textes, films sont « partagés » avec ceux qu'on aime.

2. Internet donne à tous accès à l'art.

→ Les réseaux sociaux font mieux connaître les artistes.

3. De nombreux artistes partagent eux-mêmes leurs œuvres pour se faire connaître.

→ Les réseaux sociaux sont une « pépinière » de nouveaux talents.

2. Les limites du partage

1. La vision de Diderot soulève une question.

→ Tout travail mérite salaire, qu'on soit artisan, artiste ou salarié.

2. Le point de vue du texte résumé compte.

→ Google « engrange des profits considérables » mais ne les partage pas.

3. Le rôle de la société est primordial.

→ Protéger les artistes en danger est important dans notre société.

17 Je reformule une idée

La reformulation est la première étape de la contraction de texte. L'action de reformuler consiste à répéter des propos en utilisant d'autres mots que ceux qui ont été écrits ou prononcés.

Exemple de paragraphe

- L'énonciation
- Les mots-clés
- Les connecteurs

Les données météorologiques dont nous disposons depuis 1850 environ, nous montrent qu'un échauffement général de la planète est en cours. [...] Depuis cette époque, nous disposons donc d'archives quantitatives continues, qui nous permettent de savoir si le climat a significativement changé. L'étude approfondie de ces archives nous montre qu'en un siècle et demi, les basses couches de l'atmosphère se sont échauffées, en moyenne sur le globe, de 0,6 à 0,7 degré.

Robert Sadourny, *Le climat est-il devenu fou ?* Éd. Le Pommier, 2002.

Reformulation

En France, l'apparition de la météorologie, dans la seconde moitié du XIXe siècle, a permis de mesurer de manière régulière l'évolution du climat. Les données qui ont été conservées mettent ainsi en évidence que le climat est en train de se modifier : nous assistons à un réchauffement des températures observées sur la surface de la Terre.

Juste une QUESTION

Comment trouver rapidement un synonyme ?

Plus rapide qu'un dictionnaire, le clic droit de votre souris, lorsque vous utilisez un traitement de texte, vous permet d'accéder aux synonymes du mot sur lequel est placé le curseur de votre souris... À condition de réfléchir avant de choisir. La pratique régulière de l'exercice de reformulation permet d'enrichir son vocabulaire.

Observation

1. Combien de phrases le texte comporte-t-il ? Et sa reformulation ?
2. Quels mots-clés ont été conservés ? Que montrent les connecteurs encadrés ?
3. Relevez trois mots ou expressions-clés et retrouvez leur reformulation.

1 Analysez le passage à reformuler

Pour réussir à reformuler des idées, il faut répondre d'abord aux questions suivantes, afin de bien comprendre ce qui doit être reformulé.

- **Quel est le système d'énonciation choisi par l'auteur ?**

  Il s'agit de repérer l'émetteur, le destinataire, l'époque et éventuellement le lieu d'énonciation et le support du message. Attention ! Ce repérage est d'autant plus important que l'exercice de contraction demande de conserver le même système énonciatif.

- **Quel est le thème de la phrase ou du passage ?**

  Vous devez être attentif aux mots répétés et aux réseaux lexicaux développés par le texte. Surlignez-les lors de votre deuxième lecture, de façon à les mettre en valeur. N'hésitez pas à placer des synonymes dans les marges du texte, face aux mots repérés.

- **Quelle est la thèse défendue par l'auteur ?**

  Soulignez dans le texte les passages qui expriment l'opinion de l'auteur sur le thème développé. La thèse qu'il défend est en général affirmée avec force au début ou à la fin du texte.

2 Dégagez les idées essentielles

La reformulation exige une relecture attentive du passage ou du texte à reformuler.

- **Relisez chaque phrase lentement.** Faites cette relecture en traçant une barre verticale entre chaque étape du raisonnement.
- **Encadrez les connecteurs.** Ils révèlent la progression du raisonnement en introduisant des explications ou des nuances.
- **Surlignez les mots et expressions-clés.** Ils résument chaque phrase et font écho au thème développé dans le texte.
- **Notez dans la marge vos remarques.** Elles portent sur les caractéristiques du texte : progression, présence d'exemples, modalisateurs, vocabulaire affectif, etc.

3 Rédigez votre reformulation

Vous devez, bien sûr, faire d'abord ce travail au brouillon. Le texte de la reformulation doit avoir une longueur équivalente à celui du texte à reformuler.

- **Ne recopiez pas les mots-clés du texte.** Vous ne devez conserver que les mots les plus importants de l'auteur.
- **Utilisez des substituts lexicaux.** Les synonymes, les périphrases servent à reformuler les tournures et le vocabulaire de l'auteur.
- **Relisez une fois le passage réécrit.** Relisez votre travail tout en conservant le texte à reformuler sous les yeux, afin d'en supprimer les répétitions ou les maladresses.

Exercices

Analyser le passage à reformuler

Exercice 1

1. **Qui est l'auteur du texte ? Quand a-t-il été publié ? À destination de quels lecteurs ?**
2. **Quel est le thème du passage ?**
3. **Reformulez oralement la thèse défendue par l'auteur. Quel mot est-on obligé de conserver ? Pourquoi ?**

Peut-on imaginer aujourd'hui le soulagement du monde quand les premiers traitements antibiotiques ont été mis au point ? En découvrant la pénicilline, Flemming a sauvé des millions de vie. Il y a eu un monde avant les antibiotiques, il y a un monde après. Avant, les microbes étaient la terreur des médecins et des malades : l'appendicite ou l'angine tuaient. [...] Les antibiotiques furent une révolution, une véritable révolution. Ils se succédèrent à un rythme accéléré, il y en a maintenant des centaines qui, de plus en plus sophistiqués, traquent et tuent les microbes.

Professeur Bernard Debré, *La Grande Transgression, l'homme génétiquement modifié*, Éd. Michel Lafon, 2000.

Exercice 2

1. **Quel est le thème du texte suivant ?**
2. **Repérez l'ensemble des marques de l'énonciation (texte et paratexte).**
3. **Reformulez en une phrase la thèse défendue par l'auteur.**

À mi-chemin entre le roman et l'essai, Le Clézio interroge dans L'Inconnu sur la terre *la nature et les grands mythes qu'elle inspire aux hommes.*

La civilisation moderne est aveugle, semblable à ces cafés où les gens se heurtent aux tables et aux chaises sans les voir. Tout lui est difficile, étranger, et ce qu'elle aperçoit est détourné par ses lunettes, lorgnettes, écrans perlés, qui grandissent trop, qui captent trop. Elle veut comprendre, elle cherche les structures, les sens cachés. Mais le bonheur lui échappe, le vrai bonheur, magique et prompt comme une danse, le bonheur de la lumière, de la mer, du ciel. La matière est la seule intelligence de l'homme, sa seule vérité, sa technique.

Jean-Marie Gustave Le Clézio, *L'Inconnu sur la terre*, Éd. Gallimard, 1978.

Dégager les idées essentielles

Exercice 3

1. **Quels sont les mots-clés contenus dans chacune des phrases suivantes ?**
2. **Repérez le connecteur présent dans chaque phrase. Quelle information donne-t-il ?**

- *Grâce à Internet, le savoir est devenu accessible à tous en quelques clics.*
- *Les réseaux sociaux semblent gratuits à ceux qui les utilisent, mais la publicité et le recueil des données leur assurent des profits considérables.*
- *Wikipédia est devenue incontournable, car cette encyclopédie moderne donne à chacun la possibilité de se renseigner ou de diffuser son savoir.*

Exercice 4

1. **Repérez dans le texte suivant : le système d'énonciation, le thème et la thèse défendue.**
2. **Que montrent les connecteurs sur le mode de raisonnement choisi par l'auteur ?**
3. **Repérez les grandes étapes du paragraphe. Comment le raisonnement progresse-t-il ?**
4. **Notez une remarque pour chacun des passages surlignés.**

Déposer de l'information sur un parchemin, du papier imprimé ou un support électronique, consiste à construire une mémoire./ Nos ancêtres ressemblaient aux acteurs d'aujourd'hui qui peuvent réciter par cœur des milliers de vers ou de répliques. De tels exploits dépassent désormais notre capacité. / À mesure que nous construisons des mémoires performantes, nous perdons la nôtre propre, celle que les philosophes appelaient une faculté. [...] Une stèle de pierre, un rouleau de papyrus, une page de papier, voilà des mémoires matérielles, propres à soulager la nôtre, corporelle. / Déjà vrai pour les bibliothèques, cela le devient plus encore pour la Toile, mémoire globale et encyclopédie collective de l'humanité.

Michel Serres, Conférence sur « Les nouvelles technologies : révolution culturelle et cognitive », 2007.

Rédiger la reformulation

Exercice 5 /

1. Lisez attentivement le texte et sa reformulation. Quelle erreur l'élève qui a rédigé la reformulation a-t-il commise ?
2. Réécrivez le travail de l'élève de façon à l'améliorer.

Texte. Les concours d'éloquence connaissent depuis quelques années un fort engouement dans les universités, les lycées et même les collèges. Les étudiants et les élèves y participent car ils sont conscients de l'importance de la maîtrise de la parole pour leurs études. C'est ainsi qu'on s'est aperçu que certains apprenants, peu à l'aise avec l'écrit, pouvaient devenir de véritables orateurs face à un public.

La reformulation. *Les concours d'éloquence sont à la mode depuis quelques années. Ceux qui y participent sont conscients de l'importance de la maîtrise de la parole. Certains pouvaient devenir de véritables orateurs.*

Exercice 6 //

Reformulez chacune des listes suivantes au moyen d'un mot ou une expression.

- L'enfance, l'adolescence, l'âge adulte, la vieillesse.
- Les chaînes de montage, la mécanique, la carrosserie, l'entretien, la vente.
- L'individu, la personne, l'homme, la femme, l'enfant.
- Autrefois, antan, jadis, naguère, anciennement.

Exercice 7 ///

1. Quel est le thème du texte ?
2. Proposez un synonyme pour les mots ou expressions surlignés.
3. Reformulez par écrit l'idée générale du passage.

Les nouvelles technologies envahissaient les champs de mon existence, bien que je m'en défendisse. Il ne fallait pas se leurrer, elles n'étaient pas de simples innovations destinées à simplifier la vie. Elles en étaient le substitut. Elles n'offraient pas un aimable éventail d'innovations, elles modifiaient notre présence sur cette Terre.

Sylvain Tesson, *Sur les chemins noirs*, Éd. Gallimard, 2016.

Exercice Bilan

Reformulez chaque paragraphe en une ou deux phrases.

La télévision, née dans les années 40 de la nécessité – une fois encore – de reconvertir les industries de guerre, n'est vraiment devenue un média de masse dans le monde entier que dans les années 1970-1980, source à la fois de toute information et de toute distraction.

Le réseau mondial d'une information immédiate et universelle, que les écrivains de la fin du XIXe siècle avaient rêvé, est plus récent qu'on ne croit. Dans les années 70 encore, les satellites étaient rares, leurs capacités limitées ; on savait mal enregistrer, monter, conserver l'image vidéo. Aussi les grandes retransmissions emblématiques – ouverture des jeux Olympiques de Tokyo en 1964, les premiers pas de l'homme sur la Lune en 1969 – cachent-elles dans nos mémoires une réalité plus modeste. On ne recevait des images des autres continents qu'à titre exceptionnel, en différé le plus souvent : question d'heure, de langue aussi.

En 1992, tout change. Les dernières révolutions à l'est de l'Europe, les guerres qui ont secoué le Moyen-Orient le montrent : la mondialisation de l'information est réelle, les images transitent en direct autour du globe ; plus que jamais elles ont l'apparence de la réalité.

Mais si tout est possible pour informer, tout est possible pour désinformer : la manipulation des images, la prise de vue qui donne la partie pour le tout, la censure, l'abus de monopole apparaissent en même temps que sont mis à nu les mécanismes d'un système d'information qui se voulait transparent.

Ce sont là pourtant des perversions anciennes – la presse écrite au XIXe siècle en avait fait amèrement l'expérience – qui n'ont rien de propre à l'information télévisée, et qui renvoient à une constatation classique : l'information est aussi, et peut-être surtout, ce qu'en font ceux qui la fabriquent.

Le Livre monde, sous la direction de Catherine Bertho-Lavenir, Éd. Flammarion, 1992.

Savoir écrire clairement

18 J'exprime un point de vue

Lorsque vous êtes placé en situation d'argumentation, votre objectif doit être de convaincre le destinataire. Pour cela, il faut mettre en place une stratégie simple qui vous permette de montrer la validité de vos propos.

Exemple dans un paragraphe

- L'affirmation du point de vue
- L'argument recours aux faits
- L'argument d'autorité

Il me semble personnellement évident que le partage du savoir ne constitue pas la fonction première d'Internet. La plupart de ses utilisateurs sont en effet indifférents au savoir. En effet, on peut voir qu'ils passent la majorité de leur temps à discuter sur les réseaux sociaux et à s'envoyer des selfies. Beaucoup d'entre eux, lorsqu'ils visitent Wikipédia, ne le font que pour faire du copier-coller, sans songer à réfléchir. Par exemple, le premier réflexe lorsqu'on doit faire un exposé est de chercher un travail tout fait sur le web. Des études récentes s'alarment d'ailleurs de l'influence d'Internet sur les plus jeunes et leurs études. C'est peut-être pourquoi les décideurs de la Silicon Valley envoient leur enfants dans des écoles où le smartphone est interdit.

Ce paragraphe développe un point de vue, affirmé dans la première phrase, sur le rôle d'Internet dans nos existences. L'élève s'implique dès les premiers mots au moyen du pronom personnel de la première personne du singulier : « me ». Cette implication est amplifiée par l'adverbe « personnellement ». Il explique ensuite son point de vue en s'appuyant sur trois arguments.

Juste une QUESTION

Quelle différence entre un point de vue et un argument ?

Le point de vue et l'argument ne doivent pas être confondus. Le point de vue est l'opinion (on dit aussi la thèse) que vous exprimez à propos d'un sujet. L'argument est la justification apportée pour valider votre façon de voir. De façon générale, les arguments viennent immédiatement après la thèse.

Observation

1. Quels sont les trois arguments apportés par le candidat ? Les trouvez-vous convaincants ? Pourquoi ?
2. Quelle est la stratégie argumentative choisie ? Indiquez s'il s'agit de la défense d'une idée, de l'attaque d'un autre point de vue ou de la comparaison de deux points de vue différents.
3. Comment l'élève souligne-t-il le caractère personnel de ses idées ?

1 Formulez d'abord votre point de vue au brouillon

- **Choisissez les bons pronoms.** Celui qui s'exprime peut s'impliquer directement dans ses propos au moyen des pronoms « je » ou « nous ». Il peut, au contraire, rechercher une forme de neutralité à travers l'emploi du « il » impersonnel ou de l'indéfini « on ».

  Remarque. Il est déconseillé de s'impliquer dans un commentaire ou une dissertation. Au contraire, la forme de l'essai invite son auteur à s'impliquer dans ses propos, qui relèvent plus de l'opinion que de la démonstration.

- **Énoncez le plus clairement possible votre point de vue.** Avant d'argumenter, il est nécessaire d'avoir les idées claires. Mettez par écrit le point de vue que vous défendez sous la forme d'une phrase correctement rédigée.

2 Choisissez un mode de raisonnement

- **La défense.** Énoncez votre point de vue et validez-le au moyen d'arguments eux-mêmes illustrés par un ou plusieurs exemples.

  Exemple. « *Dans une démocratie, les juges doivent faire respecter la loi à tous, même aux puissants. En effet, sans justice, les citoyens…* »

- **La réfutation.** Rejetez le point de vue adverse en une phrase. Soulignez ensuite ses contradictions en apportant vos contre-arguments. Affirmez pour finir votre propre point de vue.

  Exemple. « *Il est dangereux d'affirmer que les juges doivent dans certains cas fermer les yeux sur l'application stricte de la loi. En effet, sans justice, les citoyens…* »

- **La comparaison.** Vous pouvez faire un parallèle entre deux situations de manière à aboutir à l'expression de votre point de vue. La comparaison permet de peser le pour et le contre.

  Exemple. « *Contrairement aux systèmes politiques dans lesquels le pouvoir repose entre les mains d'un homme fort, qui s'affranchit des lois, les démocraties posent le respect des lois comme un principe de base. Ainsi, dans certains pays…* »

3 Appuyez votre point de vue sur des arguments

Le recours aux faits	Appuyez votre argument sur un fait précis, un exemple, un témoignage, une loi, des chiffres, une citation.
L'appui sur les valeurs	Faites appel aux grands principes partagés par tous : la liberté, la justice, la solidarité, etc.
L'argument d'autorité	Appuyez-vous sur le point de vue d'un spécialiste, d'un organisme officiel, de chiffres qui font autorité.
L'appel aux émotions	Adressez-vous à la sensibilité du destinataire en utilisant par exemple un vocabulaire affectif.

Formuler un point de vue

Exercice 1

Complétez chacun des points de vue formulés ci-dessous au moyen d'une explication.

- Les progrès de la science sont tellement spectaculaires que personne ne peut prévoir l'avenir.
- La multiplication des écrans dans la vie de tous les jours menace l'existence des livres et des journaux.
- Le respect des autres est un devoir universel, qui ne dépend d'aucune culture ni religion.

Exercice 2

1. **À quoi l'auteur compare-t-il l'art ? Sur quel point de vue cette comparaison débouche-t-elle ?**
2. **Repérez et reformulez le point de vue défendu par l'auteur.**

Dessin sur la paroi d'une grotte datant de 15 000 ans avant J-C.

Nombreux sont ceux pour qui l'art n'est qu'un jeu, supérieur, certes, mais un jeu, un amusement ; nombreux sont ceux qui ne le révèrent* que par conformisme* et avec un secret mépris pour son « inutilité ». Certains ne sont pas loin de le considérer comme un luxe.

Pourtant l'art est une fonction essentielle de l'homme, indispensable à l'individu comme aux sociétés et qui s'est imposé à eux comme un besoin dès les origines préhistoriques. L'art et l'homme sont indissociables. Pas d'art sans homme, mais peut-être également pas d'homme sans art.

René Huyghe, *Sens et destin de l'art*,
Éd. Flammarion, 1967.

*ne le révèrent : ne l'admirent.
*par conformisme : par tradition.

Exercice 3

Répondez aux questions suivantes sous la forme de deux phrases. La première exprime votre point de vue, la seconde l'explique.

- La presse doit-elle informer ou aider à se faire une opinion ? (*Personnellement, il me semble que…*)
- La société moderne laisse-t-elle suffisamment de place à l'imaginaire ? (*Pour ma part, je trouve que…*)
- Qu'avez-vous pensé de la fin du roman que vous avez étudié ? (*Quant à moi, il m'a semblé que…*)
- Faut-il craindre aujourd'hui l'abandon de la lecture ? (*De mon côté, j'ai l'impression que…*)
- La poésie doit-elle parler uniquement au cœur ? (*En ce qui me concerne, j'estime que…*)

Choisir un mode de raisonnement

Exercice 4

1. **Quelle est la thèse défendue par l'auteur dans cette citation ?**
2. **Quels arguments apporte-t-il ?**
3. **Formulez votre point de vue sur cette thèse. Vous pouvez au choix la défendre ou la réfuter.**

L'homme occidental a mis des siècles à se « libérer » de toutes les tutelles : religieuses, politiques, sociales, militaires. Enfin libre de penser, de circuler et de s'exprimer, il décide aujourd'hui de s'enfermer dans les mille fils de la communication technique. II est constamment rattaché à elle, joignable en permanence, par portable, fax, téléphone, e-mail (courrier électronique)… Comment faisait-on avant ? Après nous être « en-mailés » au nom de la liberté et du progrès, ne nous faudra-t-il pas, au nom de cette même liberté, de ce même progrès et de cette même modernité, apprendre à nous « dé-mailer » ?

Dominique Wolton,
Le Monde diplomatique, juin 1999.

S'appuyer sur des arguments

Exercice 5

1. **Choisissez deux thèmes dans la liste suivante et notez trois arguments pour ou contre.**
2. **Rédigez votre point de vue sous la forme d'un paragraphe par idée.**

- L'aménagement obligatoire de pistes cyclables en ville
- L'interdiction des animaux dans les cirques
- La gratuité des transports en commun
- La suppression des emballages plastiques

Exercice 6

Défendez ou réfutez les points de vue suivants au moyen de trois types d'arguments différents.

- Les « fan-fictions » représentent l'avenir du roman.
- Les voyages constituent le meilleur moyen de découvrir la diversité des cultures.
- Le cinéma participe à une forme de métissage des cultures au niveau mondial.

Exercice 7

1. **Quel est le point de vue développé par le paragraphe suivant ? Repérez les arguments apportés.**
2. **Sur le même modèle, réfutez cette opinion en défendant l'idée selon laquelle les personnages de roman ne sont que des êtres purement imaginaires.**

Les personnages de romans sont formés d'éléments pris au réel. Le romancier observe son entourage et les êtres humains qu'il croise pour créer des personnages réalistes. Émile Zola le fait comprendre lorsqu'il dit que le premier homme qui passe est « un héros suffisant ». Mais les romanciers utilisent également leur propre personnalité, et en attribuent certains traits à tel ou tel héros de leurs romans. C'est ainsi que Gustave Flaubert a pu déclarer « Madame Bovary, c'est moi ! » à propos de l'héroïne de son plus grand récit. Il est donc difficile de dire que le personnage de roman n'est qu'un « être de papier » dépourvu de toute réalité.

Exercice Bilan

1. **Quel point de vue les auteurs défendent-ils ?**
2. **À quoi les auteurs se comparent-ils ? Expliquez la comparaison. Cette stratégie est-elle efficace ?**
3. **Défendez votre point de vue sur ce problème en commençant par : « Nous ne sommes pas des .... Nous ne sommes pas des .... »**

Nous ne sommes pas des scientifiques. Nous ne sommes pas des politiques. Nous ne sommes pas des gens de pouvoir. Nous sommes juste des artistes, des personnalités publiques, qui ont la chance de toucher des millions de personnes, de sensibilités et d'âges différents.

Nous sommes les femmes et les hommes de l'orchestre. Mais pas n'importe quel orchestre, celui du *Titanic*. Notre rôle, c'est de faire danser les gens, de les divertir ou de les informer, mais on a entendu un bruit sourd et on a envie d'interrompre la musique pour dire : *« Eh, les gars, il n'y aurait pas comme un gros problème, là ? Y a un trou dans la coque, non ? »* Interrompre la musique pour se poser la question de notre responsabilité individuelle et collective, et des marges de manœuvre à notre portée, pour agir contre le dérèglement climatique et la perte de biodiversité qui coulent lentement, mais sûrement, le navire Terre. [...]

Grâce à une liste de gestes réalisables et aux conséquences positives, dressée avec des experts, notre message est de montrer à tous les fans et à tous les followers des mondes artistique, sportif, médiatique que la véritable modernité, c'est de bousculer ses habitudes, nous changer… pour tout changer. Nous devons tous devenir des Freaks, des gens bizarres qui prennent leur vélo, arrêtent le plastique, mangent des produits de saison, limitent le streaming, refusent les comportements qu'on leur impose et soignent leur consommation aiguë.

Appel d'un collectif d'artistes pour lutter contre le réchauffement climatique, *Le Monde* du 29 novembre 2019.

3

Maîtriser l'analyse d'un texte

Maîtriser l'analyse d'un texte littéraire

« L'enseignement du français suppose une progression ordonnée, prenant appui sur des lectures nombreuses et sur l'étude de textes majeurs de notre patrimoine littéraire. La discipline vise à transmettre la connaissance et le goût de la langue ainsi que le plaisir de la littérature, à encourager les pratiques de la parole, de l'écriture et de la lecture, pour favoriser chez les élèves une appropriation personnelle des œuvres.

Elle joue un rôle déterminant dans la formation de l'esprit, le développement de l'imagination et l'éducation de la sensibilité et du goût.

À travers la fréquentation des œuvres et des textes de la littérature, l'enseignement du français contribue également à enrichir l'expérience des élèves, leur approche des questions éthiques, leur connaissance du monde et d'autrui. »

D'après le Bulletin Officiel du Ministère de l'Éducation nationale, 2019

19 Identifier les marques de l'énonciation

L'analyse d'un texte commence par l'observation du système énonciatif. L'énonciation est l'action qui consiste à produire un message écrit ou oral. L'émetteur – ou locuteur – transmet un énoncé à un destinataire, dans un lieu et à une époque donnés, dans une certaine disposition d'esprit et avec une intention déterminée.

L'extrait

- L'ancrage dans le temps et dans l'espace
- Les marques de la personne
- Les indices du sentiment et du jugement

Le xxe siècle s'est enfin achevé. Il y a eu trop de morts de par le monde : d'hommes, d'idéologies, d'illusions et de religions. La créatrice de mes jours repose dans un petit mausolée* aux murs blancs, face à l'océan Atlantique. Je m'y suis recueilli récemment et j'ai retrouvé les mots de mon enfance, alors tout était à découvrir, à espérer et à aimer. J'ai visité la maison familiale où elle m'a donné le jour voici trois quarts de siècle. Elle est à l'abandon. Je me suis rendu dans tous les lieux de ma mémoire, au Maroc, en France et ailleurs, partout où j'ai vécu et rêvé. Le soir tombe ici ou là-bas.

Driss Chraïbi, *Le Monde à côté*, Éd. Denoël, 2001.

* mausolée : monument funéraire.

Premiers repérages

→ Roman publié en 2001 (moment de l'écriture), qui renvoie au passé proche (première phrase).

→ Dimension autobiographique : utilisation de la première personne (« je ») ; évocation de la famille (« la créatrice de mes jours »), de la naissance, de l'enfance.

→ Dimension mélancolique : sentiments partagés, entre le passé et le présent, entre le Maroc des origines et la France.

→ L'écrivain revient sur son passé, raconte ses souvenirs... Tonalité lyrique de l'extrait (vocabulaire des sentiments + première personne).

Observation

1. Qui s'exprime dans l'énoncé ci-dessus ? À quelle époque ? Dans quelle intention ?
2. Quelle opposition le système des temps verbaux met-il en place ? À travers quels autres mots retrouve-t-on cette opposition ?
3. À travers quels pronoms personnels l'auteur s'implique-t-il dans l'énoncé ? À quel type d'écrit le texte renvoie-t-il ?

1 Repérez la situation d'énonciation

Un certain nombre d'indices révèlent la présence du locuteur dans l'énoncé (qui parle ?), ainsi que le moment où il écrit ou prononce son discours (quand ?).

- **Les indices personnels.** Les indices personnels sont constitués par l'ensemble des pronoms personnels (« *je* », « *tu* », « *vous* »), possessifs (« *le tien* ») ou démonstratifs (« *celui-ci* ») et des adjectifs possessifs (« *mon* », « *nos* »), qui renvoient à l'identité des interlocuteurs et qui renseignent sur les relations qu'ils entretiennent.
- **Les indicateurs de temps et de lieu.** Certains mots fournissent des indications sur les circonstances de l'énonciation. Ces indices sont les adverbes et les compléments de temps et de lieu (« *ici* », « *demain* »). Ils comprennent également les temps des verbes (présent, passé, futur), ainsi que leur mode (indicatif, subjonctif ou impératif).

Exemple. « Il suffit de regarder nos rues ou nos routes un samedi de ce temps pour constater que les lois nouvelles ont bouleversé la vie nationale. Les jeunes s'y sont adaptés sur l'heure. » (Paul Morand, sur l'apparition des congés payés)

2 Interprétez les indices du sentiment et du jugement

L'émetteur s'implique dans l'énoncé à travers les termes qui expriment ses émotions (comment ?) ou développent ses opinions (pourquoi ?).

- **Les marques des sentiments et de l'émotion.** L'expression des sentiments de l'émetteur se repère à travers les termes affectifs, à connotations positives ou négatives. Son émotion se traduit par l'intonation, souvent liée au type de phrase :

Exemple. « Ah ! se disait-elle, si j'avais connu Julien il y a dix ans, quand je pouvais encore passer pour jolie ! » (Stendhal, *Le Rouge et le Noir*)

- **Les marques du jugement.** Le locuteur peut exprimer un jugement de valeur, à travers l'emploi de termes évaluatifs. On distingue les termes péjoratifs, qui dévalorisent ce qu'ils désignent, et les termes mélioratifs, qui le mettent en valeur.

Exemple. « La civilisation mécanique vient de parvenir à son dernier degré de sauvagerie. » (Camus, *Combat*)

3 Relevez les termes modalisateurs

L'émetteur exprime son adhésion ou sa distance, ses certitudes ou ses doutes à l'égard du contenu de son énoncé. Il emploie pour cela des termes modalisateurs qu'il faut prendre en compte dans l'analyse :

– des verbes comme *douter*, *sembler*, *croire*, *assurer que*…

– des adverbes et des locutions adverbiales comme *peut-être*, *certainement*, *sans doute*, *probablement*, *de toute évidence*…

– l'emploi du conditionnel (*il aurait travaillé chez son voisin ce jour-là*) et du subjonctif (*qui l'eût cru ?*).

Juste une QUESTION

Celui qui s'exprime est-il toujours présent dans l'énoncé ?

Oui et non. On dit que certains énoncés, comme le récit à la troisième personne, sont coupés de la situation d'énonciation. C'est alors un autre système énonciatif qui se met en place, dans lequel celui qui raconte n'existe pas vraiment, tandis que les lieux et les époques se repèrent les uns par rapport aux autres (« le lendemain »).

La situation d'énonciation

Exercice 1

Repérez les indices de l'énonciation impliquant le locuteur dans l'énoncé suivant.

Si un écrivain, un auteur, me demandait, à moi, pourquoi je lis, pourquoi je vais au spectacle, je répondrais que j'y vais, non pas pour avoir des réponses, mais pour avoir d'autres questions.

Eugène Ionesco, *Notes et Contre-Notes*, Éd. Gallimard, 1942.

Exercice 2

1. **Définissez la situation d'énonciation du texte suivant.**
2. **Expliquez comment le jeu des pronoms permet au locuteur d'impliquer son destinataire dans l'énoncé.**

Il faut croire que la vie est une bien bonne chose en elle-même puisque les commencements en sont si doux, et l'enfance un âge si heureux. Il n'est pas un de nous qui ne se rappelle cet âge d'or comme un rêve évanoui, auquel rien ne saurait être comparé dans la suite. Je dis un rêve, en pensant à ces premières années où nos souvenirs flottent incertains et ne ressaisissent que quelques impressions isolées dans un vague ensemble. On ne saurait dire pourquoi un charme puissant s'attache pour chacun de nous à ces éclairs du souvenir insignifiants pour les autres.

George Sand, *Histoire de ma vie*, 1855.

Exercice 3

1. **Repérez la situation d'énonciation dans l'interview suivante.**
2. **Corrigez les erreurs dans la présentation qui en est faite.**

« *J'ai lu quelque part, à moins que vous ne me l'ayez dit, que vous aviez écrit* Le Procès-Verbal *sur une plage.*

J.-M. G. Le Clézio. – C'est vrai, en partie. À l'époque, je lisais beaucoup sur la plage. C'est un endroit agréable pour lire – c'est peut-être là que j'ai abîmé mes yeux, d'ailleurs…

– *Une plage, c'est tout de même moins commode qu'une table de café, pour écrire ?*

J.-M. G. Le Clézio. – Oui… Si on a besoin impérativement d'une surface plane, c'est moins commode. Mais si on écrit sur des bouts de papier, ce n'est pas vraiment incommode. »

Jean-Marie Gustave Le Clézio, *Ailleurs*, entretiens avec Jean-Louis Ezine, Éd. Arléa, 1995.

Présentation

Le texte est une interview réalisée sur une plage. Les deux hommes se vouvoient. Le journaliste (on ne connaît pas son nom) pose des questions à l'écrivain sur un livre écrit en 1995, dans un café. C'était il y a longtemps car Le Clézio dit « À l'époque ». Ce livre s'appelle « Ailleurs », sûrement parce qu'il a été écrit sur une plage lointaine, et pas dans un café, comme le pense le journaliste.

Les indices du sentiment et du jugement

Exercice 4

Identifiez dans les extraits suivants les marques de l'émotion et du jugement.

A. Si j'avais le pouvoir de donner une voix à la solitude et à l'angoisse de chacun d'entre nous, c'est avec cette voix que je m'adresserais à vous. (Camus)

B. Ô mon fils, que tes jours coûtent cher à ta mère ! (Racine)

C. Voilà ce qui me reste : ce que j'ai gagné au long de ces années affreuses, cet argent dont vous avez la folie de vouloir que je me dépouille. (Mauriac)

Exercice 5

1. **À travers quel type de phrase l'émetteur communique-t-il son émotion au lecteur ? Quel mot-clé du poème résume cette émotion ?**
2. **Relevez les termes qui expriment un sentiment. Classez-les en fonction de leurs connotations, positives ou négatives.**

Hélas, ai-je pensé, malgré ce grand nom d'Homme,
Que j'ai honte de nous, débiles* que nous sommes !
Comment on doit quitter la vie et tous ses maux,
C'est vous qui le savez, sublimes animaux !
À voir ce que l'on fut sur terre et ce qu'on laisse,

Seul le silence est grand, tout le reste est faiblesse.
Ah ! Je t'ai bien compris, sauvage voyageur,
Et ton dernier regard m'est allé jusqu'au cœur !

Alfred de Vigny, « La mort du loup », *Les Destinées*, 1864.

* débiles : faibles.

Exercice 6

Réécrivez ces passages de manière à effacer la présence du locuteur et à nuancer les jugements prononcés.

A. *Je trouve ce livre décevant. À la fin on ne sait pas si le personnage principal meurt. Je ne trouve pas normal qu'un auteur ne termine pas clairement l'histoire qu'il raconte. On dirait qu'il se moque de ses lecteurs.*

B. *Cette pièce n'est pas très crédible et le héros paraît un peu stupide. À la place de Cyrano, j'aurais révélé à Roxane que je l'aimais et que c'était moi qui la charmais par mes paroles et non mon ami.*

Exercice 7

1. **Quelle est la situation d'énonciation mise en place par le texte ?**
2. **Relevez et commentez les marques du sentiment et du jugement. Quel portrait psychologique font-elles du locuteur ?**

L'empereur romain Hadrien (76-138)

Quelques hommes avant moi avaient parcouru la terre : Pythagore, Platon, une douzaine de sages, et bon nombre d'aventuriers. Pour la première fois, le voyageur était en même temps le maître, pleinement libre de voir, de réformer, de créer. C'était ma chance, et je me rendais compte que des siècles peut-être passeraient avant que se reproduisît cet heureux accord d'une fonction, d'un tempérament, d'un monde. [...] Il faut faire ici un aveu que je n'ai jamais fait à personne : je n'ai jamais eu le sentiment d'appartenir complètement à aucun lieu, pas même à mon Athènes bien-aimée, pas même à Rome. Étranger partout, je ne me sentais particulièrement isolé nulle part.

Marguerite Yourcenar, *Mémoires d'Hadrien*, Éd. Gallimard, 1958.

Exercice Bilan

1. **Identifiez la situation d'énonciation de cette lettre. Repérez les marques de présence de l'émetteur et du destinataire.**
2. **Relevez et classez les autres marques de l'énonciation : jugements, émotions et sentiments, termes modalisateurs.**
3. **Présentez la lettre sous la forme d'un paragraphe rédigé.**

Horimont, le 31 octobre 1914

Chers parents et chère Louise,

Mes chers, nous avons passé une semaine difficile, car il nous a fallu passer trois jours et trois nuits en territoire hostile. Mardi matin à 7 heures, nous sommes partis d'ici, chargés de tout le paquetage, et il n'était pas du tout sûr que nous puissions y revenir. Mais nous sommes revenus vendredi soir. Dans cette lettre, je ne peux vous raconter qu'une toute petite partie de tout ce que j'ai vu, car je ne peux vous décrire tout le malheur, tous les ravages et la famine dont sont victimes les jeunes enfants et les femmes que nous avons rencontrés. Des hommes, il n'y en a presque plus, on ne voit que des vieillards.

Ah, mes chers, comme vous avez de la chance, d'être là-bas, chez vous, vous ne savez même pas à quel point vous avez de la chance ! Vous avez grand tort de vous plaindre et de geindre, car vous n'en avez aucune raison. Vous allez peut-être me dire que tout ce que j'ai vu n'est encore rien par rapport à un champ de bataille jonché de cadavres d'hommes et de chevaux ; oui, c'est vrai. Mais, j'en ai déjà vu beaucoup trop et j'ai mon content* de misère et de désolation.

Paroles de Poilus, Lettres et carnets du front 1914-1918, Éditions Librio, 1998.

* mon content : ma ration suffisante.

Les tonalités d'un texte

Un texte s'inscrit dans une tonalité particulière qui manifeste la façon dont l'auteur, ou le narrateur, perçoit la réalité, face aux situations qu'il évoque. Des procédés, des figures de style, un lexique suscitent des émotions chez le lecteur ou l'incitent à changer de point de vue.

> « Il y a une manière lyrique de sentir. »
>
> Baudelaire

Le ton tragique

Définition. Il suscite une impression de terreur et de fascination devant un destin implacable qui frappe les personnages.

Procédés utilisés. La tonalité tragique s'appuie d'abord sur le lexique de la mort et de la fatalité. Elle se caractérise par l'emploi d'un lexique et d'une syntaxe soutenus. L'exclamation, les interrogations et les antithèses soulignent la cruauté du destin.

Le ton comique

Définition. Il cherche à provoquer le rire par des situations, des comportements, des paroles inattendus. Il peut également reposer sur le basculement de l'ordre logique vers une tonalité absurde.

Procédés utilisés. Il joue des ressources du langage pour faire rire (mots, sons, sens), mais aussi de la répétition de situations, de gestes et de paroles. Le ton comique naît parfois de l'exagération et du quiproquo.

Le ton pathétique

Définition. Il suscite la pitié devant l'intensité du malheur qui accable des personnages vivant une situation tourmentée.

Procédés utilisés. Il s'appuie sur le lexique de la souffrance, du malheur et du chagrin. Les apostrophes, les imprécations, les supplications et les lamentations mettent en relief l'expression de la pitié.

Le ton lyrique

Définition. Il provoque une intimité avec le destinataire à travers l'expression de sentiments personnels, comme la mélancolie ou l'amour. Il s'exprime surtout dans la poésie (poésie élégiaque).

Procédés utilisés. La tonalité lyrique s'exprime à travers le lexique des sentiments et des sensations, les jeux sur les pronoms (je, tu toi...), les exclamations et les apostrophes, mais aussi des figures d'insistance comme les anaphores ou les hyperboles.

Le ton épique

Définition. Il évoque les combats héroïques ayant mené à la fondation des grandes dynasties. On le trouve à l'origine dans la poésie narrative (l'épopée), mais aussi dans le théâtre tragique ou le roman historique.

Procédés utilisés. La tonalité épique repose sur le lexique du combat et de la guerre, les procédés de l'amplification (hyperboles, symboles, antithèses), le choc des images poétiques.

Le ton épidictique

Définition. Il consiste à montrer les qualités (l'éloge) ou les défauts (le blâme) pour provoquer l'admiration ou au contraire le mépris.
Procédés utilisés. Le discours s'appuie sur les termes mélioratifs ou péjoratifs, les hyperboles, les phrases longues et complexes (périodes).

« Du luth et du pinceau j'ébattrai ma vie ». (Du Bellay)
Peinture de 1554.

« La satire est une sorte de miroir dans lequel les spectateurs découvrent généralement le visage de tout le monde, mais pas le leur. »

Jonathan Swift

Le ton satirique

Définition. Il souligne et souvent amplifie les défauts d'une personne, d'un comportement ou d'une institution pour s'en moquer et les tourner en dérision.
Procédés utilisés. Il utilise pour cela la caricature, à travers les images dévalorisantes (métaphore filée, personnification), les hyperboles et les antithèses.

Le ton polémique

Définition. Il manifeste la colère et la révolte contre des personnes, des idées ou des institutions. On le trouve notamment dans la littérature d'idées : pamphlets, essais, contes philosophiques, tribunes de presse.
Procédés utilisés. La tonalité polémique naît d'un lexique dépréciatif, des exagérations, des sarcasmes, de l'indignation feinte ou réelle, des apostrophes et des appels à la révolte au nom des valeurs.

Le ton ironique

Définition. Il consiste à se moquer d'un adversaire ou d'une idée, en laissant entendre le contraire de ce que l'on dit. Il repose sur une complicité du locuteur avec son destinataire.
Procédés utilisés. Le ton ironique se devine aux antiphrases, aux sous-entendus, aux équivoques dont les cibles sont tournées en ridicule. Il repose également sur des périphrases dévalorisantes et des alliances de mots.

20 Maîtriser les figures de l'analogie

La comparaison, la métaphore et la personnification reposent sur l'analogie, c'est-à-dire la ressemblance ou le rapprochement que l'auteur fait entre deux réalités. Ce rapprochement produit des images et des effets de sens qui donnent au texte une force particulière.

L'extrait

La comparaison
La métaphore
La personnification

La barque tire sur sa longe, hoche le corps d'un pied sur l'autre, inquiète et têtue comme un jeune cheval.

Ce n'est pourtant qu'un assez grossier réceptacle, une cuiller de bois sans manche : mais creusée et cintrée pour permettre une direction du pilote, elle semble avoir son idée, comme une main faisant le signe couci-couça. Montée, elle adopte une attitude passive, file doux, est facile à mener. Si elle se cabre, c'est pour les besoins de la cause.

Lâchée seule, elle suit le courant et va, comme tout au monde, à sa perte tel un fétu.

Francis Ponge, « La Barque », *Pièces*, Éd. Gallimard, 1962.

Premiers repérages

→ Poème qui se présente comme une succession d'analogies (barque = cheval, puis cuiller de bois, puis main, cheval à nouveau, et enfin fétu de paille).

→ Imbrication des métaphores, des comparaisons et des personnifications : c'est une barque « animée », douée de vie et de sentiments.

→ Travail de la poésie = transformation de l'univers, de la réalité + rêverie du poète.

Observation

1. Quel est l'objet du poème, son thème principal ?
2. À travers quelles figures de style le poète fait-il d'une simple barque un être animé ?
3. Pourquoi peut-on dire que, grâce à l'analogie, la poésie transforme le monde ?

1 Analysez les termes de la comparaison

La comparaison permet de mettre sur le même plan deux éléments appartenant à des domaines différents, créant alors une image inattendue.

- **Le comparé et le comparant.** Le terme de comparé désigne l'objet, l'être ou l'idée qu'on évoque. Le comparant est ce qui est mis en relation avec le comparé. Cette relation entre le comparé et le comparant est fondée sur un rapport d'analogie ou de proximité.

  Exemple. « La musique souvent me prend comme une mer ! » (Charles Baudelaire)

- **Les outils de comparaison.** La comparaison s'effectue à l'aide d'outils qui peuvent être de différentes natures :

Verbes	Adverbes et locutions	Adjectifs	Groupes nominaux
Ressembler à, sembler, avoir l'air, faire penser à…	Comme, de même que, plus… que, moins… que …	Semblable à, tel que, pareil à, comparable à…	À la manière de… À la façon de….

2 Étudiez la puissance de la métaphore

Comme la comparaison, la métaphore unit un comparant et un comparé, mais sans outil de comparaison. La métaphore peut passer sous silence le comparé, qui, tout comme l'outil de comparaison, reste alors implicite. Le lecteur perçoit une ressemblance grâce à un effort d'interprétation :

Exemple. « Je me suis baigné dans le Poème / De la Mer. » (Arthur Rimbaud)

3 Interprétez la personnification et l'allégorie

- **La personnification.** Elle prête des comportements ou des sentiments humains à un objet, à un être inanimé ou à un animal.

  Exemple. « C'est le vent qui les fait courir, et chaque coquelicot s'attarde, quand il veut, au bord du sillon, avec le bleuet, sa payse. » (Jules Renard)

- **L'allégorie.** Elle rend concrète une idée abstraite en lui donnant la forme d'un être vivant, qui la représente par son apparence, ses comportements, ses gestes. Proche de la personnification, elle lui ajoute cependant une dimension symbolique et se développe dans un récit :

  Exemple. « Je vis cette faucheuse. Elle était dans son champ.
  Elle allait à grands pas moissonnant et fauchant,
  Noir squelette laissant passer le crépuscule. » (Victor Hugo)

Juste une QUESTION

Qu'est-ce qu'une métaphore filée ?

C'est une métaphore comme une autre, sauf que, si vous l'observez bien, vous voyez qu'elle se développe sur plusieurs lignes, voire sur l'ensemble d'un texte. Elle s'appuie pour cela sur le champ lexical du comparant. Le poème de Francis Ponge file, par exemple, la longue métaphore du cheval.

La comparaison

Exercice 1

Indiquez, pour chaque comparaison, le comparé, le comparant, l'outil de comparaison et le point commun qui les unit.

- Ses mains paraissaient faites d'une espèce d'ouate, tant elle maniait légèrement et délicatement les choses. (Maupassant)
- Une personne à la mode ressemble à une *fleur bleue* qui croît de soi-même dans les sillons, où elle étouffe les épis, diminue la moisson, et tient la place de quelque chose de meilleur. (La Bruyère)
- Il descendit la rue de Bréda comme une pierre qui déroule, furieux contre Arnoux, se faisant le serment de ne jamais plus le revoir. (Flaubert)

Exercice 2

1. **Repérez les comparaisons. Quel est l'unique comparé ? Quel est l'effet produit par la succession des comparants ?**
2. **Réécrivez les deux premières strophes en changeant le comparé et les comparants.**

Les filles
C'est beau comme un jeu
C'est beau comme un feu
C'est beaucoup trop peu

Les filles
C'est beau comme un fruit
C'est beau comme la nuit
C'est beaucoup d'ennui

Les filles
C'est beau comme un renard
C'est beau comme un retard
C'est beaucoup trop tard

Les filles
C'est beau tant que ça peut
C'est beau comme l'adieu
Et c'est beaucoup mieux.

Jacques Brel, « Les filles et les chiens », 1963.

La métaphore

Exercice 3

Relevez une comparaison et une métaphore. Quel est le point commun de ces deux figures ? Qu'est-ce qui les différencie ?

Comme le feu cruel qui a mis en ruine
Un palais, forcenant* léger de lieu en lieu,
Le malheur me dévore, et ainsi m'extermine
Le brandon de l'amour, l'impitoyable dieu.

Agrippa d'Aubigné, *Le Printemps*, 1572.

*forcenant : perdant la raison.

Exercice 4

1. **Quel est le comparé et le comparant dans les métaphores suivantes ?**
2. **Déterminez le point commun sur lequel repose l'analogie.**

– La fosse, plaie au flanc de la terre, est ouverte. (Hugo)

– Et les thermomètres eux-mêmes regagnaient l'ombre en couinant. (Belletto)

– Les grandes portes du réfectoire s'ouvrirent avec bruit et vomirent trois commissaires en habits sales et longs. (Vigny)

– Le gouffre de tes yeux, plein d'horribles pensées. (Baudelaire)

Exercice 5

1. **Repérez les comparaisons et les métaphores.**
2. **Pour chacune d'elles, indiquez quel est le comparant et le comparé.**
3. **Expliquez comment l'auteur rend son portrait original grâce à ces figures de style.**

Le Panturle est un homme énorme. On dirait un morceau de bois qui marche. Au gros de l'été, quand il se fait un couvre-nuque avec des feuilles de figuier, qu'il a les mains pleines d'herbe et qu'il se redresse, les bras écartés, pour regarder la terre, c'est un arbre. Sa chemise pend en lambeaux comme une écorce. Il a une grande lèvre épaisse et difforme, comme un poivron rouge. Il envoie la main lentement sur toutes les choses qu'il veut prendre, généralement, ça ne bouge pas ou ça ne bouge plus. C'est du fruit, de l'herbe ou de la bête morte ; il a le temps. Et quand il tient, il tient bon.

Jean Giono, *Regain*, Éd. Grasset, 1930.

Exercice 6

Corrigez l'analyse de la citation.

La citation : Une idée se leva sur Paris avec le jour, et tous virent la même lumière. Une lumière dans les esprits, et dans chaque cœur une voix : « Va, et tu prendras la Bastille ! » (Jules Michelet)

L'analyse à corriger. *L'auteur fait une comparaison entre une idée (le comparant) et la lumière (le comparé) qui éclaire les esprits. En les rapprochant, il souligne la crainte qui s'empare des révolutionnaires au moment de prendre la Bastille.*

La personnification et l'allégorie

Exercice 7

Dans les citations suivantes, identifiez et expliquez la personnification et l'allégorie.

A. « Un soir j'ai assis la Beauté sur mes genoux. – Et je l'ai trouvée amère. – Et je l'ai insultée. » (Rimbaud)

B. Des cloches tout à coup sautent avec furie
Et lancent vers le ciel un affreux hurlement… (Baudelaire)

Exercice 8

1. **Repérez et identifiez l'allégorie développée dans chaque extrait.**
2. **Quelles sont leurs caractéristiques communes ? Qu'est-ce qui les différencie de la personnification ?**

• Quand les chevaux du Temps s'arrêtent à ma porte
J'hésite un peu toujours à les regarder boire
Puisque c'est de mon sang qu'ils étanchent leur soif.
(Jules Supervielle)

• Le Malheur, mon grand laboureur,
Le Malheur, assois-toi,
Repose-toi,
Reposons-nous un peu toi et moi,
Repose,
Tu me trouves, tu m'éprouves, tu me le prouves.
Je suis ta ruine.
(Henri Michaux)

Exercice Bilan

1. **Identifiez les figures de l'analogie qui permettent de caractériser le personnage principal.**
2. **Quelles impressions ces figures de style cherchent-elles à produire sur le lecteur ?**
3. **Rédigez un paragraphe d'explication.**

Le spectacle était épouvantable et charmant. Gavroche, fusillé, taquinait la fusillade.

Il avait l'air de s'amuser beaucoup. C'était le moineau becquetant les chasseurs. Il répondait à chaque décharge par un couplet.

On le visait sans cesse, on le manquait toujours. Les gardes nationaux et les soldats riaient en l'ajustant. Il se couchait, puis se redressait, s'effaçait dans un coin de porte, puis bondissait, disparaissait, reparaissait, se sauvait, revenait, ripostait à la mitraille par des pieds de nez […].

Ce n'était pas un enfant, ce n'était pas un homme ; c'était un étrange gamin fée. On eût dit le nain invulnérable de la mêlée. Les balles couraient après lui, il était plus leste qu'elles. Il jouait on ne sait quel effrayant jeu de cache-cache avec la mort ; chaque fois que la face camarde du spectre s'approchait, le gamin lui donnait une pichenette.

Une balle pourtant, mieux ajustée ou plus traître que les autres, finit par atteindre l'enfant feu follet. On vit Gavroche chanceler, puis il s'affaissa. Toute la barricade poussa un cri ; mais il y avait de l'Antée* dans ce pygmée ; pour le gamin toucher le pavé, c'est comme pour le géant toucher la terre.

Victor Hugo, *Les Misérables*, 1862.

*Antée : géant de la mythologie, qui retrouvait des forces dès qu'il touchait le sol.

Eugène Delacroix, *La Liberté guidant le peuple*, 1830 (détail)

Les figures de style

Les figures de style sont des procédés qui, bien qu'étant désignés par un terme savant, sont utilisés dans le langage courant. Elles rendent l'énoncé expressif, personnalisent le discours et contribuent à l'originalité d'une expression écrite ou orale.

1. L'insistance

Les figures d'insistance sont les plus simples et les plus anciennes figures de style.

Figures	Procédé et effet	Exemples
L'anaphore	On répète le même mot ou groupe de mots en tête de vers, de proposition, de phrase ou de paragraphe pour mettre l'accent sur un thème dominant ou rythmer l'énoncé.	« **Il y a** des petits ponts épatants **Il y a** mon cœur qui bât pour toi **Il y a** une femme triste sur la route... » (Apollinaire)
La gradation	On fait se succéder des termes d'intensité croissante ou décroissante pour souligner une même idée, jusqu'à l'exagération.	« Je me **meurs**, je **suis mort**, je **suis enterré**. » (Molière)
Le parallélisme	On utilise une construction syntaxique identique pour deux énoncés pour créer une similitude ou une opposition.	« J'ai tendresse pour toi, j'ai passion pour elle. » (Corneille)

2. L'opposition

Les figures d'opposition rapprochent dans un énoncé deux termes contraires ou contrastés.

Figures	Procédé et effet	Exemples
L'antithèse	On rapproche deux mots de sens contraire dans un vers, une strophe, une phrase ou un paragraphe pour marquer un conflit, une tension.	« **Présente**, je vous fuis, **absente**, je vous trouve » (Racine)
L'oxymore	On juxtapose deux mots de sens contradictoire au sein d'un même groupe grammatical, pour créer une réalité poétique, un effet de surprise.	« Le **soleil noir** de la mélancolie » (Nerval)
Le chiasme	On fait se suivre deux expressions contenant les mêmes éléments syntaxiques ou lexicaux, et on intervertit leur ordre dans la seconde expression, pour produire une vision synthétique.	« Des **cadavres dessous** et **dessus** des **fantômes**. » (Hugo

3. L'amplification et l'atténuation

Les figures d'amplification permettent d'accentuer avec force la grandeur d'une idée ou l'intensité d'un sentiment. Les figures d'atténuation permettent d'adoucir par le langage la brutalité d'une réalité.

Figures	Procédé et effet	Exemples
L'hyperbole	On emploie des termes très forts, exagérés pour mettre en relief la réalité en la grossissant.	« Une mère aussi inflexible que **soixante-treize administrations à casquettes de plomb** » (Rimbaud)
La litote	On se sert d'une expression qui en dit peu pour renforcer au contraire ce qu'elle semble minimiser.	« Va, **je ne te hais point**. » (Corneille), prononcé par Chimène amoureuse, signifie « je t'aime avec passion »
L'euphémisme	On atténue le sens d'un mot ou d'une expression désagréable ou cruelle, pour adoucir la réalité.	« Et qui **dort son sommeil** sous une humble pelouse. » (Baudelaire) signifie que la personne est décédée.

4. Le détour et la substitution

Les figures de substitution visent à créer des effets inattendus.

Figures	Procédé et effet	Exemples
La métonymie	On désigne une chose par un terme proche qui entretient avec elle une relation logique, facilement identifiable, pour produire un raccourci d'expression.	« Boire un verre » (le contenant pour le contenu) ; « Aimez-vous ce camembert ? » (le lieu pour la chose) ; « C'est la grève des bus » (l'objet pour l'utilisateur).
La synecdoque	On emploie pour parler d'un être ou d'un objet un mot qui en désigne une partie, ou la matière dont il est fait, pour donner une vision fragmentée de la réalité.	« Il a trouvé un toit » (la partie pour le tout) ; « Avoir l'œil attentif » (le singulier pour le pluriel » ; « Faire périr par le fer » (la matière pour l'objet).
La périphrase	On remplace un mot par une expression qui le caractérise, pour attirer l'attention sur une qualité particulière et éviter une répétition.	« L'auteur de *la Comédie humaine* » (pour Balzac) ; « La ville des lumières » (pour Paris) ; « Le géant des mers » (pour un paquebot).
L'antiphrase	On dit ironiquement le contraire de ce que l'on veut faire comprendre pour instaurer une complicité entre les interlocuteurs.	« Ne vous gênez pas ! » ; « C'est du propre ! » ; « Ça sent la rose… » ; « Vous êtes trop bon ! ».

21 Comment conduire une analyse linéaire

L'analyse littéraire consiste à expliquer un texte en suivant sa progression, afin de montrer ses enjeux. Il s'agit de faire preuve d'une lecture personnelle, justifiée par l'analyse stylistique.

Le texte à analyser

- Thématique de l'opposition : isolement des personnages face au monde extérieur
- Analyse du titre : combat perdu d'avance
- Répétition des adverbes « même » et « encore » = Espoir / volonté de se battre
- // Découpage du texte en deux parties

Il leur avait semblé à tous les trois que c'était une bonne idée d'acheter ce cheval. Même si ça ne devait servir qu'à payer les cigarettes de Joseph. D'abord, c'était une idée, ça prouvait qu'ils pouvaient encore avoir des idées. // Puis ils se sentaient moins seuls, reliés par ce cheval au monde extérieur, tout de même capables d'en extraire quelque chose, de ce monde, même si c'était misérable, d'en extraire quelque chose qui n'avait pas été à eux jusque-là, et de l'amener jusqu'à leur coin de plaine saturée de sel, jusqu'à eux trois saturés d'ennui et d'amertume. C'était ça les transports : même d'un désert, où rien ne pousse, on pouvait encore faire sortir quelque chose, en le faisant traverser à ceux qui vivent ailleurs, à ceux qui sont du monde.

Marguerite Duras, *Un barrage contre le Pacifique*, Éd. Gallimard, 1950

Le début de l'analyse linéaire

Les personnages de ce début de roman affrontent des difficultés et refusent de baisser les bras. Mais comment le texte annonce-t'il l'échec de cet affrontement ? C'est la problématique qui guidera notre analyse.

En effet, si les personnages, « tous les trois », forment un ensemble uni, qui prend une décision positive : « une bonne idée », le verbe « sembler » contredit cet optimisme. Ainsi la tension entre une action décisive et son échec annoncé est tout de suite présente. D'ailleurs, le titre du roman annonce déjà l'idée d'un combat perdu d'avance : un barrage ne peut rien contre le Pacifique. Le « même si » et la répétition de l'adverbe « même » confirment cette impression de désillusion.

Observation

1. Quel est le lien entre chaque élément analysé et la problématique ?
2. L'analyse linaire suit-elle le texte mot à mot ? Justifiez ce choix.
3. Cette analyse évite-t-elle la paraphrase ? Justifiez votre réponse.

1 Portez un premier regard sur le texte

- **La nature du texte.** Un coup d'œil sur la disposition peut donner rapidement des informations sur le genre du texte : récit, poème, texte argumentatif ou théâtre.
- **Le titre et le nom de l'auteur.** Ces informations sont toujours connues, tout comme la date de publication du texte. Le titre est un indice important dans l'analyse. Des connaissances du contexte littéraire ou culturel de l'œuvre peuvent être aussi des pistes intéressantes.
- **La lecture du texte avant l'analyse.** Il ne faut pas négliger ces lectures préalables. Elles permettent de répondre aux questions de compréhension : qui ? où ? quand ? quel narrateur ? quels personnages ? pourquoi ? Portez une attention particulière aux premiers et derniers mots du texte.

2 Repérez les éléments à interpréter

- **Les ornements stylistiques.** Soyez attentif au lexique, à la construction des phrases ou des vers, aux sonorités (pas seulement pour les poèmes), aux images (comparaison et métaphores surtout), aux oppositions, au ton. Ces éléments essentiels seront mis au service d'une interprétation.
- **Les symboles.** Les auteurs utilisent souvent des symboles (un objet, un animal, une fleur pour représenter une idée, un sentiment) ou des motifs littéraires (des thèmes très utilisés en littérature). Il faut les repérer dans l'extrait.
- **Les références culturelles.** Un texte fait souvent allusion à des faits historiques, mythologiques, bibliques. Les relever, les commenter est important.

3 Commencez l'analyse

- **Une problématique.** Ce projet de lecture, posé sous forme d'une question, ordonne les remarques au fil de l'explication. Annoncé, c'est un point de repère important pour la cohérence de l'analyse. Efforcez-vous d'y faire référence lors de l'analyse détaillée.
- **La progression de l'analyse.** La linéarité ne signifie pas que l'on explique les phrases ou les vers un à un. L'explication suit les grands mouvements du texte. Elle n'est pas prisonnière du mot à mot. La logique de l'analyse est guidée par le plan du texte. Un titre peut d'ailleurs être donné à chacune de ses parties.
- **Le piège de la paraphrase et du catalogue de procédés.** Citer le texte durant l'explication est essentiel (sans toutefois relire une à une toutes les phrases), mais ces citations sont analysées et pas simplement traduites avec d'autres mots : c'est sur cette exigence que repose la qualité de votre travail.

Juste une QUESTION

Quelle différence y a-t-il entre une analyse linéaire et un commentaire ?

L'analyse linéaire débouche sur l'explication du texte à l'oral. Vous suivez le fil du texte, tout en respectant un projet de lecture, une problématique. Le commentaire va plus loin. En effet, pour le construire, vous reprenez les observations de l'analyse linéaire. Vous les organisez autour d'un plan qui ne suit pas obligatoirement le mouvement du texte. C'est un exercice écrit.

Le premier regard

Exercice 1

• Regardez ces extraits et notez vos remarques avant même leur lecture (titres, auteurs, dates). Déduisez-en la nature du texte en justifiant votre réponse.

• Lisez-les, puis notez vos impressions. Répondez ensuite aux questions de compréhension : narrateur, personnages, lieux, histoire, thème...

C'est un vieil homme debout à l'arrière d'un bateau. Il serre dans ses bras une valise légère et un nouveau-né, plus léger encore que la valise. Le vieil homme se nomme Monsieur Linh. Il est seul à savoir qu'il s'appelle ainsi car tous ceux qui le savaient sont morts autour de lui.

Debout à la poupe du bateau, il voit s'éloigner son pays, celui de ses ancêtres et de ses morts, tandis que dans ses bras l'enfant dort.

Philippe Claudel, *La Petite Fille de Monsieur Linh*, Hachette, 2005

ORONTE.

Vous me parlez bien ferme ; et cette suffisance...

ALCESTE.

Autre part que chez moi cherchez qui vous encense.

ORONTE.

Mais, mon petit monsieur, prenez-le un peu moins haut.

ALCESTE.

Ma foi, mon grand monsieur, je le prends comme il faut.

PHILINTE (*se mettant entre deux*).

Eh ! messieurs, c'en est trop. Laissez cela, de grâce.

Molière, *Le Misanthrope*, 1666

Il doit être minuit. Minuit moins cinq. On dort.
Chacun cueille sa fleur au vert jardin des rêves,
Et moi, las de subir mes vieux remords sans trêves,
Je tords mon cœur pour qu'il s'égoutte en rimes d'or

Jules Laforgue, *Veillée d'Avril*, 1880

Les éléments à interpréter

Exercice 2 **Travail en binôme**

• Dans le texte suivant, développez les éléments d'analyse surlignés en montrant leur lien avec la problématique proposée.

• Faites cette explication à l'oral en essayant de parler au-moins 5 minutes. Un camarade évalue votre travail à partir de la grille jointe. Vous pouvez ensuite inverser les rôles.

Attendus de la prestation
• Bonne compréhension littérale du texte • Analyse pertinente au service d'une problématique • Mobilisation de savoirs linguistiques et littéraires nécessaires à l'analyse du texte • Références précises au texte étudié

Grille d'évaluation des Épreuves de Français. Ministère de l'Éducation nationale 2019.

Problématique : *Comment est évoqué le pouvoir d'inspiration de la femme aimée ?*

Éléments à interpréter :

- (bleu) *Jeux sur les pronoms personnels*
- (vert) *Images surréalistes*
- (jaune) *Groupe de verbes à l'infinitif*
- (rose) *Opposition*

Elle est debout sur mes paupières
Et ses cheveux sont dans les miens,
Elle a la forme de mes mains,
Elle a la couleur de mes yeux,
Elle s'engloutit dans mon ombre
Comme une pierre sur le ciel.
Elle a toujours les yeux ouverts
Et ne me laisse pas dormir.
Ses rêves en pleine lumière
Font s'évaporer les soleils,
Me font rire, pleurer et rire,
Parler sans avoir rien à dire

Paul Eluard, « L'Amoureuse », *Capitale de la douleur*, Éd. Gallimard, 1924

Exercice 3

- **Corrigez l'analyse en supprimant la paraphrase et en reliant chaque remarque stylistique à une problématique notée dans une première phrase.**

Gaspard Hauser chante :

Je suis venu, calme orphelin,
Riche de mes seuls yeux tranquilles,
Vers les hommes des grandes villes :
Ils ne m'ont pas trouvé malin.

Paul Verlaine, *Sagesse*, 1881

La strophe correspond au premier mouvement du poème : le personnage de Gaspard arrive mais on ne sait pas d'où il vient. Les octosyllabes donnent un rythme rapide. Aux vers 1 et 2, deux adjectifs se succèdent : « calme, riche ». On voit que Gaspard va vers les « hommes des grandes villes », comme un paysan qui veut y réussir. Au vers 3 les deux points annoncent l'incompréhension entre le pluriel « ils » (les hommes) et le singulier « me » (Gaspard).

L'analyse

Exercice 4

- **Repérez les différents mouvements qui organisent ce texte. Donnez un titre à chacun d'eux.**

À Paris, dans un zoo, le narrateur observe une femme qui regarde une panthère dans sa cage.

La femme, l'inconnue, était comme une panthère humaine, dressée devant la panthère animale qu'elle éclipsait ; et la bête venait de le sentir, sans doute, quand elle avait fermé les yeux. […] Aussi, défaisant sans mot dire les douze boutons du gant violet qui moulait son magnifique avant-bras, elle ôta ce gant, et, passant audacieusement sa main entre les barreaux de la cage, elle en fouetta le museau court de la panthère, qui ne fit qu'un mouvement… mais quel mouvement !… et d'un coup de dents, rapide comme l'éclair !… Un cri partit du groupe où nous étions. Nous avions cru le poignet emporté : ce n'était que le gant. La panthère l'avait englouti.

Jules Barbey d'Aurevilly, « Le Bonheur dans le crime », *Les Diaboliques*, 1874

Exercice Bilan

1. **Confrontez l'analyse à la grille d'évaluation. Quels critères ne sont pas respectés ?**
2. **Complétez l'analyse.**

(Cyrano, blessé, sent sa mort prochaine.)

CYRANO

Ah ! je vous reconnais, tous mes vieux ennemis* ! […]
Oui, vous m'arrachez tout, le laurier et la rose !
Arrachez ! Il y a malgré vous quelque chose
Que j'emporte, et ce soir, quand j'entrerai chez Dieu,
Mon salut balaiera largement le seuil bleu,
Quelque chose que sans un pli, sans une tache,
J'emporte malgré vous,
Il s'élance l'épée haute.
et c'est…
L'épée s'échappe de ses mains, il chancelle, tombe dans les bras de Le Bret et de Ragueneau.

ROXANE, *se penchant sur lui et lui baisant le front*
C'est ?….

CYRANO, *rouvre les yeux, la reconnaît et dit en souriant*
Mon panache.

Edmond Rostand, *Cyrano de Bergerac*, Acte V, Scène 6, 1897

*mes ennemis : le mensonge, la bêtise…

Analyse linéaire à compléter

Le mouvement du texte débute par une interpellation de Cyrano à « ses vieux ennemis ». On retrouve sa grandeur tragique. L'impératif « arrachez » montre en effet le courage de Cyrano qui provoque la mort et en triomphe comme l'exprime……………. Il est fidèle à son image. L'enjambement du vers 3 à 4 souligne son attitude : il ne s'arrête pas de parler car……………. L'expression vague « quelque chose » crée une attente, qui se transforme ensuite en une vision, précisée par deux compléments circonstanciels, « ce soir » et……………. qui témoignent de…………….

Exercice **GUIDÉ** Vers l'épreuve du BAC

L'analyse linéaire, pas à pas

ÉTAPE 1 Lisez attentivement le texte et le sujet

Il s'agit du début du roman qui retrace, dans le Paris des années 20, l'amour impossible entre Aurélien, jeune parisien désabusé, et Bérénice, jeune femme en quête d'idéal.

La première fois qu'Aurélien avait vu Bérénice, il la trouva franchement laide ❶. Elle lui déplut enfin.// Il n'aima pas comment elle était habillée. Une étoffe qu'il n'aurait pas choisie ❷. Il avait des idées sur les étoffes. Une étoffe ❸ qu'il avait vue sur plusieurs femmes. // Cela lui fit mal augurer de celle-ci qui portait un nom de princesse d'Orient sans avoir l'air de se considérer dans l'obligation d'avoir du goût ❹. Ses cheveux étaient ternes ce jour-là, mal tenus ❺. Les cheveux coupés, ça demande des soins constants. Aurélien n'aurait pas pu dire si elle était blonde ou brune ❻. Il l'avait mal regardée ❺. // Il lui en demeurait une impression vague, générale, d'ennui et d'irritation ❻. Il se demanda même pourquoi ❼. C'était disproportionné. Plutôt petite, pâle, ❺ je crois ❼... Qu'elle se fût appelée Jeanne ou Marie, il n'y aurait pas repensé, après coup. Mais Bérénice. Drôle de superstition. Voilà bien ce qui l'irritait ❽.

Louis Aragon, *Aurélien*, Éd. Gallimard, 1944.

Sujet

Vous ferez l'analyse linéaire de cet extrait d'*Aurélien* de Louis Aragon.

ÉTAPE 2 Portez un premier regard sur le texte

Repérez l'œuvre, le nom de l'auteur et la date de publication. À quelles connaissances pouvez-vous faire appel ? Quels liens avec l'objet d'étude du programme pouvez-vous établir ? Définissez le genre du texte.

Notez vos premières remarques sur les personnages de Bérénice et d'Aurélien, sur l'histoire, sur le style d'Aragon ou sur le thème de la rencontre amoureuse.

ÉTAPE 3 Attachez-vous au sens global du texte

Si certains mots vous posent problème, essayez de déduire leur signification à partir de la phrase. Attachez-vous au sens général du texte : ce que veut montrer Aragon à travers cet extrait selon vous. Vous pouvez en déduire la thématique principale de l'extrait. Thématique à préciser plus tard dans votre problématique.

ÉTAPE 4 Repérez les éléments à interpréter

Crayon en main, reprenez votre lecture ligne par ligne en étant attentif aux effets de style, aux intentions d'Aragon et à sa vision du monde…

1. En quoi ce début est-il en écart avec une scène de rencontre ?
2. Que souligne la forme négative des verbes « aimer », « choisir » et « déplaire » ?
3. Quelle connotation revêt ici le mot « étoffe » ? En quoi est-il utilisé à contre-emploi ?
4. Quel décalage Aurélien relève-t-il entre le prénom de Bérénice et son allure ? Comment interprétez-vous cette opposition ?
5. Que pouvez-vous dire du portait physique de Bérénice ? Comment est utilisé le symbole féminin de la chevelure ?
6. Quel type de narrateur révèle ce texte ? Pourquoi peut-on parler de style oralisé ? Pourquoi cela amplifie-t-il l'impression de malaise d'Aurélien ?
7. Comment s'exprime le doute d'Aurélien ?
8. Comment justifiez-vous ce rythme accéléré des trois dernières phrases ? Comment ces phrases illustrent-elles, en fait, un coup de foudre inversé ?

ÉTAPE 5 Commencez l'analyse

La problématique. Vous choisissez maintenant la problématique qui doit mettre en valeur le thème principal du texte et sa singularité. C'est elle qui guide l'interprétation de vos analyses stylistiques et vous permet d'identifiez les mouvements du texte.

La progression de l'analyse. Vous pouvez maintenant lancer l'analyse en suivant les mouvements du texte. Ces parties sont aussi le plan de votre analyse linéaire. Vous pouvez d'ailleurs donner un titre à chacune pour montrer en quoi il y a une progression.

Mouvement 1. L'anti coup de foudre.
Les deux premières phrases expriment la brutalité du premier jugement.
Entrée immédiate dans l'histoire au passé.
Vitesse du récit.
Familiarité avec les personnages : deux prénoms.

Mouvement 2. Trois tentatives d'explication du rejet.
Les habits, le prénom, le physique de Bérénice posent problème.
Rêve de beauté et d'élégance déçu.
Prénom, qui fait penser à la grande amoureuse de Racine, mais trompeur.

Mouvement 3. Le souvenir obsédant.
Rejet paradoxal : il y a une sorte de fascination quand même.
Pourquoi y penser autant ?
Phrases sans verbe. Oralité. Vitesse.

22 Comment étudier un extrait de roman

Pour étudier un extrait de roman – qui n'est jamais choisi par hasard – il faut repérer, au-delà de l'histoire racontée, la structure cachée du texte et les techniques d'écriture utilisées. Cette étude permet de dégager les caractéristiques essentielles de l'extrait, qui vont guider l'analyse linéaire ou le commentaire.

L'extrait du roman

- La situation d'énonciation
- Le champ lexical de la guerre
- Les procédés d'écriture

Dans une odeur de soufre, de poudre noire, d'étoffes brûlées, de terre calcinée, qui rôde en nappes sur la campagne, toute la ménagerie donne, déchaînée. Meuglements, rugissements, grondements farouches et étranges, miaulements de chat qui vous déchirent férocement les oreilles et vous fouillent le ventre, ou bien le long hululement pénétrant qu'exhale la sirène d'un bateau en détresse sur la mer. Parfois même, des espèces d'exclamations se croisent dans les airs, auxquelles des changements bizarres de ton communiquent comme un accent humain. La campagne, par place, se lève et retombe ; elle figure devant nous, d'un bout de l'horizon à l'autre, une extraordinaire tempête de choses.

Henri Barbusse, *Le Feu, journal d'une escouade*, Éd. Flammarion, 1916.

Premiers repérages

→ Récit de guerre (titre), témoignage (date, pronoms « vous » et « nous ») sur la férocité des combats (texte descriptif), qui place le lecteur sur le champ de bataille.

→ Réseau lexical des sensations (surtout l'ouïe) et des cris d'animaux (« la ménagerie »), sensation de sauvagerie des combats.

→ Beaucoup de phrases longues (énumérations), sentiment de désordre. La phrase reproduit le chaos du réel.

Observation

1. À la première lecture du texte, comprend-on tout de suite qu'il s'agit d'un récit de guerre ? Pourquoi ?
2. Sur quels types d'indices l'analyse s'appuie-t-elle ?
3. Selon vous, qu'est-ce qui fait l'intérêt de ce texte ? Pourquoi a-t-il été choisi ?

1 Dégagez le sens littéral du récit

Le roman raconte d'abord une histoire, à travers l'itinéraire de personnages. Pour bien comprendre le passage étudié, il faut observer :

- **Les références du texte.** Le nom du romancier, le titre du roman, la date de publication et une éventuelle introduction permettent de situer le contexte du roman.
- **La situation d'énonciation.** Le mode de narration (première ou troisième personne) donne des informations sur le narrateur qui prend en charge le récit. Celui-ci peut être neutre ou apporter des jugements sur l'action et les personnages.
- **L'intention du passage.** Le romancier peut vouloir montrer (description ou portrait) ou raconter au lecteur (narration), rapporter les paroles (dialogues) ou les pensées (discours indirect ou indirect libre) des personnages.

2 Déterminez la progression du passage

L'extrait du roman peut s'organiser autour d'un thème principal ou montrer une évolution à travers des changements thématiques.

- **Le temps et l'espace du récit.** Des repères spatiaux ou temporels renseignent sur le cadre du récit. Les temps et modes verbaux soulignent la succession des actions ou la progression de la description.

  Exemple. Le passage de l'imparfait au passé simple annonce l'irruption d'un événement, parfois renforcée par des connecteurs temporels comme « tout à coup ».

- **Les réseaux lexicaux.** Le repérage des différents réseaux lexicaux qui structurent l'extrait permet de repérer les thèmes essentiels du texte et leurs développements.

3 Analysez l'écriture du texte

- **La construction des phrases.** L'écriture romanesque donne une certaine vision de la réalité qui passe d'abord par des choix syntaxiques. Le sujet des phrases, la place des verbes, la répartition des compléments peuvent faire apparaître des jeux d'harmonie ou d'opposition, qui mettent en valeur certains éléments du récit.
- **Le ton et le registre de langue.** Le romancier donne un ton personnel au récit en adoptant un registre de langue familier, courant ou soutenu, qui reflète les usages d'une époque et d'un milieu.
- **Les figures de style.** Elles mettent en valeur un moment important du récit ou soulignent la vision originale d'un lieu ou d'un personnage, à travers, par exemple, les métaphores ou les personnifications.

  Exemple. Sur l'établi, lourde table carrée en chêne brut grossièrement équarri, tachée de graisse et de suif, fourmillent, étincellent, scintillent une poignée de diamants et de rubis d'une grosseur et d'un éclat admirables. (Eugène Sue)

Juste une QUESTION

Chaque romancier a-t-il un style ?

Oui ! Michel Houellebecq, Sylvain Tesson et même Guillaume Musso ont tous un style, immédiatement reconnaissable pour leurs lecteurs. Le style du romancier est sa marque de fabrique, sa signature. Vous le repérez à travers le choix des mots, la tournure des phrases, la présence des thèmes qui lui sont chers. Ce style reflète la vision du monde de l'écrivain et sa conception de la littérature.

Le sens littéral du récit

Exercice 1

1. Quelles informations apportent les références du texte ?

2. Le narrateur du récit participe-t-il à l'histoire racontée ? Quel regard porte-t-il sur son personnage ?

3. Quelle est l'intention de l'auteur dans ce passage ? Justifiez votre réponse.

Rouiller est un fort gaillard de quarante ans, à charpente vigoureuse, et dont le visage est comme barbouillé de lie. Il se balance en marchant, porte des pantalons à la hussarde, son chapeau sur l'oreille, et le pif en l'air. Il semble vouloir faire, avec ses moulinets de bras et de jambes, de la place au peuple qui vient derrière lui. On cherche dans sa main la canne du compagnon du Devoir ou celle du tambour-major, qu'il fera voltiger au-dessus d'un bataillon d'irréguliers.

Il est cordonnier, et révolutionnaire.

« Je chausse les gens et je déchausse les pavés ! »

Jules Vallès, *L'Insurgé*, 1886.

Exercice 2

Le paragraphe suivant présente le texte de l'exercice 1. Corrigez-en les erreurs.

Ce texte est un extrait de récit de Jules Vallès. Il est raconté par Rouiller, qui est un grand gaillard de quarante ans. L'histoire se passe en 1886 et s'appelle « L'insurgé », ce qui veut dire le révolutionnaire. C'est une description. Le narrateur se promène et déclare qu'il veut du travail car il est cordonnier et que probablement il est au chômage.

La progression du passage

Exercice 3

1. Déterminez quels sont les champs lexicaux surlignés.

2. Indiquez en une phrase quelle atmosphère ils mettent en place.

Un avril tendre luisait déjà dans l'herbe. Après une grosse heure de montée dans des pâturages à odeurs exquises, Angélo descendit dans une combe vers une cabane de branches. (Jean Giono)

Exercice 4

1. Quelles indications de temps et de lieux le narrateur donne-t-il au lecteur ?

2. Comment la description progresse-t-elle ? Quelle est l'intention de l'auteur ?

3. Relevez le champ lexical dominant. Quels mots retiennent l'attention ? Pourquoi ?

Il était minuit à peu près ; la lune, échancrée par sa décroissance et ensanglantée par les dernières traces de l'orage, se levait derrière la petite ville d'Armentières, qui découpait sur sa lueur blafarde la silhouette sombre de ses maisons et le squelette de son haut clocher. En face, la Lys roulait ses eaux pareilles à une rivière d'étain fondu ; tandis que sur l'autre rive on voyait la masse noire des arbres se profiler sur un ciel orageux envahi par de gros nuages cuivrés qui faisaient une espèce de crépuscule au milieu de la nuit. À gauche s'élevait un vieux moulin abandonné, aux ailes immobiles, dans les ruines duquel une chouette faisait entendre son cri aigu, périodique et monotone. Çà et là dans la plaine, à droite et à gauche du chemin que suivait le lugubre cortège, apparaissaient quelques arbres bas et trapus, qui semblaient des nains difformes accroupis pour guetter les hommes à cette heure sinistre.

Alexandre Dumas, *Les Trois Mousquetaires*, 1844.

Les Mousquetaires accompagnent Milady de Winter, espionne, criminelle, sur le lieu de son exécution.

Exercice 5

1. **Quel est le thème principal de l'extrait ? Relevez son champ lexical.**
2. **De combien de phrases le paragraphe est-il constitué ? Que mettent-elles en valeur ? De quelle façon ?**

Maintenant je suis captif. Mon corps est aux fers dans un cachot, mon esprit est en prison dans une idée. Une horrible, une sanglante, une implacable idée ! Je n'ai plus qu'une pensée, qu'une conviction, qu'une certitude : – condamné à mort !

Victor Hugo, *Le Dernier Jour d'un condamné*, 1829.

L'écriture du texte

Exercice 6

1. **Quel est le thème de cet extrait ? Comment est-il mis en valeur par la première phrase ?**
2. **Faites l'analyse syntaxique de la dernière phrase. Que souligne sa construction ?**

Ces yeux on ne les voyait ni bruns ni bleus : ils étaient d'un gris indéfinissable et changeant, d'un gris qui n'était pas une couleur mais une lumière. L'émotion y passait dans le feu de la fièvre, le plaisir dans l'éclair d'une sorte d'ivresse, la passion dans une phosphorescence.

Edmond et Jules de Goncourt, *Germinie Lacerteux*, 1864.

Exercice 7

1. **L'auteur décrit une catastrophe ferroviaire. À quels procédés de style renvoient les éléments identifiés ?**
2. **Quelle est l'intention de l'auteur lorsqu'il écrit cette phrase ? Complétez le commentaire.**

La Lison, renversée sur les reins, le ventre ouvert, perdait sa vapeur, par les robinets arrachés, les tuyaux crevés, en des souffles qui grondaient, pareils à des râles furieux de géante.

Émile Zola, *La Bête humaine*, 1890.

Le commentaire du passage

Dans ce passage, Zola représente la locomotive, la Lison, comme si elle était..... Il s'agit d'une ..... On retrouve ainsi le champ lexical du corps humain à travers les termes « ... », « ... », « ... » et « ... », qui côtoie celui de la machine. La comparaison qui termine la phrase fait de la locomotive une « ... » en train de.... Et en effet, à travers les sonorités choisies, le lecteur peut entendre...

Exercice 8

1. **Étudiez la construction et la ponctuation des phrases. En quoi sont-elles originales ?**
2. **Montrez le rôle des sonorités.**

Nora, elle jouait toujours son piano en nous attendant... Elle laissait la fenêtre ouverte... On l'entendait de notre cachette... Elle chantait même un petit peu... à mi-voix... Elle s'accompagnait... Elle chantait pas fort du tout... C'était en somme un murmure... une petite romance... Je me souviens encore de l'air...

Louis Ferdinand Céline, *Mort à crédit*, Éd. Gallimard, 1936.

Exercice Bilan

1. **Complétez le tableau suivant en notant vos remarques sur l'écriture de cet extrait.**

Sens littéral	Progression du passage	Style du romancier

2. **Rédigez un paragraphe d'analyse pour le passage étudié.**

Lalla continue à marcher, en respirant avec peine. La sueur coule toujours sur son front, le long de son dos, mouille ses reins, pique ses aisselles. Il n'y a personne dans les rues à cette heure-là, seulement quelques chiens au poil hérissé, qui rongent leurs os en grognant. Les fenêtres au ras du sol sont fermées par des grillages, des barreaux. Plus haut, les volets sont tirés, les maisons semblent abandonnées. Il y a un froid de mort qui sort des bouches des soupirails, des caves, des fenêtres noires. C'est comme une haleine de mort qui souffle le long des rues, qui emplit les recoins pourris au bas des murs. Où aller ?

J-M G Le Clézio, *Désert*, Éd. Gallimard, 1980.

Exercice
GUIDÉ Vers l'épreuve du BAC

L'étude d'un extrait de roman, pas à pas

ÉTAPE 1 Lisez attentivement l'extrait de roman et le sujet

Sujet

Vous rendrez compte de l'originalité de cette première page de roman.

Chantal, l'héroïne du récit de Kundera, entretient avec Jean-Marc, son compagnon, une relation qui la rassure et la conforte. Mais tous deux vivent comme à l'écart du monde et des autres, ce que le lecteur découvre peu à peu dès les premières lignes du roman. ❶

Un hôtel dans une petite ville au bord de la mer normande ❸ qu'ils ❹ avaient trouvé par hasard dans un guide. Chantal ❹ arriva le vendredi soir ❸ pour y passer une nuit solitaire, sans Jean-Marc ❹ qui devait la rejoindre le lendemain vers midi. ❷ Elle laissa une petite valise dans la chambre, sortit et, après une courte promenade dans des rues inconnues, ❷ revint au restaurant de l'hôtel. ❺ À sept heures et demie ❸, la salle était encore vide. Elle s'assit à une table en attendant que quelqu'un l'aperçût. ❻ De l'autre côté, près de la porte de la cuisine, deux serveuses ❹ étaient en pleine discussion. Détestant hausser la voix ❷, Chantal se leva, traversa la salle et s'arrêta près d'elles ❺ ; mais elles étaient trop passionnées par leur sujet : « Je te dis, cela fait déjà dix ans. Je les connais. C'est terrible. ❻ Et il n'y a aucune trace. Aucune. On en a parlé à la télé. » L'autre : « Qu'est-ce qui a pu lui arriver ? – On ne peut même pas l'imaginer. Et c'est ce qui est horrible. – Un meurtre ? – On a fouillé tous les environs. – Un enlèvement ? – Mais qui ? Et pourquoi ? C'était quelqu'un qui n'était ni riche ni important. On les a montrés à la télé. Ses enfants, sa femme. Quel désespoir. Tu te rends compte ? »❽

Puis elle remarqua Chantal : « Vous connaissez l'émission à la télé ❸ sur les gens disparus ? *Perdus de vue*, ça s'appelle.

– Oui, dit Chantal.

– Peut-être que vous avez vu ce qui est arrivé à la famille Bourdieu❹. Ils sont d'ici.

– Oui, c'est affreux », ❺ dit Chantal, ne sachant comment détourner une discussion sur une tragédie vers une vulgaire question de repas.❾

Milan Kundera, *L'Identité*, Éd. Gallimard, 1997. ❶

ÉTAPE 2 Dégagez le sens littéral du récit

1 **Le paratexte.** Quelles indications les références du texte et l'introduction vous apportent-elles sur l'histoire racontée par ce roman ?

2 **Le mode de narration.** Comment le narrateur apparaît-il dans le texte : première personne (narrateur-personnage, qui participe à l'action) ou troisième personne (distance du récit) ? Relevez les indices qui montrent un narrateur omniscient, qui connaît tout des pensées et de la vie de ses personnages ?

ÉTAPE 3 Analysez l'écriture

3 **Le cadre du récit.** Où et quand ce début de roman se déroule-t-il ? Relevez les informations apportées sur le lieu et l'époque de l'action romanesque.

4 **Les personnages.** Quels personnages apparaissent ou sont évoqués dans le récit ? Dans quel ordre ? Distinguez les personnages principaux et les personnages secondaires.

5 **L'action.** Quel est le temps verbal dominant au début du texte ? Comment l'action progresse-t-elle ensuite ?

6 **Les réseaux lexicaux.** Comment les réseaux lexicaux soulignent-ils la progression du récit ? Dégagez les trois mouvements principaux du texte et la façon dont on passe de l'un à l'autre.

7 **La syntaxe.** Montrez comment la construction des phrases souligne, dans la première partie du texte, le désœuvrement de Chantal.

8 **Les discours rapportés.** Comment le dialogue s'insère-t-il dans le récit ? Comment l'émotion ressentie par les serveuses s'y exprime-t-elle ? Quel est l'intérêt de ce dialogue pour le récit ?

9 **Les procédés d'écriture.**Que suggère la dernière phrase de l'extrait sur le caractère de l'héroïne ? Relevez d'autres exemples de phrases dans lesquelles le romancier donne au lecteur des idées, sans les affirmer clairement.

ÉTAPE 4 Rédigez votre compte rendu de lecture

Vous pouvez à présent mettre en évidence l'originalité de ce début de roman. Regroupez vos réponses et les exemples qui les illustrent de manière à faire un compte rendu de ce texte en quatre paragraphes entièrement rédigés.

Les procédés du roman

Le roman raconte le destin de personnages, avec leur caractère, leurs sentiments, leurs passions, dans un décor et un contexte historique et social. Pour analyser un extrait de roman, il faut donc s'appuyer sur les techniques du récit, l'installation du cadre spatial et temporel de l'action, la construction des personnages.

« Le roman est devenu une enquête générale sur l'homme et sur le monde.

Émile Zola »

Les paroles des personnages

Le roman rapporte les pensées et les paroles des personnages de plusieurs manières.

Les dialogues. Ils restituent les paroles prononcées, en marquant une pause dans la narration : « J'en ai assez, s'exclama-t-il, je pars ! — Je te suis. »

Le discours indirect. Quelquefois les paroles et les pensées sont résumées au discours indirect, sans guillemets : Il partit, s'exclamant qu'il en avait assez.

Le discours indirect libre. Il place le lecteur dans la conscience des personnages, dont les paroles ou pensées sont reproduites au fil de la narration : « Il en avait assez. Il partit ! »

Le romancier, le narrateur et le héros

Pour entreprendre son récit, le romancier imagine un narrateur qui raconte l'itinéraire de son personnage principal, le héros.

Le point de vue omniscient. Le narrateur connaît tout sur tous ses personnages, dont il rapporte les actions et les pensées.

Le point de vue externe. Il rapporte les actions des personnages d'une manière neutre, objective, extérieure.

Le point de vue interne. Dans un récit à la première personne, le point de vue est interne, épousant le regard et les pensées du narrateur. Mais le point de vue peut être aussi interne dans un récit à la troisième personne quand la narration passe du point de vue d'un personnage à l'autre, permettant au lecteur de suivre leurs pensées.

Les descriptions et les portraits

La description et le portrait permettent au lecteur de « voir » les lieux et les personnages du récit.

Ils s'organisent autour de réseaux lexicaux. Introduits par des verbes de perception, les réseaux lexicaux assurent leur cohésion et leur progression thématique.

Ils se caractérisent par l'emploi de nombreux adjectifs. Les adjectifs déterminent une atmosphère et une couleur, associés à des verbes d'état et des présentatifs (« c'était »), conjugués à l'imparfait.

La description et le portrait peuvent être chronologiques. Ils montrent alors une évolution. Les connecteurs spatiaux qui les organisent laissent place à des connecteurs temporels.

L'époque et le rythme du récit

L'époque du récit. Elle est souvent fixée avec précision (« l'année 2020 »). Elle peut évoluer chronologiquement sur une période plus ou moins longue, plusieurs générations parfois. L'écoulement du temps est marqué par les connecteurs temporels (« le lendemain »).

Le rythme du récit. Il n'est pas uniforme. La narration au passé simple souligne l'enchaînement des actions, alors que les descriptions à l'imparfait marquent les pauses. Le narrateur peut ralentir l'action en commentant les événements ou l'accélérer grâce à des ellipses (« En trois ans, il eut tout perdu. »).

L'ordre du récit. Le récit ne suit pas toujours l'ordre chronologique de l'histoire racontée. Il peut effectuer des retours en arrière, qui apportent des explications, ou au contraire anticiper les événements à venir.

René Magritte, *La reproduction interdite*, 1937.

« Le roman est une méditation sur l'existence vue au travers de personnages imaginaires.

Milan Kundera »

La construction des personnages

L'identité. Comme pour les êtres humains, l'identité des personnages repose sur un nom (qui peut avoir une portée symbolique), un âge, une situation familiale et professionnelle, une enfance, un passé.

Le portrait. Le portrait du personnage renseigne le lecteur sur ses traits physiques, ses habitudes vestimentaires, les gestes qui le caractérisent ; il informe sur son caractère, ses idées, sa personnalité.

La quête du héros. Les motivations du héros orientent son action vers un but et déterminent ses réactions vis-à-vis des autres personnages – les personnages secondaires – qui peuvent l'aider ou s'opposer à lui.

Les genres romanesques

La naissance du roman. Les premiers romans racontent les prouesses d'un chevalier en quête d'aventures et d'amour, avant d'approfondir la psychologie des personnages.

L'évolution du roman. Il se diversifie avec le roman par lettres ou le roman d'apprentissage qui raconte une existence semée d'épreuves.

Le triomphe du roman. Romans réalistes, romans-feuilletons, romans d'anticipation, romans policiers ou romans graphiques ont de plus en plus de lecteurs, s'imposant comme le miroir de la société.

23 Comment étudier un poème

L'étude d'un poème doit mettre en évidence la façon dont l'auteur restitue sa vision personnelle du monde. Il faut pour cela interpréter les procédés utilisés par le poète : forme poétique choisie, syntaxe, rythme et sonorités de la phrase et du vers, choix du vocabulaire et des images.

Le poème

Le lexique de la mer

Les comparaisons et métaphores

Les répétitions

SABLES MOUVANTS

Démons et merveilles
Vents et marées
Au loin déjà la mer s'est retirée
Et toi
Comme une algue doucement caressée par le vent
Dans les sables du lit tu remues en rêvant
Démons et merveilles
Vents et marées
Au loin déjà la mer s'est retirée
Mais dans tes yeux entrouverts
Deux petites vagues sont restées
Démons et merveilles
Vents et marées
Deux petites vagues pour me noyer.

Jacques Prévert, *Paroles*, Éd. Gallimard, 1945.

Premiers repérages

→ Poème en vers libre (modernité, liberté du poète).
→ Lexique dominant de la nature (la mer). Nombreuses répétitions.
→ Le vers et la phrase : absence de ponctuation, vers généralement courts. Mais présence d'un refrain, de répétitions musicales.
→ Les images poétiques transforment la réalité en mêlant le thème de l'amour à celui de la mer (cf. le titre du poème).

Observation

1. En quoi le poème est-il original ? Comment comprenez-vous son titre ?
2. Quels constats le repérage effectué sur le poème a-t-il permis d'établir ?
3. Quelles autres remarques pourriez-vous ajouter ?

1 Examinez la forme du poème

- **Les formes traditionnelles.** La ballade, le rondeau, l'ode, le sonnet ou la fable s'inscrivent dans l'histoire littéraire. Ces formes peuvent évoluer un peu au fil des siècles, mais elles obéissent à des règles thématiques et formelles.
- **Les formes modernes.** Le poème peut adopter une forme qui laisse plus de liberté (vers libres ou poème en prose). Le vers, la rime, la strophe disparaissent ainsi au profit de jeux d'écriture nouveaux.

2 Analysez la progression thématique

- **Le lexique.** Le poète joue avec les mots, à travers leur polysémie et leurs connotations. Les réseaux lexicaux qui traversent le poème, au sein d'une strophe ou d'une strophe à l'autre, permettent d'en déterminer les principaux thèmes.
- **Les images poétiques.** La comparaison, la métaphore et la personnification rapprochent des univers différents, parfois sans rapport logique. Ces images créent des univers nouveaux propres à la poésie.

3 Étudiez l'accord de la phrase et du vers

- **Le vers.** Il se présente comme une ligne d'énoncé dont la longueur est marquée par une mesure qui se répète (alexandrin, décasyllabe, octosyllabe…). Son rythme est généralement régulier, en se confondant avec l'ordre de la syntaxe :

  Exemple. La fortune / le suit, // et l'amour / l'accompagne. (Corneille)

- **Les ruptures de rythme.** Elles sont provoquées par le jeu des rejets et des contre-rejets, lorsqu'un groupe syntaxique « enjambe » deux vers pour mettre en valeur un mot ou un groupe de mots :

  Exemple. Embrassons nos bergères, l'une
  Après l'autre. – Messieurs, eh bien ? (Verlaine)

4 Interprétez le jeu des sonorités

- **La rime.** Elle associe le dernier mot de deux vers par leurs sonorités et leur sens. On distingue les rimes suivies ou plates (AA/BB), les rimes croisées (ABAB) et les rimes embrassées (ABBA). Certaines peuvent être riches avec plusieurs sons communs, d'autres sont plus pauvres.
- **Les répétitions.** Le retour de certains mots et le refrain participent au rythme du poème. Les répétitions de sonorités (allitérations et assonances) suggèrent au lecteur des significations cachées et contribuent à la dimension musicale de la poésie.

Juste une QUESTION

Quel rapport y a-t-il entre les sonorités et le sens du poème ?

Les sonorités des mots, douces (comme le « e » muet) ou dures (comme les sons de consonnes « d » et « k »), soulignent les états d'âme du poète, suggèrent ses sentiments. C'est l'harmonie suggestive. Mais les sonorités peuvent aussi imiter le son de ce qui est évoqué (les fameux « serpents qui sifflent sur vos têtes » !). C'est l'harmonie imitative.

Examiner la forme et la progression du poème

Exercice 1

1. **Retrouvez les caractéristiques du sonnet.**
2. **Donnez un titre à chaque strophe.**
3. **Expliquez l'image poétique du second tercet.**

Le vert colibri, le roi des collines,
Voyant la rosée et le soleil clair
Luire dans son nid tissé d'herbes fines,
Comme un frais rayon s'échappe dans l'air.

Il se hâte et vole aux sources voisines
Où les bambous font le bruit de la mer,
Où l'açoka* rouge, aux odeurs divines,
S'ouvre, et porte au cœur un humide éclair.

Vers la fleur dorée il descend, se pose,
Et boit tant d'amour dans la coupe rose,
Qu'il meurt, ne sachant s'il l'a pu tarir*.

Sur ta lèvre pure, ô ma bien-aimée,
Telle aussi mon âme eût voulu mourir
Du premier baiser qui l'a parfumée !

Leconte de Lisle, « Le colibri », *Poèmes barbares*, 1862.

*açoka : ou ashoka, arbre sacré en Inde.
*tarir : vider, assécher.

Exercice 2

1. **Dites les caractéristiques de ce poème.**
2. **Analysez sa progression thématique.**

Le coucher du soleil

Quand le Soleil du soir parcourt les Tuileries
Et jette l'incendie aux vitres du château,
Je suis la Grande Allée et ses deux pièces d'eau
Tout plongé dans mes rêveries !

Et de là, mes amis, c'est un coup d'œil fort beau
De voir, lorsqu'à l'entour la nuit répand son voile,
Le coucher du soleil, – riche et mouvant tableau,
Encadré dans l'arc de l'Étoile !

Gérard de Nerval, *Odelettes*, 1830-1835.

Exercice 3

1. **Qu'est-ce qui caractérise ce poème en prose ?**
2. **Sur quelle personnification l'extrait est-il construit ? Relevez les termes qui la composent.**
3. **Quelles autres images poétiques parcourent l'extrait ?**

La Lune, qui est le caprice même, regarda par la fenêtre pendant que tu dormais dans ton berceau, et se dit : « Cette enfant me plaît. »

Et elle descendit moelleusement son escalier de nuages et passa sans bruit à travers les vitres. Puis elle s'étendit sur toi avec la tendresse souple d'une mère, et elle déposa ses couleurs sur ta face. Tes prunelles en sont restées vertes, et tes joues extraordinairement pâles. C'est en contemplant cette visiteuse que tes yeux se sont si bizarrement agrandis ; et elle t'a si tendrement serrée à la gorge que tu en as gardé pour toujours l'envie de pleurer.

Charles Baudelaire, « Les bienfaits de la lune » (extrait), *Petits Poèmes en prose*, 1862.

Exercice 4

1. **Pourquoi peut-on parler de « vers libres » dans le poème suivant ? Donnez trois éléments de réponses.**
2. **Sur quoi repose la dimension poétique du texte ?**

les rues molles comme des gants
les gares aux gestes de miroir
les canaux dont les berges tentent vainement de saluer les nuages
et le sable
le sable qui est gelé comme une pompe
et projette au loin ses tentacules de cristal
Tous ses tentacules n'arriveront jamais à transformer le ciel en mains
Car le ciel s'ouvre comme une huître
et les mains ne savent que se fermer sur les poutres des mers
qui salissent les regards bleus des squales
voyageurs parfumés
voyageurs sans secousses
qui contournent éternellement les sifflements avertisseurs des saules

Benjamin Péret, *Dormir dormir dans les pierres* (extrait), Éd. José Corti, 1980.

L'accord de la phrase et du vers

Exercice 5

1. **Séparez les deux hémistiches de chaque vers à la césure (coupe centrale de l'alexandrin).**
2. **Pourquoi peut-on dire que le rythme est régulier ? Quels sentiments le rythme souligne-t-il ?**
3. **Quels autres éléments rythment les vers ?**

Que j'aime ces forêts ! Que j'y vis doucement !
Qu'en un siècle troublé, j'y dors en assurance !
Qu'au déclin de mes ans j'y rêve heureusement !
Et que j'y fais des vers qui plairont à la France !

François de Maynard, *Œuvres*, 1646.

Exercice 6

1. **Dans l'exemple qui suit, relevez les enjambements.**
2. **Complétez l'analyse proposée.**

Le Dieu qui fait aimer prit son temps ; il tira
Deux traits* de son carquois ; de l'un il entama
Le soldat jusqu'au vif ; l'autre effleura la dame.

La Fontaine, « La Matrone d'Éphèse », *Fables*, 1694.

* deux traits : deux flèches.

Analyse. La Fontaine nous raconte comment Cupidon, le « Dieu qui fait aimer », tente de… les deux personnages. Les trois vers sont des… dont le rythme est habituellement régulier. Mais ici, les vers ne coïncident pas avec la fin des… Les … créent des effets de….

Le jeu des sonorités

Exercice 7

1. **Repérez le schéma des rimes dans cette strophe.**
2. **Quelles sont les sonorités dominantes ? À quel sentiment du poète peuvent-elles être associées ?**

Sous le ciel pluvieux noyé de brumes sales,
Devant l'Océan blême, assis sur un îlot,
Seul, loin de tout, je songe au clapotis du flot,
Dans le concert hurlant des mourantes rafales.

Jules Laforgue, *Poèmes posthumes divers*, 1890.

Exercice 8

1. **Repérez les deux champs lexicaux dominants.**
2. **Quel mot est mis en valeur au vers 3 ?**
3. **Observez et commentez les rimes et les sonorités.**
4. **Rédigez un paragraphe d'analyse de la strophe.**

L'Océan resplendit sous sa vaste nuée ;
L'onde, de son combat sans fin exténuée,
S'assoupit, et, laissant l'écueil se reposer,
Fait de toute la rive un immense baiser.

Victor Hugo, « Éclaircie », *Les Contemplations*, 1856.

Exercice Bilan

1. **Repérez les échos sonores dans ce poème en vers libres.**
2. **Commentez le rythme des vers.**
3. **À travers quelles sonorités les bruits du train sont-ils reproduits ?**

Les trains roulent en tourbillon sur les réseaux enchevêtrés
Bilboquets diaboliques
Il y a des trains qui ne se rencontrent jamais
D'autres se perdent en route
Les chefs de gare jouent aux échecs
Tric-Trac
Billard
Caramboles
Paraboles
La voie ferrée est une nouvelle géométrie
Syracuse Archimède
Et les soldats qui l'égorgèrent
Et les galères Et les vaisseaux
Et les engins prodigieux qu'il inventa
Et toutes les tueries
L'histoire antique
L'histoire moderne
Les tourbillons
Les naufrages
Même celui du Titanic que j'ai lu dans un journal

Blaise Cendrars, *La Prose du Transsibérien*, Éd. Denoël, 1913.

Exercice GUIDÉ

Vers l'épreuve du BAC

L'étude d'un poème, pas à pas

ÉTAPE 1 Lisez le poème à étudier et le sujet

Sujet

Vous ferez l'étude de ce poème en montrant ce qui fait sa singularité.

« Poète maudit », rêveur, tourmenté, Verlaine exprime les émotions qui l'agitent. Avec « Marine », il fait à la manière des peintres du XVIIIe siècle le tableau de l'Océan déchaîné.

MARINE ❶ ❼

L'Océan sonore ❸ ❻
Palpite sous l'œil
De la lune en deuil ❻ ❾
Et palpite encore, ❹

Tandis qu'un éclair
Brutal et sinistre ❿
Fend le ciel de bistre
D'un long zigzag clair, ❿

Et que chaque lame, ❻
En bonds convulsifs,
Le long des récifs ❻
Va, vient, luit et clame,

Et qu'au firmament,
Où l'ouragan erre,
Rugit le tonnerre ❻
Formidablement. ❷ ❽

Paul Verlaine, *Poèmes saturniens*, 1866.

ÉTAPE 2 Examinez la forme du poème

1. **Les strophes.** De combien de strophes le poème est-il constitué ? Combien de vers chaque strophe comporte-t-elle ? Cette composition vous parait-elle traditionnelle ou moderne ?

2. **La construction syntaxique.** Analysez précisément la construction syntaxique de la phrase sur laquelle repose le poème. Que donne-t-elle à voir au lecteur ? Repérez les verbes des subordonnées. Comment sont-ils mis en valeur ? Pourquoi cette insistance ? Comment s'appelle la figure de style présente au vers 12 ?

3. **Le vers.** Quelle est la mesure des vers ? Comment peut-on expliquer ce choix ? De quelle manière pourrait-il contribuer à la singularité poétique de Verlaine ?

4. **Les rimes.** Relever le schéma des rimes. Quels mots sont ainsi rapprochés ? Quel type de sonorités domine ? Dans quelle intention ?

5. **Les assonances et allitérations.** Recherchez les sonorités communes aux strophes 2 et 4. Que font-elles entendre ?

6. **Les ruptures de rythme.** Retrouvez et expliquez les enjambements à la rime. Pourquoi sont-ils si nombreux ?

ÉTAPE 3 Analysez les thèmes et la progression

7. **Le titre au fil du texte.** Précisez le rôle du titre dans la lecture du poème. Comment chaque strophe se rapporte-t-elle à lui ?

8. **Les réseaux lexicaux.** Relevez les réseaux lexicaux qui parcourent le poème. Quels éléments naturels se retrouvent ici ? Quels sont, parmi les cinq sens, les deux sens mobilisés dans le texte ?

9. **Les images poétiques.** Relevez et commentez les images poétiques qui transfigurent la réalité.

10. **Les adjectifs qualificatifs.** Retrouvez les adjectifs qualificatifs présents dans le poème. Quel est leur rôle ? De quelle manière s'accordent-ils au titre du poème ?

ÉTAPE 4 Rédigez votre compte rendu de lecture

Regroupez vos réponses et les exemples qui les illustrent de manière à faire un compte rendu du poème de Verlaine en deux paragraphes entièrement rédigés. Il s'agit pour vous de souligner tout ce qui fait la singularité du poème.

Les caractéristiques de la poésie

Conçu à l'origine pour être chanté, le poème s'appuie sur le retour des vers et des rimes pour charmer le lecteur. Pour analyser un poème, il faut donc s'arrêter aux règles de la versification et interroger les autres formes poétiques après l'abandon de ces règles.

« Des mots rayonnants,
des mots de lumière
avec un rythme
et une musique, voilà
ce qu'est la poésie.
Théophile Gautier »

Le vers, la rime, la strophe

Le vers. Il est la ligne de texte qui constitue l'unité de base du poème. S'ouvrant par une majuscule, s'achevant par la rime, il est composé d'un nombre calculé de syllabes. La mesure de l'octosyllabe est de 8 syllabes ; du décasyllabe, 10 ; de l'alexandrin, 12.
La rime. Elle est le retour du même son, plus ou moins riche, à la fin du vers. La disposition des rimes varie entre rimes plates (AA/BB), rimes croisées (AB/AB) et rimes embrassées (ABBA).
La strophe. Elle est un groupe de vers, unis par les rimes et le thème qu'ils développent, séparés par un blanc de la strophe suivante. Le tercet comprend 3 vers ; le quatrain, 4 ; le quintil, 5 ; le sizain, 6 ; le huitain, 8 ; le dizain, 10.

Les jeux du vers et de la phrase

Les effets d'harmonie. Le poème produit une régularité harmonieuse quand la fin de chaque vers et de chaque strophe coïncident avec une pause grammaticale. Il faut aussi que la pause à l'hémistiche – la césure, au milieu de l'alexandrin – soit respectée.
Ex : « Comme on voit, sur la branche,//
au mois de mai, la rose,//
En sa belle jeunesse,//
en sa première fleur » (Ronsard)
Les effets de rupture. L'enjambement à la rime et l'enjambement à la césure créent un effet de surprise, en brisant le rythme harmonieux des vers.
Ex : « Les pieds dans les glaïeuls, il
[dort. Souriant comme
Sourirait un enfant malade, il fait
[un somme »
(Rimbaud)

Le rôle des sonorités

Les rimes. Elles assurent à la fin de vers un effet sonore, qui rythme le poème et s'inscrit dans la mémoire On trouve également des rimes intérieures, qui se font écho au milieu des vers.
L'assonance. Elle consiste dans la répétition du même timbre vocalique. Ex : « Les sanglots longs des violons… » (Verlaine) : répétition de la voyelle « o » et des nasales « an » et « on ».
L'allitération. Elle consiste dans la répétition du même timbre consonantique. Ex : « Et sa tresse se fraye un frisson sur ses flancs » (Valéry) : répétition des consonnes « r » et « f ».
L'harmonie imitative. Elle cherche à reproduire le son que produit, dans la réalité, ce dont parle le texte. Ex : « Les souffles de la nuit flottaient sur Galgala » (Hugo) : la répétition de la consonne liquide « l », associée à la lettre « f », imite le bruit du vent.
L'harmonie suggestive. Elle cherche à créer une atmosphère, une impression particulière, de douceur ou de violence.
Ex : « La blanche Ophélia flotte comme un grand lys » (Rimbaud) : la répétition de la nasale « an » et des consonnes « f/ph » et « l » crée un climat de tristesse calme.

Les formes poétiques traditionnelles

L'épopée. Long poème en décasyllabes, elle célèbre le courage et le sacrifice des héros, exaltant des valeurs fondatrices, comme l'esprit de la chevalerie, la générosité ou la tolérance.

La chanson, le rondeau et la ballade. Ces poèmes de forme fixe, aux règles plus ou moins contraignantes, expriment l'intensité de l'amour, le défilé des saisons, les joies de la nature ou les souffrances de l'homme à travers une tonalité souvent lyrique.

La fable. Elle raconte une histoire versifiée, accordant au récit le rythme des vers. Elle met souvent en scène des animaux pour donner une leçon à l'humanité : la moralité.

L'ode. Elle se présente comme un long poème au langage solennel, qui aborde des thèmes historiques, philosophiques ou religieux

Le sonnet. Depuis son apparition, à la Renaissance, il traverse les époques et les œuvres, grâce à ses deux quatrains et deux tercets ponctués d'une « pointe » finale. Il s'impose comme la forme poétique la plus célèbre.

Botticelli, *Le Printemps* (détail), 1477.

« La poésie, c'est le chant intérieur. »

Chateaubriand

Le poème visuel

Le calligramme. Popularisé par Guillaume Apollinaire, il utilise les mots du poème pour former un dessin, qui représente le thème qu'ils développent. Le poème allie ainsi la séduction plastique de la peinture à celle du langage.

Le poème ouvert. : Il est disposé dans l'espace de la page sous forme de fragments éclatés, jouant avec les blancs, pour mieux faire ressortir certains mots et donner plus d'intensité au caractère original, énigmatique, du texte.

La poésie de la modernité

Le poème en prose. Ce texte poétique, apparu au XIXe siècle, ne comprend plus de vers ni de rimes. Il se présente comme un texte en prose, avec de courts paragraphes qui se succèdent. La puissance poétique repose sur le rythme des phrases, les jeux sur les mots et les sonorités, la dimension énigmatique, sensuelle ou pittoresque des thèmes développés.

Le poème en vers libres. Cette forme moderne s'impose au début du XXe siècle : commençant par une majuscule, le vers se reconnaît dans son unité linéaire, mais il n'y a plus de rimes ; la mesure du vers change d'un vers à l'autre ; la longueur des strophes est variable ; la ponctuation est abandonnée.

24 Comment étudier une scène de théâtre

Le texte de théâtre est avant tout destiné à être joué sur scène. Mais au-delà du décor et de la mise en scène, l'essentiel de l'action théâtrale passe par la parole des personnages, qui révèle leur personnalité, leurs aspirations et les conflits qui les opposent.

L'extrait étudié

- Les didascalies
- Les informations sur l'action
- Les informations sur les personnages

Le théâtre représente une rue de Séville, où toutes les croisées sont grillées.*

LE COMTE, seul, en grand manteau brun et chapeau rabattu. Il tire sa montre en se promenant. – Le jour est moins avancé que je ne croyais. L'heure à laquelle elle a coutume de se montrer derrière sa jalousie est encore éloignée. N'importe ; il vaut mieux arriver trop tôt que de manquer l'instant de la voir. Si quelque aimable de la Cour pouvait me deviner à cent lieues de Madrid, arrêté tous les matins sous les fenêtres d'une femme à qui je n'ai jamais parlé, il me prendrait pour un Espagnol du temps d'Isabelle. Pourquoi non ? Chacun court après le bonheur. Il est pour moi dans le cœur de Rosine. Mais quoi ! suivre une femme à Séville, quand Madrid et la Cour offrent de toutes parts des plaisirs si faciles ? Et c'est cela même que je fuis. Je suis las des conquêtes que l'intérêt, la convenance ou la vanité nous présentent sans cesse. Il est si doux d'être aimé pour soi-même ; et si je pouvais m'assurer sous ce déguisement… Au diable l'importun !

Beaumarchais, *Le Barbier de Séville*, Acte I, scène 1, 1775.

*les croisées : les fenêtres.

Premiers repérages

→ La scène se déroule en extérieur, en Espagne (« rue de Séville »), au lever du jour. Le comte attend (la montre) le lever de Rosine. Il semble se cacher (« le chapeau rabattu »).

→ Le comte expose à voix haute ses pensées (monologue). Double énonciation : il parle à lui-même, mais aussi aux spectateurs.

→ Il exprime son désir d'une vie plus paisible, loin de Madrid… Il est amoureux (« las des conquêtes »). Il veut « être aimé pour soi-même ».

→ Dernières paroles : arrivée d'un « importun » (péripétie à venir).

Observation

1. Comment le comte apparaît-il aux spectateurs ? Qu'apprend-on sur lui ?
2. Sur quoi les didascalies portent-elle ? À qui sont-elles destinées ?
3. Pourquoi le comte est-il déguisé ? Quels sont ses projets selon vous ?

1 Interprétez les didascalies

- **La représentation du décor et le signalement des accessoires.** Les didascalies initiales décrivent le décor, et donc le lieu et l'époque de l'action. Elles fixent une atmosphère qui s'accorde avec le genre théâtral auquel appartiennent la pièce et l'intrigue représentée. Les accessoires (une épée, une lettre, un manteau…) peuvent avoir une fonction importante.

  Exemple. Dans le vaudeville, la multiplication des portes, qui facilite l'entrée et la sortie des personnages, aide à la mise en place de quiproquos et de rebondissements.

- **Le jeu des acteurs.** Tout au long des dialogues, des didascalies participent à la mise en scène de la pièce. Elles donnent des indications sur les mouvements, les gestes, l'intonation des acteurs.

  Remarque. Les apartés, c'est-à-dire les paroles prononcées par un personnage sans que les autres l'entendent, sont signalés par une didascalie : (*À part*). Ils font du spectateur un témoin privilégié de l'action.

2 Étudiez les caractéristiques des personnages

- **La caractérisation directe.** Un personnage se définit d'abord par son nom, sa condition sociale, son âge, les vêtements qu'il porte et le registre de langue qu'il utilise. Certains de ses traits sont des sources potentielles de conflit. Il peut aussi être évoqué et caractérisé par d'autres personnages.
- **La caractérisation indirecte.** Un personnage se construit lui-même au fil de ses répliques. Les choix lexicaux, la tonalité adoptée, les procédés rhétoriques utilisés, les prises de paroles intempestives sont autant d'indications sur sa personnalité, ses valeurs ou ses opinions.

3 Analysez les paroles prononcées

- **La longueur et la fréquence des répliques.** Les longues tirades permettent au personnage de livrer ses pensées (monologue) ou de convaincre un protagoniste. Les échanges de répliques très courtes (stichomythie) sont au contraire révélateurs d'un affrontement.
- **La modalité de la phrase.** Un personnage peut affirmer avec force, questionner, refuser, nier, mentir, ironiser, ordonner, s'indigner, orientant ainsi l'action dramatique. La modalité interrogative place souvent en position d'infériorité. La modalité exclamative, au contraire, peut révéler l'ascendant d'un personnage sur un autre.
- **Les réseaux lexicaux.** Ils révèlent les préoccupations des personnages, leurs idéaux et leurs aspirations : l'amour, la mort, le désir, les souffrances sont au cœur de la scène de théâtre, comme ils sont au cœur de l'existence de l'humanité.
- **Les figures de style.** Elles soulignent les associations ou les oppositions, le tragique ou le comique, les significations cachées des échanges.

Juste une QUESTION ?

Faut-il lire les didascalies lorsqu'on lit une scène de théâtre à l'oral du BAC ?

Oui, vous devez les lire, mais sur un ton neutre, afin que votre auditeur comprenne de quoi il s'agit. En revanche, ne lisez pas le nom des personnages, mais seulement les paroles qu'ils prononcent. Et surtout, respectez l'intonation donnée par la modalité de la phrase et la tonalité de l'échange, en faisant valoir, par votre voix, que vous passez d'un personnage à un autre.

Les didascalies

Exercice 1

1. **Relevez les indications données sur le décor de la pièce. Quelles sont les différentes parties du décor réclamé par l'auteur ?**
2. **Observez les didascalies portant sur le jeu des personnages. Que révèlent-elles sur les actions à venir ?**

Le théâtre représente une cour. – À gauche du public, un pavillon au premier plan.– Au deuxième plan, un mur avec une fenêtre et un balcon. – À droite, un jardin, au fond, un mur avec une grille. – Il fait nuit.

SCÈNE PREMIÈRE.

GRÉMIO, *seul, un trousseau de clefs à la main.* – Je crois que j'ai dormi cette nuit un peu plus longtemps que de coutume ; non, l'aurore commence à peine à paraître ; tout repose dans cette maison ; il n'est pas temps encore d'ouvrir les portes. Était-ce un rêve que je faisais ? Il m'a semblé, en vérité, que j'entendais du bruit dans la cour ; à l'heure qu'il est, c'est singulier.

Cordiani enveloppé d'un manteau et masqué descend de la fenêtre de gauche.

Alfred de Musset, *André del Sarto*, 1851.

Exercice 2

1. **Comment interprétez-vous l'indication « sans chapeau » ? En quoi est-ce important ?**
2. **Quelle est l'intention de Molière lorsqu'il écrit : « Il se prend lui-même le bras » ?**
3. **Quelles paroles d'Harpagon font écho aux didascalies ? Quelle tonalité l'ensemble donne-t-il à la scène ?**

HARPAGON. *(Il crie au voleur dès le jardin, et vient sans chapeau.)* Au voleur ! au voleur ! à l'assassin ! au meurtrier ! Justice, juste ciel ! Je suis perdu, je suis assassiné ! On m'a coupé la gorge, on m'a dérobé mon argent ! Qui peut-ce être ? Qu'est-il devenu ? Où se cache-t-il ? Que ferai-je pour le trouver ? Où courir ? où ne pas courir ? N'est-il point là ? n'est-il point ici ? Qui est-ce ? Arrête ! *(Il se prend lui-même le bras.)* Rends-moi mon argent, coquin !.... Ah ! c'est moi. Mon esprit est troublé, et j'ignore où je suis, qui je suis, et ce que je fais.

Molière, *L'Avare*, Acte IV, scène 7, 1668.

Les caractéristiques des personnages

Exercice 3

1. **Que nous apprennent sur lui-même les répliques prononcées par Argan ?**
2. **Toinette, sa servante, le croit-elle sincère ?**
3. **Comment le conflit qui oppose les deux personnages révèle-t-il leurs caractères ? Complétez le paragraphe d'analyse.**

ARGAN. – Ouais ! voici qui est plaisant : je ne mettrai pas ma fille dans un couvent, si je veux ?

TOINETTE. – Non, vous dis-je.

ARGAN. – Qui m'en empêchera ?

TOINETTE. – Vous-même.

ARGAN. – Moi ?

TOINETTE. – Oui, vous n'aurez pas ce cœur-là.

ARGAN. – Je l'aurai.

TOINETTE. – Vous vous moquez.

ARGAN. – Je ne me moque point.

TOINETTE. – La tendresse paternelle vous prendra.

ARGAN. – Elle ne me prendra point.

TOINETTE. – Une petite larme ou deux, des bras jetés au cou, un « mon petit papa mignon », prononcé tendrement, sera assez pour vous toucher.

ARGAN. – Tout cela ne fera rien.

Béline, Argan et Toinette, gravure du XVIIIe siècle

Molière, *Le Malade imaginaire*, Acte I, scène 5, 1673.

L'analyse. Ce dialogue permet de mieux comprendre le caractère des deux personnages. D'un côté, Argan apparaît comme.... De l'autre, Toinette se montre.... La vivacité de leurs répliques souligne leur.... En définitive, seule la suite de l'action permettra au spectateur de connaître la personnalité véritable d'Argan : ou bien il... Ou bien il....

Les paroles prononcées

Exercice 4

1. **Qui domine l'échange ? Analysez la modalité des phrases.**
2. **En vous aidant des termes surlignés, commentez le lexique et les figures de style.**
3. **Comment le registre de langue caractérise-t-il les personnages ?**

THAMIRE.

Ah ! Madame.

VIRIATE.

Qu'as-tu,

Thamire ? et d'où te vient ce visage abattu ?

Que nous disent tes pleurs ?

THAMIRE.

Que vous êtes perdue,

Que cet illustre bras qui vous a défendue…

VIRIATE.

Sertorius ?

THAMIRE.

Hélas ! ce grand Sertorius…

VIRIATE.

N'achèveras-tu point ?

THAMIRE.

Madame, il ne vit plus.

Pierre Corneille, *Sertorius*, Acte V, scène 3, 1662.

Exercice 5

1. **Quels traits de caractère les deux personnages manifestent-ils à travers leurs paroles ?**
2. **Commentez la didascalie de la ligne 4.**
3. **Comment les deux personnages s'opposent-ils ? Appuyez votre réponse sur les passages mis en valeur.**

(Malgré l'interdiction donnée par le roi Créon, Antigone décide de rendre les honneurs funèbres à Polynice, son frère.)

CRÉON. – Pourquoi as-tu tenté d'enterrer ton frère ?

ANTIGONE. – Je le devais.

CRÉON. – Je l'avais interdit.

ANTIGONE, *doucement* – Je le devais tout de même. Ceux qu'on n'enterre pas errent éternellement sans jamais trouver de repos. Si mon frère vivant était rentré harassé d'une longue chasse, je lui aurais enlevé ses chaussures, je lui aurais fait à manger, je lui aurais préparé son lit… Polynice aujourd'hui a achevé sa chasse. Il rentre à la maison où mon père et ma mère, et Étéocle aussi, l'attendent. Il a droit au repos.

CRÉON. – C'était un révolté et un traître, tu le savais.

ANTIGONE. – C'était mon frère.

Jean Anouilh, *Antigone*, 1946.

Exercice Bilan

1. **Relevez l'ensemble des informations apportées par les didascalies.**
2. **Comment se caractérisent les différents personnages qui apparaissent sur scène ?**
3. **Que nous révèle le dialogue sur l'intrigue et le conflit en cours ?**
4. **Rédigez un paragraphe d'analyse de cet extrait.**

Un décor vague avec des piliers partout. C'est la cathédrale. Le tombeau de Becket, au milieu de la scène, une dalle avec un nom gravé sur la pierre. Deux gardes entrent et se postent au loin, puis le Roi entre par le fond. Il a la couronne sur la tête, il est nu sous un vaste manteau. […]

LE ROI. – Alors, Thomas Becket, tu es content ? Je suis nu sur ta tombe et tes moines vont venir me battre. Quelle fin pour notre histoire ! Toi, pourrissant dans ce tombeau, lardé des coups de dague de mes barons et moi, tout nu, comme un imbécile, dans les courants d'air, attendant que ces brutes viennent me taper dessus. Tu ne crois pas qu'on aurait mieux fait de s'entendre ?

Becket en archevêque, comme au jour de sa mort, est apparu sur le côté, derrière un pilier. Il dit doucement.

BECKET. – On ne pouvait pas s'entendre.

Jean Anouilh, *Becket ou l'Honneur de Dieu*, Éd. de la Table ronde, 1959.

Exercice GUIDÉ

Vers l'épreuve du BAC

L'étude d'une scène de théâtre, pas à pas

ÉTAPE 1 Lisez attentivement la scène à étudier et le sujet

Sujet

Étudiez les éléments dramatiques de cette scène de théâtre.

Avec La Mère, *Florian Zeller explore les rapports complexes qui unissent les trois personnages principaux de sa pièce : une femme, un homme et leur fils unique qui, après s'être disputé avec sa compagne, est de retour au domicile familial.*

La mère. – Je comprends que tu te sentes démoli, mon amour (1). C'est un coup de poignard dans le cœur. Non, je te comprends. Il vaut mieux tirer un trait définitif (3) sur toute cette histoire.

Le fils. – Je suis juste revenu dormir ici, maman. Pour cette nuit… (1)

La mère. – Mais tu le sais, tu peux rester ici aussi longtemps que tu le souhaites… (1)

Le fils. – Oui, tu me l'as déjà dit. (1) *Un temps.* (2)

La mère. – Et comment tu t'en es rendu compte ? Tu l'as surprise en pleine action (3) ?

Le fils. – Quoi ?

La mère. – Avec l'autre garçon… Tu es rentré plus tôt que prévu et tu l'as vue dans les bras d'un autre homme, c'est ça ? (3)

Le fils. – On s'est disputés, c'est tout. (1)

La mère. – Et tu as quitté l'appartement.

Le fils. – Oui.

La mère. – Tu as eu raison. (1) (3)

Le fils. – Tu ne l'as jamais vraiment aimée… (4)

La mère. – Qui ?

Le fils. – Élodie.

La mère. – Je la trouvais vulgaire. (3)

Le fils. – Élodie ?

La mère. – Oui. Et assez moche. Enfin, physiquement. Et ce n'est pas une bonne personne. D'un point de vue moral. (3) *(Il rit)* (2) Quoi ? Pourquoi tu ris ? (1)

Le fils. – Pour rien. (4)

La mère. – Si. Dis-moi.

LE FILS. – Elle non plus, elle ne t'aimait pas beaucoup. ❶ ❹

LA MÈRE. – Ah, bon ? Pourquoi ? Elle disait quoi ?

LE FILS. – Elle disait ❺ que tu m'empêchais de vivre. Elle disait… ❺ *(Ils se regardent tous les deux droit dans les yeux. Un son vient renforcer le sentiment d'un tête-à-tête intense entre la Mère et le Fils. Le Fils continue, lentement.)* ❷ … que tu ne savais pas vivre sans moi. Elle disait ❺ que j'étais ta respiration, ton souffle, et que tu ne voulais pas vivre en dehors de moi. Elle disait ❺ que tu ne me laisserais pas grandir, que tu préférerais me détruire plutôt que de me laisser grandir loin de toi. Elle disait ❺ que tu m'aimais trop. ❹

Un temps. Moment de gêne. ❷

LA MÈRE. – Je ne vois franchement pas où elle va chercher tout ça. ❶ ❻

Florian Zeller, *La Mère*, Éd. L'avant-scène théâtre, 2010.

ÉTAPE 2 Analysez la scène

❶ **Les personnages.** Quelle relation cette mère entretient-elle avec son fils ? Faites son portrait psychologique. Quels traits de caractère le fils montre-t-il dans le dialogue ? Établissez également son portrait.

❷ **Les didascalies.** Comment soulignent-elles la progression du passage ? Déterminez les grandes étapes du dialogue et donnez-leur un titre.

❸ **Les paroles prononcées.** Que révèlent les paroles prononcées par la Mère sur les sentiments qu'elle éprouve envers la compagne de son fils ? Que nous apprennent-elles sur elle-même ?

❹ **L'expression des sentiments.** Comment le fils réagit-il aux propos tenus par sa mère ? Quels sentiments éprouve-t-il ? Montrez leur évolution.

❺ **Les figures de style.** Quel est l'effet produit par l'utilisation de l'anaphore dans la tirade du fils ? Comment structure-t-elle le discours ? Que souligne-t-elle ?

❻ **L'évolution de l'action.** Le nœud dramatique est-il résolu à l'issue de cette scène ? Pourquoi ?

ÉTAPE 3 Rédigez votre compte rendu de lecture

Vous rendrez compte de votre lecture de cette scène sous la forme de trois paragraphes rédigés et illustrés d'exemples commentés. Vous mettrez en valeur l'intensité dramatique de cette scène et les éléments qui y contribuent.

Les caractéristiques du texte de théâtre

Face au public, les comédiens ressuscitent la magie du spectacle. Pour analyser l'extrait d'une pièce, il faut donc s'appuyer sur sa construction, sur les différents types de paroles, sur la mise en place de l'espace théâtral.

« Le théâtre est une tribune. Le théâtre est une chaire. Le théâtre parle fort et parle haut.

Victor Hugo »

La construction de la pièce

Les didascalies. Elles sont les instructions du dramaturge, pour indiquer aux comédiens leurs gestes, leurs déplacements, le ton de leurs voix.

Les actes et les scènes. Les actes découpent la pièce en fonction des tournants de l'action. Ils se subdivisent en scènes, selon l'arrivée ou le départ de personnages.

L'exposition. Au premier acte, l'exposition présente le lieu, l'époque, les personnages, les bases de l'intrigue.

Le nœud de l'intrigue. L'ensemble des incidents conduit au point culminant de la pièce, où les personnages s'affrontent.

Le dénouement. Le dernier acte s'achève sur un événement heureux ou tragique qui met fin à l'intrigue.

La parole sur la scène

La double énonciation et l'aparté. À travers, les personnages qui dialoguent, l'auteur communique avec le public. Un personnage peut s'adresser à lui dans un aparté, où lorsqu'il se parle à lui-même sans que les autres sur scène ne l'entendent.

Les types de répliques.

– La tirade consiste en une longue suite de phrases, un long discours ininterrompu.

– La répartie est une réponse rapide, cinglante.

– La stichomythie est un dialogue dans lequel chaque réplique correspond à un vers.

Le monologue. Le personnage parle seul sur la scène avant de prendre sa décision.

Les catégories de personnages

Le personnage type. Identifiable par son physique, son costume, il remplit un emploi traditionnel comme celui du valet habile ou de la vieille confidente.

Le personnage héroïque. Appartenant à la mythologie ou à l'Histoire, il soulève des questions qui touchent l'humanité.

Le personnage social. Il incarne des valeurs collectives, désignant une classe sociale, avec son mode de vie et ses aspirations.

L'anti-héros. Il se présente comme un être banal, évoluant dans un univers quotidien, sans relief, échouant à communiquer avec les autres.

Le genre comique

La farce. Elle fait rire en multipliant les jeux de mots et les situations burlesques, dans un univers familier où règnent la ruse et la tromperie.

La comédie classique. Depuis Molière, elle dénonce les défauts de l'humanité, démasque les ridicules et fait rire des travers des contemporains.

Le vaudeville et le théâtre de boulevard. Il s'amuse des défauts et des faiblesses de la bourgeoisie en jouant sur les rebondissements, les bons mots et les quiproquos.

Molière, *Don Juan*, 1682
Mise en scène de Jean-François Sivadier, 2016.

« Tout est langage au théâtre, les mots, les gestes, les objets. Il n'y a pas que la parole. »

Eugène Ionesco

La tragédie classique

Écrite en vers et inspirée de l'Antiquité, elle obéit aux règles du classicisme – comme la règle des trois unités – pour représenter des personnages illustres, confrontés à une situation qui les déchire et les accule à la mort. Corneille puis Racine s'imposent comme les maîtres du genre, inspirant « la terreur et la pitié » aux spectateurs du XVIIe siècle.

Le drame et la tragi-comédie

Au XVIIIe siècle, le drame bourgeois, initié par Diderot, met en scène une famille dont l'unité est menacée. Beaumarchais crée la tragi-comédie en imaginant les tribulations du barbier Figaro. Au XIXe, le drame romantique, avec Victor Hugo et Alexandre Dumas, mêle sur scène le familier et le sublime, le comique et le pathétique.

La diversité du théâtre contemporain

Les pièces de l'absurde. Nées de l'atrocité de la Seconde Guerre mondiale, elles montrent des personnages habités par le vide de l'existence, dans un monde dépourvu de sens.

Le théâtre actuel. Il représente un monde marqué par l'interrogation sur les valeurs, le terrorisme ou le racisme, dans des mises en scène originales, où se succèdent au cœur de la même pièce, des lieux totalement différents et souvent insolites.

25 Comment étudier un texte argumentatif

L'étude d'un texte argumentatif doit mettre en évidence la stratégie mise en place par l'émetteur pour convaincre son destinataire. Au-delà des arguments qui viennent appuyer sa thèse, il utilise des procédés rhétoriques qui rendent son discours plus persuasif.

L'extrait à étudier

La situation d'argumentation
La thèse défendue
Les procédés de la persuasion

Avant même que la construction de la tour Eiffel ne soit achevée, en 1889, Guy de Maupassant s'élève vigoureusement contre ce symbole de la modernité dans les tribunes de presse de son époque.

Depuis un mois, tous les journaux illustrés nous présentent l'image affreuse et fantastique d'une tour de fer de trois cents mètres qui s'élèvera sur Paris comme une corne unique et gigantesque.

Ce monstre poursuit les yeux à la façon d'un cauchemar, hante l'esprit, effraie d'avance les pauvres gens naïfs qui ont conservé le goût de l'architecture artiste, de la ligne et des proportions.

Cette pointe de fonte épouvantable n'est curieuse que par sa hauteur. Les femmes colosses ne nous suffisent plus ! Après les phénomènes de chair, voici les phénomènes de fer. Cela n'est ni beau, ni gracieux, ni élégant, – c'est grand, voilà tout. On dirait l'entreprise diabolique d'un chaudronnier atteint du délire des grandeurs.

Guy de Maupassant, « *La Tour… Prends garde* », Gil Blas, 19 octobre 1886.

Premiers repérages

→ Le texte est écrit par Maupassant (romancier réaliste) avant la construction de la tour Eiffel, publié dans un journal, en 1886.
→ Maupassant, contre la tour, veut faire partager son opinion.
→ Peu ou pas d'arguments… Mais beaucoup de termes péjoratifs et d'images dévalorisantes. Il veut persuader plutôt que convaincre.

Observation

1. Qui est l'émetteur du discours argumentatif ? À qui s'adresse-t-il ?
2. Quelle est l'opinion défendue par l'auteur de l'article ? Quels arguments apporte-t-il ? Quelle conclusion en tire-t-il ?
3. À quoi correspondent les termes surlignés en vert ? Trouvez d'autres exemples de procédés de la persuasion.

1 Identifiez la situation d'argumentation

La situation d'argumentation dépend du contexte dans lequel une thèse est défendue : émetteur, destinataire, lieu, date et circonstances de l'argumentation.

- **Les genres de l'argumentation directe.** Ils regroupent les textes dans lesquels l'émetteur s'adresse directement au lecteur ou à l'auditeur : plaidoyer, réquisitoire, discours, tribune de presse, essai…
- **Les genres de l'argumentation indirecte.** Un poème, une chanson, un roman, un conte philosophique, une pièce de théâtre peuvent défendre une opinion ou un point de vue.

2 Dégagez la structure argumentative du texte

Le discours argumentatif s'organise à partir de la thèse défendue. Il apporte des arguments (des preuves), qu'il illustre par des exemples destinés à éclairer et à convaincre. Dans un débat contradictoire, des contre-arguments répondent aux arguments apportés.

> **Exemple.** Le droit d'esclavage est nul, non seulement parce qu'il est illégitime, mais parce qu'il est absurde et ne signifie rien. Ces mots, esclavage et droit, sont contradictoires. (Rousseau)

3 Analysez les procédés de la persuasion

- **Le lexique appréciatif.** Il fait appel aux sentiments du destinataire, à travers des termes affectifs ou évaluatifs, qui valorisent ou dévalorisent ce dont on parle.
- **Les modalisateurs.** Ils signalent la certitude ou, au contraire, les doutes. Ce sont des adverbes (*sans doute, certainement…*), des verbes (*admettre, prétendre, etc.*), des formules comme « *on ne peut nier que…* » ou encore l'emploi du conditionnel (*il semblerait*).
- **Les figures de l'éloquence.** Elles poussent le lecteur ou l'auditeur à agir en lui communiquant une forme d'enthousiasme ou de rejet. Les exclamations, les apostrophes, les anaphores, les images, les fausses questions, toutes les figures de style peuvent devenir des outils au service de l'argumentation.

> **Exemple.** Riches, portez le fardeau du pauvre ; soulagez sa nécessité ; aidez-le à soutenir les afflictions sous le poids desquelles il gémit. (Bossuet)

4 Identifiez la tonalité de l'argumentation

- **Le ton de l'argumentation.** Il révèle l'état d'esprit de l'émetteur. Il cherche à faire réagir le destinataire. **Le ton polémique** met en évidence l'indignation, la colère et la révolte devant une situation jugée inacceptable. **Le ton ironique** utilise l'humour et la dérision pour dénoncer une situation jugée absurde ou ridicule. **Le ton lyrique** exalte à la première personne les sentiments personnels de celui qui parle. **Le ton pathétique** recherche la pitié du destinataire, placé devant la souffrance et l'injustice.

Juste une QUESTION

Quelle différence y a-t-il entre « convaincre » et « persuader » ?

Lorsque celui qui argumente veut convaincre, il s'adresse à notre intelligence au moyen d'arguments logiques, qui apportent des preuves de ce qu'il dit. Mais pour persuader, comme ici Maupassant, celui qui argumente s'adresse à nos sentiments, à notre émotion. C'est aussi la technique du texte publicitaire et de certains discours politiques.

La situation d'argumentation

Exercice 1

Quelle est la situation d'argumentation mise en place par le texte suivant ? Identifiez l'émetteur de l'argumentation, son destinataire, son époque et le thème qu'elle aborde.

Je ne sais de quelle guerre vous êtes ancien combattant – mais si vous avez fait la première, reconnaissez que vous êtes plus doué pour la guerre que pour la paix ; ceux qui, comme moi, ont eu vingt ans en 1940, ont reçu un drôle de cadeau d'anniversaire.

Boris Vian, *Lettre ouverte à M. Paul Faber, conseiller de Paris*, Éd. Julliard, 1959.

Exercice 2

1. **Déterminez, pour chacun des deux extraits, la situation d'argumentation : thème, support, émetteur, destinataire, date. Comment le débat est-il mis en place ?**
2. **L'argumentation est-elle directe ou indirecte ? Justifiez votre réponse.**

« **Presse** » (droit politique). On demande si la liberté de la presse est avantageuse ou préjudiciable à un État. La réponse n'est pas difficile. Il est de la plus grande importance de conserver cet usage dans tous les États fondés sur la liberté.

Jaucourt, article « Presse », *Encyclopédie*, 1751-1772.

Rica à Ibben. À Smyrne.

C'est une grande question, parmi les hommes, de savoir s'il est plus avantageux d'ôter aux femmes la liberté, que de la leur laisser [...]. C'est une autre question de savoir si la Loi naturelle soumet les femmes aux hommes. « Non, me disait l'autre jour un philosophe très galant : la nature n'a jamais dicté une telle loi. L'empire que nous avons sur elles est une véritable tyrannie. »

Montesquieu, *Lettres persanes*, 1721.

La structure argumentative

Exercice 3

1. **Quelle est la situation d'argumentation proposée par ce texte ?**
2. **Repérez la thèse défendue et les arguments apportés.**

Le malheur nous est utile ; sans lui les facultés aimantes de notre âme resteraient inactives : il la rend un instrument tout harmonie, dont, au moindre souffle, il sort des murmures inexprimables. Que celui que le chagrin mine s'enfonce dans les forêts ; qu'il erre sous leur voûte mobile ; qu'il gravisse la colline, d'où l'on découvre, d'un côté, de riches campagnes, de l'autre, le soleil levant sur des mers étincelantes, dont le vert changeant se glace de cramoisi et de feu ; sa douleur ne tiendra point contre un pareil spectacle.

François-René de Chateaubriand, *Essai sur les révolutions*, 1797.

Exercice 4

1. **Dans l'extrait suivant, quelle est la thèse défendue par la marquise ?**
2. **Quels arguments et exemples sa servante lui apporte-t-elle ? Reformulez ceux-ci.**

LA MARQUISE. – Eh ! laissez-moi, je dois soupirer toute ma vie.

LISETTE. – Vous devez, dites-vous ? Oh ! vous ne payerez jamais cette dette-là ; vous êtes trop jeune, elle ne saurait être sérieuse.

LA MARQUISE. – Eh ! ce que je dis là n'est que trop vrai : il n'y a plus de consolation pour moi, il n'y en a plus ; après deux ans de l'amour le plus tendre, épouser ce que l'on aime, ce qu'il y avait de plus aimable au monde, l'épouser, et le perdre un mois après !

LISETTE. – Un mois ! c'est toujours autant de pris. Je connais une dame qui n'a gardé son mari que deux jours ; c'est cela qui est piquant.

LA MARQUISE. – J'ai tout perdu, vous dis-je.

LISETTE. – Tout perdu ! Vous me faites trembler : est-ce que tous les hommes sont morts ?

Marivaux, *La Seconde Surprise de l'amour*, 1727.

Les procédés et la tonalité

Exercice 5

1. **Quelle tonalité les différents procédés repérés dans le texte donnent-ils à l'argumentation d'Émile Zola ?**
2. **Complétez le paragraphe d'analyse.**

Dreyfus est innocent, je le jure, j'y engage ma vie, j'y engage mon honneur. À cette heure solennelle, devant ce tribunal qui représente la justice humaine, devant vous, messieurs les jurés, qui êtes l'émanation même de la nation, devant toute la France, devant le monde entier, je jure que Dreyfus est innocent.

Émile Zola, « Déclaration au jury », *La Vérité en marche*, 1901.

Analyse. Dans ce texte, Émile Zola s'adresse directement au… de l'affaire Dreyfus, que l'écrivain a décidé de défendre de toutes ses forces. Il donne à sa déclaration une tonalité… en s'impliquant personnellement dans le discours au moyen des pronoms de la… personne, mais aussi en…. Il utilise également une anaphore en…. Enfin, il n'hésite pas à marteler ses convictions en….

Exercice 6

1. **Relevez et analysez trois exemples de procédés rhétoriques qui viennent en appui de l'argumentation.**
2. **Quelle tonalité domine le discours de Victor Hugo ?**

Ah ! messieurs ! je ne fais injure au cœur de personne, si ceux qui s'irritent à mes paroles en ce moment avaient vu ce que j'ai vu, s'ils avaient vu comme moi de malheureux enfants vêtus de guenilles mouillées qui ne sèchent pas de tout l'hiver, d'autres qui ont toujours envie de dormir parce que, pour gagner leurs trois ou quatre misérables sous par jour, on les arrache de trop bonne heure à leur sommeil, d'autres qui ont toujours faim et qui, s'ils trouvent dans la rue, dans la boue, des feuilles vertes, les essuient et les mangent, s'ils avaient vu les pères et les mères de ces pauvres petits êtres, qui souffrent bien plus encore, car ils souffrent dans eux-mêmes et dans leurs enfants, s'ils avaient vu cela comme moi, ils auraient le cœur serré comme je l'ai en ce moment, et, j'en suis sûr, et je leur fais cet honneur d'en être sûr, loin de m'interrompre, ils me soutiendraient, et ils me crieraient : courage ! parlez pour les pauvres !

Victor Hugo, *Discours à l'Assemblée*, 1851.

Exercice Bilan

1. **Définissez la situation d'argumentation mise en place dans ce passage.**
2. **Quelle est la thèse défendue par Julien Sorel ? Quels arguments avance-t-il ?**
3. **Quelle tonalité donne-t-il à son discours ? À travers quels procédés ?**
4. **Rédigez un paragraphe d'analyse de ce discours argumentatif.**

À la fin du roman de Stendhal, le héros du roman, Julien Sorel, est jugé pour avoir essayé, dans un moment de fureur, de tuer celle qu'il aimait. Il prend la parole.

« Messieurs les jurés,

L'horreur du mépris, que je croyais pouvoir braver au moment de la mort, me fait prendre la parole. Messieurs, je n'ai point l'honneur d'appartenir à votre classe, vous voyez en moi un paysan qui s'est révolté contre la bassesse de sa fortune. Je ne vous demande aucune grâce, continua Julien en affermissant sa voix. Je ne me fais point d'illusion, la mort m'attend : elle sera juste. J'ai pu attenter aux jours de la femme la plus digne de tous les respects, de tous les hommages. Madame de Rênal avait été pour moi comme une mère. Mon crime est atroce, et il fut prémédité. J'ai donc mérité la mort, messieurs les jurés. […]»

Pendant vingt minutes, Julien parle sur ce ton ; il dit tout ce qu'il avait sur le cœur ; l'avocat général, qui aspirait aux faveurs de l'aristocratie, bondissait sur son siège ; mais malgré le tour un peu abstrait que Julien avait donné à la discussion, toutes les femmes fondaient en larmes. Madame Derville elle-même avait son mouchoir sur les yeux.

Stendhal, *Le Rouge et le Noir*, 1830.

Exercice GUIDÉ

Vers l'épreuve du BAC

Étudier un texte argumentatif, pas à pas

ÉTAPE 1 Lisez l'argumentation à étudier et le sujet

Sujet

Vous étudierez cette argumentation en vous attachant à montrer la progression du raisonnement.

LA FORTUNE ET LA GLOIRE ❷

Que faut-il pour réussir ? De la bravoure ? De l'obstination ? De la chance ? Non : de la médiocrité. ❸ ❽ Quoi que produise le médiocre, c'est un produit qui s'adresse au plus grand nombre. Il est sûr de son affaire, il a les qualités requises par la majorité des individus. ❹

S'il s'agit d'un milliard d'hommes, le médiocre est sûr d'être compris et trouvé logique par plus de neuf cents millions. ❹ S'il s'agit d'un livre, d'une épingle de nourrice, d'un dentifrice, de n'importe quoi que ce soit qui se vende, même d'un objet tout à fait inutile et même embêtant, et même bête ❼ comme le diabolo, le yoyo et cent mille objets médiocres dont les noms sont dans toutes les bouches, neuf cent millions d'individus sur un milliard liront le livre, adopteront l'épingle de nourrice, se laveront les dents avec le dentifrice, ou bêtifieront à qui mieux mieux avec le yoyo, inutile mais exactement adapté à leur médiocrité personnelle […]. ❺ ❻

Ceux qui, il y a cinquante ans, ont cherché à voler avec des machines de toile collée sur du bambou se sont ruinés (quand ils ne se sont pas tués). À la même époque, un tel a fait une fortune colossale avec des morceaux de caoutchouc parfumés à la menthe ; des centaines de millions d'individus se sont volontiers transformés en ruminants avec cette gomme à mâcher et ont volontiers payé fort cher pour avoir cet air idiot de la vache qui « repense » son herbe de la veille. ❺ ❻ ❽

Il ne faut d'ailleurs pas confondre « médiocrité » et « bêtise » : le médiocre n'est pas bête, et celui qui réussit est souvent remarquablement intelligent. ❹ Il a même quelquefois l'intelligence de sa médiocrité. Ce qui est assez effrayant. ❼ Ce cas est rare, mais quand il se présente, il faut laisser toute espérance* et surtout « laisser passer la locomotive », elle vous écraserait sans pitié ; elle va sur des rails, en droite ligne, jusqu'au cœur même de la gloire. ❽

Cette intelligence de la médiocrité marquera dans le temps notre époque moderne. On la voit s'exprimer hautement et largement dans l'architecture, abondamment dans la littérature, complètement dans la politique. **4** Seul un romantisme désuet et dangereux peut encore croire à l'intelligence de la bravoure, de la générosité, de la grandeur d'âme et de l'amour. Ce sont des moyens parfaits « de ne pas parvenir ».

Jean Giono, « La fortune et la gloire », *Le Dauphiné libéré* du 22 décembre 1963. **1**

* il faut laisser toute espérance : allusion au poème de Dante, *La Divine Comédie*, quand celui-ci visite les Enfers.

ÉTAPE 2 Analysez l'argumentation

1. **Les conditions de l'argumentation.** Recherchez qui est l'émetteur de l'argumentation, le destinataire, l'époque et le support du texte. Que vous apprennent-ils déja ?
2. **Le thème développé.** Quel est le thème principal de ce texte argumentatif ? Recherchez le champ lexical qu'il développe dans l'argumentation.
3. **La thèse défendue.** Reformulez en une phrase sous forme affirmative la thèse défendue par l'auteur.
4. **Les arguments.** Quels sont les différents arguments apportés ? Sur quelle conclusion débouchent-ils ?
5. **Les exemples.** Relevez les exemples. Comment participent-ils à l'argumentation ? Vous semblent-ils pertinents ?
6. **La tonalité.** Quelle est l'intention dominante de l'auteur ? Émouvoir ? Polémiquer ? Se moquer ? Exprimer des sentiments personnels ? Qu'est-ce que la tonalité du texte nous révèle de son caractère ?
7. **Le lexique dévalorisant.** Retrouvez-en plusieurs autres exemples et étudiez ces choix lexicaux effectués par l'auteur.
8. **Les figures de style.** Identifiez précisément et commentez les figures de style utilisées.

ÉTAPE 3 Présentez votre compte rendu de lecture

Regroupez les réponses apportées aux questions pour présenter votre analyse du texte sous la forme de trois ou quatre paragraphes entièrement rédigés. Vous devez montrez les choix effectués par Jean Giono dans sa stratégie argumentative et la progression de son raisonnement.

Les techniques de l'argumentation

L'argumentation développe une idée que l'auteur veut faire partager à l'auditoire ou au lecteur. Elle peut aussi réfuter une opinion. Pour analyser un texte argumentatif, il faut donc s'appuyer sur la logique du texte, les types de raisonnement, mais aussi sur les procédés de l'éloquence ou de la polémique.

La structure du texte argumentatif

La thèse. Affirmée le plus souvent au début, elle est l'idée que défend l'auteur.
Les arguments. Ce sont les preuves apportées à l'appui de la thèse. On distingue :
– l'argument logique, qui s'appuie sur le raisonnement ;
– l'argument d'expérience ou d'observation, qui s'appuie sur des faits reconnus ;
– l'argument d'autorité, qui s'appuie sur un jugement établi et partagé à travers un proverbe ou un auteur célèbre.
Les exemples. Ils éclairent les arguments en leur donnant un caractère concret, familier, connu du destinataire.

« Rien n'est stupide comme vaincre ; la vraie gloire est convaincre. »

Victor Hugo

La stratégie argumentative

La concession. Elle consiste à accepter une partie du point de vue adverse, pour mieux rejeter l'ensemble.
La réfutation. Elle présente les arguments adverses pour les rejeter, argument contre argument, et affaiblir ainsi la thèse combattue.
La conclusion. Elle rappelle la thèse défendue, en soulignant l'importance du débat et ses conséquences.

Les types de raisonnement

Le raisonnement témoigne de la capacité de l'esprit à comprendre, à juger et à convaincre un destinataire.
Le raisonnement déductif. Il part d'une proposition reconnue comme vraie, d'un principe général ou d'une idée partagée par tous, pour en tirer des conséquences logiques.
Le raisonnement inductif. Il part et remonte de faits, d'énoncés particuliers ou d'une constatation concrète, pour aller vers une proposition générale et établir sa vérité. Il peut, par exemple, partir des effets pour aller à la cause, ou bien même partir des cas pour aller à la règle.
Le raisonnement analogique. Il s'appuie sur une ressemblance partielle entre des réalités différentes, comparées l'une à l'autre sur le plan moral, physique ou intellectuel, pour en tirer une conclusion logique.

Les outils de la polémique

La caricature. Elle consiste à exagérer les caractéristiques de l'idée adverse, prise pour cible, pour faire rire à ses dépens.

L'ironie. Elle vise à railler la thèse ou les arguments adverses, en disant le contraire de ce que l'on pense, tout en faisant comprendre au destinataire qu'on le fait par moquerie.

Le blâme. Il développe longuement un jugement défavorable sur quelqu'un ou sur les idées qu'il défend.

Les termes affectifs. Ils expriment des sentiments comme l'indignation, la colère ou le mépris que l'auteur veut faire partager.

Pierre-Paul Prud'hon, *La justice et la Vengeance divine poursuivant le Crime*, 1808.

> « Le philosophe ne fait que convaincre, l'orateur, outre qu'il convainc, persuade.
>
> Fénelon »

Les genres argumentatifs

Le sermon. Discours religieux, il recherche l'enthousiasme des fidèles en dénonçant les péchés et l'égoïsme.

Le réquisitoire et le plaidoyer. Issus du monde judiciaire, ils consistent, pour le premier, à développer les arguments de l'accusation et, pour le second, ceux de la défense.

Le pamphlet. Il désigne un court écrit satirique et polémique, qui, souvent violent dans le ton, critique quelqu'un ou quelque chose.

L'essai. Selon Montaigne, il mêle discussion, réflexions et souvenirs. Plus largement, il consiste à traiter un sujet, sans l'épuiser, en affirmant un point de vue personnel.

Le discours. À la tribune de l'Assemblée ou à l'occasion de cérémonies particulières, il s'appuie sur l'éloquence oratoire pour interpeller l'auditoire.

La lettre ouverte. Publiée dans un journal ou en brochure, elle s'adresse à un individu ou à un groupe, au nom des valeurs que défend l'auteur.

La tribune de presse. Elle permet à une personnalité extérieure au journal de défendre son opinion, comme un expert ponctuel.

4

Répondre à une question de grammaire

Répondre à une question de grammaire

« Le travail sur la langue doit retrouver une place fondamentale dans l'enseignement du français. C'est de la maîtrise de la langue que dépendent l'accès des élèves aux textes du patrimoine littéraire et leur capacité à s'exprimer avec justesse à l'écrit et à l'oral.

Pour chacun des axes inscrits au programme, le professeur peut consacrer une partie de la séance à un moment de grammaire. Le professeur peut également consacrer une séance à présenter dans le détail un point de grammaire accompagné d'exercices favorisant son appropriation.

Lors de l'épreuve anticipée de français, le candidat répond à la question de grammaire posée par l'examinateur avant son temps de préparation. La question porte sur le texte. Elle vise l'analyse syntaxique d'une courte phrase ou d'une partie de phrase. »

D'après le Bulletin Officiel du Ministère de l'Éducation nationale, 2019.

26 La classe grammaticale et la fonction d'un mot

En français, on distingue huit catégories ou classes de mots. Utilisé dans une phrase (ou une proposition), chacun de ces mots occupe une fonction. Identifier la nature et la fonction des mots qui constituent la phrase permet d'écrire sans faire de fautes et de mieux comprendre.

Exemple

Les mots et leurs fonctions :
- groupe nominal sujet
- adjectif, attribut ou épithète
- groupe nominal COD ou COI
- groupe nominal complément circonstanciel

Moins drôles, ce sont les questionnaires pendant toute la première semaine. On remplit, on remplit et je reste en suspens sur « Profession du père », à chaque fois. Qu'est-ce que je pourrais bien inventer qui lui irait bien à mon père ? Il a perdu toute sa fortune, qui était grande paraît-il. Plus un radis. Mais ce n'est pas le sujet. Perdeur de fortune. J'ai lu *Cyrano de Bergerac* et ça m'a bien amusée parce qu'il lui ressemble, à Cyrano, mon père. Il est de Bergerac aussi ou par là.

C'est la seule chose qui m'embête au lycée. Autrement c'est libre. Je peux rêver à mon aise, à l'arrière près de la fenêtre.

Marie Brantôme, *Avec tout ce qu'on a fait pour toi*, Éd. du Seuil, 1995.

Juste une QUESTION

Pourquoi dit-on que le verbe est le « pivot » de la phrase ?

Parce que c'est autour de lui que tout s'organise ! Lorsque vous écrivez ou lisez, soyez donc attentif à la place et à la signification du verbe. Il a un sujet, des compléments, il définit le temps et le mode de l'action évoquée, et c'est autour de lui que s'organisent les propositions subordonnées.

Observation

1. Qu'est-ce qu'un groupe nominal ? Quelles fonctions différentes les groupes nominaux ont-ils dans la phrase ?
2. Comment appelle-t-on les mots soulignés dans la phrase : « On remplit, on remplit et je reste en suspens » ? Quelle est leur fonction ?

1 Les classes grammaticales

■ **Les termes qui varient :**

Classes de mots	Définition
Le verbe	Il évoque une action (danser) ou un état (être, sembler). Conjugué, il se modifie en fonction de la personne, du temps et du mode utilisés : je *chante*, tu *chantais*, qu'il *chante*.
Le nom	Il désigne un être, un objet ou une idée. Il possède un genre fixe et peut varier en nombre (le *ciel*/les *cieux*).
Les déterminants	Ils se placent devant le nom et s'accordent avec lui en genre et en nombre (*le* soleil, *ces* tables).
L'adjectif	Il accompagne le nom en lui attribuant des qualités (une *belle* personne). Il varie en genre et en nombre (des *jolies* fleurs).
Les pronoms	Ils remplacent un nom ou un groupe nominal (les joueurs → *ils, eux, ceux-là*).

■ **Les mots invariables.** Ils s'écrivent toujours de la même façon. Les ***adverbes*** nuancent le sens du verbe ou de l'adjectif : *très, beaucoup, méchamment, loin*, etc. Les ***prépositions*** relient les mots entre eux : *à, par, sous, avec*, etc. Les ***conjonctions de coordination*** (*mais, ou, et, donc, or, ni, car*) relient deux termes, groupes de mots ou propositions de même nature. Les ***conjonctions de subordination*** introduisent des propositions subordonnées.

2 La fonction des mots

Le terme « fonction » désigne une relation dans la phrase entre des mots ou des groupes de mots.

Fonctions	Définition
Le groupe sujet	Le ***sujet*** est à l'origine de l'action et règle l'accord du verbe : il est constitué d'un groupe nominal (*Les garçons* ne sont pas là), d'un pronom (*Ils* sont absents), d'un infinitif (*S'absenter* est mauvais) ou d'une subordonnée (*Qui va à la chasse* perd sa place).
Les expansions du nom	Le groupe nominal est formé autour d'un nom et d'un déterminant (*la boulangère*). Il peut être complété par une ***épithète*** (la *jolie* boulangère), une ***apposition*** (la boulangère, *mon amie*) ou un ***complément du nom*** (la boulangère *de mon quartier* ; la boulangère *que je préfère*).
Les compléments du verbe	Le groupe verbal se compose d'un verbe et de ses compléments : ***COD*** (Nous voyons *le chien*), ***COI*** (Nous donnons un os *au chien*), ***attribut du sujet*** (Il est *beau*) ***ou du COD*** (Je l'ai trouvé *beau*), ***complément d'agent*** (Il est frappé *par la foudre*).
Les compléments circonstanciels	Ils complètent la phrase en précisant les circonstances de l'action (temps, lieu, cause, conséquence, manière, etc.) : *À neuf heures*, nous aurons terminé.

Les classes grammaticales

Exercice 1

Précisez la classe grammaticale des mots soulignés dans les phrases suivantes.

- Les <u>hommes</u> aiment le <u>merveilleux</u>. (Montesquieu)
- Il <u>faut</u> <u>aimer</u> la société dont tant d'hommes méchants <u>corrompent</u> les douceurs. (Voltaire)
- Il n'y a nulle certitude, dès qu'il est <u>physiquement</u> ou <u>moralement</u> possible que la chose soit <u>autrement</u>. (Rousseau)
- Rien n'était si <u>beau</u>, si <u>leste</u>, si <u>brillant</u> que les deux armées. (Voltaire)
- <u>La</u> guerre est <u>le</u> fruit de <u>la</u> dépravation <u>des</u> hommes. (Damilaville)

Exercice 2

Construisez un tableau en huit colonnes, une par classe de mots. Classez dans le tableau le plus grand nombre possible des mots du texte.

Solitaire entre les volets tirés au pied des murailles de brique, Wallas poursuit sa route, du même pas élastique et sûr. Il marche. Autour de lui la vie n'est pas encore commencée. Pourtant, tout à l'heure, il a croisé sur le boulevard la première vague des ouvriers roulant vers le port, mais depuis il n'a plus rencontré personne : les employés, les commerçants, les mères de famille, les enfants qui vont à l'école, sont encore silencieux à l'intérieur des maisons renfermées.

Alain Robbe-Grillet, *Les Gommes*, Éd. de Minuit, 1953.

Exercice 3

1. **Quelle est la classe grammaticale du mot « leur » dans les phrases suivantes ?**
2. **Réécrivez chaque phrase en supprimant « leur » sans changer le sens général.**

1. Nous leur dirons ce que nous en pensons.

- adjectif possessif
- pronom personnel

2. Leurs joueurs sont bien meilleurs.

- adjectif possessif
- pronom personnel

3. Nous pouvons leur en donner.

- adjectif possessif
- pronom personnel

Exercice 4

Décrivez l'image suivante en deux ou trois phrases. Vous utiliserez l'ensemble des classes grammaticales pour rédiger votre description.

La fonction des mots

Exercice 5

Réécrivez les phrases en remplaçant leur sujet par celui qui est proposé. Écrivez en rouge les accords que vous avez dû modifier.

- <u>Pauline</u> s'était levée, et debout devant la fenêtre, elle tâchait de voir. Patiente, elle regarda le jour s'obscurcir. Lorsqu'elle se retourna, frissonnante, il faisait nuit.

→ Pauline et Pierre…

- <u>Deux hommes</u> s'avançaient. Le premier, petit et nerveux, tenait à la main une écharpe. Le second, grand et nonchalant, avait à la main un journal. Celui-ci lui échappa lorsqu'il reconnut son meilleur ami.

→ Deux femmes…

Exercice 6

Repérez le(s) sujet(s) dans les phrases suivantes.

1. La colère l'a rendu fou. **2.** Patience et longueur de temps font plus que force ni que rage. **3.** Les livres, les cahiers, les crayons, tout se répandit sur le sol. **4.** Sans doute aurais-je dû vous prévenir plus tôt. **5.** Quelques-uns lisaient, d'autres regardaient leur téléphone portable. **6.** « Tout cela est de votre faute », leur dit-elle.

Exercice 7

Y a-t-il un attribut dans les phrases suivantes ? Si oui, indiquez s'il est attribut du sujet ou du COD.

1. Vous avez l'air déconcerté par ma remarque. **2.** Leur chien est gentil mais sale. **3.** Charles ne ressemble pas du tout à son frère. **4.** Je trouve cet exercice difficile. **5.** Elle restera longtemps sans parler. **6.** Cette idée nous semble originale. **7.** Il considérait cet ami comme son frère.

Exercice 8

Identifiez les compléments d'objet et précisez leur nature (direct ou indirect).

Ex : Nous avons préparé un buffet. → (COD)

1. Je voudrais un croissant et une brioche. **2.** Demande pardon à ta sœur. **3.** Que veux-tu faire cet après-midi ? **4.** Elle cultive un beau jardin et prend soin de ses plantations. **5.** Commandez dès aujourd'hui votre article préféré et obtenez 15 % de remise. **6.** J'aime prendre mon temps pour choisir un livre.

Exercice 9

1. Indiquez quelle est la fonction des groupes de mots soulignés : sujet, complément circonstanciel, complément d'objet, complément d'agent, attribut.

2. Réécrivez chaque phrase en supprimant tous les groupes de mots qui peuvent l'être. Quelle est leur fonction ?

- Insensiblement les vapeurs s'élevèrent des glaciers et formèrent des nuages sous mes pieds. (Senancour)
- La lune était sereine et jouait sur les flots. (Hugo)
- Iphis voit à l'église un soulier d'une nouvelle mode ; il regarde le sien et en rougit ; il ne se croit plus habillé. Il était venu à la messe pour s'y montrer et il se cache. (La Bruyère)
- Les vacances se composent d'une succession de pluies fines coupées d'orages plus importants. Il peut même arriver qu'il ne pleuve pas du tout. (Vialatte)

Exercice 10

1. Réécrivez les phrases suivantes à la voix passive.

Ex : Le facteur dépose le courrier. → Le courrier est déposé par le facteur.

2. Quelle fonction occupe désormais le sujet des phrases initiales ?

- Gutenberg est l'inventeur de l'imprimerie.
- Les explorateurs ont découvert des peuples inconnus.
- Le réalisateur nous a présenté son documentaire.
- La mairie a tout organisé.
- Le cyclone a dévasté les terres.

Exercice Bilan

1. À quelle classe grammaticale appartient le « on » qui ouvre le texte ? Qui désigne-t-il ?

2. Reformulez en une phrase la thèse défendue par Diderot.

3. Répondez par écrit à la question de grammaire.

On déclame sans fin contre les passions ; on leur impute toutes les peines de l'homme, et l'on oublie qu'elles sont aussi la source de tous ses plaisirs. C'est dans sa constitution un élément dont on ne peut dire ni trop de bien ni trop de mal. Mais ce qui me donne de l'humeur, c'est qu'on ne les regarde jamais que du mauvais côté. On croirait faire injure à la raison, si l'on disait un mot en faveur de ses rivales ; cependant il n'y a que les passions, et les grandes passions, qui puissent élever l'âme aux grandes choses. Sans elles, plus de sublime, soit dans les mœurs, soit dans les ouvrages ; les beaux-arts retournent en enfance, et la vertu devient minutieuse.

Denis Diderot, *Pensées philosophiques*, 1746.

Question de grammaire

Après avoir indiqué à quelle classe grammaticale appartiennent les mots contenus dans l'expression soulignée, analysez la fonction de ce groupe nominal.

« On déclame sans fin contre les passions ; on leur impute toutes les peines de l'homme, et l'on oublie qu'elles sont aussi la source de tous ses plaisirs. »

27 Les caractéristiques du lexique

Le mot est l'élément de base de la langue. On utilise environ 3 000 mots dans l'usage courant, mais le français en comprend, avec ses lexiques spécialisés, une centaine de mille. Le mot est complexe par son histoire, sa composition et la variété de ses significations.

Exemple

L'origine latine du mot

Les changements de sens du mot au fil des siècles

TRAVAILLER v. est issu (1080) d'un latin populaire *tripaliare*, littéralement « tourmenter, torturer avec le "trepalium" », du bas latin *trepalium*, nom d'un instrument de torture. [...]

- En ancien français, et toujours dans l'usage classique, *travailler* signifie « faire souffrir » physiquement ou moralement, intransitivement « souffrir » (XIIe s.) et *se travailler* « se tourmenter » (XIIIe s.). Il s'est appliqué spécialement à un condamné que l'on torture (v. 1155), à une femme dans les douleurs de l'enfantement (v. 1175), à une personne à l'agonie (v. 1190) [...].
- L'idée étymologique s'est conservée de façon très affaiblie avec la valeur de « tracasser, inquiéter » (fin XIVe s.), d'où *travailler l'esprit de qqun* (début XVIIe s.), *travailler qqun* (XIXe s.) et l'emploi familier *ça le travaille*.

Le Robert historique de la langue française, 2010.

Juste une QUESTION

Les mots ont-ils le même sens pour tout le monde ?

Normalement, oui. Le sens des mots est fixé par le dictionnaire. C'est leur sens dénoté. Mais chacun d'entre nous ajoute des connotations personnelles aux mots, en fonction de notre vécu et de notre culture. C'est sur ces connotations que jouent les écrivains, notamment les poètes, pour réactiver le sens des mots usés.

Observation

1. Quelle définition donne-t-on généralement du verbe « travailler » aujourd'hui ?
2. Ce sens a-t-il toujours été dominant ? Relevez les étapes qui marquent l'évolution de ce mot.
3. Comment expliquez-vous le lien entre le sens premier et le sens actuel de « travailler » ?

1 L'histoire des mots : l'étymologie

On appelle étymologie l'étude de l'histoire d'un mot.

- **Le fonds primitif du français.** Après l'invasion de la Gaule, au Ier siècle avant J.-C., les habitants abandonnent le celte au profit du latin des soldats et des marchands. Plus de 80 % des mots français sont d'origine latine.
- **Les emprunts à d'autres langues.** Au fil des voyages et des échanges, le vocabulaire a beaucoup emprunté aux langues étrangères : l'arabe, l'espagnol, l'italien, l'anglais. Des mots savants sont créés à partir du latin et du grec en particulier, dans les domaines scientifique et technique.

Anglo-saxon	Vocabulaire maritime : *nord, sud, est, ouest, bateau, étrave, quille, flotte…*, mais aussi de beaucoup d'autres domaines : *match, sandwich, toast, zoom…*
Arabe	Vocabulaire savant : *alambic, alchimie, algèbre, alcool, chiffre, zéro…*, mais aussi de culture pratique : *bazar, café, sirop, jupe, matelas, coton, goudron, magasin, orange, sucre…*
Italien	Vocabulaire artistique : *solfège, concerto, opéra, scenario, impresario…*, mais aussi d'autres domaines : *boussole, carnaval, graffiti…*

2 La formation des mots

La formation d'un mot nouveau peut procéder par dérivation ou par composition.

- **La dérivation.** À partir d'un mot-radical, les préfixes et les suffixes permettent de fabriquer des mots de sens nouveaux (*forme > formation > information)*. Le suffixe permet également de créer des mots appartenant à diverses classes grammaticales (*forme > former, formel)*.
- **La composition.** Elle consiste à former des mots nouveaux en associant des mots existants, soit avec trait d'union (*plate-forme*), soit sans trait d'union (*pomme de terre*), soit en les fusionnant en un seul élément (*portefeuille, vinaigre, bonhomme*).

3 Les relations de sens entre les mots

Certains mots possèdent des sens voisins ou identiques. Mais les mots peuvent également s'opposer les uns aux autres à travers des sens contraires.

- **La synonymie.** Les mots sont synonymes lorsqu'ils ont un sens identique ou, plus exactement, un sens voisin. Les synonymes parfaits sont rares : voir, regarder, observer, contempler, admirer sont quasi-synonymes. Il y a une gradation de sens entre « voir » et « admirer ».
- **L'antonymie.** Les antonymes sont des mots de même nature mais de sens opposé : sympathie / antipathie ; amour / haine ; optimisme / pessimisme ; beauté / laideur.
- **L'homonymie.** Les homonymes sont des mots de forme ou de sonorité identiques mais de sens différent : *culture* (connaissances) / *culture* (agriculture). Les paronymes sont des mots presque homonymes : *conjecture / conjoncture.*

Exercices

L'étymologie

Exercice 1

Expliquez le lien entre l'origine étymologique et le sens actuel des mots suivants.

- *Salaire* vient du latin *salarium*, dérivé de *sal* (sel). Il signifiait à l'origine « ration de sel ».
- *Savoir* vient du latin *sapere* « avoir du goût », qui a aussi donné *saveur*.

Exercice 2

Trouvez trois mots français issus de chaque mot latin de la liste suivante :

- *Canis* (le chien)
- *Vir* (homme)
- *Absentia* (éloignement)
- *Natator* (nageur)
- *Narro* (raconter)
- *Urbs* (ville)

Exercice 3

Le français compte environ 300 mots d'origine arabe, 300 mots d'origine espagnole et 1 000 mots d'origine italienne. Identifiez, dans la liste suivante, l'origine des mots.

brasero – balcon – matelas – chiffre – confetti – gazelle – guérilla – sirop – maïs – zouave – fiasco – zénith

Exercice 4

1. **Retrouvez, derrière les expressions suivantes, des termes empruntés à une autre langue. Dans chaque cas, de quelle langue s'agit-il ?**
2. **Sur le même modèle, définissez trois néologismes (mots nouveaux) que vous employez dans la vie quotidienne (Ex : « Friendzoner »).**
3. **Expliquez comment apparaissent et se forment ces mots nouveaux.**

- jeu de ballon joué avec les pieds
- verre à bière
- le fait d'enlever quelqu'un
- personne qui négocie les engagements d'un artiste
- stimulateur cardiaque
- guerre de harcèlement menée par des partisans

La formation des mots

Exercice 5

Trouvez cinq adjectifs se formant à l'aide des suffixes :

- able (qui marque la possibilité)
- âtre (qui exprime un sens péjoratif)
- ien (qui souligne l'origine ou la profession)

Exercice 6

Trouvez cinq mots dérivés ou composés à partir des verbes suivants :

- prendre
- dire
- mouvoir
- porter

Exercice 7

Trouvez des mots composés dont le deuxième terme est l'un des mots suivants :

clef – mère – mouche – gueule – avion – chat – propre – mât – fort – relief

Exercice 8

1. **Quel sens nouveau les suffixes donnent-ils au verbe qu'ils complètent ? Trouvez d'autres exemples de verbes construits à partir des mêmes suffixes.**

Suffixe du verbe	Signification	Exemples
– ailler		*disputailler*
– asser	péjoratif ou	*rêvasser*
– oter	affection	*baisoter*

2. **Créez trois verbes nouveaux en vous aidant de ces suffixes. Rédigez ensuite leur définition.**

Ex. *regarder* > « *regardailler* » : regarder avec animosité, méchanceté. Ex : « Il m'a regardaillé d'une drôle de façon. »

Les relations de sens

Exercice 9

1. **Dans la liste suivante, certains noms sont monosémiques (un seul sens), d'autres polysémiques**

(plusieurs sens). Lesquels ? Indiquez pour les termes polysémiques tous les sens possibles du nom.

Bélier, lion, canard, puce, abeille, cafard, chien, loup, koala, paresseux, chien, fourmi.

Exercice 10

Dans la liste des synonymes suivants, à partir de quel mot passe-t-on d'un sens positif à un sens négatif ? Justifiez votre réponse.

- volonté – persévérance – opiniâtreté – obstination – entêtement – acharnement
- courageux – vaillant – audacieux – hardi – téméraire
- finesse – adresse – habileté – ruse – rouerie
- combatif – pugnace – agressif – belliqueux – hargneux
- précis – consciencieux – scrupuleux – méticuleux – pointilleux – vétilleux – tatillon

Exercice 11

1. **Trouvez trois synonymes pour chacun des mots suivants.**
2. **Écrivez une phrase en employant ces synonymes. Quelle nuance apporte chaque terme ?**

entendre – courage – surpris – penser – début – triste

Exercice 12

1. **Identifiez les objets représentés sur cette nature morte. Trouvez-leur un synonyme lorsque c'est possible**
2. **Présentez le tableau en quelques lignes.**

Pieter Claesz, *Nature morte*, 1627

Exercice 13

Trouvez un antonyme pour chacun des mots suivants et employez-le dans une phrase.

– s'endormir, flatter, refuser
– robuste, hésitant, opportun
– repos, désir, joie

Exercice 14

Identifiez les antonymes et expliquez les effets stylistiques qu'ils produisent.

– L'homme est naturellement crédule, incrédule, timide, téméraire. (Pascal)
– J'ai toujours détesté la foule. J'aime les déserts, les prisons, les couvents. (Giono)
– Ô clairvoyant aveugle, ô amour, flamme et glace. (Jodelle)

Exercice Bilan

Lisez l'extrait proposé et répondez par écrit à la question.

Je n'ai plus que les os, un squelette je semble,
Décharné, dénervé, démusclé, dépoulpé,
Que le trait de la mort sans pardon a frappé ;
Je n'ose voir mes bras que de peur je ne tremble.

Apollon et son fils, deux grands maîtres [ensemble,
Ne me sauraient guérir, leur métier m'a trompé ;
Adieu plaisant soleil, mon œil est étoupé,
Mon corps s'en va descendre où tout se [désassemble.

Pierre de Ronsard, *Derniers vers*, 1585.

Question de grammaire

« Décharné, dénervé, démusclé, dépoulpé »

Quel est le sens du préfixe « dé- » présent dans chacun des mots du deuxième vers ? Analysez le choix des mots utilisés par l'auteur.

Répondre à une question de grammaire

28 La construction de la phrase

Délimitée à l'écrit par une majuscule et par un point, la phrase constitue l'unité de base de tout énoncé. Plus ou moins longues selon leur degré de complexité, les phrases et les agencements de phrases donnent au texte son sens et son rythme.

Exemple

- La phrase sans verbe
- La phrase simple
- La phrase complexe

MONSIEUR JOURDAIN. – Je voudrais donc lui mettre dans un billet : *Belle marquise, vos beaux yeux me font mourir d'amour* ; mais je voudrais que cela fût mis d'une manière galante, que cela fût tourné gentiment. […]

MAÎTRE DE PHILOSOPHIE. – On les peut mettre premièrement comme vous avez dit : *Belle marquise, vos beaux yeux me font mourir d'amour*. Ou bien : *D'amour mourir me font, belle marquise, vos beaux yeux*. Ou bien : *Vos yeux beaux d'amour me font, belle marquise, mourir*.

Molière, *Le Bourgeois gentilhomme*, Acte II, scène 4, 1670.

Question-Bac

« Belle marquise, vos beaux yeux me font mourir d'amour » : Analysez l'ordre des éléments dans la phrase de monsieur Jourdain.

Réponse attendue

La phrase se compose de quatre éléments : « Belle marquise » est un GN antéposé, qui est une adresse à la destinataire ; « vos beaux yeux » est le GN sujet du verbe « font mourir » ; « me » est un pronom personnel, COD du verbe ; le dernier GN, « d'amour », est complément circonstanciel de cause.

Juste une QUESTION

Et si je maîtrise mal le vocabulaire de la grammaire ?

Pas de stress inutile ! Les questions posées sont simples et vous disposez d'un temps de préparation pour y réfléchir posément. Par exemple, pour l'expression « Belle marquise », vous auriez pu tout aussi bien dire « groupe nominal placé devant, qui désigne le destinataire du message ». Cette réponse aurait été tout aussi bonne.

Observation

1. Quelle réponse apporteriez-vous à la demande formulée par monsieur Jourdain ? Pourquoi ?
2. Qu'est-ce qui différencie les trois phrases surlignées ?
3. Sur quelle prétention de monsieur Jourdain le comique de la scène repose-t-il ?

1 La phrase, avec verbe ou sans verbe

- **Le verbe, noyau de la phrase.** Le noyau de la phrase est le verbe : on distingue les verbes d'action (sur la base de « faire ») et les verbes d'état (sur la base d'« être »). Toute la phrase s'organise autour de lui, notamment le sujet et les compléments.
- **La phrase sans verbe.** La phrase peut occulter le verbe conjugué : elle prend alors appui sur un nom (phrase nominale : « Après la pluie, le beau temps »), un adjectif (« Pas si bête ! »), un adverbe (« Trop tard… »), un pronom (« Qui ? »), une interjection (« Hein ? »). La phrase sans verbe permet des raccourcis, pour l'émotion ou pour la densité, l'accélération ou l'ellipse. Elle est caractéristique d'un style oral.

2 La phrase verbale

- **La phrase verbale simple.** Elle ne comprend qu'une seule proposition : un groupe sujet + un groupe verbal + d'éventuels groupes circonstanciels.

  Exemple. « Tout à coup, la secousse d'arrêt me réveilla. J'ouvris les yeux. » (V. Hugo)
- **La phrase verbale complexe.** Elle comprend plusieurs propositions. Ces propositions (indépendantes, principale et subordonnées) s'agrègent de différentes manières : par coordination, juxtaposition ou subordination. À partir de deux phrases simples, on peut bâtir différentes formes de phrases complexes.

3 La phrase complexe

Elle comprend plusieurs propositions. Ces propositions (indépendantes, principale et subordonnées) s'agrègent de différentes manières :

- **Propositions juxtaposées :** Les propositions, indépendantes, sont posées les unes à côté des autres, sans terme de liaison. Elles sont liées par un signe de ponctuation.

  Exemple. « Tout à coup, la secousse d'arrêt me réveilla, j'ouvris les yeux. »
- **Propositions coordonnées :** Les propositions, indépendantes, sont reliées par une conjonction de coordination (mais, ou, et, donc, or, ni, car), qui peut additionner, opposer ou encore expliquer.

  Exemple. « Tout à coup, la secousse d'arrêt me réveilla, et j'ouvris les yeux. »
- **Propositions subordonnées :**

– **Les subordonnées circonstancielles.** Elles indiquent entre les deux propositions une relation de temps, de but, de cause, de conséquence, de condition, de concession ou de comparaison. Elles sont reliées au moyen d'une conjonction de subordination.

Exemple. « Tout à coup, la secousse d'arrêt me réveilla, tant et si bien que j'ouvris les yeux. »

– **Les subordonnées conjonctives et relatives.** Elles portent sur un seul élément de la proposition principale : le verbe (conjonctives) ou un nom (relatives). La subordonnée relative est reliée à la principale par un pronom relatif (qui, que, dont, où, etc.).

Exemple. « Sous la secousse d'arrêt qui me réveilla, j'ouvris les yeux. »

La phrase avec ou sans verbe

Exercice 1

1. **Repérez dans l'extrait suivant les phrases nominales et les phrases verbales.**
2. **Réécrivez l'extrait en transformant les phrases nominales en phrases verbales et vice-versa.**

Arrêt brusque. Sur la pierre la plus chaude. Affût ? Ou bien repos automatique ? Il se prolonge. Profitons-en ; changeons de point de vue.

Francis Ponge, « Le lézard », *Le Grand Recueil*, Éd. Gallimard, 1961.

Exercice 2

1. **Classez les phrases sans verbe suivantes, selon qu'elles prennent leur appui sur un nom, sur un adjectif, sur un adverbe, sur une interjection.**
2. **Transformez chaque citation en phrase verbale, sans en changer le sens.**

- Ô rage, ô désespoir ! (Corneille)
- Plaine infinie. Plaine infiniment grande. Plaine infiniment triste. (Péguy)
- Agréable ? – Oui, certainement, madame. (Maupassant)
- Ah, mortelles douleurs ! (Racine)
- Et… le sujet de ce roman ? (Gide)
- Nuit de juin ! Dix-sept ans ! (Rimbaud)

Exercice 3

Repérez les différents types de phrases. Comment expliquez-vous cette succession de phrases verbales et non verbales ?

Un obus !…. Vrang !…. qui rentre dans le pont ! la maîtresse arche saute, éclate !…. Creuse un gouffre dans la chaussée, une béance énorme… un cratère où tout s'engouffre !…. Les personnes fondent, tassent les crevasses !…. dégringolent sous les vapeurs âcres… dans un ouragan de poussière !….

Louis-Ferdinand Céline, *Guignol's band*, Éd. Gallimard, 1944.

La phrase verbale

Exercice 4

Réécrivez le texte suivant en n'utilisant que des phrases simples, séparées par des points. Commencez de la manière suivante : « *C'était le lendemain. Les gardiens furent…* »

Le lendemain même de son incarcération, les gardiens découvrirent avec stupeur que le prisonnier avait planté un clou dans le mur de sa cellule et qu'il y avait accroché une montre en or appartenant au directeur de la prison. Il ne put ou ne voulut révéler comment cet objet était entré en sa possession.

Marcel Aymé, *Le Passe-Muraille*, Éd. Gallimard, 1941.

Exercice 5

Réécrivez l'analyse proposée, trop confuse, en allégeant la construction de la phrase.

Analyse : *Cette affiche qui a été produite par une fondation qui s'appelle « Léa Nature » proteste contre la pollution des océans par le plastique que les gens consomment de plus en plus dans le monde et qui se retrouve d'une manière qu'on peut dire inévitable au fond des océans mais aussi sur le bord des plages.*

La phrase complexe

Exercice 6

1. Distinguez les phrases simples des phrases complexes.
2. Indiquez si les propositions sont juxtaposées, coordonnées ou subordonnées.

• Le long d'un clair ruisseau buvait une colombe. (La Fontaine)

• L'après-midi, les grands ventilateurs brassaient toujours l'air épais de la salle, et les petits éventails multicolores des jurés s'agitaient tous dans le même sens. (Camus)

• Tu seras privé de dessert jusqu'à ce que tu aies changé d'avis. (Aymé)

• Madame cependant a passé du matin au soir, ainsi que l'herbe des champs. (Bossuet)

Exercice 7

Transformez chaque couple de phrase en une seule phrase complexe introduite par « que ». Comment appelle-t-on les subordonnées ?

• On vient de nous avertir : tous les vols sont annulés.

• Je l'ai bien remarqué : vous n'êtes plus aussi confiant.

• Il classe dans des pochettes de couleurs tous ses dossiers : il les met ensuite dans un coffre-fort.

Exercice 8

Reliez les couples de phrases simples au moyen d'un pronom relatif. Quelle est la fonction de ces pronoms ?

• Ma montre m'a été rapportée par un inconnu. Je ne l'ai jamais revu.

• Cette histoire m'a fait rire. Je ne l'avais jamais entendue.

• Cette montagne culmine à 1600 mètres. Une antenne-relais y est installée.

• L'auteur évoque un drame. Ce drame concernait sa famille.

• Joseph-Désiré Court peint en 1844 un portrait de femme. Ce portrait est généralement associé à Emma Bovary.

Exercice Bilan

1. Repérez puis expliquez, dans le texte, l'alternance des phrases simples et des phrases complexes. Quels sont les effets qui en résultent ?
2. Réécrivez la réponse de l'élève à la question de grammaire afin de l'améliorer.

Le narrateur accompagne sa grand-mère malade chez un professeur de médecine. Il apprend, au moment de partir, qu'elle est condamnée.

Et il me tendit gracieusement la main. J'avais refermé la porte et un valet nous guidait dans l'antichambre, ma grand-mère et moi, quand nous entendîmes de grands cris de colère. La femme de chambre avait oublié de percer la boutonnière pour les décorations. Cela allait demander encore dix minutes. Le professeur tempêtait toujours pendant que je regardais sur le palier ma grand-mère qui était perdue. Chaque personne est bien seule. Nous repartîmes vers la maison.

Marcel Proust, *Le Côté de Guermantes, À la recherche du temps perdu*, Éd. Gallimard, 1921.

Question de grammaire

Analysez la construction de la subordination dans la phrase : « J'avais refermé la porte et un valet nous guidait dans l'antichambre, ma grand-mère et moi, quand nous entendîmes de grands cris de colère. »

Réponse à améliorer

La phrase est complexe. Elle contient quatre propositions indépendantes. La subordonnée est introduite par « nous entendîmes ». C'est le groupe sujet.

29 Les accords dans la phrase

En français, les mots et les groupes de mots entretiennent des relations qui les rendent dépendants les uns des autres. Les accords, en genre, en nombre et en personne, sont le résultat des contraintes grammaticales exercées par un élément de la phrase sur la forme des autres éléments.

Exemple

- Le nom et ses déterminants
- L'adjectif qualificatif
- Le verbe

Nous sommes là pour dire que la traite et l'esclavage furent et sont un crime contre l'humanité ; que les textes juridiques ou ecclésiastiques qui les ont autorisés, organisés, percutent la morale universelle ; qu'il est juste d'énoncer que c'est dans nos idéaux de justice, de fraternité, de solidarité, que nous puisons les raisons de dire que le crime doit être qualifié. Et inscrit dans la loi parce que la loi seule dira la parole solennelle au nom du peuple français.

Cette inscription dans la loi, cette parole forte, sans ambiguïté, cette parole officielle et durable constitue une réparation symbolique, la première et sans doute la plus puissante de toutes.

Christiane Taubira, *Discours sur l'esclavage à l'Assemblée nationale*, le 18 février 1999.

Juste une QUESTION

Quelle est la différence entre une faute d'accord et une faute d'orthographe ?

Les accords obéissent à des règles souvent simples, que nous étudions dans ce chapitre. Les règles de l'orthographe sont plus complexes et vous seront plus facilement pardonnées. En supprimant les fautes d'accord de votre copie, vous montrerez au correcteur que vous réfléchissez en écrivant et en relisant votre copie.

Observation

1. De quel mot l'accord de chaque déterminant dépend-il ? Pourquoi peut-on dire qu'il s'accorde en genre et en nombre ?
2. Remplacez le mot « peuple » par le mot « population » à la ligne 7. Comment l'adjectif réagit-il ? Expliquez pourquoi.
3. Retrouvez le sujet des verbes surlignés. Indiquez la personne et le temps qui déterminent leur accord.

1 L'accord du déterminant

L'article (*le, une, des*) est le principal déterminant du nom. Les déterminants peuvent aussi être possessifs (*mon, ses, leur*) ou démonstratifs (*ce, cette, ceux-là*).

- **Le déterminant.** Il forme, avec le nom qu'il accompagne, un groupe nominal. Le déterminant s'accorde en genre et en nombre avec le nom qu'il détermine.

  Exemple. Quand j'arrivais dans *la* rue, *les* feuilles des arbres tombaient. (Robert Desnos)

- **Le féminin et le masculin.** Certains déterminants ont la même prononciation au masculin ou au féminin, ou au singulier et au pluriel, il faut donc penser à faire l'accord.

  Exemple. *Cet* homme ; *cette* extrémité ; *tels* pères, *telles* filles ; *nulle* terre ; *nul* endroit.

- **Les déterminants numéraux.** Ils sont invariables, sauf *vingt* et *cent* quand ils sont multipliés et qu'ils ne sont suivis d'aucun nombre.

  Exemple. *Quatre* enfants ; *six cents* soldats ; *quatre-vingts* kilos ; *quatre-vingt-trois* élèves.

2 L'accord de l'adjectif qualificatif

L'adjectif qualificatif se rapporte à un nom : il en précise le sens en lui attribuant une qualité particulière. Il s'accorde en genre et en nombre avec le nom auquel il se rapporte.

- **L'adjectif épithète** se place directement à côté du nom.

  Exemple. Des rayons *blancs* traversaient comme des flèches les *hautes* fougères. (Flaubert)

- **L'adjectif apposé (ou épithète détachée)** est séparé du nom auquel il se rapporte.

  Exemple. On la voit partout, *menaçante et grise*, cette mer pleine d'écueils baveux comme des bêtes furieuses. (Maupassant)

- **L'adjectif attribut du sujet** est relié au nom auquel il se rapporte par un verbe attributif (être, paraître, sembler, devenir…).

  Exemple. Le recueil des *Fleurs du mal* est *célèbre*.

- **L'adjectif attribut du complément d'objet** caractérise un COD ou un COI.

  Exemple. Je te rendrai ton livre *intact*.

3 L'accord du verbe

Le verbe s'accorde en nombre et en personne avec son sujet. Il faut donc identifier le sujet pour accorder le verbe correctement.

- **Si le sujet est un groupe nominal,** le noyau du groupe commande l'accord du verbe.

  Exemple. Un long convoi de navires traînés par un remorqueur, gros comme une mouche, et qui *râlait* de peine en vomissant une fumée épaisse, *défila* devant ma grille. (Maupassant)

- **S'il y a plusieurs sujets,** le verbe se met au pluriel.

  Exemple. À mon marasme *se mêlaient* la hantise et la morsure d'un instant de bonheur que je venais de vivre. (Romain Gary)

- **Si le sujet est le pronom indéfini « aucun », « chacun » ou « on »,** l'accord est au singulier.

  Exemple. Chacun voit midi à sa porte (proverbe).

Exercices

L'accord du déterminant

Exercice 1

1. Repérez les déterminants dans les citations suivantes.
2. Indiquez le genre et le nombre du nom avec lequel les déterminants s'accordent.

– L'éclat des lumières sur le boulevard le remit dans la réalité. (Flaubert)

– Je t'ai faite à la taille de ma solitude. (Éluard)

– Les pas traversèrent l'antichambre et commencèrent de faire frémir les marches. (Vercors)

– Je descends juste de la bascule/Je pèse mes 80 kilos/Je t'aime. (Cendrars)

Exercice 2

Complétez les phrases suivantes avec *la*, *là* ou *l'a*.

1. Il a marché toute .... journée pour venir. **2.** Elle.... accompagnée pour.... rassurer. **3.**..., ... terre est plus fertile qu'ailleurs. **4.** Je.... tiens avec force. **5.** Comment....-t-il reconnu ? **6.** Cette place-.... est très ensoleillée. **7.** Retrouvez.... rue où elle.... rencontré.

Exercice 3

Choisissez entre *ses* et *ces* ; puis entre *ce*, *se* et *ceux*.

Ses ou *ces* → **1.** New York est visité pour.... gratte-ciel. **2.**... nuits-là, ils dorment mal. **3.**... parents sont venus et lui ont déposé.... objets. **4.** Il parla de.... voyages et évoqua.... nouveaux amis.

Ce, *ceux* ou *se* → **1.**... mélange est déroutant. **2.** Le véhicule.... déporta au premier virage. **3.** Je ne resterai pas une minute supplémentaire dans.... magasin. **4.** Il.... laissa tomber dans.... canapé, près de la fenêtre. **5.**... que je préfère ne sont pas venus. **6.** Achetez plutôt.... smartphone ;....-là sont obsolètes.

Exercice 4

Réécrivez ce texte en y replaçant les déterminants suivants : d'un, cent mille, de, la, ces, notre, l', cent mille autres, le.

« Savez-vous bien, par exemple, qu'à... heure où je vous parle il y a... fous de... espèce, couverts de chapeaux, qui tuent... animaux couverts... turban, ou qui sont massacrés par eux, et que, presque par toute... terre, c'est ainsi qu'on en use de temps immémorial ? » Le Sirien* frémit, et demanda quel pouvait être... sujet de... horribles querelles entre... si chétifs animaux.

Voltaire, *Micromégas*, 1752.

*le Sirien : Micromégas, un géant venu d'une autre planète pour visiter la Terre.

L'accord des adjectifs

Exercice 5

1. Formez un adjectif avec chacun des noms suivants.
2. Employez chaque adjectif dans une phrase commençant par le groupe sujet « Elles sont… ».

Bruit – capacité – difficulté – silence – vie – unité – honneur – vanité – fable – impatience – diversité – identité – inquiétude – image – variation – métaphore – faiblesse – étonnement.

Exercice 6

1. Formez un adjectif avec chacun des verbes suivants.
2. Employez chacun de vos adjectifs dans une phrase où ils seront accordés au pluriel.

Consommer – battre – vaincre – déduire – recevoir – inventer – argumenter – protéger – créer – creuser – sauver.

Exercice 7

Indiquez, pour les adjectifs soulignés, s'ils sont épithètes, apposés ou attributs.

– Aujourd'hui, 14 septembre, à trois heures de l'après-midi, par un temps doux, gris et pluvieux, je suis entrée dans ma nouvelle place. (Mirbeau)

– La science est la seule certitude. Mettez-la sous la politique comme sous la littérature, si vous avez le besoin de croire. Aussitôt vous redevenez fort. Vous êtes debout sur un roc qui ne bougera pas. (Zola)

– C'est un masque rétréci qui lui était apparu dans la glace, pétrifié par la sueur et suffoquant sous le plâtre du fard. (Echenoz)

Exercice 8

1. **Repérez les adjectifs dans le texte suivant.**
2. **Indiquez quelle est leur fonction grammaticale : épithète, apposé, attribut du sujet, attribut du COD.**

Jamais je ne vis tant de grâce s'unir à tant de gravité. Son costume lui faisait la taille si mince qu'elle semblait fragile. Un grand manteau marron, qu'elle enleva en entrant, était jeté sur ses épaules. C'était la plus grave des jeunes filles, la plus frêle des femmes. Une lourde chevelure blonde pesait sur son front et sur son visage délicatement dessiné, finement modelé. Sur son teint très pur, l'été avait posé deux taches de rousseur… Je ne remarquai qu'un défaut à tant de beauté : aux moments de tristesse, de découragement ou seulement de réflexion profonde, ce visage si pur se marbrait légèrement de rouge, comme il arrive chez certains malades gravement atteints sans qu'on le sache.

Alain-Fournier, *Le Grand Meaulnes*, 1913.

L'accord du verbe

Exercice 9

Accordez le verbe avec le sujet de chaque phrase, en conjuguant le temps indiqué entre parenthèses.

- Le groupe (se séparer – passé composé) après avoir reçu les consignes.
- J'ai acheté des abricots, mais la plupart (être – présent) encore peu sucrés.
- Une douzaine de personnes (retenir – passé composé) sur la liste.
- La majorité (décider – futur simple) si le centre ville doit être réaménagé.
- Une infinité d'étoiles (trouer – imparfait) le ciel de la nuit.
- Beaucoup de gens (aimer – présent) le cirque mais peu (imaginer – présent) la discipline qu'il exige.

Exercice Bilan

1. **Relevez les noms dans les deux premières strophes. Identifiez leur déterminant.**
2. **Repérez les adjectifs qualificatifs. Avec quel nom chacun s'accorde-t-il ?**
3. **Quel est le mode dominant des verbes du poème ? Indiquez quelle personne détermine leur accord.**
4. **Répondez à la question de grammaire.**

Calmes dans le demi-jour
Que les branches hautes font,
Pénétrons bien notre amour
De ce silence profond.

Fondons nos âmes, nos cœurs
Et nos sens extasiés,
Parmi les vagues langueurs
Des pins et des arbousiers.

Ferme tes yeux à demi,
Croise tes bras sur ton sein,
Et de ton cœur endormi
Chasse à jamais tout dessein.

Laissons-nous persuader
Au souffle berceur et doux
Qui vient à tes pieds rider
Les ondes de gazon roux.

Et quand, solennel, le soir
Des chênes noirs tombera,
Voix de notre désespoir,
Le rossignol chantera.

Paul Verlaine, « En sourdine », *Fêtes galantes*, 1869.

Question de grammaire

Après avoir analysé la construction de la phrase qui constitue la dernière strophe du poème, expliquez l'accord des deux verbes placés à la rime.

Répondre à une question de grammaire

30 La forme interrogative

La phrase interrogative exprime une demande d'information. Elle constitue généralement une question qui appelle une réponse. Elle est alors terminée par un point d'interrogation, et demande une intonation montante. Mais l'interrogation peut aussi prendre d'autres formes.

Exemple

Les formes de l'interrogation

- L'interrogation directe
- L'interrogation indirecte
- La fausse question

Edmond Dantès, le héros du Comte de Monte-Cristo, *vient d'être recueilli sur un navire après s'être évadé de la prison du château d'If.*

« Quel quantième du mois tenons-nous ? demanda Dantès à Jacopo, qui était venu s'asseoir auprès de lui, en perdant de vue le château d'If.

– Le 28 février, répondit celui-ci.

– De quelle année ? demanda encore Dantès.

– Comment, de quelle année ! Vous demandez de quelle année ?

– Oui, reprit le jeune homme, je vous demande de quelle année.

– Vous avez oublié l'année où nous sommes ?

– Que voulez-vous ? J'ai eu si grande peur cette nuit, dit en riant Dantès, que j'ai failli en perdre l'esprit ; si bien que ma mémoire en est demeurée toute troublée : je vous demande donc le 28 février de quelle année nous sommes…

Alexandre Dumas, *Le Comte de Monte-Cristo*, 1845.

Juste une QUESTION

Qu'est-ce qu'une fausse question ?

Comme son nom l'indique, la fausse question (ou question rhétorique) n'en est pas vraiment une. Celui qui la pose indique dans la question elle-même la réponse à apporter : « Ne serions-nous pas mieux sur une plage, en vacances ? » Même si vous vous sentez très bien là où vous êtes, comment répondre autrement à cette question que par l'affirmative ?

Observation

1. Quelles différences apparaissent entre les deux interrogations directes surlignées et l'interrogation indirecte ?
2. Peut-on répondre par « oui » ou par « non » à ces interrogations ? Pourquoi ?
3. Trouvez une autre forme d'interrogation indirecte dans l'extrait. Commentez sa construction et son intonation.

1 L'interrogation directe

- **L'interrogation totale.** Elle prend la forme d'une question qui porte sur la totalité de la phrase et appelle une réponse par *oui* ou par *non*.

  Exemple. Faut-il te parler franchement ? Ne te riras-tu pas de moi ? (Musset)

- **L'interrogation partielle.** Elle ne porte que sur une partie de la phrase. On ne peut pas y répondre par *oui* ou par *non*. Elle est introduite par un mot interrogatif.

  Exemple. Quand pourrais-je te parler franchement ?

2 Les mots interrogatifs

Ils servent à introduire une question. Leur nature grammaticale varie :

Classe grammaticale	Mot interrogatif	Exemple
Pronom	Qui, que, quoi, lequel, laquelle…	*Que serais-je sans toi ?* (Aragon)
Déterminant	Quel, quelle, quels, quelles	*Quels auteurs seront reconnus ?*
Adverbe	Comment, pourquoi, où, quand…	*Comment se porte, mon bon monsieur, cette gracieuse mélancolie ?* (Musset)

3 L'interrogation indirecte

L'interrogation indirecte est comprise dans une proposition subordonnée qui dépend d'un verbe principal. Elle est le plus souvent COD de ce verbe principal qui lui confère la valeur interrogative. Mais elle n'a plus d'intonation montante, ni de point d'interrogation, ni d'inversion du sujet.

- **L'interrogative indirecte totale.** Elle est introduite par *si* :

  Exemple. Il lui demanda s'il pouvait partir.

- **L'interrogative indirecte partielle.** Elle est introduite par un pronom (*qui, que…*), par un déterminant (*quel…*) ou par un adverbe (*comment, pourquoi…*).

  Exemple. Elle voulut savoir qui était venu.

4 L'interrogation et le registre de langue

Suivant le registre de langue utilisé, l'interrogation s'exprime différemment.

- **Langage familier.** Souvent, à l'oral, l'interrogation s'exprime uniquement à travers une intonation montante et un point d'interrogation final.

  Exemple. Vous ne nous restez pas, Comtesse ? (Beaumarchais)

- **Langage courant.** L'interrogation s'exprime la plupart du temps à travers la locution *Est-ce que*.

  Exemple. À propos, est-ce que vous nous préparez un roman ? (Marcel Aymé)

- **Langage soutenu.** À l'écrit ou à l'oral, la volonté d'utiliser une langue soutenue se marque par l'inversion du sujet.

  Exemple. Rodrigue, as-tu du cœur ? (Corneille)

L'interrogation directe

Exercice 1

Réécrivez les questions suivantes en les introduisant d'abord par « est-ce que », puis en plaçant le verbe en tête de phrase.

1. Elle viendra deux fois par jour.
2. Ils partiront la semaine prochaine.
3. Il y a un pilote dans l'avion.
4. Il a obtenu son permis de conduire.
5. Elle ne rit jamais.
6. Il se rend une fois par mois à Paris.
7. C'est hier qu'il est parti.
8. Elle va parler.

Exercice 2

1. **Imaginez une réponse à chaque question posée.**
2. **Classez les phrases interrogatives suivantes selon leur type d'interrogation : totale ou partielle.**

- D'où venez-vous ? Qui est votre père ? (Giraudoux)
- Trouvez-vous toujours que le Rhône ne soit que de l'eau ? (Mme de Sévigné)
- À quoi bon la musique ? À quoi bon la peinture ? (Gautier)
- Tu ne vois rien venir ? (Beckett)
- Anne, ma sœur Anne, ne vois-tu rien venir ? (Perrault)

Exercice 3

1. **Identifiez l'interrogation totale et l'interrogation partielle. Modifiez la première réponse d'Arlequin par d'autres adverbes d'acquiescement.**
2. **Commentez la réponse donnée à l'interrogation partielle.**

LÉLIO. – Tu n'as donc point de tristesse ?

ARLEQUIN. – Si fait.

LÉLIO. – Dis donc pourquoi ?

ARLEQUIN. – Pourquoi ? En vérité, je n'en sais rien ; c'est peut-être que je suis triste de ce que je ne suis pas gai.

Marivaux, *La Surprise de l'amour*, 1723.

L'interrogation indirecte

Exercice 4

1. **Parmi ces formulations, lesquelles vous semblent incorrectes ? Pourquoi ?**
2. **Reformulez la proposition D sous forme d'interrogation directe. Quelles modifications faut-il effectuer ?**

A – *Puis, dans un second temps, nous nous demanderons comment l'intrigue va s'en trouver modifiée ?*

B – *Nous allons nous demander comment le romancier met en place une intrigue pleine de rebondissements ?*

C – *Comment le poète transforme-t-il le monde ? Et comment l'écriture poétique parvient-elle à nous rendre sensible à ces transformations.*

D – *Nous allons nous demander dans quelle mesure le dénouement de cette pièce peut-il paraître surprenant.*

Exercice 5

Transformez chaque question en phrase interrogative indirecte en variant les verbes d'interrogation.

Ex : Voulez-vous venir ? Elle me demande/veut savoir/ignore… si nous voulons venir.

1. Est-ce que vous serez là demain ? **2.** Ce train part-il à six heures comme prévu ? **3.** Combien de temps l'épreuve durera-t-elle ? **4.** Êtes-vous certain de l'avoir bien identifié ? **5.** Vous reprendrez du potage ? **6.** Comment vous sentez-vous ?

Exercice 6

Transformez les phrases interrogatives de manière à transposer les interrogations directes en interrogations indirectes.

JULIETTE. – Les voleuses n'ont jamais de costumes de voyage ?

GUSTAVE. – Vous n'allez pas voyager. Vous allez au bal.

JULIETTE. – Une fois qu'ils ont volé, les voleurs s'en vont généralement. Pourquoi voulez-vous que je m'en aille avec vous, puisque vous allez partir ?

Jean Anouilh, *Le Bal des voleurs*, tableau III, Éd. La Table ronde, 1958.

Exercice 7

Réécrivez les passages soulignés sous la forme de questions.

- Appelle un peu cet homme que voilà là-bas, pour lui demander le chemin. (Molière)
- Puissent tous les hommes se souvenir qu'ils sont frères ! (Voltaire)
- Je vous en supplie ; ne mentez pas davantage ; en voilà assez ; je sais tout. (Musset)

L'interrogation et le registre de langue

Exercice 8

Réécrivez les phrases suivantes en les mettant à la forme interrogative directe. Vous conserverez le sujet et ajouterez un pronom postposé au verbe.

Exemple : Mon ami est parti. → Mon ami est-il parti ?

1. Le public a été heureux de le retrouver.
2. Ton frère joue mieux que toi.
3. Le repas sera prêt dans une heure.
4. Les premiers témoins ont été interrogés.
5. La neige s'est mise à tomber.
6. Le premier appel a été lancé.

Exercice 9

Faites varier les formes de l'interrogation en jouant sur les registres de langue utilisés.

- Tonton, qu'elle crie, on prend le métro ? (Queneau)
- Elle habite toujours le palais, Électre ? (Giraudoux)
- Qui oserait assigner à l'art la fonction stérile d'imiter la nature ? (Baudelaire)
- Après tous mes discours, vous la croyez fidèle ? (Racine)
- Qu'est-ce qu'on fait maintenant ? (Beckett)
- Quoi donc vous arrive ? (Verlaine)

Exercice Bilan

1. **Repérez puis expliquez, dans le texte, l'alternance des phrases déclaratives et des phrases interrogatives. Quel est l'effet recherché par le dramaturge ?**
2. **Répondez à la question posée l. 12-13 en associant la forme de la réponse au registre de langage choisi par le personnage.**

VLADIMIR (*à Estragon.*) – Alors, te revoilà, toi.

ESTRAGON. – Tu crois ?

VLADIMIR. – Je suis content de te revoir. Je te croyais parti pour toujours.

ESTRAGON. – Moi aussi.

VLADIMIR. – Que faire pour fêter cette réunion ? *(Il réfléchit.)* Lève-toi que je t'embrasse. (*Il tend la main à Estragon.*)

ESTRAGON *(avec irritation)*. – Tout à l'heure, tout à l'heure.

Silence.

VLADIMIR *(froissé, froidement)*. – Peut-on savoir où monsieur a passé la nuit ?

Samuel Beckett, *En attendant Godot*, Éd. de Minuit, 1952.

Question de grammaire

Analysez la construction de l'interrogation dans la phrase : « Peut-on savoir où monsieur a passé la nuit ? »

Les deux personnages de Beckett qui attendent éternellement Godot.

31 La construction de la négation

L'expression de la négation peut porter sur tous les types de phrases. La construction de la phrase s'effectue cependant de manières différentes, suivant les termes sur lesquels porte la négation.

Exemple

La négation :
- La phrase négative
- La locution négative
- La négation lexicale

CLAIRE (*retenant Charles par le bras*). – Est-il vrai que tu vas filer avec cette voiture sans prévenir, sans dire adieu, et laissant mère, père, et tous sans adieu ?

CHARLES. – Laisse-moi tranquille, je n'ai pas le temps de te parler. […]

CLAIRE. – Alors donc je cours dire à maman que tu files à l'anglaise avec cette voiture et ce sera un drame terrible.

CHARLES. – Je n'ai pas dit : je pars avec cette voiture ; je n'ai même pas dit : je pars ; je n'ai rien dit du tout et tu es trop petite.

Bernard-Marie Koltès, *Quai Ouest*, Éd. de Minuit, 1985.

Question-Bac

Expliquez les formes d'expression de la négation aux lignes 7-8.

Réponse attendue

La phrase contient trois négations. « Je n'ai pas dit » : la locution négative « ne… pas » encadre l'auxiliaire avoir du verbe « dire » au passé composé. « Je n'ai même pas dit » : l'adverbe « même », introduit entre les deux termes de la négation, souligne le sens du verbe. « Je n'ai rien dit du tout » : la locution « ne… rien », renforcée par la locution « du tout », clôt la discussion de manière catégorique.

Juste une QUESTION

Quelle est la nature et la fonction de « Non » ?

Le mot « non » est un adverbe de négation. Quand on dit : « Non ! », on exprime un refus. On peut ainsi dire que ce « non ! » est une proposition négative, qui peut marquer la surprise (« Noooon ? »), l'impatience (« Vous venez, non ? ») ou un refus catégorique (« Non ! »).

Observation

1. Que veut exprimer la forme négative ?
2. Par quels mots Charles aurait-il pu répondre à la question de Claire ? Pourquoi ne le fait-il pas ?
3. Comment comprenez-vous l'expression « négation lexicale » ?

1 La phrase négative

Il existe différents moyens d'exprimer la négation :

L'expression de la négation	Exemples
Des locutions négatives : *Ne… pas ; ne… plus ; ne… jamais ; ne… guère ; aucun… ne ; personne ne ; rien ne, etc.*	Je *ne* lui ai *jamais* parlé, répondit Julien, je *n'*ai *jamais* vu cette dame qu'à l'église. (Stendhal)
Des adverbes : *Non, pas* et *point*	Julien était silencieux et *point* trop troublé. (Stendhal)
La conjonction de coordination ni : elle relie deux propositions négatives ou deux termes dans une phrase négative.	Comment fais-tu pour sans effort *ne jamais* dormir *ni* le jour *ni* la nuit ? (Koltès)

2 La place de la locution négative dans la phrase

Au sein de la phrase, la négation est toujours composée de deux termes.

- La locution négative encadre le verbe ou l'auxiliaire :

  Exemple. Va, je *ne* te hais *point*. (Corneille)
  J'en arrivais à souhaiter qu'il vînt le plus tard possible, à ce que se prolongeât le temps de répit où maman *n'*était *pas* encore venue. (Proust)

- Elle se place devant le verbe à l'infinitif :

  Exemple. Il semblait *ne pas* vouloir condescendre à discuter. (Martin du Gard)

- Elle peut se placer en tête de phrase ou de proposition avec les mots « personne », « jamais », « rien », « aucun », « nul » :

  Exemple. Elles étaient noires ces fenêtres et on voyait bien que *personne n'*habitait par ici. (Modiano)

3 La négation lexicale

La langue peut exprimer la négation par les antonymes, c'est-à-dire par l'opposition de mots de sens contraire. Ces mots peuvent ne pas avoir de rapport morphologique entre eux ou, au contraire, entretenir une relation de dérivation.

Exemple. savoir/*ignorer* ; possible/*impossible* ; violent/*non-violent*.

4 Le « ne » explétif et le « ne » restrictif

Il existe deux emplois où *ne* n'a pas de valeur négative :

- **Le « ne » explétif.** Il se place après les verbes de crainte ou d'empêchement (Je craignais qu'il *n'*entre) ou après les locutions conjonctives *avant que, de crainte que, de peur que, à moins que, plus que, moins que…*
- **Le « ne » restrictif.** On l'utilise lorsque « ne » peut être remplacé par « seulement » (Il *ne* vient que le vendredi).

La phrase négative

Exercice 1

Repérez l'expression de la négation dans les citations suivantes.

- Il n'est pas moins redoutable par les choses qu'il dit que par le ton dont il parle. (La Bruyère)
- Monsieur de Clèves était demeuré pendant tout ce discours, la tête appuyée sur ses mains, hors de lui-même, et il n'avait pas songé à faire relever sa femme. (Lafayette)
- J'attendis le jour avec la dernière impatience, et ses premiers rayons ne frappèrent pas plus tôt mes yeux que je me levai. (Lesage)
- Ne pas penser… Je ne veux pas penser… Je pense que je ne veux pas penser. Il ne faut pas que je pense que je ne veux pas penser. (Sartre)

Exercice 2

Réécrivez les phrases suivantes à la forme négative.

1. Les chats aiment l'eau. **2.** Il a déjà traversé la route. **3.** J'ai encore un peu de patience. **4.** Il y a toujours de l'espoir. **5.** Je désire le rencontrer. **6.** Il est toujours absent. **7.** On a le temps de refaire une partie. **8.** On a toujours besoin des autres.

Exercice 3

1. Relevez les phrases négatives dans le texte.
2. Identifiez les différentes locutions négatives.

Mais moi qui suis là, dans cet abandon, cette désolation, je ne vois vraiment pas ce que j'ai d'autre à faire ! Et je parle impartialement. Jamais je ne me résoudrai à épouser une autre qu'Électre, et jamais je n'aurai Électre. Je suis créé pour vivre seul jour et nuit avec une femme, et toujours je vivrai seul. Pour me donner sans relâche en toute saison et occasion, et toujours je me garderai. C'est ma nuit de noces que je passe ici, tout seul – merci d'être là – et jamais je n'en aurai d'autre, et le sirop d'oranges que j'avais préparé pour Électre, c'est moi qui ai dû le boire, – il n'en reste plus une goutte, c'était une nuit de noces longue.

Jean Giraudoux, *Électre*, Éd. Grasset, 1937.

La place de la négation

Exercice 4

1. Quel effet produit l'usage du niveau de langue familier dans le texte suivant ?
2. Rétablissez les locutions négatives correctes.

Doukipudonktan, se demanda Gabriel excédé. Pas possible, ils se nettoient jamais. Dans le journal, on dit qu'il y a pas onze pour cent des appartements à Paris qui ont des salles de bain, ça m'étonne pas, mais on peut se laver sans. Tous ceux-là qui m'entourent, ils doivent pas faire de grands efforts. D'un autre côté, c'est tout de même pas un choix parmi les plus crasseux de Paris. Y a pas de raison. C'est le hasard qui les a réunis. On peut pas supposer que les gens qui attendent à la gare d'Austerlitz sentent plus mauvais que ceux qu'attendent à la gare de Lyon. Non vraiment, y a pas de raison. Tout de même quelle odeur.

Raymond Queneau, *Zazie dans le métro*,
Éd. Gallimard, 1959.

La négation lexicale

Exercice 5

Ajoutez un préfixe négatif (*dis-, il-, im-, in-, ir-, a-*) aux adjectifs suivants afin de leur faire exprimer une négation.

possible – soluble – tendu – lettré – semblable – typique – légal – capable – mortel – compétent – politique – lisible – logique – mobile – rationnel – fait – composé

Exercice 6

Dans la liste des synonymes suivants, à partir de quel mot passe-t-on d'un sens positif à un sens négatif ?

respectueux → poli → révérencieux → déférent → obséquieux → servile

finesse → adresse → habileté → ruse → rouerie

combatif → pugnace → agressif → belliqueux

admirer → vénérer → adorer → idolâtrer

estime de soi → orgueil → prétention → arrogance

précis → consciencieux → scrupuleux → méticuleux → pointilleux → vétilleux → tatillon

Exercice 7

Dans le poème suivant, remplacez les mots positifs par leur antonyme. Quel effet est ainsi créé ?

Il y a des mots qui font vivre
Et ce sont des mots innocents
Le mot chaleur le mot confiance
Amour justice et le mot liberté
Le mot enfant et le mot gentillesse
Et certains noms de fleurs et certains noms de fruits
Le mot courage et le mot découvrir
Et le mot frère et le mot camarade

Paul Éluard, *Au rendez-vous allemand*, Éd. Gallimard, 1945.

Le « ne » explétif et le « ne » restrictif

Exercice 8

1. **Quel sentiment commun l'ensemble des phrases exprime-t-il ? Quel est leur registre de langue ?**
2. **Réécrivez les phrases dans un registre de langue courant.**

- Il n'apercevait, dans l'avenir, qu'une interminable série d'années toutes pleines d'amour. (Flaubert)
- Je craignais que mes soins ne fussent mauvais. (Anatole France)
- Tu ne crains pas qu'il n'envoie des échos aux journalistes ? (Marcel Pagnol)
- Je crains que mon père ne meure, / Il faut empêcher que cela n'arrive. (Thomas Corneille)

Exercice 9

Transformez les phrases suivantes de manière à utiliser un « ne » restrictif. Le sens de la phrase change-t-il ?

- Il mange seulement le midi.
- Elle écoute uniquement du rap.
- Pour l'instant, ils ont réalisé un seul film.
- Il portait seulement un blouson.

Exercice Bilan

1. **Quels mots s'opposent dans l'extrait ? Pourquoi ?**
2. **Repérez le « ne » présent dans la deuxième réplique du roi. A-t-il un sens négatif ?**
3. **Repérez l'ensemble des locutions négatives dans le passage.**
4. **Répondez à la question de grammaire.**

LE ROI. – Les rois devraient être immortels.

MARGUERITE. – Ils ont une immortalité provisoire.

LE ROI. – On m'avait promis que je ne mourrais que lorsque je l'aurais décidé moi-même.

MARGUERITE. – C'est parce qu'on pensait que tu déciderais plus tôt. Tu as pris goût à l'autorité, il faut que tu décides de force. Tu t'es enlisé dans la boue tiède des vivants. Maintenant, tu vas geler.

LE ROI. – On m'a trompé. On aurait dû me prévenir, on m'a trompé.

MARGUERITE. – On t'avait prévenu.

LE ROI. – Tu m'avais prévenu trop tôt. Tu m'avertis trop tard. Je ne veux pas mourir… Je ne voudrais pas. Qu'on me sauve puisque je ne peux plus le faire moi-même.

MARGUERITE. – C'est ta faute si tu es pris au dépourvu, tu aurais dû t'y préparer. Tu n'as jamais eu le temps. Tu étais condamné, il fallait y penser dès le premier jour, et puis, tous les jours, cinq minutes tous les jours. Ce n'était pas beaucoup. Cinq minutes tous les jours. Puis dix minutes, un quart d'heure, une demi-heure. C'est ainsi que l'on s'entraîne.

Eugène Ionesco, *Le Roi se meurt*, Éd. Gallimard, 1963.

Question de grammaire

« Je ne veux pas mourir… Je ne voudrais pas. » Commentez l'expression de la négation dans ce passage.

32 La proposition subordonnée circonstancielle

Certaines propositions subordonnées indiquent les circonstances de ce qui est exprimé dans la proposition principale : le temps, la cause, le lieu, le but, la manière... C'est en observant la conjonction qui les introduit qu'on peut définir leur fonction, selon le sens qu'elles ajoutent à la phrase.

Exemple

Les propositions subordonnées circonstancielles :
- Circonstancielle de cause
- Circonstancielle de temps
- Circonstancielle de condition

Tu es venu ; nous sommes-nous jeté sur ta personne ? avons-nous pillé ton vaisseau ? t'avons-nous saisi et exposé aux flèches de nos ennemis ? t'avons-nous associé dans nos champs au travail de nos animaux ? Nous avons respecté notre image en toi. Laisse-nous nos mœurs ; elles sont plus sages et plus honnêtes que les tiennes ; nous ne voulons point troquer ce que tu appelles notre ignorance contre tes inutiles lumières. Tout ce qui nous est nécessaire et bon, nous le possédons. Sommes-nous dignes de mépris, parce que nous n'avons pas su nous faire des besoins superflus ? Lorsque nous avons faim, nous avons de quoi manger ; lorsque nous avons froid, nous avons de quoi nous vêtir. Tu es entré dans nos cabanes, qu'y manque-t-il, à ton avis ? Poursuis jusqu'où tu voudras ce que tu appelles les commodités de la vie ; mais permets à des êtres sensés de s'arrêter, lorsqu'ils n'auraient à obtenir de la continuité de leurs pénibles efforts, que des biens imaginaires.

Denis Diderot, *Supplément au voyage de Bougainville*, 1772.

Juste une QUESTION

Quelle différence entre un complément et une subordonnée circonstancielle ?

Les compléments circonstanciels de temps, de cause, de lieu, etc., indiquent les circonstances de l'action. Les propositions circonstancielles ont la même fonction, mais elles possèdent un verbe et sont introduites par une conjonction (quand, parce que, où...). Elles sont elles aussi des compléments circonstanciels.

Observation

1. Quels types d'indications apportent les subordonnées circonstancielles dans la phrase ?
2. Quelle est la conjonction introduisant chacune des propositions subordonnées surlignées ?
3. Remplacez les conjonctions par un terme équivalent.

1 La subordonnée conjonctive circonstancielle

- **Une proposition subordonnée.** La proposition subordonnée conjonctive circonstancielle fait partie d'une phrase complexe, et dépend d'une proposition principale. Elle est introduite par une conjonction de subordination qui précise la circonstance :

  Exemple. *Quand* j'étais petite et que tu parlais de la science, il me semblait que tu parlais du bon Dieu. (Zola)

- **Un groupe circonstanciel.** Comme les autres compléments circonstanciels, la subordonnée peut en général être déplacée ou supprimée, sans que la phrase devienne incorrecte.

  Exemple. C'était vers la fin de décembre, lorsque le soleil au capricorne échauffe pendant trois semaines l'Île de France de ses feux verticaux. (Bernardin de Saint-Pierre)

  → C'était [lorsque le soleil au capricorne échauffe pendant trois semaines l'Île de France de ses feux verticaux], vers la fin de décembre.

  → C'était vers la fin de décembre.

2 Les conjonctions de subordination

La conjonction de subordination a un rôle d'outil : elle relie la subordonnée à la principale. Mais elle indique également par son sens la relation qu'elle entretient avec elle et donc le mode verbal à utiliser :

La cause	– *parce que, du fait que, puisque, vu que, étant donné que, comme, sous prétexte que…* (indicatif)
La conséquence	– *si bien que, de telle sorte que, de manière que, à tel point que, au point que…* (indicatif)
Le temps	– *quand, lorsque, comme, dès que, alors que, chaque fois que, tandis que, tant que, pendant que, après que…* (indicatif) – *avant que, jusqu'à ce que…* (subjonctif)
Le but	– *pour que, afin que, de peur que, de crainte que…* (subjonctif)
L'hypothèse	– *si* (indicatif) – *au cas où* (conditionnel) – *à condition que, pourvu que, en supposant que, à moins que, pour peu que, soit que… soit que* (subjonctif)
La comparaison	– *comme, ainsi que, autant que, d'autant plus (moins)… que* (indicatif)
L'opposition	– *tandis que, alors que…* (indicatif)
La concession	– *bien que, quoique, sans que* – *tout, quelque, si* + adjectif ou adverbe + *que* – *qui que, quoi que, quel que* – *quelque* + GN + *que* (subjonctif)

La subordonnée circonstancielle

Exercice 1

Repérez dans le texte suivant : a) les compléments circonstanciels ; b) les propositions subordonnées circonstancielles.

Quand j'ai été ailleurs qu'en France et que, pour me faire courtoisie, on m'a demandé si je voulais être servi à la française, je m'en suis moqué et me suis toujours jeté aux tables les plus remplies d'étrangers.

J'ai honte de voir nos hommes* enivrés de cette sotte humeur de s'effaroucher des formes* contraires aux leurs : il leur semble être hors de leur élément quand ils sont hors de leur village. Où qu'ils aillent, ils s'en tiennent à leurs habitudes, et abominent les étrangères.

Michel de Montaigne, *Essais*, 1588.

*nos hommes : nos compatriotes.

*des formes : des habitudes, des comportements.

Exercice 2

1. **Repérez les compléments circonstanciels dans les phrases qui suivent.**
2. **Réécrivez la phrase en transformant le complément circonstanciel en subordonnée.**

Ex : Je n'ai pas fermé l'œil à cause du bruit. → Je n'ai pas fermé l'œil parce qu'il y avait trop de bruit.

- Tu devrais partir avant la pluie.
- Les trains ne circulent plus à cause de la grève.
- À force de regarder des écrans, tu vas t'abîmer les yeux.
- Avec de la volonté, il réussirait.
- Nous avons attendu jusqu'à la fin du spectacle.

Exercice 3

Réécrivez les phrases suivantes en déplaçant la proposition circonstancielle qu'elles contiennent. Modifiez la ponctuation lorsque c'est nécessaire.

- Dès que je me fus emparé d'elle, par une adroite gaucherie, nos bras s'enlacèrent mutuellement. (Laclos)
- S'il vous plaît de m'aimer, je deviendrai Neptune. (Ronsard)
- Si j'étais une bonne brute ordinaire de tyran, il y aurait déjà longtemps qu'on t'aurait arraché la langue. (Anouilh)
- Dans le temps, lorsque j'étais emporté sur les ailes de la jeunesse, cela me faisait rêver. (Lautréamont)

Exercice 4

Rédigez une légende pour l'image suivante. Vous y introduirez trois propositions subordonnées circonstancielles expliquant les intentions du caricaturiste.

Dessin de Sylvia Bataille.

Les conjonctions de subordination

Exercice 5

1. **Repérez les propositions subordonnées et les conjonctions qui les introduisent.**
2. **Indiquez la fonction de chaque proposition subordonnée (Ex : complément circonstanciel de temps).**

- On avait enlevé, pour que le grand-père s'installât, les objets fragiles. (Alain-Fournier)
- Je suis tellement confus que je n'ose pas dire ce qui m'amène. (Maupassant)

- Au commencement du repas était lue une histoire plaisante tirée des anciens romans de chevalerie jusqu'à ce qu'il eût pris son vin. (Rabelais)
- Messieurs, je dis que ce sont là des choses qui ne doivent pas être ; je dis que la société doit dépenser toute sa force, toute sa sollicitude, toute son intelligence, toute sa volonté, pour que de telles choses ne soient pas ! (Hugo)

Exercice 6

Complétez les phrases suivantes au moyen d'une subordonnée circonstancielle. Attention à la concordance des temps !

- Le concert est reporté parce que…
- Il s'est dépêché de sorte que…
- Il ne m'en a pas assez dit pour que…
- Je lui prêterai au cas où…
- Les soldats chantaient tandis que…
- Je viendrai, quoique tu…
- Ils ne sont pas venus, de peur que…
- Elle est arrivée après qu'il…

Exercice 7

Remplacez les mots soulignés par des conjonctions de subordination, ou des locutions conjonctives.

- Le ciel devint d'un incarnat que je tâchais, en collant mes yeux à la vitre, de mieux voir car je le sentais en rapport avec l'existence profonde de la nature, mais la ligne du chemin de fer ayant changé de direction, le train tourna, la scène matinale fut remplacée dans le cadre de la fenêtre par un village nocturne. (Proust)
- Quelques mois après la mort de ce ministre, il arriva un événement qui n'a point d'exemple. (Voltaire)
- Raconter tout serait impossible, car il faudrait alors un volume au moins par journée pour énumérer les multitudes d'incidents insignifiants qui emplissent notre existence. Un choix s'impose donc, – ce qui est une première atteinte à la théorie de toute la vérité. (Maupassant)

Exercice Bilan

1. **De combien de phrases se compose le poème ? Repérez la principale et ses subordonnées.**
2. **Repérez la construction de la proposition circonstancielle qui commence le poème. Quelle relation entretient-elle avec la principale ? Sur quel contraste le poète veut-il insister ?**
3. **Répondez à la question de grammaire.**

Le Mal

Tandis que les crachats rouges de la mitraille
Sifflent tout le jour par l'infini du ciel bleu ;
Qu'écarlates ou verts, près du Roi qui les raille,
Croulent les bataillons en masse dans le feu ;

Tandis qu'une folie épouvantable broie
Et fait de cent milliers d'hommes un tas fumant ;
– Pauvres morts ! dans l'été, dans l'herbe, dans [ta joie,
Nature ! ô toi qui fis ces hommes saintement !…–

Il est un Dieu, qui rit aux nappes damassées
Des autels, à l'encens, aux grands calices[1] d'or ;
Qui dans le bercement des hosannah[2] s'endort,

Et se réveille, quand des mères, ramassées
Dans l'angoisse, et pleurant sous leur vieux [bonnet noir,
Lui donnent un gros sou lié dans leur mouchoir !

Arthur Rimbaud, *Les Cahiers de Douai*, 1870-1871.

1. calices : coupes sacrées dans lesquelles se boit le vin de messe.
2. des hosannah : des prières.

Question de grammaire

Analysez la construction de la subordonnée circonstancielle développée dans les deux quatrains du sonnet.

33 La proposition subordonnée relative

La proposition subordonnée relative sert à préciser un nom ou un groupe nominal : personne, lieu, objet, idée... Elle joue le plus souvent le rôle d'un adjectif en assurant l'expansion du nom. Elle est reliée à la proposition principale par un pronom relatif.

Exemple

Les propositions subordonnées relatives :
- L'antécédent
- Le pronom relatif
- La subordonnée

Et les hommes déboulèrent ensuite, deux mille furieux, des galibots, des haveurs, des raccommodeurs, une masse compacte qui roulait d'un seul bloc, serrée, confondue [...]. Les yeux brûlaient, on voyait seulement les trous des bouches noires, chantant *La Marseillaise*, dont les strophes se perdaient en un mugissement confus, accompagné par le claquement des sabots sur la terre dure.

Émile Zola, *Germinal*, 1887.

Question-Bac

Analysez la construction de la proposition subordonnée relative qui termine l'extrait.

Réponse attendue

La subordonnée relative apparaît comme une expansion du GN *La Marseillaise* (l'antécédent). Elle est reliée à la proposition principale par le pronom relatif « dont ».

La relative a une fonction d'adjectif : elle est apposée (ou épithète détachée), car elle est séparée de l'antécédent par une virgule.

Le pronom relatif a une fonction propre au sein de la relative : il est complément du groupe nominal « les strophes ».

Juste une QUESTION

Faut-il relier la question de grammaire au sens du texte ?

Les deux minutes accordées n'en laissent hélas pas le temps. Mais votre explication linéaire peut montrer que la relative décrit de façon sonore le défilé des mineurs.

Observation

1. Quel mot la relative vient-elle compléter dans la phrase de Zola ?
2. Quel rôle la relative occupe-t-elle dans la description ?
3. Pourrait-on supprimer la relative sans changer le sens général de la phrase ?

1 Les caractéristiques de la subordonnée relative

- **La proposition principale et la subordonnée relative.** La proposition subordonnée relative est reliée à la proposition principale par un subordonnant : le pronom relatif. Elle peut être supprimée sans rendre la phrase incompréhensible. Elle apporte un supplément d'information à la proposition principale.

  Exemple. M. Dufour, rendu maussade par la présence et l'amabilité des étrangers, cherchait une position commode [qu'il ne trouva pas du reste]. (Maupassant)

- **L'antécédent.** Le nom ou le groupe nominal complété par la proposition relative s'appelle l'antécédent. En effet, il est toujours placé avant la proposition subordonnée relative.

  Exemple. Giflé par le vent furieux [qui mitraillait le sable], il me semblait sentir la vie même battre plus sauvagement à mes tempes. (Gracq)

- **La relative sans antécédent.** Quand la proposition subordonnée relative n'a pas d'antécédent, elle est introduite par les pronoms relatifs *qui, quoi, où*, par les locutions *ce qui, ce que, celui qui* ou par le pronom relatif indéfini *quiconque*. Elle est l'équivalent d'un groupe nominal.

  Exemple. Le maquis est la patrie des bergers corses et de quiconque s'est fâché avec la patrie. (Mérimée)

2 Les fonctions de la subordonnée relative

La proposition relative est une expansion du nom ou du groupe nominal. Comme un adjectif, elle peut être :

- **Épithète de l'antécédent.** La proposition subordonnée relative épithète est souvent déterminative : elle donne des informations essentielles, et sa suppression modifie le sens de la phrase.

  Exemple. Il ne put résister à l'envie de le dérober à un mari qu'il croyait tendrement aimé. (Mme de Lafayette)

- **Apposée (on dit aussi épithète détachée).** Elle est alors séparée de l'antécédent par une virgule. La proposition subordonnée relative apposée est souvent explicative, elle apporte une information supplémentaire mais pas indispensable, et peut être supprimée.

  Exemple. Mme de Clèves aperçut par un des rideaux, qui n'était qu'à demi fermé, M. de Nemours. (Mme de Lafayette)

3 Les fonctions du pronom relatif

Il ne faut pas confondre la fonction de la proposition relative avec la fonction du pronom relatif dans la proposition. Le pronom relatif peut remplir toutes les fonctions d'un groupe nominal.

Exemple. Morte à vingt-huit ans, âge charmant, âge qu'on peut avouer, poétique, étincelant, où l'on a toute la verve, tout le feu, tout l'entraînement de l'extrême jeunesse ! (Gautier).

→ Ici, les deux propositions subordonnées relatives ont pour antécédent « âge ». Le pronom relatif « *qu'* » est COD de *avouer*, le pronom relatif « *où* » est complément circonstanciel de temps.

Exercices

Les caractéristiques de la relative

Exercice 1

Associez la proposition principale avec la subordonnée relative qui convient.

Propositions principales

1. Ce photographe a fait un cliché
2. Les publicitaires ont pour rôle de créer des images
3. Picasso a dessiné un autoportrait
4. La bande dessinée est pour moi une passion

Propositions subordonnées relatives

a. dont il aurait fait cadeau à son jardinier !

b. que le monde entier a pu voir dans les journaux.

c. à laquelle je ne peux rien refuser.

d. qui donnent envie d'acheter les produits présentés.

Exercice 2

Reliez chacun des couples de phrases à l'aide d'un pronom relatif. Aidez-vous du tableau suivant.

Pronoms relatifs simples	Pronoms relatifs composés
Qui, que, qu', quoi, dont, où	*Lequel, laquelle, lesquels, lesquelles* *Auquel, à laquelle, auxquels, auxquelles* *Duquel, de laquelle, desquels, desquelles*

- L'histoire m'a été racontée par un homme. Je ne le connaissais pas.
- Il a affronté de nombreux dangers. Ils étaient tous plus ou moins périlleux.
- J'ai tout confié à un ami. Celui-ci a toute ma confiance.
- Elle a offert de nombreux cadeaux à ses enfants. Ils étaient tous contents.
- Je connais l'histoire de cette rencontre. Tu m'en as déjà parlé.

Exercice 3

1. **Dans les propositions subordonnées relatives soulignées, identifiez le pronom relatif.**
2. **Indiquez quel est l'antécédent de chaque proposition subordonnée relative.**

On croit, par la douceur de la flatterie, avoir trouvé le moyen de rendre la vie délicieuse. Un homme simple qui n'a que la vérité à dire est regardé comme le perturbateur du plaisir public. On le fuit, parce qu'il ne plaît point ; on fuit la vérité qu'il annonce, parce qu'elle est amère ; on fuit la sincérité dont il fait profession, parce qu'elle ne porte que des fruits sauvages ; on la redoute, parce qu'elle humilie, parce qu'elle révolte l'orgueil, qui est la plus chère des passions, parce qu'elle est un peintre fidèle, qui nous fait voir aussi difformes que nous le sommes.

Montesquieu, *Éloge de la sincérité*, 1717.

Les fonctions de la relative

Exercice 4

1. **Relevez les propositions subordonnées relatives adjectives dans ce texte.**
2. **Identifiez l'antécédent et indiquez la fonction de la relative.**

J'avais alors dix-huit à dix-neuf ans ; on disait que j'étais beau garçon, beau comme peut l'être un paysan dont le visage est à la merci du hâle de l'air et du travail des champs. Mais à cela près j'avais effectivement assez bonne mine ; ajoutez-y je ne sais quoi de franc dans ma physionomie ; l'œil vif, qui annonçait un peu d'esprit, et qui ne mentait pas totalement.

Marivaux, *Le Paysan parvenu*, 1734-1735.

Exercice 5

Repérez les trois propositions relatives utilisées par Victor Hugo dans son poème et dites leur fonction.

Où vont tous ces enfants dont pas un seul ne rit ?
Ces doux être pensifs que la fièvre maigrit ?
Ces filles de huit ans qu'on voit cheminer seules ?
Ils s'en vont travailler quinze heures sous des meules.

Victor Hugo, *Les Contemplations*, 1856.

Exercice 6

Relevez les propositions subordonnées relatives dans ce texte. Retrouvez l'antécédent et indiquez la fonction de la relative.

L'horloge qui sonna avait un timbre grêle et clair qui marqua minuit. Nous le remarquâmes, car nous avions compté l'un et l'autre et nous ne pensions pas qu'il fût si tard. Mais le dernier coup de minuit n'avait pas encore fini d'osciller à nos oreilles, qu'à un point plus distant et plus enfoncé dans l'horizon nous entendîmes résonner non plus une horloge de clocher, mais une grosse cloche, sombre, lente et pleine, et dont les vibrations puissantes nous arrêtèrent tous les deux pour les écouter.

Jules Barbey d'Aurevilly, *L'Ensorcelée*, 1852.

Le pronom relatif et sa fonction

Exercice 7

Relevez les relatives dans le texte et indiquez quelle est la fonction du pronom qui les introduit. Aidez-vous du tableau suivant.

Sujet	Le roman *qui* est posé sur la table me donne envie de lire.
COD	C'est un roman *que* j'adore.
COI	Voici le livre *dont* tu m'as parlé.
Complément circonstanciel	Le lieu *où* il a été écrit valorise ce roman.
Complément d'agent	Le scandale *dont* le roman fut entouré le rendit célèbre.

Que répondre à un homme qui vous dit qu'il aime mieux obéir à Dieu qu'aux hommes, et qui en conséquence est sûr de mériter le ciel en vous égorgeant ?

Voltaire, le combattant des lumières

Ce sont d'ordinaire les fripons qui conduisent les fanatiques, et qui mettent le poignard entre leurs mains ; ils ressemblent à ce vieux de la montagne qui faisait, dit-on, goûter les joies du paradis à des imbéciles, et qui leur promettait une éternité de ces plaisirs, dont il leur avait donné un avant-goût, à condition qu'ils iraient assassiner tous ceux qu'il leur nommerait.

Voltaire, *Dictionnaire philosophique*, 1764.

Exercice Bilan

1. **Quel est le thème de l'extrait ? Quelle comparaison met-il en place ?**
2. **Comment la phrase complexe se développe-t-elle ?**
3. **Répondez à la question de grammaire.**

Plus la saison était triste, plus elle était en rapport avec moi : le temps des frimas, en rendant les communications moins faciles, isole les habitants des campagnes : on se sent mieux à l'abri des hommes.

Un caractère moral s'attache aux scènes de l'automne : ces feuilles qui tombent comme nos ans, ces fleurs qui se fanent comme nos heures, ces nuages qui fuient comme nos illusions, cette lumière qui s'affaiblit comme notre intelligence, ce soleil qui se refroidit comme nos amours, ces fleuves qui se glacent comme notre vie, ont des rapports secrets avec nos destinées.

Je voyais avec un plaisir indicible le retour de la saison des tempêtes, le passage des cygnes et des ramiers, le rassemblement des corneilles dans la prairie de l'étang, et leur perchée à l'entrée de la nuit sur les plus hauts chênes du grand Mail.

François-René de Chateaubriand,
Mémoires d'outre-tombe, 1848.

Question de grammaire

Quel type de proposition subordonnée le pronom « qui » introduit-il dans la phrase du deuxième paragraphe ? Analysez sa construction et son emploi.

34 Les propositions subordonnées complétives

Les propositions complétives – les conjonctives, les interrogatives et les infinitives – sont des propositions subordonnées qui complètent le groupe verbal. Elles ont donc le plus souvent une fonction de complément d'objet.

Exemple

Les propositions subordonnées conjonctives :
- Le verbe de la principale
- La conjonction de subordination
- La subordonnée complétive

SGANARELLE.– Je trouve fort vilain d'aimer de tous côtés comme vous faites.

DOM JUAN.– Quoi ? tu veux qu'on se lie à demeurer au premier objet qui nous prend, qu'on renonce au monde pour lui, et qu'on n'ait plus d'yeux pour personne ? La belle chose de vouloir se piquer d'un faux honneur d'être fidèle, de s'ensevelir pour toujours dans une passion, et d'être mort dès sa jeunesse à toutes les autres beautés qui nous peuvent frapper les yeux ! Non, non, la constance n'est bonne que pour des ridicules…

Molière, *Dom Juan*, 1665.

Question-Bac

Analysez la construction des propositions subordonnées conjonctives complétives utilisées par Dom Juan.

Réponse attendue

La réplique de Dom Juan comporte trois subordonnées complétives conjonctives. Elles sont introduites par la conjonction de subordination « que » et sont COD du verbe qui les précède (vouloir). Elles utilisent le mode subjonctif (« lie », « renonce », « ait »), car elles suivent un verbe qui exprime le souhait supposé de Sganarelle (« tu veux »).

Juste une QUESTION

Toutes les subordonnées commençant par « que » sont-elles des conjonctives ?

Ah non ! Ce serait trop simple… « Que » introduit une conjonctive lorsqu'il est placé derrière un verbe. Mais il peut aussi introduire une relative, lorsqu'il est derrière un nom, ou une complétive circonstancielle, lorsqu'il forme une locution (parce que, dès que…).

Observation

1. Quel élément de la phrase viennent compléter les propositions conjonctives surlignées ?
2. Par quelle conjonction de subordination sont-elles introduites ?
3. Quel est le temps et le mode des verbe des subordonnées ? Comment l'expliquez-vous ?

1 Les propositions subordonnées conjonctives

Les subordonnées conjonctives sont des propositions introduites par la conjonction « que ». Elles complètent le verbe de la principale.

- **La conjonction « que ».** La subordonnée conjonctive est introduite dans la phrase au moyen de la conjonction de subordination « que » ou de ses équivalents (« à ce que », « en ce que », « de ce que »).

  Exemple. Nous attendions que la fortune nous offrît quelque bon coup à faire. (Lesage)

- **Les fonctions de la subordonnée conjonctive.** Les conjonctives complétives sont très souvent complément d'objet direct (*Je crois que vous avez raison*) ou indirect (*Je m'attends à ce que vous ayez raison*.) Mais elles peuvent aussi plus rarement compléter un nom, un adjectif ou un attribut.
- **Le mode du verbe.** Il dépend de ce que veut exprimer le locuteur. Le verbe de la conjonctive est à l'indicatif lorsqu'il exprime la probabilité ou la certitude (*Je crois que vous avez* raison). Il utilise le subjonctif lorsqu'il exprime un sentiment, une volonté ou un doute (*Je crains que vous n'ayez* raison).

2 Les subordonnées interrogatives indirectes

Elles posent une question de manière détournée ou rapportent une question de manière indirecte. Contrairement aux interrogatives directes, elles ne nécessitent pas d'inversion sujet/verbe ni de point d'interrogation.

- **Le verbe introducteur.** Les propositions subordonnées interrogatives complètent un verbe qui exprime une interrogation, une ignorance ou une recherche (ignorer, constater, demander, oublier…). Elles sont alors complément d'objet.
- **La conjonction de subordination « si ».** Elle introduit une interrogation totale, à laquelle on ne peut répondre que par « oui » ou « non ».

  Exemple. Je me demande si elle va venir.

- **Les mots interrogatifs.** Les pronoms *qui/ce qui* et *que/ce que, lequel/lesquels*, les déterminants *quel/quelle, lequel/lesquels*, les adverbes *comment, où, quoi, combien, pourquoi* introduisent une interrogation partielle.

  Exemple. Je me demande quand elle va venir.

3 Les propositions subordonnées infinitives

Elles se distinguent des autres subordonnées car elles n'ont pas de terme introducteur (*J'entends un oiseau chanter*). Elles possèdent ainsi leur propre sujet (*un oiseau*) mais sont COD du verbe de la principale. Celui-ci est obligatoirement un verbe de perception ou de mouvement.

Exemple. Souvent on entendait, sous les buissons, glisser un petit battement d'ailes, ou bien le cri rauque et doux des corbeaux, qui s'envolaient dans les chênes. (Flaubert)

Les subordonnées conjonctives

Exercice 1

Repérez les subordonnées conjonctives présentes dans les citations suivantes.

- Si mon père ne veut pas me donner un mari qui me plaise, je le conjurerai au moins de ne me point forcer à en épouser un que je ne puisse pas aimer. (Molière)
- Je comprends tout d'un coup que, au cours de ces années d'exil, je l'ai perdue. (Le Clézio)
- Nous autres, civilisations, nous savons maintenant que nous sommes mortelles. (Valéry)

Exercice 2

Délimitez les subordonnées conjonctives. Quelle est la fonction de chacune ?

- *Qu'il arrive avant nous semble impossible.*
- *Il croit qu'une heure de sommeil lui suffira.*
- *Je m'attends à ce qu'il vienne demain.*
- *Nous étions sûrs qu'ils réussiraient.*

Exercice 3

Réécrivez ces phrases en remplaçant le complément d'objet souligné par la subordonnée conjonctive de votre choix.

Ex : *Je* **le** *crois. → Je crois qu'il va venir.*

- *Tu le penses ?*
- *Ils le disent.*
- *Nous le promettons.*
- *Elles le reconnaissent.*
- *Je le sais.*
- *Vous l'avez cru ?*
- *Je le leur ai dit.*

Exercice 4

Réécrivez ces phrases en remplaçant le COD souligné par la subordonnée conjonctive de votre choix. Attention à l'emploi du subjonctif !

- *Nous le craignons.*
- *Il en doute.*
- *Elle s'y attendait.*
- *Vous le voulez ?*
- *J'en ai rêvé.*
- *Je le voulais.*

Exercice 5

1. **Repérez les subordonnées conjonctives.**
2. **Indiquez quelle est leur fonction, puis identifiez le temps et le mode du verbe qu'elles introduisent dans la phrase.**

- Il me semble que cette solitude grandissante est la plaie la plus pernicieuse de l'homme occidental contemporain. (Tournier)
- Je sens que je vous écrirai toujours tendrement. (Émilie du Chatelet)
- Je ne veux pas savoir s'il est difficile ou non, Madame Desbaresdes, dit la dame. Difficile ou pas, il faut qu'il obéisse. (Duras)
- Je doutai de nouveau qu'elle eût conscience que je fusse là. (Gracq)

Les subordonnées interrogatives

Exercice 6

Répondez aux questions suivantes en utilisant une subordonnée interrogative indirecte.

Ex : *Viendra-t-il ? → J'ignore s'il pourra venir.*

- *Est-ce vous nous accompagnerez ?*
- *Combien de temps le spectacle dure-t-il ?*
- *Tu sais si elle va chanter ?*
- *As-tu une idée de la manière de sortir d'ici ?*
- *À quelle heure nous retrouvons-nous ?*

Exercice 7

Transformez les phrases déclaratives suivantes en subordonnées interrogatives en vous aidant du début de la réponse mis entre parenthèses.

A. *À travers quels procédés l'auteur donne-t-il à son discours une tonalité polémique ? (Nous nous demanderons)*

B. *Quels points communs peut-on établir entre les deux récits ? (Nous verrons)*

C. *Comment l'ironie du narrateur met-elle le personnage à distance ? (Demandons-nous d'abord)*

D. *Dans quelle mesure la morale de la fable s'applique-t-elle aux hommes ? (On se demandera ensuite)*

E. *Qu'est-ce qui rend cette scène tragique ? (On peut enfin se demander)*

Exercice 8

1. **Recherchez les trois subordonnées interrogatives indirectes dans le texte suivant.**
2. **Indiquez la nature du mot interrogatif qui les introduit et le verbe dont elles dépendent.**

Je trouve les caprices de la mode, chez les Français, étonnants. Ils ont oublié comment ils étaient habillés cet été ; ils ignorent encore plus comment ils le seront cet hiver. Mais surtout, on ne saurait croire combien il en coûte à un mari pour mettre sa femme à la mode.

Que me servirait de te faire une description exacte de leur habillement et de leurs parures ? Une mode nouvelle viendrait détruire tout mon ouvrage, comme celui de leurs ouvriers, et, avant que tu n'eusses reçu ma lettre, tout serait changé.

Montesquieu,
Lettres persanes, 1721.

Les extravagances de la mode dont se moque Montesquieu. Gravure du XVIIIe siècle.

Les propositions subordonnées infinitives

Exercice 9

Transformez les mots soulignés en subordonnée infinitive.

Ex : *Il entendait le chant d'un oiseau. → Il entendait un oiseau chanter.*

- *Il regarde ses enfants qui se promènent dans les champs.*
- *Elle entend au loin le train qui arrive.*
- *Nous pensons que nous irons le voir.*
- *J'espère que je n'ai rien perdu.*

Exercice Bilan

1. **Repérez les subordonnées interrogatives indirectes. Quels verbes les introduisent ?**
2. **Réécrivez le passage sous la forme d'un dialogue de roman, en rapportant les paroles au discours direct.**
3. **Répondez à la question de grammaire.**

Je m'avançai vers la maîtresse de mon cœur. Quoiqu'elle fût encore moins âgée que moi, elle reçut mes politesses sans paraître embarrassée. Je lui demandai ce qui l'amenait à Amiens et si elle y avait quelques personnes de connaissance. Elle me répondit ingénument qu'elle y était envoyée par ses parents pour être religieuse. L'amour me rendait déjà si éclairé, depuis un moment qu'il était dans mon cœur, que je regardai ce dessein comme un coup mortel pour mes désirs.

Antoine-François Prévost, *Histoire du chevalier Des Grieux et de Manon Lescaut*, 1731.

Question de grammaire

« Je lui demandai ce qui l'amenait à Amiens et si elle y avait quelques personnes de connaissance. » Faites l'analyse des deux propositions interrogatives indirectes contenues dans cette phrase en montrant ce qui les distingue.

Les relations logiques les connecteurs

Dans un texte, les idées entretiennent des relations logiques. L'enchaînement des phrases et des paragraphes met en évidence ces relations logiques au moyen de termes d'articulation, appelés connecteurs, généralement placés en tête de phrase ou de proposition.

Le procédé	La relation logique	Les connecteurs
L'addition **L'énumération**	Elle ajoute une idée à une autre idée, qu'elle met sur le même plan ou classe selon un ordre logique. ⇒ ***D'une part***, *la télévision est un instrument de loisir.* ***De l'autre,*** *elle est un moyen de se cultiver.*	*et, puis, en outre, de surcroît, d'ailleurs, voire, d'une part… d'autre part, d'un côté… de l'autre, par ailleurs, ensuite…*
L'opposition	Elle souligne une contradiction plus ou moins forte entre deux idées ou deux faits. ⇒ *Les émissions culturelles sont nombreuses* ***mais*** *elles sont souvent diffusées à des heures tardives.*	*mais, cependant, en revanche, au contraire, or, alors que, toutefois, pourtant…*
L'explication	Elle éclaire une idée ou un fait en apportant des informations supplémentaires ou des exemples. ⇒ ***Ainsi***, *les émissions littéraires sont souvent peu ouvertes à la bande dessinée ou aux best-sellers.*	*c'est-à-dire, en d'autres termes, d'ailleurs, effectivement, en effet…*
L'illustration	Elle donne un exemple pour rendre le propos plus concret. ⇒ *Les émissions, comme celles consacrées aux grands moments de l'Histoire, sont de vrais instruments de culture.*	*par exemple, c'est ainsi que, c'est le cas de, notamment, comme, tel…*

« Bien écrire, c'est tout à la fois bien penser, bien sentir et bien rendre.

Buffon »

> Il faut sauter les idées intermédiaires, assez pour ne pas être ennuyeux, pas trop, de peur de ne pas être entendu.
>
> Montesquieu

Le procédé	La relation logique	Les connecteurs
La cause	Elle indique l'origine d'un fait, son point de départ qui produit ou occasionne quelque chose. ⇒ ***En effet***, *leur audience est moins large que celle des films ou des émissions de variétés.*	*en effet, car, parce que, puisque, en raison de, du fait de, vu que, sous prétexte que, comme, à cause de, grâce à…*
La conséquence	Elle expose l'aboutissement d'un fait, sa suite logique ou le résultat d'un raisonnement. ⇒ ***C'est pourquoi*** *les budgets qui leur sont consacrés sont relativement faibles.*	*ainsi, c'est pourquoi, à tel point que, en conséquence, si bien que, de sorte que, donc…*
La concession	Elle souligne une contradiction apparente. Elle peut aussi reconnaître en partie la validité d'un argument adverse avant de le réfuter. ⇒ ***Il est vrai que*** *certaines émissions culturelles ne sont pas adaptées au grand public.*	*il est vrai que, sans doute, certes, quoique, même si, bien que…*
Le but	Il indique le résultat poursuivi, l'intention qui anime une action, l'objectif à atteindre. ⇒ *Il est parti* ***pour ne pas*** *perturber la réunion.*	*pour, afin que, dans l'intention de, en vue de, de peur que, de crainte que…*

35 Les modes verbaux

Les modes verbaux expriment l'attitude de celui qui parle ou écrit à l'égard de ce qu'il énonce : la certitude, l'éventualité, l'hypothèse, le doute... On distingue les modes impersonnels, qui ne font pas apparaître la personne (infinitif, participe), et les modes personnels, qui se conjuguent : l'indicatif, le conditionnel, le subjonctif et l'impératif.

Exemple

Les modes verbaux :
- L'indicatif
- L'impératif
- Le subjonctif

BRELOC. – J'en ai plein le dos, à la fin ; vous m'embêtez avec votre interrogatoire. A-t-on idée d'une chose pareille ? Je trouve dans la rue une montre ; je me détourne de mon chemin pour vous la rapporter, et voilà comment je suis reçu ! D'ailleurs c'est bien fait pour moi ; ça m'apprendra à rendre service et à me conduire en honnête homme.

LE COMMISSAIRE. – Ah ! c'est comme ça ? Eh bien attendez, mon gaillard, je vais vous apprendre à me parler avec les égards qui me sont dus ! [...] Emparez-vous de cet homme-là, et collez-le-moi au violon !

BRELOC. – Ça, par exemple, c'est un comble !

L'AGENT. – Allez ! Allez ! Au bloc ! Et pas de rouspétance !

BRELOC, *emmené presque de force*. – Eh bien, que j'en trouve encore une !.... que j'en trouve encore une, de montre !

Il disparaît.

Georges Courteline, *Le commissaire est bon enfant*, 1900.

Juste une QUESTION

Le subjonctif marque-t-il toujours un niveau de langue soutenu ?

Non. Nous employons le subjonctif dans la vie de tous les jours (« Il faut que j'y aille ! ») sans nous en rendre compte. C'est lorsqu'il n'est pas employé que la langue devient familière, voire fautive dans une copie ou à l'oral.

Observation

1. Quels sont les trois modes verbaux utilisés dans ce passage ? À quel temps les exemples surlignés sont-ils conjugués ?
2. Qu'est-ce qui distingue le mode impératif des autres modes ? Pourquoi le commissaire l'utilise-t-il ?
3. Pourquoi Breloc utilise-t-il le subjonctif dans sa dernière réplique ? Expliquez ce qu'il sous-entend.

1 L'expression du réel : l'indicatif

L'indicatif présente le fait évoqué comme certain, qu'il soit situé dans le passé, le présent, le futur ou dans une temporalité indéfinie. Dans une phrase interrogative, la vérité est attendue de la réponse.

Exemple. Qu'est donc cette cloche de mauvais présage ? [...] C'est la cloche de Blanche-lande. (Barbey d'Aurevilly)

2 L'expression de l'hypothèse : le conditionnel

Le conditionnel (présent ou passé) exprime les deux variétés d'hypothèses : l'éventuel et le non-réalisé. Il s'emploie dans les cas suivants :

- **L'expression d'une condition :** Si j'avais le temps, je le ferais.
- **Une demande, un souhait :** M'accorderiez-vous un entretien ?
- **L'atténuation d'une affirmation :** L'accusé aurait un alibi.
- **Un conseil :** À ta place, je partirais.
- **Une possibilité qui ne s'est pas réalisée :** Je savais qu'il s'opposerait à nos projets.

3 L'expression du possible : le subjonctif

Le mode subjonctif indique qu'un fait peut, a pu ou pourrait arriver, qu'il s'agisse ou non d'un fait réel.

- **Dans la proposition indépendante ou principale,** le subjonctif exprime l'ordre, la défense, l'exhortation, le souhait, la prière.

  Exemple. Dieu vous bénisse ! Vive la France !

- **Dans la proposition subordonnée** (complétive, relative ou circonstancielle), l'emploi du subjonctif est lié à l'expression d'une croyance, d'une intention, d'une volonté, d'un désir.

  Exemple. Il semble que vous ayez appris cela par cœur. = Subordonnée complétive

  Ils veulent des plaisirs qui ne se fassent point attendre. = Subordonnée relative

  Il restera jusqu'à ce que le soleil paraisse. = Subordonnée circonstancielle

4 L'expression d'une volonté : l'impératif

L'expression de l'ordre, de la défense, de la prière ou du conseil se fait par le mode impératif. Il est restreint aux 2èmes personnes (du singulier et du pluriel) et à la 1ère du pluriel.

Exemple. Ô temps ! suspends ton vol, et vous, heures propices !
Suspendez votre cours :
Laissez-nous savourer les rapides délices
Des plus beaux de nos jours ! (Lamartine)

L'expression du réel

Exercice 1

1. L'action est-elle réalisée ou non dans les citations suivantes ? Repérez les verbes utilisés.
2. Expliquez pourquoi c'est l'indicatif qui est employé.

• Attendez ! Je vais lui lancer un de ces traits !... (Rostand)

• Ils consacraient parfois des soirées entières à boire. (Perec)

• Je comprends tout d'un coup que, au cours de ces années d'exil, je l'ai perdue. (Le Clézio)

Exercice 2

1. Relevez les verbes dans les phrases suivantes. À quel mode et à quel temps sont-ils conjugués ?
2. Pour chaque phrase, placez les verbes sur un axe chronologique. Quel est le point commun des faits évoqués ?

• Je t'ai aimé, je t'aime, je t'aimerai. (Francis Cabrel)

• La varicelle, je l'ai eue, on ne l'a pas deux fois, qui est-ce qui vient me reparler de varicelle ? (Dubillard)

• Il a gelé blanc ; les dahlias sont fripés comme après une nuit de bal. (Renard)

• Enfin, on sortit de l'église ; et je me souviens que j'en sortis lentement, que je retardais mes pas, que je regrettais la place que je quittais, et que je m'en allais avec un cœur à qui il manquait quelque chose. (Marivaux)

Exercice 3

Résumez les événements racontés par le récit qui suit. Vous utiliserez le présent de l'indicatif et le passé composé.

Le joaillier se tenait derrière sa vitrine et il observait avec une certaine émotion l'éventuel client qui, depuis quelques minutes déjà, semblait hésiter et peser son choix. Au sursaut du passant, le joaillier comprit qu'il venait de se décider et, stupéfait, il le vit allonger calmement le bras, ouvrir les doigts, ces doigts qui se refermèrent autour d'une rivière de diamants, la plus belle pièce du magasin.

Le passant empocha le joyau, calmement, puis s'en fut.

Le joaillier s'arracha à sa stupeur, se précipita dehors et regarda sa vitrine. C'était bien ce qu'il avait cru comprendre, ce qu'il avait vu de ses yeux : la vitre n'avait pas été brisée, elle ne portait pas la moindre trace de fêlure, pas même la moindre griffe.

Jacques Sternberg, « La vitre », *Contes glacés*,
Éd. Marabout, 1974.

L'expression de l'hypothèse

Exercice 4

1. Mettez les verbes placés entre parenthèses au conditionnel présent.
2. À quels temps de l'indicatif le conditionnel fait-il penser ? Définissez ses règles de conjugaison.

• Vous (devoir) parler moins fort.

• Il (sembler) que l'accident n'a pas fait de victimes.

• (Connaître)-vous par hasard son numéro de téléphone ?

• Je suppose qu'ils ne (s'opposer) pas à cette solution.

• Ma mère (s'inquiéter) si je rentrais trop tard.

• Nous (pouvoir) être déçus par le résultat.

• (Être)-t-il possible d'avoir deux billets au lieu d'un ?

Exercice 5

1. Repérez les verbes employés dans l'extrait et indiquez leur mode.
2. Quelle valeur le conditionnel a-t-il ?

Rousseau imagine ce qu'il serait devenu s'il était resté apprenti à Genève.

J'aurais été un bon chrétien, bon citoyen, bon père de famille, bon ami, bon ouvrier, bon homme en toute chose. J'aurais aimé mon état, je l'aurais honoré peut-être, et après avoir passé une vie obscure et simple, mais égale et douce, je serais mort paisiblement dans le sein des miens. Bientôt oublié sans doute, j'aurais été regretté du moins aussi longtemps qu'on se serait

Rousseau, la quête de l'homme dans toute sa vérité

souvenu de moi. Au lieu de cela… quel tableau vais-je faire ? Ah, n'anticipons point sur les misères de ma vie ! Je n'occuperai que trop mes lecteurs de ce triste sujet.

Jean-Jacques Rousseau, *Les Confessions*, 1782.

L'expression du possible

Exercice 6

Repérez les verbes au subjonctif et expliquez la valeur de ce mode.

- Il s'étonna que je ne l'eusse pas appelé plus tôt. (Gide)
- Je vais chercher quelque coin où je puisse dormir. (Gautier)
- « Je crois que je l'ai aperçue sur les Champs-Élysées. – Je ne crois pas que ce fût elle. » (Proust)
- Pourvu qu'il fasse beau demain ! (Renard)
- Il vaut mieux qu'il pleuve aujourd'hui plutôt qu'un jour où il fait beau. (Dac)

Exercice 7

Mettez les verbes entre parenthèse au subjonctif présent.

- Avant que tu (s'en aller), donne-moi ton numéro.
- Je ne pense pas qu'il (pouvoir) s'en sortir seul.
- Nous voulons que vous (savoir) la réalité.
- Nous assisterons aux débats à condition qu'ils le (vouloir) bien.
- Il faudra que nous (rassembler) un maximum d'éléments.

L'expression d'une volonté

Exercice 8

Dans les phrases suivantes, identifiez l'émetteur et le destinataire ; distinguez ensuite la nuance exprimée dans l'injonction (ordre, prière, appel, conseil, souhait).

- Gardes, qu'on obéisse aux ordres de ma mère. (Racine)
- Appelle un peu cet homme que voilà là-bas, pour lui demander le chemin. (Molière)
- Puissent tous les hommes se souvenir qu'ils sont frères ! (Voltaire)
- Je vous en supplie ; ne mentez pas davantage ; en voilà assez ; je sais tout. (Musset)

Exercice Bilan

1. **Repérez et classez dans l'extrait l'ensemble des verbes conjugués.**
2. **Quel est le mode dominant ? Quel état d'esprit son emploi reflète-t-il chez le personnage ?**
3. **Répondez à la question de grammaire.**

Emma Bovary, l'héroïne de Flaubert, écoute à l'Opéra de Rouen le célèbre ténor italien Lagardy.

Il devait avoir, pensait-elle, un intarissable amour, pour en déverser sur la foule à si larges effluves. Toutes ses velléités de dénigrement s'évanouissaient sous la poésie du rôle qui l'envahissait et, entraînée par l'illusion du personnage, elle tâcha de se figurer sa vie, cette vie si resplendissante, extraordinaire, splendide, et qu'elle aurait pu mener cependant, si le hasard l'avait voulu. Ils se seraient connus, ils se seraient aimés ! Avec lui, par tous les royaumes de l'Europe, elle aurait voyagé de capitale en capitale, partageant ses fatigues et son orgueil, ramassant les fleurs qu'on lui jetait, brodant elle-même ses costumes ; puis, chaque soir, au fond d'une loge, derrière la grille à treillis d'or, elle eût recueilli, béante, les expansions de cette âme qui n'aurait chanté que pour elle seule ; de la scène, tout en jouant, il l'aurait regardée. Mais une folie la saisit : il la regardait, c'est sûr !

Gustave Flaubert, *Madame Bovary*, 1857.

Question de grammaire

« Ils se seraient connus, ils se seraient aimés ! » Quels temps et mode Flaubert utilise-t-il dans cette phrase ? Commentez son emploi.

36 La valeur des temps

Le verbe est le centre dynamique de la phrase : il lie le sujet à son action, présente, passée ou à venir, réelle ou éventuelle. Le temps établit la relation entre le moment de la parole et celui de l'événement évoqué. C'est aussi un moyen de préciser la façon dont se déroule l'action.

Exemple

Les temps verbaux :
- Passé composé
- Présent
- Conditionnel présent (futur hypothétique)
- Imparfait

Une allée du Luxembourg

Elle a passé, la jeune fille
Vive et preste comme un oiseau :
À la main une fleur qui brille,
À la bouche un refrain nouveau.

C'est peut-être la seule au monde
Dont le cœur au mien répondrait,
Qui venant dans ma nuit profonde
D'un seul regard l'éclairerait !...

Mais non, – ma jeunesse est finie...
Adieu, doux rayon qui m'as lui, –
Parfum, jeune fille, harmonie...
Le bonheur passait, – il a fui !

Gérard de Nerval, « Une allée du Luxembourg », *Odelettes*, 1833.

Juste une QUESTION

Pourquoi dit-on « valeur » d'un temps ou d'un mode ?

Lorsqu'on vous demande la valeur d'un temps ou d'un mode, il ne s'agit pas seulement d'identifier le temps ou le mode utilisé. Vous devez également expliquer son emploi : Pourquoi ce temps-là ? Quelles nuances de la pensée son emploi précise-t-il ?

Observation

1. Le poème comprend neuf verbes conjugués à quatre temps différents. Quel est le temps du premier et dernier vers, qui encadrent le récit ?
2. Quels sont les autres temps utilisés par le poète ? Selon vous, dans quelle intention ?
3. Comment la valse des temps verbaux apporte-t-elle une dimension poétique à cette odelette ? Quel thème souligne-t-elle ?

1 Les valeurs du présent

Le présent évoque généralement un état ou une action qui coïncide avec le moment où l'on parle. Mais la durée de ce présent est extensible.

Présent de l'énonciation	Il indique une action très proche du moment où l'on parle.	*Il arrive. On se tait.*
Présent duratif	Engagé dans le passé, il déborde vers le futur.	*Il dort depuis une heure.*
Présent descriptif	Sans limite passée ou future, il sert à caractériser un être, un lieu, un objet.	*Elle est très belle. Elle est magnifique.*
Présent de vérité générale	Ce qui est dit vaut de tout temps.	*La terre tourne autour du soleil.*
Présent itératif	Il indique une action qui se répète.	*Tous les jours, je me lève.*
Présent de narration	Dans un récit au passé, il actualise un événement et le rend plus vivant.	*Il pleurait. La voilà qui arrive !*

2 Les temps du passé

- **L'imparfait.** Il situe le fait dans le passé sans en préciser ni le début ni la fin. Il convient aux descriptions et sert de second plan aux actions mises en avant par le passé simple.
- **Le passé composé.** Il évoque une action terminée et dont les conséquences durent dans le présent. Il lie le passé et le présent et concurrence le passé simple.
- **Le passé simple.** Il situe le fait dans un passé coupé du présent. Les faits évoqués, vus du dehors, se succèdent. Sur fond d'imparfait, le passé simple souligne l'événement.

  Exemple. Deux coqs vivaient en paix ; une poule survint (La Fontaine)
- **Les formes composées.** Le passé composé (« J'ai couru »), le plus-que-parfait (« J'avais chanté ») et le passé antérieur (« quand il fut venu ») présentent les faits comme antérieurs à ceux évoqués par les formes simples.

3 Le futur

- **Le futur catégorique.** Il présente comme certain un fait futur par rapport au présent de celui qui s'exprime.

  Exemple. Nous verrons demain.
- **Le futur de vérité générale**. Dans cet emploi, il rivalise avec le présent.

  Exemple. Selon que vous serez puissant ou misérable,
  Les jugements de cour vous rendront blanc ou noir. (La Fontaine)
- **Le futur antérieur.** Forme composée du futur simple, il annonce qu'un fait futur se réalisera avant un autre fait futur.

  Exemple. Quand tu auras fini, fais-le moi savoir.
- **Le futur hypothétique.** C'est le conditionnel, qui exprime une action future soumise à une condition.

Exercices

Les valeurs du présent

Exercice 1

1. Repérez les verbes conjugués au présent dans ces citations.

2. Indiquez la valeur d'emploi de chaque présent.

- Le berger, soigneux et attentif, est debout auprès de ses brebis ; il ne les perd pas de vue, il les suit, il les conduit, il les change de pâturages. (La Bruyère)
- Je dis « holà ! » On me répond. J'entre. (Giono)
- Hâtons-nous ; le temps fuit et nous traîne avec soi : Le moment où je parle est déjà loin de moi. (Boileau)
- Chaque jour, je vais jusqu'au rivage. Il faut traverser les champs, les cannes sont si hautes que je vais à l'aveuglette, courant le long des chemins de coupe, quelquefois perdu au milieu des feuilles coupantes. (Le Clézio)
- Le temps est un grand maître, il règle bien des choses. (Corneille)

Exercice 2

1. Pourquoi les temps utilisés dans cet extrait de dissertation sont-ils mal choisis ?

2. Réécrivez le passage en utilisant le présent de vérité générale.

La poésie était une forme qui serait née durant l'Antiquité et qui tira son origine du mythe d'Orphée. Cet art était alors lié à l'expression musicale des sentiments personnels. Cependant, au fil des siècles, la poésie prenait d'autres fonctions. Elle devint par exemple engagée en se mettant au service d'une cause sociale ou politique.

Les temps du passé

Exercice 3

1. À quels temps du passé sont conjugués les verbes de chaque citation ?

2. Quelle est la valeur d'emploi de chaque verbe ?

- Elle entrait à toute heure dans ma chambre, toujours ouverte et s'asseyait sur la chaise au pied de mon lit. (Lamartine)
- Et si je ne sais plus tout ce que j'ai vécu

  C'est que tes yeux ne m'ont pas toujours vu. (Éluard)
- Or, ce joujou, que le petit souillon agaçait, agitait et secouait dans une boîte grillée, c'était un rat vivant ! (Baudelaire)
- Je le vis, je rougis, je pâlis à sa vue ; / Un trouble s'éleva dans mon âme éperdue. (Racine)
- Comme elle dansait avec M. de Guise, il se fit un assez grand bruit vers la porte de la salle, comme de quelqu'un qui entrait et à qui on faisait place. (Mme de Lafayette)

Exercice 4

Remplacez par l'imparfait ou le passé simple les formes du présent de l'indicatif. Expliquez vos choix.

A. À moitié chemin de l'avenue, les deux amis *trouvent* sur la souche d'un arbre abattu le vieillard qui *tient* à la main un bâton et *s'amuse* à tracer les raies sur le sable. En le regardant attentivement, ils *s'aperçoivent* qu'il *vient* de déjeuner ailleurs qu'à l'établissement.

Honoré de Balzac, *Le Colonel Chabert*, 1832.

B. Comme il *frappe* très fort, il *croit* entrevoir, au milieu de l'extrême obscurité, comme une ombre blanche qui *traverse* la chambre. Enfin, il n'y *a* plus de doute, il *voit* une ombre qui *semble* s'avancer avec une extrême lenteur. Tout à coup il *voit* une joue qui *s'appuie* à la vitre contre laquelle *est* son œil.

Stendhal, *Le Rouge et le Noir*, 1830.

Exercice 5

Transposez l'extrait suivant au passé. Quelles différences cette adaptation produit-elle ?

Wallas introduit son jeton dans la fente et appuie sur un bouton. Avec un ronronnement agréable de moteur électrique, toute la colonne d'assiettes se met à descendre ; dans la case vide située à la partie inférieure apparaît, puis s'immobilise, celle dont il s'est rendu acquéreur. Il la saisit, ainsi que le couvert qui l'accompagne, et pose le tout sur une table libre.

Alain Robbe-Grillet, *Les Gommes*, Éd. de Minuit, 1953.

Exercice 6

Repérez les verbes. Distinguez les formes verbales simples des formes composées. Indiquez le temps de chaque verbe conjugué.

- La varicelle, je l'ai eue, on ne l'a pas deux fois, qui est-ce qui vient me reparler de varicelle ? (Dubillard)
- Il a gelé blanc ; les dahlias sont fripés comme après une nuit de bal. (Renard)
- Quand la nuit est presque venue et que le ciel est sombre sur la terre noircie, [la mer] luit encore faiblement, on ne sait par quel mystère. (Proust)

Exercice 7

1. **Repérez la proposition principale et les subordonnées dans les phrases suivantes.**
2. **Réécrivez-les en mettant le verbe de la principale à l'imparfait.**

- Puisque la nature humaine se trouve la même dans tous les hommes, il est clair que selon le droit naturel, chacun doit estimer et traiter les autres comme autant d'êtres qui lui sont naturellement égaux. (Jaucourt)
- Quelque dangereux que soit le parti que je prends, je le prends avec joie pour me conserver digne d'être à vous. (Madame de Lafayette)

Le futur

Exercice 8

Quelle est la valeur du futur utilisé dans les citations suivantes ?

- Tout condamné à mort aura la tête tranchée. (Pagnol)
- Dans un mois, dans un an, comment souffrirons-nous ? (Racine)
- Tant qu'il y aura sur la terre ignorance et misère… des livres comme celui-ci pourront ne pas être inutiles. (Hugo)
- La première phrase viendra toute seule, tant il est vrai qu'à chaque seconde il est une phrase extérieure à notre pensée consciente qui ne demande qu'à s'extérioriser. (Breton)

Exercice 9

Décrivez l'image de manière à expliquer comment fonctionneront les cités du futur.

Comment imaginer les villes de demain ?

Exercice Bilan

1. **Repérez les verbes conjugués et identifiez les temps utilisés.**
2. **Comment peut-on expliquer le passage du passé au présent ?**
3. **Répondez à la question de grammaire.**

Comme je me promenais sur cette colline, j'aperçus, sous des buissons hérissés, une espèce de trou vers lequel je me dirigeai… En ce moment-là, j'entends derrière moi ce mot : « *Heidenloch* »… Je me retourne. Personne dans la bruyère ; le vent qui souffle et la lune qui éclaire. Rien de plus.

Victor Hugo, *Lettre du Rhin*, 1842.

Question de grammaire

« En ce moment-là, j'entends derrière moi ce mot : "*Heidenloch*"… » Quel est le temps verbal utilisé dans cette phrase ? Quelle valeur a-t-il dans le texte ? Justifiez cet emploi.

5

Réussir les épreuves du BAC

Réussir les épreuves du bac

« L'épreuve écrite, d'une durée de quatre heures, propose deux sujets au choix du candidat.

En première générale, un commentaire sur un texte littéraire, en lien avec un objet d'étude de la classe de première, ou une dissertation sur l'une des œuvres au programme et son parcours associé. En première technologique, un commentaire sur un texte littéraire, en lien avec un objet d'étude de la classe de première (à l'exclusion de l'objet d'étude sur la littérature d'idées), ou une contraction de texte suivie d'un essai.

L'épreuve orale, d'une durée de 20 minutes, commence par un exposé sur l'un des textes du descriptif d'activités remis par l'enseignant, suivi d'une question de grammaire. Elle se poursuit par la présentation d'une œuvre choisie par le candidat parmi celles qui ont été étudiées ou proposées en lecture cursive. »

D'après le Bulletin Officiel du Ministère de l'Éducation nationale, 2019.

37

Construire un commentaire littéraire

Construire le commentaire d'un texte littéraire, c'est organiser une interprétation globale et cohérente du texte étudié, autour d'une problématique qui sert de fil directeur à l'ensemble. Le brouillon est donc une étape essentielle d'un commentaire réussi.

Le texte à commenter

Paratexte
Thème de la nature
Thème du corps
Termes appréciatifs
Répétitions

Lucie Badoud, surnommée Youki par le peintre japonais Foujita, est une figure du milieu artistique de Montparnasse des années 1930. Modèle et compagne de Foujita, elle vit ensuite avec le poète Robert Desnos.

Pas vu la comète
Pas vu la belle étoile
Pas vu tout ça
Pas vu la mer en flacon
Pas vu la montagne à l'envers
Pas vu tant que ça
Mais vu deux beaux yeux
Vu une belle bouche éclatante
Vu bien mieux que ça

Robert Desnos, « Pas vu ça », *Youki, Poésie*, 1930.

L'observation attentive de ce poème permet de dégager un certain nombre de problématiques possibles. Il convient de choisir l'une d'entre elles pour organiser le commentaire. Voici trois problématiques que l'on peut envisager.

⇒ Comment le poète renouvelle-t-il la description de la nature ?

⇒ Comment l'humour renforce-t-il la déclaration d'amour ?

⇒ Dans quelle mesure retrouve-t-on le thème surréaliste de l'amour fou ?

Observation

1. Quels sont les thèmes mis en opposition par le poète ?
2. Observez les marques de l'énonciation. En quoi sont-elles originales ?
3. Sur quelles répétitions les figures de style sont-elles organisées ?

1 L'analyse du texte

- **Rechercher le contexte de l'écriture.** Lisez attentivement le texte et le paratexte. Réunissez ensuite vos connaissances sur l'auteur, le genre et l'œuvre dont le texte est extrait. Si possible, replacez le texte dans son époque et dans un mouvement littéraire.
- **S'attacher d'abord au sens littéral.** Partez des intentions de l'auteur (raconter, décrire, argumenter, exalter, critiquer…) pour résumer le texte en quelques lignes au brouillon, en les mettant en évidence.
- **Mener l'étude de détail.** Dégagez les lignes de force du texte en proposant une interprétation. L'étude précise du texte permet d'interpréter son écriture et d'éviter la paraphrase.

Étude du texte	Exemple	Interprétation
Énonciation et modalisation	« *J'aime l'araignée et j'aime l'ortie / Parce qu'on les hait* » (Hugo)	Volonté de prendre la défense des plus faibles
Construction des phrases (types, formes, longueur)	« *Où courir ? Où ne pas courir ?* » (Molière)	Multiplication des questions, affolement
Choix du lexique (registres de langue, réseaux lexicaux)	« *À poil qu'on nous a mis pour commencer…* » (Céline)	Registre familier, proche du lecteur
Figures de style et de rhétorique	« *comme des coups d'épervier* » (Maupassant)	Dimension symbolique de l'animal choisi

2 L'élaboration du plan du commentaire

- **Dégager une problématique.** L'intérêt principal du texte doit être formulé sous la forme d'une ou de plusieurs questions. C'est l'étude du texte qui permet de les formuler.
- **Suivre les pistes de lecture.** Pour les séries générales, chaque réponse apportée à la problématique constitue une partie du plan. Ce plan peut suivre le déroulement du texte ou bien proposer deux ou trois thèmes qui regroupent les remarques de l'analyse. Pour les séries technologiques, les pistes de lecture à suivre accompagnent l'énoncé du sujet.

3 La rédaction du brouillon

- **Consacrer une feuille à chaque partie.** Notez sur une feuille l'idée directrice de la partie. Ajoutez les deux ou trois arguments qui constituent chaque paragraphe et insérez vos citations. Procédez ainsi pour compléter, sur une nouvelle feuille, chaque partie avec ses paragraphes.
- **La rédaction d'une première version.** Cette première version au brouillon peut ressembler à un plan très détaillé. Développez vos explications. Pensez à aérer votre travail afin de pouvoir ajouter d'éventuels oublis. N'hésitez pas à raturer et à remplacer un mot ou une phrase qui ne conviennent pas.

Juste une QUESTION

Comment faire quand on ne connaît pas l'auteur du texte ?

En vous appuyant sur la date de publication du texte, vous pouvez dans ce cas le replacer dans son époque et vérifier s'il réagit ou non à des évènements historiques. Vous pouvez aussi l'inscrire dans un mouvement et observer s'il suit ou pas les règles du genre auquel il appartient.

Analyser le texte

Exercice 1

1. Caractérisez le texte (époque, genre littéraire, thème) à l'aide du paratexte.
2. Pourquoi selon vous a-t-on pu dire de Victor Hugo qu'il était un « visionnaire » ?

Un jour viendra où vous France, vous Russie, vous Italie, vous Angleterre, vous Allemagne, vous toutes, nations du continent, sans perdre vos qualités distinctes et votre glorieuse individualité, vous vous fondrez étroitement dans une unité supérieure [...]. Un jour viendra où il n'y aura plus d'autres champs de bataille que les marchés s'ouvrant au commerce et les esprits s'ouvrant aux idées.

Victor Hugo, *Discours au Congrès de la Paix,* à Paris, 1849.

Exercice 2

1. Caractérisez l'extrait suivant et dégagez son sens littéral.
2. Montrez l'importance du lexique choisi. Comment s'explique-t-il ?
3. Identifiez et commentez deux figures de style. Quel est ici leur rôle ?

Emma ne dormait pas, elle faisait semblant d'être endormie; et, tandis qu'il* s'assoupissait à ses côtés, elle se réveillait en d'autres rêves.

Au galop de quatre chevaux, elle était emportée depuis huit jours vers un pays nouveau, d'où ils ne reviendraient plus. Ils allaient, ils allaient, les bras enlacés, sans parler. Souvent, du haut d'une montagne, ils apercevaient tout à coup quelque cité splendide avec des dômes, des ponts, des navires, des forêts de citronniers et des cathédrales de marbre blanc, dont les clochers aigus portaient des nids de cigognes. On marchait au pas à cause des grandes dalles, et il y avait par terre des bouquets de fleurs que vous offraient des femmes habillées en corset rouge.

*il : Rodolphe, l'amant d'Emma.

Gustave Flaubert, *Madame Bovary*, 1857.

Élaborer le plan

Exercice 3

1. Quelles indications sur la problématique, l'énoncé de chaque sujet apporte-t-il ?
2. Dégagez les grandes parties du plan proposé par chaque sujet.

1. Vous commenterez la page du *Père Goriot* de Balzac. Vous pourrez étudier comment l'auteur élabore la description réaliste de la maison ; vous vous intéresserez ensuite à la représentation des personnages.
2. Vous commenterez cette scène de comédie de Courteline. Vous montrerez comment la déclaration d'amour entre les deux jeunes gens se révèle originale et comique.

Exercice 4

1. Parmi les pistes de lecture, quelles sont celles qui vous semblent le mieux rendre compte de l'originalité du texte ?
2. Dégagez la problématique qui pourrait guider le parcours du commentaire.

Les fleurs du papier

Je t'avais dit tu m'avais dit
je t'avais dit je t'avais dit tu m'avais dit
je t'avais dit tu m'avais dit je t'avais dit tu m'avais dit je t'avais dit

– Oh comme les maisons étaient hautes !
Oh comme le vieil appartement sentait la poussière !
Oh comme il était impossible à retrouver
le temps du soleil le temps du futur, des fleurs du papier !

Je t'avais dit tu m'avais dit
je t'avais dit je t'avais dit tu m'avais dit.

Jean Tardieu, *Histoires obscures*, 1961.

Pistes de lecture

- un étrange dialogue
- un passé révolu
- la mise en scène des souvenirs
- une écriture poétique énigmatique
- un poème musical
- l'impossible retour du temps perdu
- un couple d'amoureux
- un poème lyrique

Rédiger son brouillon

Exercice 5

1. Analysez le texte. Dégagez trois axes de lecture permettant de rendre compte de votre analyse.

2. Pour chacun des axes, regroupez trois remarques sur le texte, illustrées de citations.

Rien n'était si beau, si leste[1], si brillant, si bien ordonné que les deux armées. Les trompettes, les fifres[2], les hautbois[3], les tambours, les canons formaient une harmonie telle qu'il n'y en eut jamais en enfer. Les canons renversèrent d'abord à peu près six cent mille hommes de chaque côté ; ensuite la mousqueterie[4] ôta du meilleur des mondes environ neuf à dix mille coquins qui en infectaient la surface. La baïonnette fut aussi la raison suffisante de la mort de quelques milliers d'hommes. Le tout pouvait bien se monter à une trentaine de mille âmes. Candide, qui tremblait comme un philosophe, se cacha du mieux qu'il put pendant cette boucherie héroïque.

Voltaire, *Candide*, 1759.

1 leste : bien équipé, léger, agile.
2 fifres : petites flûtes en bois.
3 hautbois : instrument à vent.
4 mousqueterie : infanterie (le mousquet est l'ancêtre du fusil).

Exercice 6

1. Observez le paragraphe rédigé qui correspond au début du commentaire du texte de Voltaire (exercice 5). Quelle en est l'idée directrice ?

2. Quels arguments le candidat apporte-t-il pour appuyer l'idée directrice ? Quelle est la fonction des citations ?

3. Sur le même modèle, poursuivez le commentaire de l'extrait en montrant le renversement de l'ironie.

Le paragraphe rédigé

C'est le caractère prestigieux de la guerre que Voltaire semble montrer dans cet extrait. C'est ainsi qu'elle apparaît d'abord comme un spectacle auquel on aimerait assister. Le philosophe nous dépeint en effet un tableau « beau », « leste » et « brillant » sur lequel deux armées composées de « milliers d'hommes » s'affrontent de façon ordonnée, sous le regard des « rois » qui le contemplent. À ce spectacle visuel, on peut ajouter la dimension sonore…

Exo BAC

1. Comparez les deux plans proposés pour le commentaire du texte et choisissez celui qui convient.

2. Détaillez le plan adopté en classant les notes proposées sans vous y limiter.

Le fleuve coulait vers la mer. Le peuplier soudain se haussa sur ses racines, puis se coucha, écrasant sa ramure. La Seine s'aplatit, plus large, plus grise, sauvage. Brutalement découverts, les champs nus tressaillirent, et aussitôt perdirent leur âme ; par la brèche, on ne vit plus qu'une plaine qui s'étendait, anonyme, industrielle, entre un fleuve et une forêt.

Roger Ikor, *Les Eaux mêlées*, 1955.

Plan A

1. Une description de la nature
2. Un déchaînement de violence

Plan B

1. L'élément liquide
2. L'élément terrestre

Notes

1. **Champ lexical de la nature** : élément liquide « fleuve – mer – Seine – fleuve » / élément terrestre « peuplier – racines – ramure – champs – plaine – forêt »
2. **Les verbes d'action** : « coulait – se haussa – se coucha – s'aplatit – tressaillirent – perdirent »
3. **Les temps verbaux** : imparfait et passé simple
4. **Les personnifications** : « le peuplier se coucha », « les champs nus tressaillirent… perdirent leur âme »
5. **Les adverbes de temps** : « soudain – brutalement – aussitôt »
6. **Les adjectifs en énumération** : « plus large, plus grise, sauvage », « anonyme, industrielle »

38 Rédiger un commentaire

La rédaction du commentaire littéraire doit respecter un certain ordre : une introduction, un développement organisé, qui suit le plan annoncé, une conclusion. Il doit aussi utiliser un lexique approprié et comprendre des citations avec leur analyse.

Le texte à commenter (extrait)

Caractéristiques du réalisme

Références au monde actuel

Mœurs et pratiques

On a vite su, dans Paris village, que cette fille pouvait dépanner. On l'invite à prendre un café, discrètement, dans des bars où on n'a pas l'habitude d'aller et où on ne craint pas d'être vu. Et on lui demande de déboîter un concurrent, un ami, un adversaire. Pour deux cents euros, elle casse une jambe virtuelle, pour le double, elle endommage une web-réputation, et si on a le budget, elle peut littéralement pourrir la vie de son prochain. Internet est l'instrument de la délation anonyme, de la fumée sans feu et du bruit qui court sans qu'on comprenne d'où il vient.

Virginie Despentes, *Vernon Subutex*, Éd. Grasset et Fasquelle, 2015.

L'introduction du commentaire

Depuis le XIXe siècle, le roman s'attache à montrer la réalité contemporaine sous tous ses aspects. C'est ainsi que dans Vernon Subutex, Virgine Despentes renouvelle le réalisme en représentant les milieux marginaux de notre monde. Nous montrerons dans un premier temps comment la romancière crée un personnage totalement ancré dans l'univers d'aujourd'hui. Puis, dans un second temps, nous verrons comment elle fait la critique des mœurs et des pratiques du XXIe siècle.

Observation

1. Quel est le rôle des premières lignes de l'introduction ?
2. Quelle est la problématique choisie par l'élève ? Où est-elle annoncée ?
3. Repérez les deux grandes parties du commentaire annoncées par le candidat.

1 La rédaction d'une introduction en trois étapes

1. **La mise en contexte ou amorce.** En fonction de vos connaissances, commencez par évoquer l'auteur, ses idées ou ses œuvres. Aidez-vous du contexte littéraire et historique lorsque vous le pouvez. Appuyez-vous sur l'histoire du genre auquel appartient le texte et, si possible, le mouvement littéraire dans lequel il s'inscrit.
2. **La présentation du texte.** Après l'évocation de l'auteur, présentez les grandes caractéristiques du texte et introduisez plus précisément la problématique qui guidera tout le commentaire.
3. **L'annonce du plan.** Indiquez les deux ou trois parties du plan de votre commentaire dans une ou deux phrases. Vous pouvez aussi le faire sous forme de questions. Ce sont ces axes de lecture qui vont structurer votre développement et votre interprétation du texte.

2 La rédaction du développement

1. **Mettre en valeur les grandes parties.** Chaque partie se compose de deux ou trois paragraphes séparés par des alinéas. Vous commencez chaque partie en formulant son idée directrice, l'axe de lecture que vous avez annoncé. Puis les paragraphes développent des arguments. Enfin la partie se termine par le rappel de l'idée directrice.
2. **Bien organiser les paragraphes.** Chaque grande partie se compose de deux ou trois paragraphes. Ces paragraphes servent à justifier un aspect de l'idée directrice, en s'appuyant sur l'analyse précise du texte. Ils peuvent, si besoin, s'ouvrir par des connecteurs logiques qui mettent en évidence la progression du développement.
3. **Utiliser les outils propres au commentaire.** Il faut penser à employer le lexique de l'analyse littéraire. Insérez des citations tirées du texte et relevez des procédés en les expliquant. En effet ces outils permettent de mieux faire comprendre les intentions de l'auteur et l'originalité de son style.

3 La rédaction d'une conclusion en deux étapes

1. **Le bilan.** La conclusion répond d'abord aux questions posées dans l'introduction. Vous devez rappeler ce qui a été abordé et mis en évidence dans le développement, de façon concise et claire.
2. **L'ouverture.** Terminez votre conclusion en proposant un élargissement qui replace le texte dans l'œuvre de l'auteur, dans son époque ou dans un mouvement littéraire. Le texte étudié peut faire penser à un autre texte. Vous pouvez aussi exprimer une émotion, un jugement personnel. Ces rapprochements ou ces oppositions témoignent de votre culture littéraire et de votre intérêt pour la lecture au-delà du texte étudié.

Juste une QUESTION

Les titres des parties doivent-ils figurer dans mon commentaire ?

Non, l'idée principale de chaque partie est simplement formulée par la première phrase. De la même manière, vous commencez par annoncer l'argument qui sera développé dans le paragraphe. Les transitions qui assurent le lien entre les grandes parties, permettent de suivre le fil directeur du plan.

Rédiger une introduction

Exercice 1

1. Retrouvez les trois étapes de l'introduction suivante.
2. Réécrivez l'annonce du plan en remplaçant chaque question par une phrase de type déclaratif.

Le roman, grâce à la variété des points de vue possibles, permet de s'approcher des personnages, de surprendre leurs réactions les plus secrètes. Cette proximité du romancier avec son personnage, on la retrouve de façon saisissante dans l'extrait de Thérèse Desqueyroux, où François Mauriac nous fait partager les pensées de sa triste héroïne. Revenant vers le mari qu'elle a tenté d'empoisonner, elle repense à son enfance, elle s'interroge sur le mystère de sa vie. Comment le narrateur met-il en scène le monologue intérieur de Thérèse ? Et que pense-t-il de la destinée humaine ?

Exercice 2

En vous aidant des notes, rédigez l'introduction au commentaire du texte de Flaubert.

Deux hommes parurent.

L'un venait de la Bastille, l'autre du Jardin des Plantes. Le plus grand, vêtu de toile, marchait le chapeau en arrière, le gilet déboutonné et sa cravate à la main. Le plus petit, dont le corps disparaissait dans une redingote marron, baissait la tête sous une casquette à visière pointue.

Quand ils furent arrivés au milieu du boulevard, ils s'assirent, à la même minute, sur le même banc.

Gustave Flaubert, *Bouvard et Pécuchet*, 1881.

Notes pour l'introduction

1. Flaubert, romancier du XIXe siècle, aime peindre la réalité de l'existence (le réalisme).
2. Flaubert parodie avec ironie une scène de rencontre amoureuse.
3. Deux hommes dont les portraits sont à la fois antithétiques et parallèles.
4. Le cadre romanesque est ancré dans la réalité parisienne.

Rédiger le développement

Exercice 3

1. Lisez le texte et retrouvez dans celui-ci l'analyse fournie par le plan.
2. Rédigez un paragraphe à partir de ce plan.

La voiture s'ébranla lourdement, soulevant autour de ses roues des cerceaux de crotte ; on naviguait en plein marécage ; sous le ciel gris qui semblait s'appuyer sur le toit des maisons, les murailles ruisselaient du haut en bas, les gouttières débordaient, les pavés étaient enduits d'une boue de pain d'épice dans laquelle les passants glissaient ; sur les trottoirs que raflaient les omnibus, des gens tassés s'arrêtaient, des femmes retroussées jusqu'aux genoux, courbées sous des parapluies, s'aplatissaient pour éviter des éclaboussures, contre les boutiques.

J.- K. Huysmans, *À rebours*, 1884.

Plan du commentaire

idée développée : les ravages du déluge.

— la ville engloutie : les références spatiales : toits, maisons, murailles, gouttières, pavés, trottoirs.

— l'humanité agressée : lexique négatif « s'arrêtaient, s'aplatissaient » ; participes passés soulignant l'impuissance « tassés, retroussées, courbées ».

— la description comme un tableau : la phrase accumulative ; les images « boue de pain d'épice » ; les sonorités ; l'animation par le mouvement.

Exercice 4

1. Complétez le plan en deux parties au moyen de procédés et citations.
2. Rédigez les deux paragraphes de la deuxième partie du commentaire du poème de René Char.

À flancs de coteau du village bivouaquent des champs fournis de mimosas. À l'époque de la cueillette, il arrive que, loin de leur endroit, on fasse la rencontre extrêmement odorante d'une fille dont les bras se sont occupés durant la journée aux fragiles branches. Pareille à une lampe dont l'auréole de clarté serait de parfum, elle s'en va, le dos tourné au soleil couchant.

Il serait sacrilège de lui adresser la parole.

L'espadrille foulant l'herbe, cédez-lui le pas du chemin. Peut-être aurez-vous la chance de distinguer sur ses lèvres la chimère de l'humidité de la Nuit ?

René Char, « Congé au vent », *Fureur et mystère*, 1948.

Plan du commentaire

- **La rencontre fortuite d'une passante**
  - Les circonstances et le hasard
  - La présence féminine
- **La portée symbolique du moment**
  - Le contexte significatif
  - La personnification et la dimension universelle

Rédiger une conclusion

Exercice 5

1. **Lisez l'extrait du texte et la conclusion de son commentaire.**
2. **Repérez le bilan. Quelles ont été les grandes parties développées par le candidat ?**
3. **Sur quelle comparaison l'ouverture, qui termine la conclusion, repose-t-elle ? Quel peut-être l'intérêt de ce procédé ?**

Le texte à commenter (extrait)

Mai

Le mai le joli mai en barque sur le Rhin
Des dames regardaient du haut de la montagne
Vous êtes si jolies mais la barque s'éloigne
Qui donc a fait pleurer les saules riverains ?

Guillaume Apollinaire, *Rhénanes*, *Alcools*, 1913

La conclusion du commentaire

Apollinaire évoque un amour impossible et sa mélancolie s'exprime à travers la personnification de la nature. Mais, au-delà, on l'a vu, le poète parle aussi de poésie. Une poésie à la fois figée et ondoyante, qui se renouvelle en puisant dans la tradition pour créer une œuvre moderne. Cette ambition de formes nouvelles se retrouvent aussi dans un autre poème, « Les Colchiques ». Apollinaire joue, cette fois, sur la symbolique des saisons pour exprimer son désir de renouveau.

Exo BAC

1. **Quelles pistes de lecture le sujet propose-t-il de suivre ?**
2. **Rédigez l'introduction et la conclusion du commentaire. Aidez-vous pour cela du plan détaillé proposé.**

BERENGER – Hélas, je suis un monstre, je suis un monstre. Hélas, jamais je ne deviendrai rhinocéros, jamais, jamais ! Je ne peux plus changer. Je voudrais bien, je voudrais tellement, mais je ne peux pas. Je ne peux plus me voir. J'ai trop honte ! *(Il tourne le dos à la glace.)* Comme je suis laid ! Malheur à celui qui veut conserver son originalité ! *(Il a un brusque sursaut.)* Eh bien tant pis ! Je me défendrai contre tout le monde ! Ma carabine, ma carabine ! *(Il se retourne face au mur du fond où sont fixées les têtes des rhinocéros, tout en criant :)* Contre tout le monde, je me défendrai, contre tout le monde, je me défendrai ! Je suis le dernier homme, je le resterai jusqu'au bout ! Je ne capitule pas ! – *Rideau.*

Ionesco, *Rhinocéros*, Acte 3, scène finale, 1959.

Le sujet de commentaire (séries technologiques)

Vous ferez le commentaire littéraire de cette scène de théâtre à l'aide des pistes de lecture suivantes :

– vous montrerez que Béranger est un personnage tragique ;

– vous étudierez le déchirement qu'affronte le personnage.

Plan du commentaire

I) Un monologue tragique
  1. Béranger le dernier homme
  2. Un personnage en proie au désespoir
  3. Aveu d'impuissance

II) Béranger héros malgré lui
  1. Un sursaut d'honneur
  2. Le violent combat intérieur
  3. Le temps de l'engagement

Exercice GUIDÉ

Vers l'épreuve du BAC

Le commentaire littéraire pas à pas

ÉTAPE 1 Lisez le texte et le sujet

Le sujet de commentaire

Vous ferez le commentaire du texte de Pierre Boulle, en montrant ce qui fait son originalité.

Le roman de science-fiction de l'écrivain français Pierre Boulle a été rendu célèbre par ses adaptations cinématographiques. Au début du récit, sur la planète Soror, le narrateur découvre qu'elle est habitée par des singes. ❶

Je faillis ❷ pousser un cri de surprise. Oui, malgré ma terreur ❷, malgré le tragique de ma propre position – j'étais pris entre les rabatteurs et les tireurs ❸ – la stupéfaction étouffa ❷ tout autre sentiment quand je vis cette créature ❸ à l'affût, guettant le passage du gibier ❸. Car cet être était un singe, un gorille de belle taille ❸. J'avais beau me répéter que je devenais fou, je ne pouvais nourrir le moindre doute sur son espèce. Mais ❹ la rencontre d'un gorille sur la planète Soror ne constituait pas l'extravagance essentielle de l'événement. Celle-ci tenait pour moi à ce que ce singe était correctement habillé, comme un homme de chez nous ❺, et surtout à l'aisance avec laquelle il portait ses vêtements. Ce *naturel* m'impressionna tout d'abord. À peine ❹ eus-je aperçu l'animal qu'il me parut tout à fait évident qu'il n'était pas du tout *déguisé*. L'état dans lequel je le voyais ❷ était normal, aussi normal pour lui que la nudité pour Nova et ses compagnons ❺.

Il était habillé ❷ comme vous et moi ❺, je veux dire comme nous serions habillés ❼ si nous participions à une de ces battues ❸, organisées chez nous pour les ambassadeurs ou autres personnages importants, dans nos grandes chasses officielles ❸. Son veston de couleur brune semblait sortir de chez le meilleur tailleur parisien et laissait voir une chemise à gros carreaux, comme en portent nos sportifs ❺. La culotte, légèrement bouffante au-dessus des mollets, se prolongeait par une paire de guêtres. Là s'arrêtait la ressemblance ; au lieu de souliers, il portait de gros gants noirs.

C'était un gorille vous dis-je ! ❼ Du col de la chemise ❻ sortait la hideuse tête terminée en pain de sucre, couverte de poils noirs, au nez aplati et aux mâchoires saillantes. Il était là, debout, un peu penché en avant, dans la posture du chasseur à l'affût ❸, serrant un fusil dans ses longues mains. Il se tenait en face de moi, de l'autre côté d'une large trouée pratiquée dans la forêt perpendiculairement à la direction de la battue.

Pierre Boulle, *La Planète des singes*, 1963. ❶

ÉTAPE 2 Étudiez le texte

- **Dégagez le sens littéral.** Retrouvez d'abord le sens littéral du texte en repérant les événements qu'il raconte. Résumez-les ensuite au brouillon en quelques phrases.
- **Faites appel au contexte.** Quel sens donner au titre ? Situez le texte dans un ensemble plus vaste : genre littéraire, références à une époque (guerre froide) et à un thème.
- **Analysez le texte en détail.** Recherchez dans le texte les éléments qui vont nourrir votre réflexion. Notez et classez les idées au brouillon.

1. Quels indices importants le paratexte nous livre-t-il ?
2. Déterminez le système énonciatif mis en place par le texte.
3. Analysez le lexique utilisé en déterminant les réseaux lexicaux.
4. Observez la construction des paragraphes et la progression thématique.
5. Repérez les figures de style. Que mettent-elles en évidence ?
6. Analysez le double processus symétrique d'humanisation (du gorille) et d'animalisation (de l'homme).
7. Repérez les passages où le narrateur interpelle le lecteur, puis les connecteurs qui donnent à son texte une progression logique.

ÉTAPE 3 Dégagez la problématique et les axes de lecture

Vous devez trouver la problématique qui permet de mettre en avant l'intérêt littéraire du texte à travers deux ou trois axes de lecture.

Par exemple : Comment pose-t-il la question de la frontière entre humanité et animalité ?

ÉTAPE 4 Construisez votre plan détaillé

Pour répondre à la problématique, votre plan présente les grands axes de lecture. Complétez le plan suivant avec vos remarques faites lors de l'étude du texte (étape 2).

I. Une étrange scène de chasse et ses acteurs
1. Un début où le narrateur est malmené
2. La métamorphose des acteurs et leur portrait

Transition : Curiosité du lecteur pour cette étrange scène aux allures d'apologue.

II. Une vision particulière de l'homme
1. L'anthropomorphisme pour critiquer les travers des hommes
2. Un texte argumentatif : le gorille est un homme

ÉTAPE 5 Rédigez votre commentaire

Une fois votre plan bien détaillé, rédigez certaines explications au brouillon. Développez chaque axe en deux ou trois paragraphes. Les titres ne doivent pas apparaître. Soignez les transitions pour marquer clairement la progression du commentaire. Votre Introduction et votre conclusion doivent également être préparées au brouillon.

39 Préparer une dissertation

L'épreuve de dissertation, d'une durée de quatre heures, demande d'abord à lire et étudier précisément le sujet, puis à rechercher les idées qui permettront d'organiser le plan détaillé du devoir.

Le sujet de la dissertation

Le thème
Les mots-clés
Les œuvres

Œuvre : *Le Jeu de l'amour et du hasard,* Marivaux **Parcours associé** : « Soi et l'Autre »

Dans un ouvrage sur Marivaux, Sophie Marchand écrit que « *l'identité, chez les personnages du* Jeu de l'amour et du hasard, *est avant tout sociale* ».

Le théâtre permet-il de s'interroger sur soi-même et sur l'autre ? Vous répondrez en vous appuyant sur votre lecture du *Jeu de l'amour et du hasard* de Marivaux, ainsi que sur les textes et documents associés à cette lecture.

L'analyse du sujet et de la problématique

– Identité : Qui sont les personnages de Marivaux ? Pb du déguisement.

– Sociale : Les personnages sont des maîtres ou des valets, ils sont définis par leur condition sociale, par le regard de la société.

– L'autre : Ils veulent observer autrui, connaître l'autre sans se dévoiler.

Problématique : Le théâtre permet-il de révéler qui l'on est ?

La recherche des idées

• dans l'œuvre étudiée

– La question sociale = maîtres et valets échangent leur place.

– La question de l'identité = chacun va se déguiser, mentir sur son identité.

– La question de l'autre = les déguisements sont là pour observer l'autre.

• dans le parcours associé

– *L'Illusion comique*, Corneille = personnages comédiens en train de jouer.

– *Amphitryon*, Molière = scène où Mercure exige que Sosie ne soit plus sosie.

– *Ruy Blas*, Victor Hugo = valet qui prend la place d'un noble.

Observation

1. Sur quel thème le sujet invite-t-il à réfléchir ?
2. Quels sont les mots à bien définir ?
3. Quels sont les supports de la réflexion ?

1 L'étude du sujet et de la problématique

■ **Identifier le type de sujet.**

Le type de sujet	La problématique
Sujet sans citation : La question est posée dans le libellé du sujet.	1. Cherchez les mots-clés, vérifiez leur sens. 2. Reformulez pour vous-même la problématique.
Sujet avec citation et question : La question oriente la réflexion.	1. Analysez avec soin la citation et la question. 2. Reformulez ensuite la problématique.

■ **Associer le sujet à l'œuvre et au parcours.** Voyez ensuite quels éléments de l'œuvre et du parcours peuvent être associés au sujet. Notez ces premiers éléments au brouillon.

2 L'analyse de la question posée

Attachez-vous à bien comprendre la question. Son contenu et sa formulation indiquent de quelle façon organiser la dissertation.

Exemples de formulations	Ce qu'il faut faire	Type de plan
En quoi ....?	Expliquer de quelle manière et dans quelle mesure l'affirmation du sujet est vraie.	Plan analytique
Dans quelle .... **mesure** ....?	S'interroger sur la pertinence de l'affirmation, sur son degré de vérité.	Plan analytique
Peut-on dire que ....?	Discuter l'affirmation contenue dans le sujet.	Plan dialectique
Faut-il ....?	S'interroger sur la démarche suggérée dans le sujet et la discuter.	Plan dialectique
Comment ....?	S'interroger sur les mécanismes de la démarche proposée dans le sujet.	Plan thématique ou analytique

3 La recherche des idées

■ **Utiliser l'œuvre.** Rappelez-vous ce qui, dans l'œuvre étudiée, est en relation avec le sujet. Notez toutes vos idées au brouillon.

■ **Utiliser le parcours et les lectures associées.** Remémorez-vous les textes du parcours, les prolongements culturels et la lecture cursive. Rassemblez vos idées dans un tableau, en éliminant celles qui font double emploi ou qui sont hors-sujet.

	Idées	Références / citations
Œuvre étudiée		
Parcours		
Lecture cursive + prolongement culturel personnel		

Juste une QUESTION

Combien de temps doit-on consacrer à la préparation de la dissertation ?

Longtemps, même si vous êtes pressés de rédiger. Vous pouvez y consacrer trois quarts d'heure sans hésiter. Cette étape est capitale : elle garantit que vous répondrez bien au sujet de manière riche et nuancée.

Exercices

L'analyse du sujet

Exercice 1

1. Quels sont les mots-clés dans chaque sujet ?
2. Quelle est la problématique de chaque sujet ?

Sujet 1

Œuvre : *Bérénice,* Racine.

Parcours : « Tragique et tragédie classique »

Bérénice magnifie l'amour. En vous appuyant sur des références précises à cette œuvre et aux lectures qui lui ont été associées, vous direz comment le théâtre exalte les grands sentiments.

Sujet 2

Œuvre : Ronsard, *Second livre des Amours*.

Parcours « Le Poète face à la mort »

Dans son livre, Ronsard mêle chants d'amour et déploration de la mort. En quoi la poésie permet-elle de célébrer les moments les plus forts de la vie ?

Vous réfléchirez à cette question en vous appuyant sur votre lecture du recueil de Ronsard et sur les textes qui lui ont été associés pendant l'année.

Exercice 2

1. Étudiez les mots-clés dans le sujet suivant.
2. Quelle reformulation vous paraît la plus pertinente ?

Sujet

En vous appuyant sur votre lecture de *L'Île des esclaves* de Marivaux, et des textes et œuvres associés, vous réfléchirez à cette question : le valet au théâtre a-t-il seulement pour fonction de faire rire ?

Reformulations proposées

1. Comment le valet fait-il rire au théâtre ?
2. Le valet de théâtre fait-il vraiment rire ?
3. Qu'apporte le personnage du valet dans une comédie ?
4. À quoi sert le valet dans une pièce de théâtre ?
5. Quels problèmes le personnage du valet éclaire-t-il ?
6. Le valet de comédie fait-il toujours rire ?
7. Le valet de comédie fait-il seulement rire ?

L'étude de la question posée

Exercice 3

Le sujet suivant demande-t-il de justifier ou de discuter un point de vue ? Justifiez votre réponse.

Sujet

Œuvre : *Le Roi se meurt,* Eugène Ionesco

Eugène Ionesco déclare : « C'est bien cela, une œuvre : une série d'interrogations. Au bout du compte, il n'y a pas de réponse à donner. Ainsi ce n'est pas la réponse qui éclaire, c'est la question. »

Peut-on appliquer cette conception générale de la littérature au genre du théâtre ?

Exercice 4

1. Étudiez le sens des mots-clés « morale » et « société ».
2. Dans le sujet suivant, faut-il justifier ou discuter ? Quels indices le montrent ?

Sujet

Œuvre : *Madame Bovary,* Gustave Flaubert.

Parcours : « Individu, morale et société »

En vous appuyant sur votre lecture de *Madame Bovary* et des textes qui lui ont été associés pendant l'année, vous réfléchirez à la question suivante : peut-on dire que le personnage de roman est le reflet de la morale et de la société de son temps ?

La recherche des idées

Exercice 5

1. Analysez le sujet. Repérez ses mots-clés et sa problématique.
2. Lisez les notes de lectures prises par le candidat.
3. Quelles idées font-elles émerger pour répondre ?

Sujet

Œuvre : *L'Étranger,* Albert Camus.

Parcours : « L'homme et le monde »

Dans *L'Étranger,* Camus présente un héros à la fois détaché du monde et très attaché à la vie. Dans quelle mesure la littérature nous permet-elle de mieux connaître les hommes et le monde ?

Vous répondrez à cette question en vous appuyant sur votre lecture du roman et des textes associés.

Notes de lecture

1. Meursault, le narrateur, apprend la mort de sa mère par un télégramme. Il part à son enterrement mais ne montre pas de tristesse.
2. Meursault, à qui l'un de ses amis a confié son arme, retourne sur la plage et tire sur un homme qui le menace d'un couteau. Il tire quatre fois.
3. En prison, il attend son jugement avec indifférence.
4. Il explique son attachement sensuel à la vie, « à la tendre indifférence du monde. De l'éprouver si pareil à moi, si fraternel enfin, j'ai senti que j'avais été heureux et que je l'étais encore ».
5. L'humanité est parfois complexe, contradictoire. Meursault est souvent déroutant.

Exercice 6

Le sujet est celui de l'exercice précédent. Les notes de lectures ont été prises à partir des textes du parcours. Indiquez les nouvelles idées qu'elles font naître pour répondre au sujet.

Parcours : *L'Éducation sentimentale* de Gustave Flaubert ; *Mémoires d'Hadrien* de Marguerite Yourcenar ; *L'Adversaire* d'Emmanuel Carrère – Lecture cursive : *Vernon Subutex* de Virginie Despentes.

1. Dans *L'Éducation sentimentale*, Frédéric Moreau ne réalise aucun de ses projets du début du roman. Sa vie est une suite d'occasions ratées.
2. La galerie de portraits brossés par Virginie Despentes donne un éclairage sur les milieux marginaux de la société moderne.
3. Dans le roman de Yourcenar, Hadrien porte un regard distant et juste sur les hommes et le monde.
4. Le personnage principal de *L'Adversaire* porte un masque social dans le monde jusqu'à la tragédie finale.

Exo BAC

1. **Analysez le sujet en relevant les mots-clés, en les définissant, puis en reformulant la problématique.**
2. **Parmi les travaux qui ont été effectués en cours d'année, choisissez ceux qui peuvent être exploités en fonction du sujet.**
3. **Présentez votre préparation dans un tableau à double entrée.**

Sujet

Œuvre : *Enfance*, Nathalie Sarraute.

Parcours : « Récit et connaissance de soi »

L'autobiographie traite généralement le thème de l'enfance comme celui d'un « paradis perdu » que l'écriture permet de retrouver.

Peut-on dire selon vous que le récit de Nathalie Sarraute ainsi que les textes et œuvres associés nous présentent l'enfance comme un « paradis perdu » dont le héros va se trouver chassé ?

Travaux réalisés en cours d'année

- exposé sur la mère de Natacha
- exposé : départs et retrouvailles
- étude collective : le récit d'enfance dans le genre autobiographique
- recherches sur le genre autobiographique
- extraits étudiés + parcours :
  - premières pages : le projet « d'évoquer ses souvenirs d'enfance »
  - la maison natale d'Ivanovo
  - les premières expériences de l'écriture
  - le cahier montré à un directeur de revue littéraire
  - le châtiment du narrateur par sa mère dans *Vipère au poing* d'Hervé Bazin
  - les premières années de Jean-Jacques Rousseau avec son père dans *Les Confessions*

40 Mettre au point le plan d'une dissertation

Le plan de la dissertation organise les idées notées au brouillon. Il se construit avant la rédaction. Les idées et les références sont ordonnées et numérotées. Elles sont rédigées succinctement. Il faut consacrer une bonne demi-heure à cette tâche.

Le sujet de la dissertation

La formulation du sujet donne des indications sur le type de plan

Chaque partie est une étape de la réflexion

Les exemples sont tirés du parcours associé

Œuvre : *Le Mariage de Figaro*, Beaumarchais. **Parcours :** « La comédie du valet »

Dans *Le Barbier de Séville*, Beaumarchais fait dire à Figaro : « Je me presse de rire de tout, de peur d'être obligé d'en pleurer. »

Cette formule vous paraît-elle correspondre à votre lecture du *Mariage de Figaro* et aux textes et œuvres associés à cette lecture pendant l'année ?

Le plan détaillé

I – Les dramaturges nous font rire de situations tristes ou graves

1. Des personnages victimes de l'absolutisme et de la corruption
Ex : destinée de Figaro telle qu'il la décrit dans son monologue
2. La condition féminine Cf : la Comtesse ou Marceline
3. La soumission du valet Ex : Arlequin dans *L'Île des esclaves* de Marivaux

II – Les rapports maîtres/valets sont parfois à la limite du drame

1. Menaces sur le bonheur de Figaro et Suzanne
2. Malaise du spectateur devant la scène des *Bonnes*, de Genet
3. Échanges entre maître et valet porteurs de drame : *Ruy Blas*

III – Mais le valet fait que le rire l'emporte dans la majorité des cas

1. Le rire vient dans *Le Mariage* des quiproquos et des rôles secondaires
2. Les personnages du *Mariage* sont très spirituels et mènent l'action
3. Le valet amène le rire depuis le théâtre antique : *Le Phormion* de Térence

Observation

1. Qu'est-ce qui montre, dans le sujet, que l'on attend une discussion ?
2. Quelle est la progression choisie pour le plan ?
3. Quelle est la place des lectures associées à l'œuvre ?

1 Le choix d'un type de plan

Plusieurs plans sont possibles en fonction du sujet que vous avez préalablement analysé et de la thèse que souhaitez défendre. Toutes les connaissances et les références rassemblées à l'étape précédente permettent d'identifier le type de plan à construire.

Type de plan	Exemple de sujet
Plan dialectique	*Peut-on dire que la poésie est, comme l'écrit Hugo, un « miroir » dans lequel on peut se regarder ? Vous réfléchirez à cette question en vous appuyant sur votre lecture des* Contemplations.
Plan analytique ou thématique	*Dans quelle mesure la littérature permet-elle de remettre en cause les idées reçues quand elle évoque l'altérité ?*

2 L'organisation des grandes parties du plan

Le plan dialectique

- **La première partie : expliquer le sujet.** Explicitez soigneusement la thèse servant de point de départ. Montrez que vous la comprenez et expliquez son intérêt.
- **La deuxième partie : développer un raisonnement.** Apportez des nuances à la thèse. Dites quelles sont ses limites, voire ses faiblesses.
- **La troisième partie : apporter un élément nouveau.** Développez dans la dernière partie une position qui explore un aspect nouveau du sujet. Dépassez l'opposition entre les deux premières parties.

Le plan thématique ou analytique

- **La première partie : expliquer un aspect du sujet.** Partez d'un élément simple du sujet et expliquez-le. Montrez dans cette étape que vous l'avez bien compris.
- **La deuxième partie : approfondir un autre aspect du sujet.** Abordez un aspect du sujet différent de celui de la première partie. Approfondissez la réflexion.
- **La troisième partie : éclairer un aspect nouveau du sujet.** Terminez en expliquant l'aspect le plus subtil dans le sujet. Cette troisième partie doit créer la surprise et montrer que vous avez abordé le sujet sous tous les angles.

3 La répartition des idées à l'intérieur des parties

- **Répartir les idées et les références.** Complétez le tableau des idées et des références (préparation) dans chaque partie du plan dans une répartition équilibrée.
- **Prévoir ses paragraphes.** Dans chaque partie, prévoyez deux ou trois paragraphes rédigés. Chaque paragraphe ne développera qu'une idée avec la ou les références les plus caractéristiques. Préparez en une phrase une transition entre chaque grande partie pour mettre en évidence la progression du raisonnement.

Juste une QUESTION

Est-ce que je dois rédiger l'introduction avant de faire le plan ?

Non, bien sûr ! En effet, dans l'introduction, on doit annoncer la démarche choisie pour traiter le sujet en présentant les différentes parties du plan. Vous devez donc l'avoir mis au point avant la rédaction au brouillon de votre introduction.

Exercice 1

1. **Le sujet demande-t-il de prendre position ou de justifier une analyse ?**
2. **Classez les idées, les références et les auteurs pour construire le plan.**

Œuvre : *Les Cahiers de Douai*, Arthur Rimbaud

Parcours : « Le poète en révolte » : Baudelaire, *Les Fleurs du mal* ; Verlaine, *Poèmes saturniens* ; Jules Laforgue, *Les Complaintes*

Sujet. Rimbaud est un poète révolté par rapport à la société de son temps, mais aussi par rapport à la tradition littéraire. Dans quelle mesure peut-on parler de rupture pour le recueil des *Cahiers de Douai* ? Vous répondrez en vous appuyant aussi sur les lectures faites en lien avec cette œuvre.

Idées

1. Baudelaire renouvelle les thèmes de la poésie tout en conservant une versification classique.
2. Verlaine privilégie le vers impair, « sans rien en lui qui pèse ou qui pose ».
3. Rimbaud change les règles de la versification classique (sonnet libertin, usage de la ponctuation).
4. Rimbaud raconte sa révolte et ses errances (« La Bohême », « Les Assis »).
5. Rimbaud et Laforgue offrent une vision satirique de la société (« À la musique »).
6. Leur versification contribue aux nouveaux effets poétiques (« Soleils couchants »).

L'organisation des parties

Exercice 2

Quel plan vous paraît répondre le mieux à ce sujet ? Quelles sont les erreurs de l'autre plan ?

Œuvre : *Lettres persanes*, Montesquieu

Parcours : « Le regard éloigné »

Sujet. D'après un critique, « la forme épistolaire du roman de Montesquieu lui permet d'allier les points de vue sur la société européenne, les richesses de l'orient et la pensée philosophique ». Cette réflexion vous paraît-elle rejoindre votre conception du « regard éloigné » en littérature ?

Plan A

I – Montesquieu s'inscrit dans la mode de l'orientalisme en choisissant des héros persans.

II – Le regard des étrangers met en évidence les incohérences de la société européenne.

III – La multiplication des lettres touche les domaines de la pensée : politique, économie, religion.

Plan B

I – Montesquieu a une réflexion politique dans les *Lettres persanes.*

II – Il parle de la condition féminine avec Roxane et l'intrigue du sérail.

III – Il flatte le goût de l'époque avec la forme épistolaire.

Exercice 3

1. **Quel type de plan demande le sujet suivant ?**
2. **Donnez un titre à chaque partie.**
3. **Classez les idées dans chacune des parties**

Œuvre : *Du côté de chez Swann*, Marcel Proust

Parcours : « L'auteur et son double » : Balzac, *Illusions perdues* ; Gustave Flaubert, *Madame Bovary* ; Marguerite Duras, *L'Amant*.

Sujet. Proust pense qu'une œuvre et la vie de son auteur sont bien distinctes. Votre lecture du roman *Du côté de chez Swann* et celle des œuvres et textes associés vous conduit-elle à confirmer cette idée ?

Idées

1. Le narrateur du *Côté de chez Swann* s'appelle Marcel ; son enfance est semblable à celle de Proust.
2. *L'Amant* n'est pas une autobiographie mais un roman.
3. *Madame Bovary* dépeint de manière très réaliste la vie provinciale.
4. Gustave Flaubert a prêté beaucoup de caractéristiques personnelles à Emma Bovary.

5. Lucien de Rubempré est considéré comme un double de Balzac.
6. Marguerite Duras a vécu ce qu'elle raconte quand elle était encore une toute jeune fille.
7. *Du Côté de chez Swann* est un chef-d'œuvre car sa portée est universelle.

La répartition des idées

Exercice 4

1. **Indiquez le type de plan qu'appelle le sujet.**
2. **À partir du tableau trouvez les trois parties du plan.**
3. **Répartissez les idées de ce tableau dans chaque partie.**
4. **À l'intérieur de chaque partie, trouvez deux sous-parties contenant chacune une référence.**

Œuvre : *Poèmes saturniens*, Paul Verlaine

Parcours : « Le poète et son temps » ; Baudelaire, *Les Fleurs du mal* ; Rimbaud, *Les Cahiers de Douai*

Sujet. Peut-on parler de modernité poétique pour les *Poèmes saturniens* de Verlaine, ainsi que pour les textes et œuvres associés ?

Références	Idées d'analyse
Biographie : en 1866, Verlaine a 22 ans	Jeune poète influencé par ses précurseurs
Dédicace des *PS* : l'influence saturnienne	Un avatar du spleen
Baudelaire, précurseur et poète maudit	Le spleen comme sujet poétique
Titre de la première section des *PS* : « Melancholia »	Thématique romantique
PS « L'angoisse » : nombreux enjambements	Recherche : vers plus fluides
Rimbaud : « À la musique » ponctuation atypique (tirets)	Versification innovante
PS « Marine » : vers impairs	Musicalité nouvelle
PS « Soleils couchants »	Romantisme
Rimes et strophes chez les 3 poètes	Respect de la versification classique
Ensemble du recueil de Verlaine (style et tonalité)	Degré de nouveauté très variable

Exo BAC

1. **Analysez le sujet de dissertation.**
2. **Complétez le plan proposé par une troisième partie en lui donnant un titre.**
3. **À l'intérieur de chaque partie, prévoyez deux sous-parties et donnez-leur un titre.**
4. **Répartissez les notes à l'intérieur de chaque sous-partie. Ajoutez-en d'autres.**

Œuvre : *La Chartreuse de Parme*, Stendhal

Parcours : « Le personnage de roman : réalité et imagination » : Flaubert, *L'Éducation sentimentale* ; Émile Zola, *La Fortune des Rougon* ; Maurice Barrès, *Les Déracinés.*

Sujet. « La politique dans une œuvre littéraire, c'est un coup de pistolet au milieu d'un concert, quelque chose de grossier et auquel pourtant il n'est pas possible de refuser son attention. »

Vous vous demanderez si la politique a sa place dans les œuvres littéraires en vous appuyant sur votre lecture de *La Chartreuse de Parme*, ainsi que sur les œuvres et les textes associés.

Plan

1. Les allusions politiques de Stendhal, Zola et Barrès ne sont pas neutres.
2. Les préoccupations politiques des personnages leur donnent une profondeur.
3. ....

Notes

1. Chez Stendhal, le contexte italien renvoie au contexte français.
2. Tous mêlent étroitement allusions politiques et analyses psychologiques.
3. Zola commence sa fresque avec un violent coup d'État.
4. Chez Flaubert, la révolution contraste avec les pensées de Frédéric.
5. Les héros de Barrès sont de jeunes hommes habités par l'ambition politique.

41 Rédiger une dissertation

L'introduction annonce l'orientation du devoir. La rédaction du développement s'appuie sur le plan détaillé qui lui sert de fil directeur. La conclusion fait le bilan de la réflexion.

Annonce de la problématique
Les étapes du plan
L'idée directrice du paragraphe

Le sujet

Le sujet porte sur *Le Barbier de Séville* de Beaumarchais. **Voir sujet et plan p. 214.**

La rédaction de la dissertation

→ **L'introduction rédigée**

Le rire est souvent moqueur dans la comédie, qui veut corriger les mœurs. Car la nature humaine prête autant à désespérer qu'à se réjouir, comme le suggère Figaro dans *Le Barbier de Séville* : « Je me presse de rire de tout de peur d'être obligé d'en pleurer. » Le personnage du valet est-il le révélateur de situations graves ? Pour y répondre, nous observerons d'abord ce dont Beaumarchais nous fait rire, avant de nous demander si la pièce ne menace pas de verser dans le drame. Enfin, nous étudierons comment le rire finit par triompher.

→ **Partie I – Les dramaturges nous font rire de situations tristes.**

2e sous-partie : La condition féminine dans *Le Mariage*…

Par ailleurs, plusieurs scènes du *Mariage de Figaro* ont une tonalité grave. C'est ainsi qu'au second acte la Comtesse délaissée… De même, l'amertume de Marceline…

→ **Partie II – Les rapports maîtres/valets sont parfois à la limite du drame.**

→ **Partie III – Mais le rire l'emporte dans la majorité des cas.**

→ **La conclusion rédigée**

La comédie de Beaumarchais agite des questions graves quand, à travers le valet, les règles du jeu social se montrent dans toute leur cruauté. Si Figaro apporte la tonalité joyeuse où le rire l'emporte sur les larmes, la frontière entre les deux est toujours mouvante. Ionesco, au XXe siècle, affirme ainsi que, le comique « étant l'intuition de l'absurde », il lui semble « plus désespérant que le tragique ».

Observation

1. Comment le plan est-il annoncé dans l'introduction ?
2. Quelle est la fonction de la conclusion ?

1 La rédaction de l'introduction.

L'introduction comporte trois étapes.

- **Situer d'abord le sujet.** Commencez par évoquer le contexte du sujet, par exemple :
  – le genre littéraire concerné et ses caractéristiques ;
  – l'ambition de l'auteur ou des écrivains de l'époque ;
  – une caractéristique fondamentale de l'œuvre étudiée.
- **Exposer ensuite la problématique.** Citez le sujet et la citation qu'il contient. Si celle-ci est trop longue, reformulez-la ou reprenez seulement les parties les plus importantes. Vous devez faire comme si le lecteur ne savait pas de quoi il s'agit.
- **Annoncer enfin les grandes parties du plan.** Indiquez l'idée directrice de chaque grande partie sous forme de questions ou d'affirmations, sans développer le contenu des grandes parties annoncées.

2 La rédaction de la conclusion

La conclusion comporte deux étapes.

- **Faire le bilan de votre réflexion.** Dans la première partie de la conclusion, revenez sur la problématique annoncée dans l'introduction. Résumez les éléments de réponse.
- **Élargir la réflexion.** Affirmez votre point de vue personnel et ouvrez ensuite une piste pour une recherche ultérieure. Vous pouvez ainsi proposer une nouvelle réflexion ou relier le sujet à un autre débat plus large.

3 La rédaction du développement

- **Organiser les paragraphes.** Chaque partie comporte plusieurs paragraphes. Chaque paragraphe commence par un alinéa et suit les étapes suivantes :
  1 – l'idée directrice ;
  2 – l'argument qui vient étayer cette idée ;
  3 – l'exemple issu de l'œuvre ou du parcours et son explication.
- **Ménager des transitions.** Quand vous terminez une partie, vous écrivez une phrase de bilan, puis une autre pour annoncer l'étape suivante. Utilisez des connecteurs logiques pour montrer la progression de votre pensée.

4 La présentation de la dissertation

- **Soigner la mise en page.** La présentation du devoir est importante. Passez deux lignes entre l'introduction et le développement, puis entre le développement et la conclusion, et une ligne entre chaque partie.
- **Respecter les conventions.** Soulignez les titres des œuvres. Placez les citations entre guillemets et les coupes dans une citation entre crochets.

Juste une QUESTION ?

Doit-on rédiger le développement au brouillon ?

Surtout pas ! Vous n'en aurez pas le temps. C'est pour cette raison que le plan doit être bien détaillé au brouillon. Vous rédigez ensuite directement sur la copie en suivant bien les étapes que vous avez prévues.

La rédaction de l'introduction

Exercice 1

1. **Repérez les trois étapes de l'introduction proposée pour le sujet suivant.**
2. **Combien de grandes parties le candidat annonce-t-il au lecteur ? Quels mots les introduisent ?**

Œuvre : *L'Étranger*, Camus. Parcours : « L'homme et le monde ».

Sujet

Dans *L'Étranger*, Camus nous présente un héros à la fois détaché du monde et très attaché à la vie. Dans quelle mesure la littérature nous permet-elle de mieux connaître les hommes et le monde ?

Vous répondrez en vous appuyant sur votre lecture du roman et des textes associés.

Introduction

L'auteur prête à son personnage des traits de caractère et des habitudes observés dans la réalité. Il n'est pas le pur fruit de l'imagination, et porte en lui « l'humaine condition », selon l'expression de Montaigne. À ce titre, la littérature permet de réfléchir sur l'homme et la société. Nous verrons dans un premier temps comment les héros de Camus et de Flaubert nous font réfléchir sur la place de l'homme dans le monde, tandis que ceux de Yourcenar et de Carrère confrontent le roman avec des personnages réels. Enfin, nous verrons que la littérature, par sa diversité, permet d'appréhender la vie dans tous ses aspects.

La rédaction de la conclusion

Exercice 2

1. **Repérez les étapes de cette conclusion proposée pour le sujet de l'exercice 1.**
2. **Complétez l'élargissement suggéré pour terminer la conclusion.**

Conclusion

Nous avons vu comment Flaubert et Camus, par le biais de héros particuliers, atteignent à l'universalité de l'expérience humaine. Personnages réels, les héros de Yourcenar et Carrère, modifiés par le travail littéraire, permettent d'interroger le rapport au monde de leurs auteurs. La littérature se révèle ainsi comme un chemin privilégié de la connaissance de soi et du monde. Ce chemin n'est pas le seul, et l'approche littéraire gagne à être accompagnée par ....

Exercice 3

Corrigez les maladresses de la conclusion suivante, et réécrivez-la en la complétant.

Œuvre : *Poèmes saturniens*, Paul Verlaine.

Parcours « Le poète et son temps » ; Rimbaud, *Les Cahiers de Douai*, Jules Laforgue, *Les Complaintes*, Tristan Corbière, *Les Amours jaunes*

Sujet

Dans quelle mesure peut-on parler de modernité poétique pour le recueil des *Poèmes saturniens* de Verlaine, ainsi que pour les textes et œuvres associés à cette lecture pendant l'année ?

Conclusion à améliorer

Par conséquent nous pouvons en conclure que Verlaine a été un poète moderne. Mais il a travaillé surtout sur la forme de ses poèmes, et moins sur les thèmes, qui restent ceux du romantisme. Nous pouvons nous demander dans quelle mesure la peinture de cette époque est, elle aussi, moderne.

La rédaction du développement

Exercice 4

1. **Quelle est l'idée directrice du paragraphe de dissertation suivant ?**
2. **Retrouvez l'argument, l'exemple et l'explication dans ce paragraphe.**

Le poème « Roman » des *Cahiers de Douai* montre chez Rimbaud la volonté de s'écarter de la versification classique. En effet, il multiplie les ruptures de rythme avec une ponctuation et des enjambements surprenants, comme « *On divague ; on se sent aux lèvres un baiser/ Qui palpite là, comme une petite bête…* » Les points de suspension et la césure à la troisième syllabe, suivie d'un enjambement au vers suivant, brisent le rythme de l'alexandrin classique.

Exercice 5

1. Voici des notes prises par un élève. Transformez-les en un paragraphe rédigé.
2. Ajoutez les connecteurs nécessaires.

1. V. Hugo veut renouveler le théâtre classique => drames romantiques.
2. VH veut un théâtre + vivant + proche de la nature humaine + habité.
3. la nature mêle l'ombre à la lumière, le pur à l'impur, le grotesque au sublime = il fait pareil.
4. alliance du grotesque et du sublime => le grotesque magnifie le sublime.
5. par ex Don Carlos ds *Hernani* : au début il incarne le grotesque, ensuite il devient sublime.

Exo BAC

1. Faites l'analyse du sujet de dissertation.
2. Lisez le plan proposé. Rédigez des phrases de transition d'une grande partie à l'autre.
3. Rédigez l'introduction et la première partie.

Œuvre étudiée : *Supplément au voyage de Bougainville*, Denis Diderot.

Parcours associé : « Voyage et altérité » : Jean de Léry, *Voyages en terre de Brésil* ; Cyrano de Bergerac, *L'Autre Monde* ; Fénelon, *Les Aventures de Télémaque* ; Pierre Boulle, *La Planète des Singes* (lecture cursive).

Sujet

Le véritable voyage est celui qui permet, selon Rousseau, de « secouer le joug de l'opinion ».

Dans quelle mesure la littérature permet-elle de remettre en cause les idées reçues ? Vous répondrez en vous appuyant sur votre lecture du *Supplément au voyage de Bougainville* et des textes associés.

Plan

I – Les récits de voyage révèlent d'autres mondes

a) Découverte d'un autre monde :
- Léry a vécu avec les indigènes du Brésil.
- Diderot s'est intéressé aux Otaïtiens.

b) Découverte d'une autre culture :
- les indigènes n'ont pas les vices des Européens.
- fin de la supériorité de la culture occidentale.

II – Les voyages imaginaires suscitent la réflexion

a) La littérature fait naître d'autres mondes :
- des mondes parfaits : utopies.
- des mondes inquiétants : par exemple *La Planète des singes*, de Pierre Boulle.

b) La littérature nous confronte à l'étranger :
- un étranger montre l'exemple : les oiseaux libres de *L'Autre Monde*.
- un étranger d'une autre espèce, miroir des défauts humains : *La Planète des singes*.

III – Ces voyages transforment le lecteur

a) La littérature est un art :
- elle touche profondément ses lecteurs.
- elle remet en question ses préjugés.

b) Lire, prépare à se confronter à l'autre :
- avant l'étranger du récit, on rencontre *cet autre* qu'est l'auteur.
- enrichi par ses lectures, on s'ouvre davantage aux autres.

Exercice GUIDÉ

Vers l'épreuve du BAC

La dissertation pas à pas

ÉTAPE 1 Lisez le sujet et le parcours associé.

Sujet. **Dans *Les Misérables*, Victor Hugo incite à réfléchir sur le problème du mal et de l'exploitation de l'homme par l'homme. La littérature rend-elle plus juste notre regard sur la société ?**
Vous réfléchirez à cette question en vous appuyant sur votre lecture de Hugo et des textes associés.

Œuvre : *Les Misérables*, Victor Hugo. **Parcours :** « Justice et Injustice » : Montesquieu, *Lettres persanes* ; Émile Zola, Lettre ouverte « *J'accuse* » ; Albert Camus, *L'Étranger*.
Lecture cursive : Judith Perrignon, *Victor Hugo vient de mourir.*

Extrait 1

Un homme pauvre, Champmathieu, a été arrêté pour un vol de pommes.

« Accusé, reprit l'avocat général d'une voix sévère, faites attention. Vous ne répondez à rien de ce qu'on vous demande. Votre trouble vous condamne. [...] Il est évident que vous avez volé avec escalade des pommes mûres dans le clos Pierron. Messieurs les jurés apprécieront.

L'accusé avait fini par se rasseoir ; il se leva brusquement quand l'avocat général eut fini, et s'écria :

– Vous êtes très méchant, vous ! Voilà ce que je voulais dire. Je ne trouvais pas d'abord. Je n'ai rien volé. Je suis un homme qui ne mange pas tous les jours. Je marchais dans le pays, j'ai trouvé une branche cassée par terre où il y avait des pommes, j'ai ramassé la branche sans savoir qu'elle me ferait arriver de la peine. Il y a trois mois que je suis en prison et qu'on me trimballe. Après ça, je ne peux pas dire, on parle contre moi, on me dit : répondez ! Je ne sais pas expliquer, moi, je n'ai pas fait les études, je suis un pauvre homme. Je n'ai pas volé, j'ai ramassé par terre des choses qu'il y avait.

Victor Hugo, *Les Misérables*, 1862.

Extrait 2

Les Lumières s'interrogent sur le principe qui peut protéger la société : Dieu, la loi ou le sens moral.

Nous sommes entourés d'hommes plus forts que nous ; ils peuvent nous nuire de mille manières différentes, les trois quarts du temps ils peuvent le faire impunément : quel repos pour nous de savoir qu'il y a dans le cœur de tous ces hommes un principe intérieur qui combat en notre faveur, et nous met à couvert de leurs entreprises !

Sans cela nous devrions être dans une frayeur continuelle ; nous passerions devant les hommes comme devant les lions ; et nous ne serions jamais assurés un moment de notre vie, de notre bien ni de notre honneur.

Montesquieu, *Lettres persanes,* lettre 84, 1721.

ÉTAPE 2 Recherchez des idées.

Recherchez dans les textes des éléments qui pourraient répondre à la problématique suivante : « La littérature rend-elle plus juste notre vision du monde ? »

ÉTAPE 3 Enrichissez le plan de votre dissertation

Enrichissez le plan par les textes et vos connaissances.

I – La littérature dénonce les défauts de la société

a) le procès de l'injustice sociale : pauvreté, misère ....

b) elle met en scène des procès révélateurs ....

II – La littérature change le regard

a) le lecteur se sent proche des personnages : Valjean, Cosette = émotion

b) le lecteur réfléchit avec les philosophes des Lumières ....

III – La littérature comme source d'action

a) l'œuvre de Hugo a mené à une action forte : roman de J. Perrignon qui montre le bouleversement d'une nation...

b) action politique de Zola qui ....

ÉTAPE 4 Rédigez le développement

Choisissez, dans une des parties, deux paragraphes à rédiger.

ÉTAPE 5 Rédigez l'introduction

Complétez l'introduction suivante en imaginant la phrase d'accroche et en annonçant le plan.

.... De nombreux romanciers du XIXe siècle ont dépeint avec justesse la société de leur temps, comme Victor Hugo dans son chef d'œuvre *Les Misérables*. Ils ont ainsi ému et éveillé les consciences, initiant souvent même un combat politique. Aussi peut-on se demander si la littérature rend plus juste notre vision du monde. Pour répondre à cette question, nous ....

Les types de plans

Il faut choisir un type de plan en fonction de la consigne proposée par le sujet. On distingue quatre types de plans : le plan dialectique, le plan analytique, le plan thématique et le plan comparatif.

Le plan dialectique

Quand l'utiliser. On le choisit pour le sujet qui appelle une confrontation. Celui-ci est formulé soit avec une question totale (réponse oui ou non) soit avec un verbe invitant à discuter, commenter.

Comment le construire. Ce plan s'organise autour de deux thèses opposées. La première partie justifie le point de vue avancé dans le sujet (c'est la thèse). La deuxième partie en montre les limites, par des arguments qui s'y opposent (c'est l'antithèse). La troisième partie pousse plus loin la réflexion et cherche à dépasser l'opposition, à poser le problème en d'autres termes (c'est le dépassement ou synthèse).

Exemple. Peut-on affirmer qu'Internet favorise la communication avec les autres ?

I. Thèse. Oui Internet est propice au développement des communications.
II. Antithèse . Toutefois Internet a aussi des effets négatifs
III. Synthèse. Il faut user de prudence et de mesure pour l'utiliser de manière positive.

« La valeur d'une idée dépend de son utilisation.

Thomas Edison scientifique américain »

Le plan analytique

Quand l'utiliser. Il est choisi pour valider la thèse contenue dans un sujet. Ce sujet n'invite pas à remettre en cause ce qui est dit. Il est formulé avec une question partielle (réponse autre que oui ou non) ou avec un verbe invitant à « développer » ou « dire en quoi... ».

Comment le construire. Ce plan s'organise autour d'une seule thèse en envisageant ses aspects en deux ou trois parties. On peut, dans la troisième partie, exprimer des objections. Ainsi, on expose d'abord les données d'un problème puis les causes, enfin les conséquences ou les solutions.

Exemple. Que pensez-vous des problèmes posés par la pollution ?

I. Aspect A. Les formes de la pollution.
II. Aspect B. Les causes de la pollution.
III. Solution. Les possibilités de la combattre existent.

> Toute idée exprimée avec force porte en elle-même un pouvoir de réalisation.
>
> William James
> psychologue
> et philosophe

Henri Galeron, *Un récit en panne*, 1985.

Le plan thématique

Quand l'utiliser. C'est le type de plan le plus courant qui permet d'exposer un thème et de le développer selon différents points de vue.
Comment le construire. On l'appelle thématique parce qu'il s'organise autour de parties qui examinent les différents aspects d'une même question. Ce type de plan répond aux sujets qui appellent une définition ou une caractérisation. Il décline les différents aspects d'un phénomène, les différents éclairages d'un sujet. Les parties sont organisés par ordre d'importance.
Exemple. À votre avis peut-on définir les Lumières comme le combat de la raison?

I Aspect A . Les Lumières contre les préjugés et les idées reçues.
II Aspect B. Les Lumières contre l'obscurantisme des lois.
III Aspect C. Les Lumières au service d'un idéal politique de liberté.

Le plan comparatif

Quand l'utiliser. Ce plan se construit sur une comparaison qui fait apparaître les similitudes et les différences entre deux notions, deux approches d'un même thème.
Comment le construire. Le plan procède donc à une confrontation dans les deux premières parties. Il peut, dans une troisième partie exposer un bilan ou un dépassement des oppositions.
Exemple. Un écrivain affirme qu'il n'existe que deux types de romans: ceux qui qui nous font oublier la vie et ceux qui nous expliquent la vie. Qu'en pensez-vous ?

I. Le roman peut nous faire oublier la vie.
II. Le roman peut nous expliquer notre vie.
III. Les meilleurs romans peuvent embellir notre vie.

42 Réaliser une contraction de texte

La contraction de texte consiste à résumer un texte en gardant son système énonciatif et sa structure. Il s'agit de reproduire le plus fidèlement possible, mais avec un vocabulaire personnel, les idées et le raisonnement de l'auteur, en réduisant le texte au quart de sa longueur.

Le texte

Champ lexical dominant : thème
Expressions et mots-clés : thèse
Connecteurs et termes d'articulation

Parler de crise de l'urbanisation peut sembler paradoxal : jamais autant d'hommes n'auront cherché à vivre en milieu urbain et le XXIe siècle est bien celui des villes. Pourtant, la prolifération de ces ensembles humains que sont les agglomérations urbaines apparaît aussi incontestable que problématique. Elle s'impose, en Occident comme dans les pays émergents, de manière de plus en plus incontrôlée, au point que la question de son sens s'est obscurcie totalement. Ainsi, si l'urbanisation est un phénomène spécifiquement humain, son hypercroissance recèle quelque chose d'inhumain. D'une part, elle est l'œuvre même de l'ingéniosité de l'esprit ; mais d'autre part, elle oblitère la possibilité, pour les citadins eux-mêmes, de s'y orienter, de s'y repérer et de donner une signifiance à l'expérience qu'ils font de leur mode de vie spécifique *(143 mots)*

Alain Cambier, « Quand la ville fait monde… », *Cahiers philosophiques*, 2009.

La contraction du texte

Au XXIe siècle, le développement des villes est excessif et déshumanisant. Certes les hommes les ont inventées, mais ils s'y perdent. Un décalage existe donc entre le gigantisme des projets et le ressenti des citadins.

(36 mots)

Observation

1. Quel est le thème de réflexion choisi par l'auteur ?
2. Y a-t-il des mots identiques dans le texte et sa contraction ? Selon vous, pourquoi ?
3. Est-il nécessaire de connaître tous les mots du texte pour en saisir le sens global ? Comment le candidat a-t-il surmonté cette difficulté ?

1 La première lecture du texte

Une première lecture dégage les caractéristiques essentielles du texte à contracter.

- **Repérer le thème et la thèse défendue.** Encadrez les mots et expressions répétés. Puis notez dans la marge des synonymes quand il en existe. À partir de ces mots-clés, repérez la thèse défendue par l'auteur et reformulez-la sur une feuille de brouillon.
- **Identifier les indices d'énonciation.** Qui est l'auteur ? Quel est son destinataire ? Entourez les pronoms personnels employés. Repérez les marques de jugement et de sentiments : termes modalisateurs et vocabulaire évaluatif.

2 L'organisation du texte

Il faut rechercher à présent la structure du texte afin de commencer la contraction.

- **Étudier le mouvement du texte.** Identifiez les arguments et leur justification. Mettez exemples et répétitions entre crochets. Encadrez les connecteurs logiques qui organisent la pensée de l'auteur et le mouvement du texte.
- **Reconstituer le plan du texte.** Notez en marge du texte un titre qui résume chacune de ses étapes. Reliez celles-ci au moyen d'un connecteur qui explicite l'enchaînement des idées : addition (de plus), cause (en effet), conséquence (c'est ainsi que), etc.

3 Le travail du brouillon

La contraction peut débuter lorsque l'ensemble du texte est analysé.

- **Reformuler les idées.** Reformulez les idées pas à pas, avec vos propres mots. Gardez les pronoms personnels. Suivez le texte en allant à la ligne quand il le fait.
- **Réduire la longueur.** Supprimez les répétitions et réduisez les explications. Supprimez également les exemples, lorsqu'ils ne sont que des illustrations. Certains paragraphes, suivant leur contenu, seront ramenés à quelques mots, d'autres seront plus longs.

Remplacer : un mot par un synonyme	*Le protocole → l'accord*
une expression par un mot	*Dans le monde entier → universel*
une énumération par un terme générique	*Les paysans, les ouvriers… → les classes sociales*
un connecteur par un autre équivalent	*Par conséquent → ainsi* *D'abord → d'une part*

Juste une QUESTION

Comment compter les mots ?

Vous devez compter pour un mot tout ce qui est isolable typographiquement et qui fait sens : « l'image » comporte ainsi deux mots. Seuls les signes de ponctuation ne se comptent pas. Inscrivez entre parenthèses à la fin de chaque paragraphe le nombre de mots utilisés.

4 La rédaction de la contraction

Une fois le brouillon achevé, vérifiez si vous arrivez au quart du texte initial (1000 mots = 250 mots). Soignez vos phrases, brèves et bien construites. Conservez le même nombre de paragraphes. N'introduisez pas d'idées nouvelles ou de commentaires personnels.

La première lecture du texte

Exercice 1

1. **Reformulez chaque thèse en une phrase.**
2. **Identifiez les indices d'énonciation. Quelles différences constatez-vous ?**
3. **Des termes évaluatifs ont été repérés dans la citation a. Trouvez-leur des synonymes.**
4. **Des modalisateurs ont été repérés dans la citation b. Reformulez ces expressions.**
5. **Quelle est la modalité des phrases de la citation c ? Reformulez-la sous la forme d'une interrogation indirecte (« on peut se demander si… »).**

a. S'il conserve de la santé et de la lucidité, le retraité n'en est pas moins la proie de ce terrible fléau : l'ennui. Privé de sa prise sur le monde, il est incapable d'en retrouver une parce qu'en dehors de son travail ses loisirs étaient aliénés. (Simone de Beauvoir)

b. Je suis parti du principe que la lutte contre le racisme commence avec l'éducation. On peut éduquer des enfants, pas des adultes. C'est pour cela que ce texte a été pensé et écrit dans un souci pédagogique. (Tahar Ben Jelloun)

c. Notre civilisation serait-elle déjà morte ? Ou allons-nous nous réveiller et nous rappeler que 40 % des start-up aux USA sont créées par des migrants ? (Jean Viard)

L'organisation du texte

Exercice 2

1. **Quel est le thème du texte ? Quelle est la thèse défendue ?**
2. **Identifiez le système énonciatif mis en place par l'auteur. Poursuivez le relevé des modalisateurs et justifiez leur forte présence.**
3. **Repérez les arguments apportés.**
4. **Reformulez chaque paragraphe en une phrase, en supprimant les répétitions et en modifiant les connecteurs.**

Il est possible que la littérature telle que nous la connaissons, les livres tels que nous les pratiquons ne soient plus là pour très longtemps. On nous l'annonce, on nous le fait entrevoir à mille signes.

Je ne suis ni prophète ni futurologue et ne hasarderai pas un pronostic ; mais c'est un fait que de notre vivant, si je puis dire, les choses ont déjà beaucoup changé autour de nous, nous ne voyons plus, nous n'entendons plus tout à fait de la même façon qu'il y a trente ans, nous ne lisons plus de la même façon qu'autrefois.

L'information instantanée et le bombardement continu des images auquel nous sommes soumis ont modifié quelque peu notre perception du monde.

Jean-Louis Curtis, *Questions à la littérature*, revue Esprit, 1973.

Le travail du brouillon

Exercice 3

1. **Utilisez des synonymes et des mots génériques pour remplacer les mots et expressions surlignés dans les citations.**
2. **Dans chaque citation quel mot-clé faudra-t-il reprendre tel qu'il est ?**

1. Les guides touristiques permettent à tous de construire un autre rapport aux territoires et au monde. (Stéphanie Pryen)
2. Seules les civilisations mortes ont peur des arrivants. (Jean Viard)
3. Regardons la foule dans le métro (parisien) ou dans les rues de villes comme Lyon, Marseille, Lille ou Grenoble… (Fernand Braudel)
4. Le vintage, c'est la mode de l'ancien. Depuis le début des années 2000, la jeunesse occidentale s'adonne à une sorte de culte pour les vêtements, les accessoires, les meubles et les productions culturelles de la seconde moitié du XXe siècle. (Philothée Gaymard)
5. Au plein milieu du siècle, l'événement d'Hiroshima nous enseigna l'éminente et caractéristique nouveauté que cette immortalité de l'espèce humaine, que nous croyions évidemment donnée, nous devions la protéger, mieux, la construire. (Michel Serres)

Exercice 4

1. **Analysez le système énonciatif du texte.**
2. **À l'aide des connecteurs reconstituez la stratégie argumentative et reformulez la thèse exprimée dans le dernier paragraphe.**
3. **Proposez une autre formulation pour les mots et expressions-clés soulignés.**
4. **Reformulez l'idée essentielle de chaque paragraphe.**

Notre temps n'a pas le triste privilège des travaux sans gloire et des vies sans surprises. Pourquoi alors cette si soudaine flambée de contestation et ces tentatives maladroites pour donner un sens nouveau à des frustrations que les générations précédentes avaient supportées avec apparemment beaucoup plus de patience ? Pourquoi coïncident-elles ainsi avec une indéniable amélioration du niveau de vie de tous les travailleurs, liée de toute évidence aux retombées économiques et sociales de ce progrès mis en accusation ?

C'est qu'en fait cette impression de devoir vivre son existence entière dans un monde du travail terne et figé, sans jamais pouvoir échapper à ses déterminismes familiaux et à sa programmation scolaire et professionnelle, est d'autant plus insupportable qu'autour de soi, comme par contraste, tout semble en perpétuel mouvement et brille de mille feux. On dit de notre société et qu'elle est une société de consommation et que toute son énergie se consume à toujours produire plus pour pouvoir acquérir plus. C'est évidemment ce qui la caractérise le plus fidèlement et la condamne aussi le plus sévèrement.

Jean Rousselet, *L'Allergie au travail*, 1974.

Exercice 5

Le candidat a compris le texte de l'exercice 4 mais sa contraction a des erreurs. Corrigez-les et supprimez ce qui rend son travail trop long (la contraction doit comprendre entre 40 et 48 mots).

L'auteur explique qu'à notre époque, de façon paradoxale, nos contemporains supportent beaucoup moins bien les inégalités que leurs ancêtres alors que le progrès leur apporte un confort nouveau. Je pense qu'ils ne devraient pas s'en plaindre ! (37 mots)

Incontestablement, notre vie semble réglée mécaniquement et sans aucune issue possible, alors que le bonheur semble régner autour de nous et briller de mille feux. En réalité, nous désirons produire toujours pour pouvoir acheter toujours plus de choses qui ne servent à rien. (43 mots)

Exo BAC

1. **Repérez le système d'énonciation du texte.**
2. **Quelle est la thèse défendue ? Reformulez-la.**
3. **Analysez la structure argumentative du texte : nombre de paragraphes, idée directrice de chaque paragraphe, exemples.**
4. **Contractez-le en 45 mots (+ ou – 10%).**

« Notre maison brûle et nous regardons ailleurs. La nature, mutilée, surexploitée, ne parvient plus à se reconstituer et nous refusons de l'admettre. L'humanité souffre. Elle souffre de mal-développement, au Nord comme au Sud, et nous sommes indifférents. La terre et l'humanité sont en péril et nous en sommes tous responsables.

Il est temps, je crois, d'ouvrir les yeux. Sur tous les continents, les signaux d'alerte s'allument. L'Europe est frappée par des catastrophes naturelles et des crises sanitaires. L'économie américaine, souvent boulimique en ressources naturelles, paraît atteinte d'une crise de confiance dans ses modes de régulation. L'Amérique Latine est à nouveau secouée par la crise financière et donc sociale. En Asie, la multiplication des pollutions, dont témoigne le nuage brun, s'étend et menace d'empoisonnement un continent tout entier. L'Afrique est accablée par les conflits, le SIDA, la désertification, la famine. Certains pays insulaires sont menacés de disparition par le réchauffement climatique.

Nous ne pourrons pas dire que nous ne savions pas ! Prenons garde que le 21e siècle ne devienne pas, pour les générations futures, celui d'un crime de l'humanité contre la vie. » (182 mots)

Jacques Chirac, *Discours de Johannesburg*, septembre 2002.

Exercice GUIDÉ

Vers l'épreuve du BAC

La contraction de texte pas à pas

ÉTAPE 1 Lisez attentivement l'énoncé du sujet

Sujet. Vous ferez la contraction du texte au quart de sa longueur (117 mots) avec une marge de +/ – 10% en conservant son système énonciatif et en veillant à respecter le mouvement de l'argumentation.

Le texte support de la contraction (369 mots)

Marie-Aude Murail, auteure pour la jeunesse, publie une tribune pour dénoncer ce qu'elle ressent comme une nouvelle forme de censure.

Pour manipuler l'opinion, les censeurs employaient auparavant (1) deux techniques éprouvées : ils citaient des extraits des ouvrages incriminés en les coupant de leur contexte et ils faisaient semblant de croire que l'évocation dans un roman pour la jeunesse du vol, de la violence, de la drogue, etc., était une incitation à adopter des comportements déviants. À ces accusations de prosélytisme, Melvin Burgess, l'auteur du très explicite *Junk*, répondit de façon lapidaire : «*Je souhaite que, la première fois que mes enfants entendent parler de la drogue, ce ne soit pas le jour où on leur en propose.*» (2)

Cette censure, qui reparut régulièrement tel un serpent de mer, ne me gênait pas quand j'écrivais. L'adversaire, clairement identifié, était réactionnaire. Ma situation devint plus inconfortable dernièrement (3) quand les tirs vinrent de mon propre camp. Qui sont les nouveaux censeurs ? (4) A priori des gens que j'estime, très investis sur un certain nombre de sujets, le féminisme, les mauvais traitements envers les animaux, le racisme, l'homo ou la transphobie, etc. Je respecte leurs convictions, mais l'esprit de sérieux dont ils font preuve les pousse à une lecture fondamentaliste des textes, sans recul et sans humour. Bien plus, ils s'indignent de toute divergence de point de vue et tout personnage qui ne voit pas le monde strictement comme eux est une offense à leur sensibilité. (…) (5)

L'autre procès qu'on fait à l'écrivain concerne sa légitimité. (6) Lors d'une intervention dans un IUT Métiers du livre à Bordeaux, une jeune étudiante m'a dit qu'elle ne comprenait pas pourquoi les adolescents n'écrivaient pas eux-mêmes les romans pour adolescents puisqu'étant les mieux placés pour parler de l'adolescence. Elle me reprochait de leur confisquer la parole et d'en tirer profit. Je suis également illégitime si je prends un héros noir comme dans *Sauveur & fils* puisque je ne suis pas noire, ou en créant Ella-Elliot, un jeune personnage trans, puisque je ne suis pas trans. Au mieux, je vais être jugée caricaturale et stéréotypée, au pire, je vais verser dans l'appropriation culturelle. 7 Si l'on n'y prend pas garde, de capitulation d'éditeur en autocensure d'auteur, on arrivera, sous la pression de ces censeurs bardés de bonnes intentions, à l'impossibilité même de la fiction, c'est-à-dire la liberté pour un créateur d'imaginer ce qu'est l'autre. 8

Marie-Aude Murail, « De quoi l'enfer est pavé », *Libération* du 29 novembre 2019.

ÉTAPE 2 Faites une première lecture du texte

1. Repérez les circonstances du texte : l'auteur, le destinataire, le contexte.
2. Dégagez l'idée générale et l'intention de l'auteur.

ÉTAPE 3 Repérez la construction de l'argumentation

Avant de résumer le texte, vous devez repérer les différentes étapes de l'argumentation. De combien de paragraphes le texte est-il constitué ? Quelles sont les étapes de l'argumentation ? Quels connecteurs soulignent l'enchaînement des idées ?

ÉTAPE 4 Analysez le texte

1 Quel est le temps utilisé ? À quoi renvoie le connecteur temporel ?
2 Quel est le rôle de cette citation ? Sera-t-elle conservée dans la contraction ?
3 Que signalent le changement de paragraphe et ce nouveau connecteur ?
4 Pourquoi cette expression est-elle importante ? Peut-on la conserver ?
5 Reformulez la thèse défendue dans ce paragraphe, de manière plus concise.
6 Comment le texte progresse-t-il ? Trouvez un synonyme à « légitimité ».
7 Résumez ce long passage illustratif en une phrase.
8 Sur quelle conclusion la tribune débouche-t-elle ?

ÉTAPE 5 Rédigez votre contraction de texte

Reformulez chaque paragraphe du texte en quelques phrases courtes.

Suivez l'énonciation du texte sans commencer par : « L'auteure affirme que… »

Conservez idées principales et mots-clés en utilisant des synonymes quand c'est possible.

Résumez les idées secondaires et les exemples et supprimez les répétitions, sauf quand elles constituent une forme d'insistance.

Respectez l'ordre des idées et ajoutez des connecteurs logiques.

Ne donnez pas votre avis personnel, mais reprenez les idées de l'auteur, en utilisant des modalisateurs et des termes évaluatifs comparables aux siens.

43 Préparer un essai

L'essai développe une argumentation personnelle sur le sujet du texte de la contraction. Pour le préparer, le candidat s'appuie sur lui, sur l'objet d'étude, les œuvres lues et son propre regard sur le monde.

Le sujet de l'essai

Le thème de réflexion de l'essai déjà présent dans le texte de la contraction

La problématique de l'essai

Les réponses apportées à la problématique à discuter

Sujet. Comprenez-vous ceux qui éprouvent de la nostalgie pour le passé ?

Vous défendrez un point de vue personnel et argumenté sur cette question en vous appuyant sur le texte de Jean Fourastié, ainsi que sur votre connaissance de l'œuvre et des textes étudiés pendant l'année.

Parcours associé. « L'homme des Lumières face à la Nature »

Œuvre. *Discours sur l'origine de l'inégalité parmi les hommes*, Jean-Jacques Rousseau

Extrait du texte de la contraction. « Une certaine conception du monde place dans le passé l'âge d'or de l'humanité…» Jean Fourastié, *Pourquoi nous travaillons*.

La préparation de l'essai

Rousseau = âge d'or dans la nature ; inégalité dans la société

Aujourd'hui = confort, médecine, progrès, espérance de vie, mais nature détruite

Problème = le « progrès » menacé par la destruction de la planète

Le plan de l'essai

I – La nostalgie du passé est compréhensible

1. le passé renvoie à un mode de vie simple et rassurant.
2. les philosophes comme Rousseau imaginent un « âge d'or ».

Transition : cet âge d'or est un mythe, l'humanité ne l'a pas connu.

II – Le progrès doit être contrôlé

1. les sciences améliorent les conditions de vie.
2. la technologie et la pollution doivent être maîtrisées.

Observation

1. Pour vous, qu'est-ce qu'un essai ?
2. En quoi l'essai à rédiger est-il lié au parcours associé ?
3. Quelles réponses le plan de l'essai apporte-t-il ?

1 L'analyse du sujet

Une lecture attentive du sujet permet d'en cerner les enjeux.

- **Repérer les mots-clés du sujet.** Surlignez les mots importants. Ces mots annoncent le thème de la réflexion à engager et donnent des pistes. Vous pouvez utiliser des synonymes, mais aussi des antonymes pour analyser le sujet.
- **Dégager la problématique.** Le sujet pose une problématique, une question à laquelle il faut essayer de répondre. Reformulez-la afin d'en dégager les aspects essentiels.

Exemple. Comprenez-vous ceux qui éprouvent de la nostalgie pour le passé ? → S'il est possible de comprendre que certaines personnes vivent dans la nostalgie du passé, faut-il leur donner raison ?

2 La recherche des idées

Plusieurs possibilités s'offrent pour répondre à la problématique posée par le sujet.

- **Récapituler les connaissances apportées par le texte.** Le brouillon de la contraction contient de nombreuses informations qui peuvent vous servir pour l'essai : thèse défendue par l'auteur, arguments et exemples apportés. Il faut aussi tenir compte des points de vue qu'il rejette, qui méritent parfois d'être reconsidérés.
- **Se référer à l'œuvre et au parcours.** L'œuvre étudiée dans le cadre de la littérature d'idées et le parcours de lecture associé entretiennent des liens avec le sujet de l'essai. Notez au brouillon en quoi ils peuvent éclairer la problématique : noms d'auteur, idées, exemples, citations.

  Exemple. Le mythe du bon sauvage, étudié à travers l'œuvre de Rousseau, a permis d'analyser en classe un groupement de textes sur le thème de la nature. Ils peuvent servir d'exemples dans l'essai.

- **Utiliser ses connaissances personnelles.** Le sujet traite d'une problématique contemporaine. Notez au brouillon tout ce qui, dans vos connaissances personnelles, vos lectures et votre culture, peut permettre d'en débattre : actualité, presse, cinéma, faits divers, séries : on attend que vous mettiez en valeur votre connaissance du monde.

3 La construction du plan

Le sujet d'un essai laisse beaucoup de liberté. Mais avant de le rédiger, il est indispensable d'organiser ses idées en deux ou trois parties.

- **Choisir un type de plan.** Vous pouvez envisager de construire un plan chronologique (avant/aujourd'hui/demain), logique (thèse, antithèse, synthèse) ou analytique (une seule thèse, développée progressivement en deux ou trois parties).
- **Construire le plan.** Notez vos grandes parties sous forme de tableau et insérez dans chacune d'elles les idées recueillies au brouillon, avant de les mettre en ordre. Chaque idée, accompagnée d'exemples et de commentaires, deviendra un paragraphe.

Juste une QUESTION

Combien de temps dois-je consacrer à cette étape ?

Cette étape intervient après l'exercice de contraction, et vous pouvez être tenté de passer rapidement à la rédaction. Mais il est impératif de rassembler des idées et de les organiser selon un plan. Il faut donc y consacrer environ 30 minutes.

L'analyse du sujet

Exercice 1

1. Repérez les mots-clés de l'essai.

2. Parmi les problématiques proposées, laquelle convient le mieux ? Justifiez votre réponse.

Sujet. « Tout le monde considère les séries comme étant plus ou moins "le grand roman de notre époque" », déclare Tristan Garcia. Pensez-vous que ce genre permet, à la manière de la littérature, de mieux comprendre l'humanité et le monde ?

Vous répondrez à cette question en vous appuyant sur le texte de la contraction, votre culture personnelle, ainsi que les textes et œuvres étudiés.

Parcours associé : « Le récit au service de la critique sociale, de la Renaissance aux Lumières »

Problématiques proposées

A. Les séries télévisées sont-elles des romans ?

B. Faudrait-il regarder des séries et ne plus lire ?

C. Les séries télévisées peuvent-elle nous éduquer ?

D. Séries et romans ont-ils les mêmes fonctions ?

E. Les séries remplacent-elles cinéma et littérature ?

La recherche des idées

Exercice 2

1. Recherchez dans le texte les idées qui permettraient de répondre au sujet de l'exercice précédent.

2. Quelles lectures faites en classe pourraient être citées dans l'essai ?

3. Notez au brouillon trois idées personnelles répondant à la problématique du sujet.

Dans l'imaginaire populaire, les séries télévisées, ce sont avant tout des divertissements d'une quarantaine de minutes, propices aux moments de détente, et bons prétextes pour procrastiner*… Et pourtant, elles gagnent peu à peu leurs lettres de noblesse et gagnent l'intérêt des chercheurs.

Colloques, cours à l'université, livres, comparaisons avec les plus grandes œuvres de la littérature ou du cinéma : on ne compte plus le nombre d'études dédiées aux séries télévisées, analysées tant pour leurs qualités artistiques que pour leur valeur sociologique ou historique. «Pendant une quarantaine d'années, les séries télé ont été extrêmement méprisées par les intellectuels. Et d'un seul coup, avec la télévision de qualité aux États-Unis et le passage au câble au début des années 90, il y a eu une sorte de révélation », renchérit l'écrivain et philosophe Tristan Garcia, auteur d'un essai sur *Six Feet Under*.

« Aujourd'hui, les séries ont une légitimité culturelle totale. Tout le monde les considère comme étant plus ou moins "le grand roman de notre époque" », ajoute le romancier, qui n'hésite pas aller jusqu'à comparer *Six Feet Under* aux œuvres de Proust ou de Dostoïevski.

« Les séries TV sont même étudiées au CNRS »,
Le Figaro du 5 décembre 2013.

* remettre au lendemain ses obligations.

Exercice 3

1. Reformulez la thèse défendue par l'auteur.

2. Classez sous la forme d'un tableau les arguments et les exemples permettant de défendre ou de réfuter son point de vue.

Sujet. Au choc des empires dénoncé par Montaigne, l'auteur oppose la naissance future d'un « empire global ». Quels intérêts et quels inconvénients voyez-vous dans cette éventualité ?

Vous répondrez à cette question sous la forme d'un essai faisant appel à vos connaissances personnelles et à votre lecture du parcours associé.

Parcours associé : « Notre monde vient d'en trouver un autre »

Support de la contraction

Depuis l'an 200 avant notre ère, environ, la plupart des hommes ont vécu dans des empires. Il paraît probable qu'à l'avenir aussi, la plupart des hommes vivront dans un empire. Cette fois cependant, l'empire sera réellement global. La vision impériale d'une puissance dominant le monde entier pourrait être imminente.

À mesure qu'on avance dans le XXIe siècle, le nationalisme perd du terrain. De plus en plus de peuples croient que la source légitime de l'autorité ne vient pas des membres de telle ou telle nationalité, mais de l'humanité toute entière, et que sauvegarder les droits de l'homme et protéger les intérêts de toute l'espèce humaine est la lumière qui devrait guider la politique. Dès lors, l'existence de près de deux cents États indépendants est une entrave, plutôt qu'une aide.

Yuval Noah Harari, *Sapiens, une brève histoire de l'humanité*, Éd. Albin Michel, 2015.

La construction du plan

Exercice 4

Les plans proposés portent sur le sujet de l'exercice précédent. Classez-les par ordre de préférence et justifiez votre choix.

Plan A

I. Montaigne dénonçant la colonisation barbare : l'oppression d'un empire envahisseur

II. Vers la fin des empires ? La mondialisation comme un empire unique (la thèse de l'auteur)

III. Mon opinion personnelle

Plan B

I. Des empires sanglants : histoire de l'homme

II. La mondialisation : la pollution et la misère

III. Montaigne et le parcours associé

Plan C

I. Il faut garder nos frontières : protection des civilisations dans leur diversité

II. Mondialisation = invasion

III. Des droits de l'homme impossibles dans certains pays

Plan D

I. Vers la fin des empires (thèse de l'auteur)

II. Les avantages de cette thèse

III. Obstacles et inconvénients

Exo BAC

1. **Reformulez la problématique du sujet.**
2. **Classez en deux catégories les éléments de réponse fournis par le texte support.**
3. **Notez vos idées permettant de répondre au sujet.**
4. **Construisez un plan détaillé de votre essai.**

Sujet. En lançant son projet d'encyclopédie, Diderot n'imaginait sans doute pas que la quête de savoir conduirait les hommes à créer des machines qui lui ressemblent. Pensez-vous que cette quête incessante du savoir constitue aujourd'hui une menace pour l'humanité ?

Vous répondrez à cette question en vous appuyant sur le texte de la contraction, ainsi que sur les lectures faites durant l'année.

Parcours associé : « Le progrès, vraiment ? »

Texte support de la contraction

Les experts en futurologie du numérique l'affirment : l'intelligence artificielle va tout chambouler. Si on les laisse faire, ils sont même capables de parler de « disruption »*… L'IA sait reconnaître un chat dans une image, elle va accorder des prêts immobiliers ; elle écrase ses adversaires au go, elle va conduire toutes les voitures ; elle peut traduire du polonais en mandarin, elle va automatiser tant de tâches que les métiers d'aujourd'hui n'existeront plus demain. L'intelligence artificielle est magique. Pas dans les faits, bien sûr, mais dans ce rapport étrange que nous avons avec cette technologie dont nous acceptons les prouesses sans en comprendre les mécanismes.

Préface à *Intelligence artificielle, enquête sur ces technologies qui changent nos vies*, Éd. Flammarion, 2018.

*disruption : bouleversement total.

44 Rédiger un essai

Une fois le plan de l'essai mis au point au brouillon, il faut, pour la rédaction, respecter les règles de construction de l'introduction, du développement en deux ou trois parties et de la conclusion.

Sujet de l'essai

Le thème du sujet
La problématique du sujet
Les réponses apportées

« Les civilisations que nous avons sécrétées sont merveilleusement diverses et cette diversité constitue la richesse de chacun de nous », affirme l'auteur dans son *Éloge de la différence*.

Dans quelle mesure la diversité des cultures constitue-t-elle une richesse ? Vous appuierez votre essai sur vos connaissances et sur votre culture personnelle.

La réponse du candidat

Christophe Colomb ne se doutait pas qu'en découvrant l'Amérique il modifierait les cultures amérindiennes et européennes. Chacun d'entre nous aime partir à la découverte du monde en quête d'épanouissement. Mais cette quête de l'Ailleurs est-elle profitable à tous ? Nous verrons d'abord comment l'Autre nous enrichit. Puis, nous nous demanderons si ces rencontres ne menacent pas cette richesse culturelle admirée.

I – L'Ailleurs ou la diversité des cultures et des modes de vie

1. Les Lumières et la découverte de l'Autre (cours + œuvre)
2. Aujourd'hui : tourisme culture (texte contraction)

II – À la rencontre de l'Autre : pour le bien de tous ?

1. Du mirage au cauchemar pour les plus faibles
2. Les limites du métissage culturel (cf. le discours du Tahitien)

La rencontre de l'Autre développe une culture mondiale qui s'offre à tous ou presque. Cependant, nous l'avons vu, cette rencontre de civilisations qui s'ignoraient menace dans leur existence les cultures les plus fragiles. Et il serait dommage à mes yeux que nous détruisions les différences qui font les richesses de la planète.

Observation

1. Où retrouve-t-on dans l'introduction le sujet et la problématique ?
2. Comment le développement renvoie-t-il aux œuvres étudiées ?
3. Quelle est la fonction de la conclusion ?

1 La construction de l'introduction

Brève, essentielle, l'introduction présente le thème et la problématique de l'essai.

- **Rédiger une phrase d'accroche.** La première phrase doit capter l'attention. Présentez le thème du point de vue social, historique ou littéraire. Introduisez une citation, appuyez-vous sur une figure de style.
- **Poser la problématique.** La suite de l'introduction montre votre compréhension. Pour cela, reformulez la phrase ou la citation du sujet à discuter en interrogation directe (« Dans quelle mesure… ? ») ou indirecte (« On peut se demander si… »).
- **Annoncer le plan de l'essai.** Annoncez les idées directrices qui guident votre argumentation. Vous pouvez les formuler sous la forme d'affirmations ou de questions.
  Exemple. « Nous verrons d'abord comment… Puis, nous nous interrogerons sur… »

2 La rédaction du développement

Constitué de deux ou trois grandes parties, le développement se présente comme une succession de brefs paragraphes qui soulignent la progression du raisonnement.

- **Organiser ses paragraphes.** Dès la première phrase de chaque paragraphe, affirmez l'argument et complétez-le ensuite par des explications reposant sur le texte de la contraction, l'œuvre étudiée, le parcours associé et vos connaissances personnelles.
  Remarque. La première phrase de chaque grande partie annonce l'idée directrice fixée par le plan.
- **Donner des exemples.** Afin d'illustrer vos propos, vous pouvez faire référence à un auteur, une œuvre, un mouvement, mais aussi à l'actualité ou la vie quotidienne. Pour citer un auteur, pensez à utiliser des guillemets.
- **Utiliser les liens logiques.** Les paragraphes sont reliés par des connecteurs qui soulignent l'enchaînement et la progression des idées directrices du développement.

3 Les étapes de la conclusion

Brève et personnelle, la conclusion fait le point sur l'argumentation menée.

- **Faire le bilan de l'argumentation.** Il s'agit de résumer en une ou deux phrases chacune des réponses apportées à la problématique, aux questions posées à la fin de l'introduction.
- **Ouvrir la réflexion.** Avant de mettre un terme à l'essai, prenez position et invitez le lecteur à envisager le sujet sous un autre angle, en le liant à une thématique plus large.
  Exemple. Vous pouvez vous tourner vers l'avenir en envisageant les évolutions prévisibles du problème traité. Vous pouvez également revenir vers le passé en faisant appel à l'auteur de l'œuvre intégrale étudiée.

Juste une QUESTION

Dois-je écrire mon essai à la 1ère personne ?

L'essai est un écrit personnel. Il est l'occasion de prendre position et de défendre un point de vue en son nom. Bien sûr, il est souvent préférable d'adopter le pronom indéfini « on » ou le pronom personnel « nous » dans l'introduction et le développement. Mais la conclusion doit contenir un « je » qui marque votre présence en témoignant de vos connaissances, de votre sensibilité et de votre réflexion devant les questions abordées.

La construction de l'introduction

Exercice 1

1. **Lisez et analysez le sujet. Reformulez la problématique qu'il pose.**
2. **Repérez les trois étapes de l'introduction.**
3. **Combien de parties l'introduction annonce-t-elle ? Reformulez l'annonce du plan sous forme de questions.**

Sujet

La diffusion du savoir était au cœur du combat des Lumières, qui en faisaient un idéal de société. Pensez-vous, comme l'auteur de l'article, que l'accès à la connaissance est facilité par l'invention de Wikipédia et le développement des nouvelles technologies ?

L'introduction

L'apparition d'Internet provoque une révolution semblable à celle qui a suivi l'invention de l'imprimerie. Mais elle est beaucoup plus rapide et pose de nombreuses questions. On peut donc se demander à juste titre si les nouvelles technologies et les outils comme Wikipédia vont permettre aux hommes d'accéder à un savoir illimité, proche de l'idéal des Lumières. Nous verrons dans un premier temps quel est cet idéal des Lumières, avant de nous demander, dans un second temps, si les nouvelles technologies permettent de l'atteindre.

Exercice 2

1. **Lisez le sujet suivant. Quel en est le thème ? Reformulez la problématique de l'essai.**
2. **Laquelle des phrases d'accroche proposées conviendrait le mieux au début de l'introduction ? Justifiez votre réponse et expliquez ce qui ne convient pas dans les autres propositions.**

Sujet

« Je hais les livres ; ils n'apprennent qu'à parler de ce qu'on ne sait pas », écrit paradoxalement Jean-Jacques Rousseau dans son essai sur l'éducation, l'*Émile*.

Pour vous, quelles fonctions la lecture occupe-t-elle dans l'éducation et la formation de chacun ? Vous défendrez votre point de vue sur cette question à la lumière du texte de l'exercice de contraction et de ceux que vous avez étudiés durant l'année.

Les phrases d'accroche

A. Comme le grand philosophe Jean-Jacques Rousseau, je déteste les livres et je n'en lis jamais.

B. Rousseau détestait les livres mais il en a écrit beaucoup, comme par exemple *Émile*, un livre sur l'éducation.

C. Dès leur plus jeune âge, les enfants aiment qu'on leur raconte des histoires, même si quelquefois ils s'endorment avant que celles-ci ne soient terminées.

D. Oui, je pense que la lecture est très utile, rien que par exemple pour l'orthographe.

Exercice 3

1. **Proposez une phrase d'accroche pour introduire le sujet proposé.**
2. **Reformulez la problématique.**
3. **Annoncez les idées directrices du plan sous forme de questions ou d'affirmations.**
4. **Rédigez l'introduction de l'essai.**

Sujet

Comme l'auteur du texte de la contraction, pensez-vous que les réseaux sociaux, loin de constituer un espace de liberté, « bafouent les grands principes mis en place au XVIIIe siècle par les écrivains philosophes » ?

Vous appuierez votre essai sur votre connaissance de l'objet d'étude, votre culture personnelle, mais aussi sur les lectures effectuées durant l'année.

Idées directrices du plan

I. Les réseaux sociaux, un espace nouveau de liberté ?

1. Une communication facile et universelle, à comparer avec l'essor de la correspondance au 18e siècle
2. Des lieux de rencontres et d'expression personnelle, à comparer avec les lieux de débat comme les salons et les cafés du 18e siècle

II. Les réseaux sociaux, des outils dangereux lorsqu'ils sont mal utilisés

1. Une liberté qui favorise l'expression de la haine, tout au contraire de l'idéal de tolérance des Lumières

2. Les manipulations de l'opinion et la fin de la démocratie

Le développement

Exercice 4

1. **Le paragraphe suivant a été rédigé pour répondre au début de la première partie du plan proposé par le sujet de l'exercice 3. Relevez ses défauts et ses qualités.**
2. **Réécrivez le paragraphe de façon à l'améliorer.**
3. **Sur le même modèle, développez un autre paragraphe de l'essai, au choix.**

Il n'y a pas à dire, les réseaux sociaux, c'est la vraie liberté. Ils sont d'ailleurs utilisés par tout le monde. Que ce soit Facebook, Instagram ou autre, ils sont faciles d'accès et plaisent aux jeunes comme aux vieux. Mais c'est surtout les jeunes qui en profitent car ils peuvent communiquer entre eux, sans qu'on se mêle de leur conversation, à toute heure du jour ou de la nuit. Moi, je ne dors jamais sans jeter un œil de temps en temps sur mon portable, des fois qu'il y aurait des messages. S'ils avaient eu des réseaux sociaux du temps de Voltaire, on peut être sûr qu'il les aurait utilisés et les idées des Lumières auraient été plus fortes, je pense.

Exercice 5

1. **Analysez le sujet d'essai qui suit. Reformulez la problématique mise en place.**
2. **À partir des indications données par le brouillon du candidat, rédigez un paragraphe d'une dizaine de lignes.**
3. **Nuancez ou réfutez la thèse de Voltaire en proposant une autre vision du travail.**

Sujet

Voltaire écrit, à la fin de *Candide*, que « le travail éloigne de nous trois grands maux : l'ennui, le vice et le besoin ». Cette définition du travail est-elle en accord avec la conception que vous vous en faites ?

Vous répondrez à cette question sous la forme d'un essai qui s'appuiera sur le texte de la contraction, les œuvres étudiées durant l'année, ainsi que votre conception personnelle du travail.

Les notes du brouillon

→ Idée à développer : Le travail comme nécessité dans la vie des hommes (« éloigne le besoin » = l'argent)
→ Exemple : jeune qui travaille = salaire = liberté = fierté (pouvoir d'achat, permis, voiture, appartement, etc.)
→ Voltaire a raison (« Il faut cultiver son jardin » = travailler avant de penser au reste)

Les étapes de la conclusion

Exercice 6

1. **Lisez la conclusion suivante et reformulez la problématique de l'essai à laquelle elle répond.**
2. **D'après cette conclusion, combien de parties le développement du candidat possède-t-il ?**
3. **En quoi la dernière phrase est-elle maladroite ?**

Pour conclure, la violence ne semble donc pas avoir beaucoup d'efficacité contre une injustice. Au contraire, il semblerait qu'elle l'envenime. En effet, à vouloir guérir le mal par le mal on risque d'aggraver la situation. Mais de toutes façons, chacun fait comme il veut. Tout le monde a le droit d'avoir son opinion.

Exercice 7

1. **Lisez la conclusion suivante. De combien de parties le développement de l'essai était-il composé ?**
2. **Complétez l'ouverture faite par le candidat.**

En définitive, les écrivains des siècles passés ont fait confiance à l'écrit pour faire triompher leurs idées. Mais notre époque semble bouleversée par l'apparition d'Internet qui brouille tous les repères et fait d'une « fake news » une vérité universelle. On peut craindre qu'à l'avenir, les réseaux sociaux…

Exo BAC

En vous aidant du plan proposé dans l'exercice 3, rédigez la conclusion de l'essai :
– Les deux premières phrases rappellent les réponses apportées par le plan.
– Les deux dernières phrases ouvrent la réflexion.

Exercice GUIDÉ

Vers l'épreuve du BAC

L'essai pas à pas

ÉTAPE 1 Lisez attentivement le sujet de l'essai

Sujet. Selon vous, les nouvelles technologies s'accordent-elles avec les grands principes défendus par les écrivains philosophes des Lumières ?

Vous développerez de manière organisée votre réponse à cette question, en prenant appui sur l'œuvre intégrale et les textes étudiés dans le cadre de l'objet d'étude « La littérature d'idées du XVIe au XVIIIe siècle », ainsi que sur le texte de la contraction. Vous pourrez aussi faire appel à vos lectures et à votre culture personnelle.

Le texte qui a servi à la contraction (extrait).

En devenant cette semaine la première ville américaine à interdire la technologie de reconnaissance faciale pour la police et la municipalité, San Francisco a remis à l'ordre du jour les inquiétudes quant à la protection de la vie privée ❶. C'est qu'à travers le monde, en quelques années à peine, autant les forces policières que les plateformes de réseaux sociaux ont lancé des programmes de reconnaissance faciale ❷ – pour des choses aussi banales que d'identifier un visage dans une photo sur Facebook ou plus dérangeantes ❸ comme de retrouver un visage dans une foule lors d'un match de soccer* ou un festival de rue. Qui plus est, ces « visages » s'accumulent dans des bases de données ❹ dont l'usage est rarement défini. Le dernier iPhone est passé de l'empreinte digitale à la reconnaissance de visage pour être déverrouillé. La compagnie aérienne JetBlue l'expérimente pour accélérer l'embarquement. ❺ Des piétons en Chine peuvent recevoir une amende s'ils ont traversé la rue au mauvais endroit ❻. Et pire encore, ailleurs en Chine, la technologie semble servir à faire du profilage ethnique ❼ contre les minorités musulmanes de l'ouest du pays. ❽

Agence Science-presse, 17 mai 2019.

*soccer : terme désignant notre « football » en Amérique du Nord.

ÉTAPE 2 Étudiez le sujet

Repérez les mots-clés qui posent le thème de la réflexion. Identifiez la thématique évoquée par le sujet. Reformulez la problématique de l'essai. Quels liens peut-on établir entre le thème de l'essai et l'objet d'étude au programme ?

ÉTAPE 3 Recherchez des idées

Recherchez, à partir du texte et de vos connaissances, les éléments qui vont nourrir votre réflexion. Notez et classez les idées au brouillon :

1. Qu'est-ce qui déclenche la réflexion de l'auteur ? Quel constat fait-il ?
2. Quelles technologies le texte évoque-t-il ? Qu'en pensez-vous *a priori* ?
3. Quels principes des Lumières cette pratique remet-elle en cause ?
4. Qui utilise ces « bases de données » ? Dans quels buts ?
5. Commentez les exemples introduits par l'auteur. Peut-on y échapper ?
6. Quels principes moraux de la démocratie se trouvent bafoués par cet emploi ? Comment peut-on le justifier ?
7. Cet autre emploi peut-il être justifié ? Qu'en pensez-vous ?
8. De quels textes étudiés cette année pouvez-vous rapprocher la problématique posée par le journaliste ? Quelles réponses ces textes apportent-ils ?

ÉTAPE 4 Mettez au point le plan

Pour répondre à la problématique, le plan présente d'abord les utilisations discutables des nouvelles technologies, avant de proposer une réflexion personnelle.

Complétez le plan suivant au moyen d'arguments et d'exemples après l'avoir recopié et modifié si nécessaire.

I. Des utilisations contestables

1. La reconnaissance faciale au service des autorités
2. Des technologies impossibles à éviter
3. Des applications incontrôlables

II. Une remise en cause de la démocratie ?

1. Le combat des Lumières pour la liberté
2. Des valeurs remises en cause par les nouvelles technologies
3. Mon point de vue personnel sur l'avenir de ces techniques

ÉTAPE 4 Rédigez l'essai

- Votre introduction pose le thème et la problématique du sujet, avant d'annoncer le plan choisi.
- Votre développement reprend les idées du plan sous la forme de deux parties entièrement rédigées.
- Votre conclusion récapitule ce qui a été dit, avant d'élargir la problématique sur un sujet plus vaste.

45 L'explication de texte à l'oral et la question de grammaire

Pour la première partie de l'oral, le candidat dispose de trente minutes de préparation, puis pendant vingt minutes, il mène devant le jury son explication linéaire et répond à la question de grammaire.

L'extrait est situé dans un contexte littéraire et historique. La problématique annonce le projet de lecture de l'explication.

Les mouvements du texte. correspondent aux parties de l'explication.

La conclusion répond précisément à la problématique.

Le texte choisi par l'examinateur

1. **L'explication de texte. Le début du roman de Marguerite Duras, *Un barrage contre le Pacifique* (voir chapitre 22).**
2. **La question de grammaire. « Puis ils se sentaient moins seuls, reliés par ce cheval au monde extérieur. » Transformez cette phrase de manière à obtenir une proposition principale et une proposition subordonnée circonstancielle. Expliquez les transformations que vous avez opérées.**

Le déroulement de l'exposé

La première étape : la présentation et la problématique (2 mn)

- Contexte : Duras : romancière, inspiration autobiographique, etc.
- Problématique : début de roman qui annonce un échec ?

La deuxième étape : L'explication à partir des notes du candidat (8 mn)

Premier mouvement : L'espoir

Deuxième mouvement : Une sensation de désolation et d'isolement

Dernier mouvement : Fatalité

Conclusion : Un début qui est une annonce le thème principal de l'œuvre : l'échec d'une vie

La troisième étape: la réponse à la question de grammaire (2 mn)

« Puis ils se sentaient moins seuls ***parce qu'ils étaient*** *reliés par ce cheval au monde extérieur.»*

Une principale et une proposition subordonnée circonstancielle exprimant la cause. « Parce que » : conjonction de subordination.

Observation

1. Quelles sont les trois étapes de cette première partie de l'oral ?
2. Qu'apportent les titres des mouvements du texte par rapport à la problématique ?

1 La préparation de l'intervention orale

- **Maîtriser le temps de la préparation.** Sur les trente-minutes, consacrez une vingtaine de minutes à l'explication linéaire. Puis cinq minutes à la question de grammaire.
- **Utiliser ses connaissances.** Le texte proposé fait partie du descriptif des extraits travaillés durant l'année. Il est issu d'une œuvre étudiée ou d'un parcours associé. Rassemblez vos connaissances autour de ce texte, notamment pour votre introduction et votre conclusion.
- **Travailler au brouillon.** Après la lecture silencieuse, des surlignements et des annotations sur le texte mettent en valeur vos analyses. Inutile de rédiger l'explication, car l'examinateur n'attend pas une lecture des notes ou une récitation. Il faut juste noter le plan sur le brouillon et les éléments principaux de l'analyse.

2 La lecture à voix haute et la présentation du texte

- **Lire le texte de façon expressive.** Votre lecture doit montrer que vous avez bien compris le texte, et que vous le maîtrisez. L'examinateur doit y percevoir les indices d'une lecture personnelle et énergique, qui par la diction et le rythme ménage ses effets.
- **Présenter le texte ou l'extrait.**
  1. Rappelez le contexte littéraire et historique.
  2. Situez l'extrait ou le poème à expliquer dans l'œuvre d'où il est tiré.
  3. Présentez votre projet (ou problématique) de lecture et les mouvements (ou parties) du texte que vous allez expliquer.

3 L'explication linéaire

- **Suivre les mouvements du texte.** En suivant la progression du texte, vous éclairez sa construction et son écriture : thèmes successifs, mots-clefs, modalité et type de phrases guident donc la progression de vos remarques.
- **Souligner le passage d'une partie à l'autre.** Chaque mouvement (ou partie) marque une étape dans votre explication. À la fin de chaque étape, montrez comment elle a éclairé votre projet de lecture.
- **Proposer une conclusion claire et personnelle.** La conclusion insiste sur la réponse personnelle au projet de lecture annoncé. Elle peut aussi faire le lien avec d'autres textes de l'œuvre ou du parcours associé.

Juste une QUESTION

Est-ce que je peux faire référence à la ligne 10 si je suis en train d'analyser la ligne 2 ?

Bien sûr! Votre analyse est avant tout linéaire. Mais cela ne veut pas dire que vous n'avez pas le droit de rendre compte d'effets d'échos (lexicaux, sonores, syntaxiques). Citez sans crainte un passage plus éloigné du texte. Vous n'êtes pas prisonnier du phrase à phrase.

4 La réponse à la question de grammaire

- **Comprendre la consigne.** La question de grammaire peut porter sur la nature, la fonction, la construction d'une phrase ou d'une partie de phrase.
- **Bien répondre à la consigne.** L'examinateur n'attend pas une réponse complexe. Vous devez simplement expliquer avec précision votre réflexion grammaticale.

La préparation de l'intervention orale

Exercice 1

1. Voici des éléments biographiques et bibliographiques sur Marguerite Duras. Lesquels retiendriez-vous pour une présentation d'un extrait de son roman : *Un barrage contre le Pacifique* ? Justifiez votre choix.

Enfance en Indochine / Sa mère élève ses trois enfants seule après décès du père/ Difficultés financières / 1931 : retour à Paris pour ses études / Résistante pendant la guerre / 1947 : début guerre d'Indochine / *Barrage contre le pacifique* = Inspiration autobiographique et critique de l'esprit colonial / 1950 : est exclue du Parti communiste français / Contre la guerre d'Algérie / Problème d'alcoolisme / Son livre *L'Amant* prix Goncourt en 1984 / Meurt en 1996 / Auteure très célèbre

Exercice 2

1. Lisez l'extrait et les notes prises par le candidat. Pourquoi le candidat a-t-il surligné et délimité ainsi le premier mouvement ?

2. Faites le même travail sur le deuxième mouvement de l'extrait.

Sous le pont Mirabeau **coule** **la Seine**
Et nos amours
Faut-il qu'il m'en souvienne
La joie venait toujours après **la peine**

Vienne la nuit sonne l'heure
Les jours s'en **vont** je **demeure**

Les mains dans les mains restons face à face
Tandis que sous
Le pont de nos bras passe
Des éternels regards l'onde si lasse

Vienne la nuit sonne l'heure
Les jours s'en vont je demeure [...]

Guillaume Apollinaire, « Le Pont Mirabeau », *Alcools*, 1913, Éd. Gallimard

Vers1 : Paris / vers 10, 4, 6, 10 syllabes
Vers 1 et 2 : Champ lexical de l'eau /Métaphore : amour = eau qui passe
Vers 3 : Souvenir = amour passé = formulation ancienne
Vers 4 : Opposition 1 « joie » ≠ « « peine »
Vers 6 : double opposition déplacements ≠ immobilité / « jours » ≠ « je » = refrain 7 syl.
Fin mouvement 1

La lecture et la présentation

Exercice 3

1. Observez cette présentation du *Pont Mirabeau* d'Apollinaire proposée par un candidat avant son explication linéaire. Quelles qualités possède-t-elle ?

2. À quelle étape de la présentation correspond chaque paragraphe ? Reformulez le projet de lecture annoncé.

3. À partir de ce texte, présentez à voix haute le poème, avant de lire à voix haute le passage étudié.

Apollinaire publie le recueil Alcools en 1913 qui annonce une poésie très moderne, proche de celle des surréalistes. Certains poèmes reprennent des thèmes traditionnels comme l'amour ou la mélancolie.

Dans « Le Pont Mirabeau » c'est la rupture avec la peintre Marie Laurencin qui inspire Apollinaire, qui lui associe la ville de Paris. L'eau y est le symbole du temps et de l'amour qui fuit.

Mais je vais montrer dans mon explication comment Apollinaire associe ce thème classique de la perte de l'amour avec une écriture nouvelle pour l'époque. Je m'appuierai pour cela sur l'étude linéaire des trois mouvements qui composent le texte.

Exercice 4 Travail en binôme

1. Préparez la lecture du texte suivant par des annotations sur le rythme et le ton.

2. Le projet de lecture vous est proposé. Les différents mouvements (//) sont indiqués par deux traits. Donnez un titre à chacun d'eux.

3. **Après quelques recherches sur le contexte, préparez votre présentation de cet extrait.**

Projet de lecture : En quoi cette scène est-elle typique du coup de foudre romanesque ?

Jamais il n'avait vu cette splendeur de sa peau brune, la séduction de sa taille, ni cette finesse des doigts que la lumière traversait. Il considérait son panier à ouvrage avec ébahissement, comme une chose extraordinaire. // Quels étaient son nom, sa demeure, sa vie, son passé ? Il souhaitait connaître les meubles de sa chambre, toutes les robes qu'elle avait portées, les gens qu'elle fréquentait ; et le désir de la possession physique même disparaissait sous une envie plus profonde, dans une curiosité douloureuse qui n'avait pas de limites. […] //

Cependant, un long châle à bandes violettes était placé derrière son dos, sur le bordage de cuivre. Elle avait dû, bien des fois, au milieu de la mer, durant les soirs humides, en envelopper sa taille, s'en couvrir les pieds, dormir dedans ! Mais, entraîné par les franges, il glissait peu à peu, il allait tomber dans l'eau ; Frédéric fit un bond et le rattrapa. // Elle lui dit :

– Je vous remercie, monsieur.

Leurs yeux se rencontrèrent.

– Ma femme, es-tu prête ? » cria le sieur Arnoux, apparaissant dans le capot de l'escalier.

Gustave Flaubert, *L'Éducation sentimentale*, 1869

Exo BAC **Travail en binôme**

1. **Lisez le poème de Francis Ponge et repérez les deux mouvements qui le composent. Définissez un projet de lecture.**
2. **Préparez l'explication de ce poème et la question de grammaire.**
3. **Présentez votre explication. Celui qui écoute évalue l'exposé au moyen de la grille.**

Mon arbre dans un siècle encor malentendu,
Dressé dans la forêt des raisons éternelles
Grandira lentement, se pourvoira de feuilles,
À l'égal des plus grands sera tard reconnu.

Mais alors, il fera l'orage ou le silence,
Sa voix contre le vent aura cent arguments,
Et s'il semble agité par de nouveaux tourments,
C'est qu'il voudra plutôt se débarrasser de son
trop de science.

Francis Ponge, « Mon arbre »,
Proême, Éd. Gallimard, 1948

Grammaire. Indiquez la fonction des compléments circonstanciels du premier quatrain.

Progression de l'explication

Mouvement 1 : La lente reconnaissance

- Incompréhension entre le poète et le monde : « malentendu » / arbre = son projet, son œuvre poétique / alexandrins
- Dur apprentissage dans l'anonymat : « dressé », « dans la forêt » jusqu'à la reconnaissance annoncée (prophétie)

Mouvement 2 : La sagesse

- « Mais » (opposition) = nouvelle ère = moment du triomphe
- Maîtrise du savoir : autorité dans la tourmente
- Fausse impression d'agitation = ruse
- Retour à la sagesse en opposition au « trop de science » / vers de 16 syl.

Attendus de la prestation orale	Éléments évalués
– Bonne compréhension littérale du texte – Analyse pertinente au service d'une interprétation – Mobilisation de savoirs linguistiques et littéraires – Références précises au texte étudié	– Qualité de l'expression et niveau de langue orale – Qualité de communication, de précision et de clarté dans le propos.

Grille d'évaluation officielle. Épreuves Anticipées de Français. Ministère de l'Éducation Nationale, 2019.

46 La présentation de l'œuvre à l'oral et l'entretien

La seconde partie de l'épreuve orale se déroule en deux temps, avec une réflexion personnelle du candidat de trois à quatre minutes sur l'œuvre qu'il a choisie, suivie d'un entretien de quatre à cinq minutes, qui lui permet de répondre à l'examinateur.

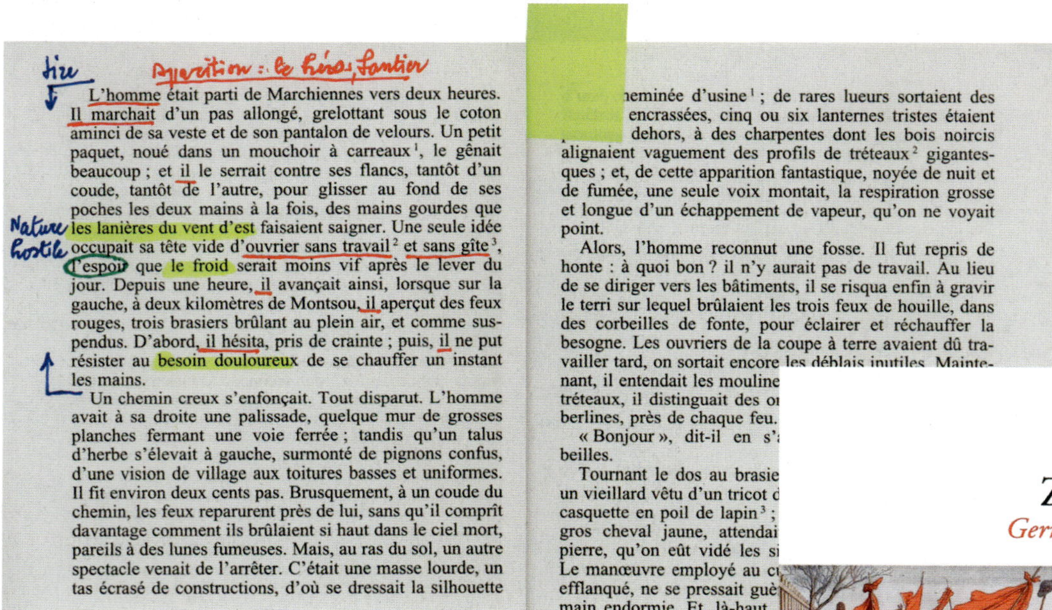

L'homme était parti de Marchiennes vers deux heures. Il marchait d'un pas allongé, grelottant sous le coton aminci de sa veste et de son pantalon de velours. Un petit paquet, noué dans un mouchoir à carreaux[1], le gênait beaucoup ; et il le serrait contre ses flancs, tantôt d'un coude, tantôt de l'autre, pour glisser au fond de ses poches les deux mains à la fois, des mains gourdes que les lanières du vent d'est faisaient saigner. Une seule idée occupait sa tête vide d'ouvrier sans travail[2] et sans gîte[3], l'espoir que le froid serait moins vif après le lever du jour. Depuis une heure, il avançait ainsi, lorsque sur la gauche, à deux kilomètres de Montsou, il aperçut des feux rouges, trois brasiers brûlant au plein air, et comme suspendus. D'abord, il hésita, pris de crainte ; puis, il ne put résister au besoin douloureux de se chauffer un instant les mains.

Un chemin creux s'enfonçait. Tout disparut. L'homme avait à sa droite une palissade, quelque mur de grosses planches fermant une voie ferrée ; tandis qu'un talus d'herbe s'élevait à gauche, surmonté de pignons confus, d'une vision de village aux toitures basses et uniformes. Il fit environ deux cents pas. Brusquement, à un coude du chemin, les feux reparurent près de lui, sans qu'il comprît davantage comment ils brûlaient si haut dans le ciel mort, pareils à des lunes fumeuses. Mais, au ras du sol, un autre spectacle venait de l'arrêter. C'était une masse lourde, un tas écrasé de constructions, d'où se dressait la silhouette

…heminée d'usine[1] ; de rares lueurs sortaient des … encrassées, cinq ou six lanternes tristes étaient … dehors, à des charpentes dont les bois noircis alignaient vaguement des profils de tréteaux[2] gigantesques ; et, de cette apparition fantastique, noyée de nuit et de fumée, une seule voix montait, la respiration grosse et longue d'un échappement de vapeur, qu'on ne voyait point.

Alors, l'homme reconnut une fosse. Il fut repris de honte : à quoi bon ? il n'y aurait pas de travail. Au lieu de se diriger vers les bâtiments, il se risqua enfin à gravir le terri sur lequel brûlaient les trois feux de houille, dans des corbeilles de fonte, pour éclairer et réchauffer la besogne. Les ouvriers de la coupe à terre avaient dû travailler tard, on sortait encore les déblais inutiles. Maintenant, il entendait les mouline… tréteaux, il distinguait des o… berlines, près de chaque feu.

« Bonjour », dit-il en s'… beilles.

Tournant le dos au brasie… un vieillard vêtu d'un tricot … casquette en poil de lapin[3] ; … gros cheval jaune, attendai… pierre, qu'on eût vidé les si… Le manœuvre employé au c… efflanqué, ne se pressait guè… main endormie. Et, là-haut, … grandes … de faux. … pondit le vi…

… métamorphose … Dossier prépa… …ers à Anzin, Zo… qu'on entend … …ur » (*Mes note…* … technique de… …btenu à l'aide …

1. **Explication du titre** : mes hypothèses.
2. **Lecture des premières lignes**
   – Zola = auteur engagé + apparition du héros
3. **Remarques sur le travail de Zola : enquête**
   – Lecture nouvel extrait : la manifestation et la mort de Maheu
4. **Étienne Lantier.**
   – Les raisons de mon admiration pour ce personnage
5. **Conclusion**
   – Ce qui m'a plu : simplicité / violence

Observation

1. Sur quels éléments du roman les annotations du candidat portent-elles ?
2. Selon vous, pourquoi le candidat a-t-il choisi de mettre en valeur cette page ?
3. Quelles sont les différentes étapes de sa présentation ?

1 La préparation de la présentation

- **Maîtriser l'œuvre.** Présentez une œuvre que vous avez aimée, entièrement lue, et même relue avant le Bac. S'il s'agit d'une œuvre étudiée en lecture cursive, des recherches personnelles devront l'avoir enrichie.
- **Repérer des passages dans le livre.** L'œuvre peut être annotée. Repérez vos pages favorites avec des post-it. N'hésitez pas, pendant votre préparation, à surligner des citations importantes à lire. Ces extraits donneront lieu à des commentaires particuliers de votre part.
- **S'entraîner avant le jour de l'examen.** Avant l'épreuve, répétez votre présentation. Entraînez-vous avec un camarade pour exprimer au mieux votre lecture de l'œuvre. Sans rechercher absolument une forme originale, faites preuve de personnalité.

2 La présentation orale

- **Suivre un plan dans sa présentation.** Pour éviter de vous répéter ou de donner l'impression de n'avoir rien à dire, vous pouvez suivre la démarche suivante :
  – présentez d'abord le projet de l'auteur et ce qu'il a voulu dire ;
  – situez rapidement l'œuvre dans une époque littéraire (le contexte de la création) ;
  – appuyez-vous sur quelques moments forts de l'œuvre que vous relisez à voix haute.
- **Montrer son implication personnelle.** Utilisez vos trois ou quatre minutes pour dire ce qui vous a touché, séduit, lors de votre lecture.
  Exemple. Expliquez votre admiration pour un personnage, votre intérêt pour le style, les idées ou les sentiments qu'exprime l'auteur
- **Faire preuve de conviction.** Surtout, ne récitez pas un texte appris par cœur. Parlez en votre nom et employez le « je ». Pour terminer, préparez un argument fort ou une remarque essentielle qui vous servira de conclusion.

3 L'entretien

- **Écouter attentivement les questions pour mieux y répondre.** Les questions posées dépendent de votre présentation : elles peuvent porter sur votre connaissance de l'œuvre, d'autres sur le lien avec d'autres textes, d'autres encore sur vos impressions de lecture… Dans tous les cas, elles attendent en réponse une réflexion personnelle ou un jugement de votre part.
- **Maîtriser les règles du dialogue.** Votre langage doit être clair, sans familiarité ni de réponse par « oui » ou par « non » sans justification. Levez les yeux vers l'examinateur pour entrer en communication avec lui et gardez une attitude collaborative.
- **Réagir positivement aux relances.** L'examinateur ne cherche pas à vous piéger : ses questions veulent vous mettre en valeur. N'hésitez pas à répondre, même avec des doutes.

Juste une QUESTION

Comment être convaincant en trois ou quatre minutes ?

En allant à l'essentiel ! En vous centrant sur ce que vous a apporté votre lecture. Et même si ce que l'œuvre vous a apporté est minime, soyez sincère. Expliquez-le, évitez de dire des choses sans les penser.

La préparation

Exercice 1 **Travail en binôme**

1. **Voici deux extraits d'œuvres que des candidats ont choisi de mettre en avant dans leur présentation. Rédigez quelques lignes qui expliquent selon vous leur choix.**
2. **Choisissez l'une des citations ; lisez-la à voix haute et expliquez à votre binôme les raisons de votre choix.**

a. Comme le jour dépend de l'innocence
Le monde entier dépend de tes yeux purs
Et tout mon sang coule dans leurs regards

Paul Éluard, « La courbe de tes yeux »,
Capitale de la douleur, 1926

b. Quand la sonnerie a encore retenti, que la porte du box s'est ouverte, c'est le silence de la salle qui est monté vers moi, le silence, et cette singulière sensation que j'ai eue lorsque j'ai constaté que le jeune journaliste avait détourné les yeux. Je n'ai pas regardé du côté de Marie. Je n'en ai pas eu le temps parce que le président m'a dit dans une forme bizarre que j'aurais la tête tranchée sur une place publique au nom du peuple français…

Albert Camus, *L'Étranger*, 1942

La présentation orale

Exercice 2

Lisez les extraits d'une présentation d'un candidat et évaluez-la à partir de la grille de critères proposée.

Maupassant veut à travers *Une vie* donner l'exemple d'une vie d'une femme de petite noblesse victime de ses rêves et de son éducation. Le sous-titre est d'ailleurs « l'humble vérité » ; ce qui en dit beaucoup sur la volonté de Maupassant.

J'ai bien compris à travers ce livre ce qui différenciait le naturalisme du romantisme du début du XIXe siècle. Il ne cherche pas à faire rêver le lecteur avec des clichés sur l'amour. (…)

C'est ce que j'apprécie chez Maupassant, sa lucidité sur nos erreurs. La scène de la nuit de noces par exemple (*lecture du passage*). On pourrait presque dire selon moi que Maupassant est un auteur féministe. (…) Voilà. C'est vraiment un livre que je conseillerais, même si je sais que l'on reproche à Maupassant de décrire un monde noir et pessimiste. (…)

Pour terminer, je dirai que ce roman donne une leçon réaliste au lecteur dans sa dernière phrase, très touchante, quand Rosalie dit à Jeanne : « La vie, voyez-vous, ça n'est jamais si bon ni si mauvais qu'on croit. »

La grille d'évaluation

	oui	non	Pas tout à fait
Une présentation progressive			
Une lecture personnelle justifiée			
Des exemples pertinents			
Une conclusion convaincante			
Un bon niveau de langue			

Exercice 3

1. **Lisez les propos et la présentation du journaliste littéraire sur le livre de Lydie Salvayre, *Pas Pleurer*. Commentez les passages surlignés. Quels procédés pourriez-vous réutiliser ?**
2. **Choisissez un extrait d'une œuvre que vous pourriez présenter et introduisez-le à la manière de ce journaliste.**

a. « C'est une langue nouvelle qui est inventée. Le personnage, la mère de l'auteure, fait exploser toutes les règles du langage pour créer une nouvelle façon absolument extraordinaire de parler : un mélange vraiment étonnant mi-espagnol, mi-français. C'est le Fragnol. » (*Lecture d'un passage*)

b. « Elle tire de l'ombre des événements relégués dans un coin de la mémoire comme nous en avons tous, cachés au fond de nous et qui ne demandent qu'à sortir grâce à l'écriture comme dans ce passage. » (*Lecture*)

c. « C'est la guerre. La mère de l'auteure a quinze ans. Autour d'elle : deux hommes. Deux hommes qui vont s'opposer dans un duel dont on devine qu'il sera tragique. » (*Lecture*)

d. Formidable roman, formidable titre : « *Pas pleurer*. Dans notre monde où l'on se plaint si facilement. »

François Busnel, La Grande Librairie, 2014.

La Grande librairie, une émission hébdomadaire du journaliste littéraire François Busnel sur la 5, entièrement consacrée aux livres et à leurs auteurs.

L'entretien

Exercice 4 **Travail en binôme**

1. **Choisissez une œuvre que vous avez lue cette année et essayez de répondre aux questions suivantes, qu'un examinateur pourrait poser.**
2. **Choisissez deux de ces questions et répondez-y à l'oral durant 1 minute.**

- Selon vous, que veut montrer ou exprimer l'auteur dans cette œuvre ?
- Comment reliez-vous cette œuvre avec l'objet d'étude au programme ?
- Pourquoi avez-vous choisi cette œuvre plutôt que les autres ?
- Si vous deviez changer quelque chose à ce livre, qu'est-ce que ce serait ?
- Quelles indications le titre apporte-t-il, d'après vous ?
- À quel type de lecteurs conseilleriez-vous ce livre ?

Exo BAC

- **Dans cet entretien quelles qualités et quels défauts le candidat présente-t-il selon vous ?**
- **Repérez les questions sur l'œuvre et celles qui portent sur la réflexion du lecteur.**
- **Évaluez la prestation du candidat en suivant les critères de la grille d'évaluation.**

Examinateur : *Je vous remercie pour cette présentation de* Germinal. *Comme cette œuvre vous a séduit a priori, j'aimerais savoir si vous avez lu d'autres livres de Zola…*

Candidat : Malheureusement non, mais j'ai lu des extraits d'autres œuvres de Zola comme *L'Assommoir* ou *La Bête humaine*. Et puis j'ai vu le film avec Renaud dans le rôle d'Étienne. J'ai trouvé cette adaptation moins riche que le roman

Vous avez aimé l'interprétation de Renaud ?

Candidat : Oui, mais j'ai été surpris de le voir jouer Étienne. Je m'attendais à quelqu'un de plus sombre, plus fort aussi.

Vous trouvez que ce rôle ne lui convenait pas ?

Candidat : Je ne sais pas, mais moi je le connais comme chanteur, alors c'était dur de le voir dans la peau d'un mineur.

Est-ce que pour vous, le roman est un miroir juste du monde ?

Candidat : Euh… pardonnez-moi mais je ne comprends pas bien votre question…

Attendus de la prestation	Éléments évalués
– Entrée véritable dans l'échange, tirant profit des éléments de relance – Mobilisation pertinente des connaissances	– Capacité à expliquer – Aptitude au dialogue – Qualités d'analyse et d'argumentation – Capacité à établir des liens entre la lecture littéraire et les autres champs du savoir

Grille d'évaluation officielle (extraits). Épreuves Anticipées de Français, 2019.

47 Réussir l'épreuve de spécialité Humanités, Littérature et Philosophie

L'épreuve écrite « Humanités, Littérature et Philosophie » dure deux heures en première et quatre heures en terminale. Il faut répondre à une question d'interprétation sur un texte et à une question de réflexion. Quand l'interprétation relève du domaine littéraire, la réflexion est philosophique, et inversement. En terminale, la réponse à la question de réflexion devient un essai.

Texte support

Le sujet porte sur un texte littéraire ou un texte philosophique.

La première question porte sur la compréhension du texte. Son sens doit être élucidé en s'appuyant sur une analyse des mots et des concepts.

La deuxième question demande une argumentation organisée.

Nous l'emportons sur les animaux parce que nous communiquons par la parole, et que nous pouvons ainsi exprimer nos idées. Aussi, qui n'admirerait à bon droit cet avantage en pensant qu'il lui faut consacrer les plus grands efforts pour arriver, dans ce talent qui donne, à lui seul, aux hommes leur supériorité sur les bêtes, à l'emporter lui-même sur les autres hommes ? Et pour en venir à l'essentiel, quelle autre force a pu rassembler dans un même lieu les hommes dispersés, les tirer d'une vie sauvage et rustique pour les mener à notre niveau de culture et de civilisation, et, pour des États constitués, formuler les lois, les procédures judiciaires, le droit ?

Cicéron, *De Oratore*, I, 55 avant J. C.

Les deux questions du sujet

1. Question d'interprétation philosophique

Quel rapport Cicéron fait-il entre éloquence et civilisation ?

2. Question de réflexion littéraire

La parole a-t-elle un véritable pouvoir ? Pour construire votre réponse, vous vous référerez au texte ci-dessus, ainsi qu'aux lectures et connaissances acquises durant l'année.

Observation

1. Le texte support est-il, selon vous, philosophique ou littéraire ?
2. La question d'interprétation demande-t-elle de faire un commentaire du texte ?
3. Sur quoi doit-on s'appuyer pour répondre à la question de réflexion ?

1 Les caractéristiques de l'épreuve

- **Comprendre les deux parties du sujet.** La première partie porte sur la compréhension du texte, la seconde est une question de réflexion.
- **Répondre aux attentes de l'épreuve.** Il faut, d'un côté, mobiliser les connaissances et les méthodes de la réflexion philosophique, de l'autre s'appuyer sur les connaissances et les outils de l'analyse littéraire.

2 La question d'interprétation sur le texte

- **Préparer la réponse.** Lisez attentivement la question. Relisez le texte plusieurs fois, en soulignant et en relevant au brouillon les éléments importants, que la question demande d'expliquer. Soyez attentif à la langue et au lexique. Relevez les différentes notions présentes et ce qu'en dit l'auteur.
- **Présenter sa réponse.** Choisissez, parmi vos relevés au brouillon, ceux qui présentent les notions importantes du texte. Vos citations doivent être analysées pour montrer leur intérêt, leur importance. Votre réponse n'est pas un commentaire exhaustif du texte : elle dort en élucider le sens en analysant les mots et les concepts.

3 La question de réflexion, l'essai

- **Préparer la réponse.** Commencez par définir les mots-clés et reformulez la question. Puis, relevez ce qui, dans le texte, aide à répondre à la problématique. Enfin, appuyez-vous sur les textes lus pendant l'année qui permettent d'enrichir la réflexion : notez au brouillon les idées et les références qui s'y rattachent.
- **Organiser sa réponse.** Au brouillon, organisez vos idées et les références à des textes ou des auteurs pour élaborer une progression logique. Votre travail, court et personnel, a les caractéristiques de l'essai. C'est une argumentation précise qui montre que vous avez saisi les enjeux de la question.

4 La rédaction des réponses

- **Utiliser la première personne « je ».** Employez la première personne comme l'indique la fréquente formule « selon vous ». Dans votre réponse à l'interprétation, montrez une lecture personnelle du texte. Dans votre réponse à la réflexion, développez votre point de vue en appuyant vos idées sur les auteurs étudiés pendant l'année et vos connaissances, votre culture personnelles.
- **Faire preuve de rigueur.** Un sujet de réflexion ou un essai sont plus libres qu'une dissertation. Il faut mettre en valeur, en évidence, une progression : présentation du sujet, développement organisé des idées, appuyées sur des exemples, puis bilan de la réflexion. Structurez votre texte en paragraphes.

Juste une QUESTION

Qui corrige ma copie ? Un professeur de Lettres ou un professeur de Philosophie ?

Les deux ! Pour cette raison, chaque question doit être rédigée sur une copie différente. Les professeurs se répartiront les copies suivant l'orientation donnée à la question.

Exercices

Les caractéristiques de l'épreuve

Exercice 1

Comment les instructions officielles distinguent-elle les réponses aux deux questions du sujet ? Relevez et commentez les mots-clefs.

Les documents officiels expliquent que « *la première question vise à vérifier les compétences de lecture d'un texte littéraire ou philosophique* » et que « *la seconde permet la construction d'une authentique réflexion personnelle* ».

Les instructions rappellent aussi que « *mieux vaut une lecture limitée mais précise et une véritable attention portée au texte, qu'une lecture abondante et hâtive, induisant une réponse allusive et incertaine aux questions posées* ».

« *La philosophie se nourrit de la capacité à s'étonner, face à ce qui peut sembler évident, ou banal.* »

Ressources d'accompagnement en Humanités, Littérature et Philosophie, novembre 2019.

La question d'interprétation

Exercice 2

1. **La question est-elle littéraire ou philosophique ?**
2. **Quels sont le sujet et les mots importants du texte ?**
3. **Identifiez les procédés littéraires surlignés. Quels effets produisent-ils ?**

Question d'interprétation : Comment Bossuet nous fait-il prendre conscience de la fragilité de la vie ?

Vanité des vanités, et tout est vanité ! C'est la seule parole qui me reste ; c'est la seule réflexion que me permet, dans un accident si étrange, une si juste et si sensible douleur. [...] Je veux dans un seul malheur déplorer toutes les calamités du genre humain, et dans une seule mort faire voir la mort et le néant de toutes les grandeurs humaines. [...] Non, après ce que nous venons de voir, la santé n'est qu'un nom, la vie n'est qu'un songe, la gloire n'est qu'une apparence, les grâces et les plaisirs ne sont qu'un dangereux amusement : tout est vain en nous, excepté le sincère aveu que nous faisons devant Dieu de nos vanités, et le jugement arrêté qui nous fait mépriser tout ce que nous sommes.

Jacques-Bénigne Bossuet, *Oraison funèbre d'Henriette d'Angleterre*, 1670.

Exercice 3

1. **Lisez le texte suivant.**
2. **Rédigez deux courts paragraphes dans lesquels vous développerez les idées importantes du texte, en vous appuyant sur des citations précises tirées des passages surlignés.**
   a) l'appel au voyage
   b) le voyage comme nécessité intérieure

C'est la contemplation silencieuse des atlas, à plat ventre sur le tapis, entre dix et treize ans, qui donne ainsi l'envie de tout planter là. Songez à des régions comme le Banat, la Caspienne, le Cachemire, aux musiques qui y résonnent, aux regards qu'on y croise, aux idées qui vous y attendent… Lorsque le désir résiste aux premières atteintes du bon sens, on lui cherche des raisons. Et on en trouve qui ne valent rien. La vérité, c'est qu'on ne sait comment nommer ce qui vous pousse. Quelque chose en vous grandit et détache les amarres, jusqu'au jour où, pas trop sûr de soi, on s'en va pour de bon. Un voyage se passe de motifs.

Nicolas Bouvier, *L'Usage du monde*, 1963.

La question de réflexion

Exercice 4

1. **La question est-elle littéraire ou philosophique ?**
2. **Quelles sont les qualités représentées par le lion et le renard ?**
3. **Pourquoi le prince a-t-il besoin de ces deux qualités ?**

Question de réflexion : selon vous, quelles sont les qualités qu'un souverain doit posséder ?

Comme le prince est donc contraint de savoir bien user de la bête, il doit entre toutes choisir le renard et le lion ; le lion, en effet, ne se défend pas des pièges, le renard ne se défend pas des loups. Il faut donc être renard pour éviter les pièges et lion pour effrayer les loups. Ceux qui se fondent uniquement sur le lion n'y entendent rien. C'est pourquoi un seigneur prudent ne doit pas tenir sa parole lorsque la promesse qu'il a faite tourne à son désavantage et qu'ont disparu les raisons qui lui avaient fait promettre.

Nicolas Machiavel, *Le Prince*, 1532.

Exercice 5

1. **À l'aide du texte de l'exercice 4 et de vos réponses aux questions, expliquez la question suivante, et reformulez-la.**
2. **Quelle sera la progression de votre argumentation ?**

Question de réflexion philosophique : Selon vous, le mensonge est-il légitime en politique ?

La rédaction

Exercice 6

1. **Rédigez un paragraphe dans lequel vous reprenez les arguments d'Origène.**
2. **Rédigez un deuxième paragraphe dans lequel vous exposez votre point de vue sur la question, en vous exprimant à la première personne.**

Question de réflexion philosophique : La supériorité de l'homme sur l'animal est-elle justifiée ?

Si les hommes paraissent l'emporter sur les êtres sans raison parce qu'ils ont bâti des villes, possèdent un régime politique avec des autorités et des gouvernements, cela ne prouve rien : les fourmis et les abeilles en font autant. Les abeilles, du moins, ont une reine avec sa suite et des servantes ; elles combattent, remportent des victoires, massacrent les vaincues ; elles possèdent des villes et même des faubourgs, y répartissent les travaux, y jugent les paresseuses : en tout cas elles jugent et punissent les frelons. […] Si l'on pense que l'homme, pour avoir des notions divines, est supérieur au reste des animaux, que les tenants de cette thèse le sachent : même ce titre, beaucoup d'animaux le revendiqueront. Et non sans de bonnes raisons. Que peut-on, en effet, déclarer plus divin que la prévision et la prédiction de l'avenir ? Eh bien ! C'est ce que les hommes apprennent des autres animaux et spécialement des oiseaux : et tous ceux qui entendent les signes qu'ils donnent sont des devins.

Origène, *Contre Celse*, IIe-IIIe siècle après JC.

Exo BAC

A – Question d'interprétation littéraire : Quels genres de savoirs l'art de persuader requiert-il, selon Pascal ?

1. **Relevez les passages qui répondent à la question d'interprétation.**
2. **Reformulez les idées avec vos propres mots.**
3. **Rédigez votre réponse.**

B – Question de réflexion philosophique : Faut-il apprendre à être éloquent ?

1. **Analysez le sujet et reformulez la problématique.**
2. **Quelles pistes de réflexion le texte support et l'étude du thème de la parole apportent-ils au sujet ?**
3. **Construisez le plan détaillé de votre réflexion.**

L'art de persuader a un rapport nécessaire à la manière dont les hommes consentent à ce qu'on leur propose, et aux conditions des choses qu'on veut leur faire croire. Personne n'ignore qu'il y a deux entrées par où les opinions sont reçues dans l'âme, qui sont les deux principales puissances, l'entendement* et la volonté*. La plus naturelle est celle de l'entendement, car on ne devrait jamais consentir qu'aux vérités démontrées ; mais la plus ordinaire, quoique contre nature, est celle de la volonté. Car tout ce qu'il y a d'hommes sont presque toujours emportés à croire non pas par la preuve, mais par l'agrément. […]

Quoi que ce soit qu'on veuille persuader, il faut avoir égard à la personne à qui on en veut, dont il faut connaître l'esprit et le cœur, quels principes il accorde, quelles choses il aime ; et ensuite remarquer, dans la chose dont il s'agit, quels rapports elle a avec les principes avoués, ou avec les objets délicieux par les charmes qu'on lui donne. De sorte que l'art de persuader consiste autant en celui d'agréer qu'en celui de convaincre, tant les hommes se gouvernent plus par caprice que par raison !

Pascal, *De l'art de persuader*, 1657-1658.

* entendement : raison logique

* volonté : adhésion à ce qu'on veut croire

6

Réussir l'oral de Terminale

Réussir le Grand oral de Terminale

« L'épreuve orale de Terminale permet au candidat de montrer sa capacité à prendre la parole en public de façon claire et convaincante. Elle lui offre aussi la possibilité de mettre en valeur les savoirs acquis, particulièrement dans les enseignements de spécialité, au service d'une argumentation. Le candidat explique comment ils ont nourri son projet de poursuite d'études, voire son projet professionnel.

Le jury valorise la solidité des connaissances du candidat, sa capacité à argumenter et à relier les savoirs, son esprit critique, la précision de son expression, la clarté de son propos, son engagement dans sa parole, sa force de conviction.

Le jury est composé de deux professeurs de disciplines différentes, dont au moins un représente l'un des deux enseignements de spécialité du candidat. »

D'après le Bulletin Officiel du Ministère de l'Éducation nationale, 2020

48 Choisir et définir les sujets de l'oral

L'épreuve orale de Terminale, aussi appelée Grand oral, permet de montrer sa capacité à prendre la parole en public de façon convaincante. Elle donne l'occasion de mettre au service d'une argumentation les savoirs acquis, de montrer comment ils ont nourri son projet de poursuite d'études, voire son projet professionnel.

▶ Les deux questions choisies par le candidat « s'appuient sur l'enseignement de spécialité pour lequel le programme prévoit la réalisation d'une étude approfondie ». *BO. 13 février 2020.*

▶ L'aide apportée par le professeur permet de définir les enjeux de chaque question, de les analyser et les mettre en perspective.

Juste une QUESTION

Mon sujet est-il forcément lié à ce que j'étudie en classe ?

Oui. On comprendrait mal qu'un élève ayant choisi comme spécialités les maths et la physique-chimie présente son oral de Terminale sur le thème de la cuisine coréenne ou des voitures de luxe. Mais le thème peut aussi être lié à une poursuite d'études ou un projet professionnel. C'est donc à vous de montrer en quoi vos spécialités vous orientent dans le choix de vos sujets.

Observation

1. Sur quelles spécialités votre étude peut-elle porter ?
2. Qu'appelle-t-on l'enjeu d'une question ?
3. Quel lien établir entre un sujet et une poursuite d'études ?

1 Recherchez le thème de vos sujets

- **Le thème lié à une spécialité.** Chaque sujet doit être lié à un enseignement de spécialité du cycle terminal (Première et Terminale). Cela présente l'avantage de vous permettre de travailler toute l'année aux côtés de vos professeurs et dans le cadre de vos programmes.

  Exemple. Un élève de Terminale STI2D (sciences et technologies de l'industrie et du développement durable) orientera sa recherche dans les domaines de l'architecture, de l'environnement, de la construction… en fonction de ses préoccupations personnelles.

- **Les thèmes reliant deux spécialités.** Les sujets, en fonction du thème qu'ils traitent, peuvent élargir leur domaine de recherche à plusieurs types de connaissances ou de compétences. Vous pouvez ainsi lier, dans l'un ou l'autre des sujets présentés, vos deux spécialités, voire une spécialité et une autre matière.

- **L'élargissement à un projet de poursuite d'études.** Si vos choix d'orientation sont d'ores et déjà effectués, vous pouvez également relier l'un de vos deux sujets à un domaine de recherche qui vous passionne et pour lequel vous envisagez une poursuite d'études, voire à un projet professionnel.

  Exemple. Les ressources humaines, les langues vivantes, le commerce, la médecine, la restauration, l'enseignement… sont des domaines dans lesquels vous pouvez puiser.

2 Problématisez chaque sujet sous la forme d'une question

- **L'objectif à atteindre.** Le Grand oral de Terminale n'est pas un simple exposé sur un thème donné. Vous devez formuler chaque sujet de manière à pouvoir l'exposer en cinq minutes devant le jury, sans support et sans notes. Il faut donc choisir des sujets qui ne soient ni trop vastes ni trop restreints.

- **La problématique du sujet.** Les sujets doivent être formulés sous la forme d'une question. Du choix de cette question initiale dépend une partie de votre prestation. Elle doit à la fois intéresser le jury et vous permettre d'exprimer les raisons de votre choix.

  Exemple. Les libertés individuelles sont-elles mises en danger par la mondialisation ? Doit-on nécessairement faire des études de commerce pour devenir entrepreneur ?

3 Faites valider vos sujets

- **Les professeurs de spécialités.** Ils sont vos premiers et vos principaux interlocuteurs. N'hésitez pas à les solliciter et à leur demander conseil. Ils peuvent vous aider à reformuler votre question de manière à la rendre plus pertinente, en la liant à l'un des thèmes que vous étudierez durant l'année ou à une autre matière.

- **Les professionnels.** Quel que soit le domaine de vos sujets, il existe dans votre environnement un spécialiste capable de vous conseiller, ou même de vous « coacher » : un médecin, un avocat, un commercial, un responsable de service, un entrepreneur… N'ayez pas peur de solliciter les personnes qui pourraient vous aider.

Rechercher le thème de ses sujets

Exercice 1 (Séries générales)

1. **En fonction des spécialités que vous avez choisies, associez à chacune d'elle trois thèmes qui vous intéressent et pourraient vous permettre de définir votre sujet.**
2. **Si vous avez choisi un enseignement optionnel, à quels domaines est-il lié ? Notez les éventuels thèmes qu'il pourrait mettre en jeu.**
3. **Quelles autres matières, d'enseignement spécialisé ou non, pourraient vous permettre d'enrichir ce thème ? De quelle façon ?**

Les enseignements de spécialité

- Arts ;
- Biologie, écologie ;
- Histoire géographie, géopolitique et sciences politiques ;
- Humanités, littérature et philosophie ;
- Langues, littératures et cultures étrangères ;
- Littérature, langues et cultures de l'Antiquité ;
- Mathématiques ;
- Numérique et sciences informatiques ;
- Physique-chimie ;
- Sciences de la vie et de la Terre ;
- Sciences de l'ingénieur ;
- Sciences économiques et sociales.

Les enseignements communs

- Éducation morale et civique ;
- Enseignement scientifique ;
- Éducation physique et sportive ;
- Histoire géographie ;
- Langues vivantes ;
- Philosophie.

Exercice 2 (Séries technologiques)

1. **Sur quels thèmes de votre enseignement de spécialité (celui pour lequel le programme prévoit la réalisation d'une étude approfondie) pourraient porter vos deux sujets ? Pour chacun d'eux, définissez trois pistes de recherches.**
2. **Si vous avez choisi un enseignement optionnel, à quels domaines est-il lié ? Quelles perspectives nouvelles pourrait-il apporter à vos sujets ?**
3. **Quelles autres matières, d'enseignement spécialisé ou non, pourraient vous permettre d'enrichir ce thème ? De quelle façon ?**

Exercice 3

Avant de choisir vos deux sujets, répondez aux questions suivantes :

a. Quel enseignement de spécialité est concerné par chaque sujet ? Pourquoi ?

b. Les thèmes auxquels se rattachent mes sujets figurent-ils bien dans le programme de terminale ou de première des enseignements de spécialité concernées ?

c. Est-il possible de rattacher ces thèmes à un autre enseignement ? Lequel ?

d. Pourquoi ai-je choisi de traiter ces thèmes ?

e. En quoi ces sujets constituent-ils des questions importantes dans le monde actuel ?

f. Par quelle problématique est-ce que je vais aborder ces sujets ?

g. Ces sujets me permettront-ils à la fois d'aborder le programme et de le « déborder », de façon à paraître originaux ?

Soyez très attentif au lexique

Que ce soit dans vos questions-problématiques ou l'exposé de votre sujet, soyez sûr du sens des mots que vous utilisez. Recherchez la rigueur scientifique : vos sujets sont liés à des enseignements de spécialité, et votre jury attend de vous l'emploi du mot juste pour évoquer la réalité qui vous a été enseignée. Les mots que vous utilisez révèlent votre maîtrise du sujet.

Exercice 4 Exercice de groupe

1. **Disposez la salle pour faire des groupes de quatre ou cinq. Rassemblez-vous en fonction de vos affinités.**
2. **À l'aide du tableau, définissez trois sujets, classés du plus commun au plus original.**

A. Thème	B. Matières concernées	C. Pourquoi ce sujet ?

3. **À tour de rôle, chaque membre du groupe présente ses trois projets aux autres. Chacun prend ensuite seul la parole pendant deux minutes pour évoquer les qualités et les défauts des choix proposés en s'aidant du tableau suivant.**

	Moyen	Bien	Super !
Originalité	Sujet 2	Sujet 3	Sujet 1
Directions à explorer	– .... –	– .... –	– .... – ....
Le sujet est-il en lien avec une spécialité ?			
En lien avec une poursuite d'études ?			
En lien avec un projet professionnel ?			
Quelle(s) autre(s) matière(s) pour l'éclairer ?			

Problématiser chaque sujet

Exercice 5

En fonction de vos domaines de compétences, reformulez trois exemples parmi les sujets suivants, de manière à les rendre plus explicites, précis ou accrocheurs.
Ex : La robotique est-elle l'avenir de l'homme ? Comment la robotique va-t-elle bouleverser nos existences ?

- Le libre-échange renforce-t-il les inégalités dans le monde ?
- Comment les nouvelles technologies transforment-elles nos vies ?
- Sommes-nous programmés par la publicité ?
- La peinture figurative a-t-elle un avenir ?
- Peut-on créer son entreprise à dix-huit ans ?
- Pourquoi les séries télévisées sont-elles de l'art ?
- La presse nous ment-elle ?
- L'écologie doit-elle faire appel aux technologies ?

Exercice 6

Reformulez les thèmes de réflexion suivants sous forme de questions de manière à en faire d'éventuels sujets de l'épreuve orale de Terminale.

- Les langues vivantes et Erasmus ;
- La pratique du sport et choix d'un métier ;
- Influenceurs et marketing ;
- Droit et éloquence ;
- Médecine et mathématiques ;
- Énergies renouvelables et construction ;
- Philosophie et sciences de l'éducation ;
- Gestion hôtelière et pratique des langues vivantes.

Faire valider ses sujets

Exercice 7

1. **Parmi les personnes citées, lesquelles vous permettraient de vérifier que vous avez choisi un bon sujet ? Classez les cinq premières par ordre d'importance.**
2. **Ajoutez trois personnes ne figurant pas dans cette liste.**

Vos parents – Le professeur documentaliste de votre établissement – Un homme ou une femme politique – L'un de vos professeurs de spécialités – Quelqu'un qui exerce un métier en rapport avec votre sujet – Le ou la responsable d'une association – Un(e) journaliste – Un(e) professionnel(le) de santé que vous consultez de temps à autre – Le ou la responsable d'un magasin qui vous fait rêver – Un(e) ami(e) poursuivant ses études – Un ancien professeur, que vous appréciez particulièrement – Le ou la responsable d'un site ou d'un groupe sur Internet – Le maire de votre ville, ou l'un de ses adjoints – Le ou la conseiller(e) d'orientation psychologue de votre lycée – Votre professeur de philosophie, d'EPS, d'histoire, ou de toute autre matière en lien avec votre sujet.

Exercice 8

Établissez la liste des cinq personnes qui sont à vos yeux les plus aptes à vous conseiller pour le choix et la préparation de vos deux sujets.
Prenez contact avec elles.

49 Préparer le déroulement de sa présentation orale

Le passage de l'épreuve orale de Terminale, appelée aussi le Grand oral, ne laisse pas de place à l'improvisation. Pour que la présentation du sujet choisi soit réussie, vous devez soigneusement en préparer le contenu. Cela afin d'utiliser efficacement les cinq minutes d'argumentation à l'oral dont vous disposerez.

▸ Le jury a d'abord choisi l'une des deux questions présentées par la candidate, « sur une feuille, signée par le professeur de la spécialité et portant le cachet de l'établissement d'origine ». *BO. 13 février 2020*

▸ La candidate a disposé d'un temps de préparation de 20 minutes. À son entrée dans la salle, elle a choisi de remettre au jury un support écrit qui permettra à celui-ci de suivre sa présentation.

Juste une QUESTION

Est-ce que je peux utiliser un diaporama ?

Tout support est interdit durant l'épreuve. Vous pouvez penser que c'est dommage, car cela faciliterait la présentation du sujet… Mais l'épreuve se déroule sans notes ni supports, debout devant le jury. Il s'agit de placer le candidat dans une situation où l'oral est le seul vecteur du message, sans éléments perturbateurs.

Observation

1. Faut-il maîtriser les deux sujets, ou peut-on privilégier l'un des deux ?
2. Quel document est remis au jury avant l'épreuve ?
3. À quoi sert le support que présente le candidat avant sa présentation ?

1 Rassemblez votre documentation

- **La recherche des documents.** Pour chacun de vos sujets, vous pouvez, dans un premier temps, rechercher les écrits, films, chiffres, témoignages, anecdotes, cartes, statistiques… capables de répondre à la problématique posée et de l'illustrer.
- **La validation des sources.** Notez, pour chaque document retenu lors de votre recherche, les sources de vos informations. Prenez également soin de vérifier leur fiabilité en les « recoupant », à la manière d'un journaliste.
- **Le tri des informations.** Vous devez, dans un second temps, trier et vérifier vos informations et les hiérarchiser en fonction de la problématique retenue.

  Exemple. Si votre sujet porte sur le bouleversement des modes de consommation, vous pouvez évoquer la disparition des petits commerces dans les centres-villes dans votre exposé, ou choisir de conserver cet aspect de la problématique pour la discussion avec le jury.

2 Élaborez la structure de votre présentation

- **L'introduction.** Votre objectif est de rendre le jury attentif en justifiant de manière originale la problématique du sujet. Vous pouvez créer un effet de surprise, dramatiser votre problématique, avancer un exemple inattendu ou lancer une question rhétorique… L'essentiel est d'entrer rapidement dans le vif du sujet tout en justifiant votre choix.
- **Le développement.** Il est constitué de trois ou quatre idées fortes qui explorent de manière progressive la problématique posée par votre sujet. Variez les façons d'illustrer vos idées directrices, vous rythmez ainsi l'exposé et relancez l'attention de votre auditoire.

  Exemple. Si la première idée développée repose sur des données chiffrées, veillez à ce que la seconde exploite un exemple qui donnera un caractère concret à votre propos.
- **La conclusion.** Elle reprend la question posée par le sujet pour lui donner une réponse personnelle. Elle ouvre ensuite la réflexion sur les autres façons d'envisager la problématique. Votre dernière phrase signifie au jury que la présentation est terminée et qu'un dialogue peut désormais commencer.

3 Prévoyez comment utiliser les 20 minutes de préparation

- **La préparation de la présentation.** Les notes sont interdites pendant la présentation orale. Mais vous disposerez de vingt minutes de préparation pour vous rappeler tout ce qui concerne le sujet que vous avez travaillé pendant l'année de Terminale et le mettre en ordre sur une fiche.
- **La fiche destinée au jury.** Ce fil conducteur de votre présentation permet au jury de suivre votre exposé et de vous relancer. Organisez-la sous la forme d'un plan ou d'une carte mentale, pour mettre en évidence les étapes de votre présentation.

  Exemple. Vous pouvez faire figurer au centre de votre carte mentale l'énoncé de votre sujet, puis flécher les différentes étapes de votre intervention sous forme de titres et de sous-titres, en indiquant quelle durée vous avez prévu d'y consacrer.

Rassembler la documentation

Exercice 1

1. **Classez les sources d'information suivantes en deux catégories : les sources fiables et celles dont les informations doivent être vérifiées.**
2. **Pour le sujet que vous avez choisi, quelles sources d'informations pourraient vous être utiles ?**

Un manuel scolaire – Une page Facebook – Un reportage télévisé – Un article sur Wikipédia – Un article de journal – Un tract – Un site Internet – Un cours – Un ouvrage spécialisé – Une citation.

Exercice 2

1. **Pour chacun des thèmes suivants, proposez un lieu et un média qui vous permettraient d'engager une recherche documentaire.**
2. **Proposez trois mots-clés qui permettraient d'engager une recherche sur Internet.**

- La littérature romantique
- La famille dans les sociétés modernes
- Pouvoir politique et populisme
- Musiques et nouvelles technologies
- Les métiers du bois au secours de la planète

Exercice 3

Vous préparez une recherche sur l'aide l'humanitaire. Organisez par ordre de priorité les mots-clés que vous pourriez associer à ce thème. Recherchez leur définition si nécessaire.

Mots et expressions clés proposés

- charity-business
- médias
- catastrophes humanitaires
- métiers de l'humanitaire
- missions
- service civique
- droit international
- ONG
- logistique

Élaborer la structure de la présentation

Exercice 4

Quelles qualités et quels défauts cette introduction comporte-t-elle ? Améliorez-la de façon à la rendre plus percutante.

« La machine a vaincu l'homme ! » Tel était le titre d'un journal lorsque l'intelligence artificielle de Google DeepMind a gagné une manche contre Lee Sedol, le joueur de Go dix-huit fois champion du monde. Quelle révolution dans le monde de l'IA ! Une machine avait battu un homme dans un jeu avec plus de possibilités que d'atomes dans l'univers. Comment ne pas être fascinés par ce qui s'annonce, c'est-à-dire des machine plus intelligentes que les hommes. Je suis depuis toujours fasciné par les robots.

C-3Po est mon idole ! Mais il ne faut pas oublier que derrière cette machine surhumaine… il y a des humains. Alors faut-il craindre un scénario de type Planète des singes où les robots joueraient le rôle des singes ? Ma problématique sera la suivante : doit-on imposer des limites aux recherches actuelles sur l'intelligence artificielle au nom d'un code éthique ?

Exercice 5

1. **Repérez l'accroche de cette introduction. Sur quelle tonalité repose-t-elle ? Vous paraît-elle efficace ?**
2. **Quelles seront les idées développées dans la présentation ? Retrouvez son plan.**
3. **Rédigez en quelques lignes la conclusion qui pourrait compléter cette présentation.**

Explosion démographique, disparition d'espèces innombrables, pollution plastique au cœur des Océans, maladies émergentes et chasse aux virus jusque-là inconnus… L'avenir de l'Humanité est aujourd'hui en danger. L'homme pensait jusqu'ici maîtriser la Nature mais les 30 dernières années montrent qu'il pourrait la faire disparaître.

Après vous avoir exposé les principaux problèmes posés actuellement par les rapports entre l'homme et son environnement naturel, j'essaierai de vous expliquer pourquoi tout espoir n'est pas perdu. En effet, la science, les technologies de pointe et le développement de l'intelligence artificielle nous offrent de multiples pistes de recherche, souvent passionnantes, qui permettent d'envisager l'avenir sereinement.

Exercice 6 Travail en binôme

1. **Présentez votre introduction à voix haute à une personne de votre choix.**
2. **Demandez-lui ensuite :**
   a) quel est le sujet de mon Grand oral de Terminale ?
   b) quelles sont les grandes parties que j'ai annoncées ?
3. **Si votre interlocuteur ne peut répondre, réécrivez votre introduction.**

Utiliser les 20 minutes de préparation

Exercice 7

Présentez ce plan sous forme de carte mentale.

Sujet

« Le numérique peut-il révolutionner notre rapport à la médecine ? »

I. Internet et la « santé numérique »

1. Succès croissant des sites de diagnostic en ligne (Exemple : Doctissimo)
2. Le développement de la télémédecine vs les déserts médicaux
3. Accélération de la prise en charge (rendez-vous/diagnostic/résultats d'analyse/soins)

II. Un marché en pleine croissance

1. Des milliards investis dans la « santé mobile » dans le monde entier (144 en 2018, 206 en 2020)
2. Des dépenses plus efficaces
   (Exemple : la chirurgie numérique)

III. Des inquiétudes légitimes

1. Des dangers du Big data : l'exploitation et la conservation des données
   (Exemple : les sociétés de crédit ou d'assurance)
2. Vers une médecine sans médecins ?
   Importance du contact humain vs les robots

Exercice 8

1. **Présentez votre sujet sous la forme d'un plan. Utilisez un code couleur pour chaque grande partie, sous-partie, exemples, chiffres et citations éventuelles.**
2. **Transformez votre plan en carte mentale. Choisissez le plus efficace pour mener votre exposé.**

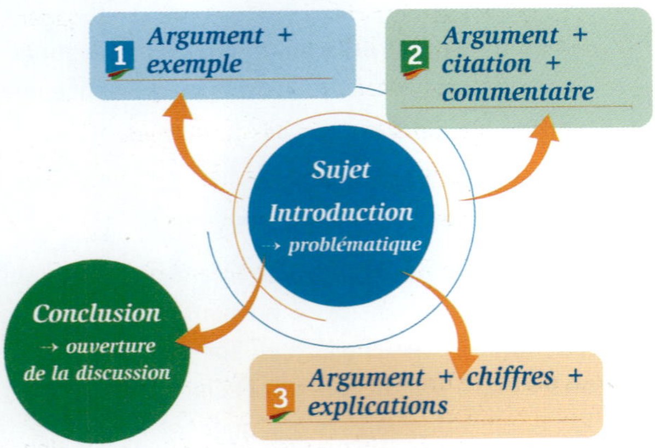

Entraînez-vous

Mémorisez votre texte (préparé sur des fiches) bien avant votre présentation orale. Vous gagnerez en confiance et diminuerez votre stress. Comme un comédien, debout, soignez votre posture, élaborez les gestes qui ponctuent votre discours. Il faut donc vous filmer. En vous regardant, vous corrigerez certains tics de langage et tout ce qui parasite votre message. Chronométrez votre présentation pour trouver le rythme adapté. Pensez qu'un avocat répète jusqu'à dix fois sa plaidoirie.

L'art de l'éloquence

Né dans l'Antiquité à l'occasion de procès judiciaires, l'art de l'éloquence se développe rapidement au-delà des tribunaux et des tribunes politiques. Aujourd'hui maîtriser l'art de l'éloquence est utile dans toutes les circonstances de la vie.

Une logique rigoureuse

L'orateur donne un ordre rationnel à son discours pour mieux convaincre son destinataire et lui faire partager la thèse qu'il défend.

L'exorde (le commencement). Il souligne l'importance du sujet. Il éveille l'intérêt et pique la curiosité. L'orateur expose les circonstances, explique les raisons pour lesquelles il est conduit à parler.

La narration. Un court récit ou une anecdote illustre ce qui va être évoqué.

Le développement. C'est l'argumentation. Le candidat expose une série d'arguments ; enchaînés par des exemples concrets, qui permettent au jury de comprendre l'étude présentée.

La péroraison (la fin). Elle fait appel à la raison, pour faire admettre son point de vue. Elle souligne l'importance de l'étude présentée et de ses conséquences.

L'appel aux émotions

Au lieu de convaincre uniquement par la logique, l'orateur cherche à persuader en s'adressant à la sensibilité, en montrant à quel point l'étude qu'il défend lui tient à cœur. Il s'exprime avec chaleur, en son nom propre, s'appuyant sur son expérience, soulignant ses émotions par ses exclamations. Il interpelle, pose de fausses questions et fait appel à des valeurs partagées.

Les genres de l'éloquence

Le réquisitoire, qui, au tribunal, charge l'accusé, et le plaidoyer, qui le défend, sont les principales circonstances où l'on recourt à l'éloquence.

Mais on retrouve l'art de la parole dans les sermons, dans les plaidoiries, dans le discours électoral à la tribune ou le débat politique à la télévision. Le Grand oral de Terminale, l'entretien d'évaluation, sont aussi des occasions de faire preuve d'éloquence en défendant son point de vue.

> « La vraie éloquence
> se moque de l'éloquence. »
>
> Pascal

> Il n'y a pas moins d'éloquence dans le ton de la voix, dans les yeux et dans l'air de la personne qui parle, que dans le choix des paroles.
>
> La Rochefoucauld

Chaque prise de parole doit être répétée au préalable pour en maîtriser les effets de force et les nuances. Filmée, une prise de parole peut ensuite être corrigée et améliorée.

L'éloquence au quotidien

En famille, au lycée, au travail, après une lecture, un film, un spectacle, chacun est amené à défendre son point de vue ou à combattre une idée. Cela dans une situation de communication où la parole prend une importance particulière. Le Grand oral de Terminale, les concours d'éloquence sont l'occasion de se rendre maitre des mots pour convaincre un auditoire. Plus généralement, la maîtrise de la parole constitue un moyen essentiel de développer sa confiance en soi.

Les procédés de l'éloquence

Le jeu des pronoms. La multiplication des marques de la première personne souligne l'engagement de celui qui défend un point de vue. La première personne du pluriel (« nous »), l'indéfini « on », les pronoms et les adjectifs possessifs de la deuxième personne intègrent le destinataire dans le débat.

Les modalisateurs. L'abondance des marques de certitude affirme la conviction de celui qui argumente, à travers des verbes (soutenir, affirmer), des adverbes (incontestablement) ou des adjectifs (certain).

Les figures de rhétorique. L'utilisation d'un langage élevé, du rythme ternaire et des figures de style amplifie l'expression de la thèse. Les interpellations directes, comme la question oratoire, l'apostrophe, l'utilisation du mode impératif renforcent l'implication du destinataire et le poussent à agir.

50

Exposer son sujet devant le jury

Lors de la présentation d'un sujet du Grand oral de Terminale, les deux membres du jury attendent à la fois la maîtrise des connaissances et l'implication du candidat. Celui-ci doit donc se montrer convaincant, en s'appuyant sur des propos clairs et argumentés, mais aussi persuasif, en utilisant les ressources du langage, verbal ou non verbal.

▶ Le discours du candidat doit être fluide et efficace, en tirant pleinement profit du temps qui lui est imparti. « Le candidat explique pourquoi il a choisi de préparer cette question pendant sa formation, puis il la développe ». *BO. 13 février 2020*

▶ Debout, sans notes, le candidat développe son sujet, pendant 5 minutes. Il s'engage pleinement par la parole, mais aussi par le langage non verbal.

Juste une QUESTION

Pourquoi rester debout lors de l'exposé ?

L'épreuve orale de Terminale est une épreuve qui évalue vos connaissances, mais également des compétences physiques : le souffle, la gestion du stress, la tonicité, l'engagement vocal ou la coordination. Être assis ne conviendrait pas à ce type de prestation. Votre professeur d'EPS sera un précieux conseiller dans votre préparation.

Observation

1. Quelles doivent être les qualités du discours oral du candidat ?
2. Le jury juge de la « qualité de la prise de parole en continu » (BO 2020). Qu'est-ce que cela signifie pour le candidat ?

1 Soignez le premier contact

- **L'apparence.** L'examen commence avant toute prise de parole. La démarche, la tenue vestimentaire, la façon de saluer (ou pas) le jury… La première impression que vous donnerez est importante et mérite d'être réfléchie.

  Exemple. Le choix d'une tenue vestimentaire n'est pas anodin un jour d'oral. La tenue peut être simple, mais elle doit montrer que vous avez fait un effort, que vous mesurez les enjeux de cette épreuve.

- **La posture.** Elle est l'image que le candidat renvoie. Elle doit exprimer la confiance en soi et le respect de son auditoire. Le corps doit être droit et tourné vers le jury pour montrer un réel engagement : pas de bras croisés, de poings serrés ou de nonchalance…

  Exemple. Écartez un peu les jambes, pour être solidement ancré au sol, la tête haute, tournée vers le jury. Regardez ensuite ses membres pour nouer un premier contact.

2 Montrez-vous éloquent

- **L'implication dans le discours.** Votre présentation du sujet doit être personnalisée. N'hésitez pas à utiliser de temps à autre la première personne du singulier, le « je », de manière à montrer votre implication dans vos propos. Employez la première personne du pluriel, le « nous », pour englober le jury dans votre argumentation.

- **La modalité et le rythme de phrases.** L'éloquence passe par l'expression de l'émotion. Interpellez le jury par des phrases interrogatives ou impératives. Exprimez un sentiment par une exclamation. Un silence peut être éloquent, lorsqu'il est préparé.

  Exemple. En ralentissant le rythme de votre discours, vous en soulignez un passage important. En l'accélérant, vous soulignez une forme d'urgence exprimée à travers le choix des mots.

- **L'utilisation des répétitions.** Les répétitions sont essentielles à l'oral. Elles vous permettent d'insister sur les éléments importants du discours, tout en favorisant leur mémorisation.

  Exemple. L'anaphore ou l'épiphore (répétition d'un même mot en début ou en fin de phrase) sont efficaces pour marteler une idée-force qui vous tient à cœur.

3 Sachez convaincre par la voix et les gestes

- **La voix.** En parlant de façon vivante, en variant les effets que l'on souhaite créer, on conserve l'attention de l'auditoire, alors qu'on l'ennuie en restant sur la même intonation. Se faire comprendre passe par une articulation soignée, particulièrement sur certains mots à mettre en valeur.

- **Les gestes.** Les mains ont leur propre langage, qu'il faut contrôler. Ne croisez pas les bras, mais ne les laissez pas non plus ballants le long de votre corps. Appuyez les moments-clés de votre exposé par des gestes explicatifs, comme l'index levé, les bras écartés en signe d'ouverture, les paumes des mains visibles, en signe d'assurance.

  Exemple. Attention aux gestes parasites, comme les mains qui se tordent ou vont systématiquement vers le visage pour le cacher.

Exercices

Soigner le premier contact

Exercice 1

Parmi les formules de prise de contact qui suivent, indiquez lesquelles sont appropriées le jour du Grand oral.

« Salut ! », « Bonjour monsieur, bonjour madame », « Bonjour mesdames… messieurs », « Comment allez-vous », « Bonjour », « M'sieurs-dames », « Ça va ? », « Bonjour madame, bonjour monsieur ».

Exercice 2

1. **En fonction des sujets que vous aurez choisi de présenter, dressez la liste des attentes du jury, le jour de l'oral de Terminale.**
2. **Dressez la liste des réponses que vous apporterez à ces attentes, jusqu'au moment de débuter votre présentation.**

Exercice 3

Analysez tous les détails qui, dans l'apparence et l'attitude de la candidate, permettent de maintenir un contact satisfaisant avec les membres du jury.

Se montrer éloquent

Exercice 4

Transformez les phrases suivantes de manière à souligner l'implication de celui qui les prononce.

- La dépendance des jeunes aux jeux en ligne les écarte de l'école et même de certains rapports sociaux.
- L'impact de l'activité des hommes sur le climat est démontré et ne peut être contesté par les arguments des sceptiques.
- Le cinéma français a toujours un public dans le monde, qui aime bien ce cinéma d'auteurs, moins commercial que les productions hollywoodiennes.

Exercice 5

Améliorez le texte de présentation orale suivant en y introduisant une fausse question, une exclamation et une anaphore. Vous utiliserez au moins une fois le pronom « je » et une fois le pronom « nous ».

« Des neuropsychiatres ont démontré que l'usage des écrans chez les jeunes enfants (moins de trois ans) pouvait avoir des conséquences sur leur développement psychologique et neurologique. Mettre des enfants de moins de trois ans devant les écrans, le matin, sature leurs facultés de concentration pour la journée et, donc, ils ne sont plus disposés à enregistrer par la suite d'autres informations. Conséquence : l'apparition de retards de développement. Des études ont démontré que la consommation de dessins animés devant la télévision ou une tablette provoquait un retard d'acquisition du langage car cela excite l'enfant et il n'est plus disponible pour une autre activité. Quand il arrive à l'école, il n'est plus disponible pour de nouvelles acquisitions car il n'a pas digéré encore toutes ces images, ces couleurs, ces bruits. C'est grave. »

Exercice 6

1. **À partir des éléments de contextualisation suivants, construisez un récit qui pourrait venir appuyer une présentation orale. Vous insisterez sur la dimension émotive de cet événement à travers quelques procédés de l'éloquence.**
2. **Entraînez-vous à prononcer votre texte à voix haute.**

Les feux en Australie, automne 2019 : 1 milliard d'animaux tués / Nouvelle-Galles du Sud / Un territoire comme deux fois la Belgique / 30 personnes tuées / Une faune et une flore décimées/ Réchauffement climatique / 50 degrés à Sydney / Conséquences à l'échelle mondiale / Dérèglement.

Convaincre par la voix et les gestes

Exercice 7

Qu'est-ce qui, chez ces candidats, risque de perturber ou même entraver tout contact avec le jury ? Expliquez pourquoi.

Exercice 8

Associez chacun des gestes à sa signification implicite :

La gestuelle

a. croiser les bras
b. tapoter sur la table
c. poser le dessous du menton sur la paume de la main
d. hocher la tête
e. se gratter la tête
f. baisser les yeux
g. froncer les sourcils

Sa signification

1. agacement, énervement
2. attention soutenue
3. réticence, refus du discours
4. stress, nervosité
5. timidité, incompréhension
6. désaccord, perplexité
7. acceptation d'un argument, compréhension

Exercice 9

Quelle signification les attitudes et les gestes suivants peuvent-ils revêtir lors d'un oral ?

Exercice 10 Travail en groupes

En cinq minutes et à tour de rôle, présentez l'un des deux sujets que vous avez préparés en vue de l'épreuve orale de Terminale. Les deux élèves qui tiennent le rôle du jury remplissent la grille suivante.

	+ ou -
Respect du temps imparti	
Prise de contact	
Rythme, débit et variations d'intensité de la voix	
Contact visuel avec l'auditoire	
Ton de voix suffisamment clair	
Conviction du propos	
Langage correct	
Propos explicitant de façon convaincante les enjeux du sujet	
Progression logique et repérable du propos	
Conclusion soignée	

51 Répondre aux questions du jury

Pendant la deuxième étape du Grand oral de Terminale, le jury interroge le candidat pendant dix minutes, pour l'amener à préciser et à approfondir sa pensée. Ce dialogue porte essentiellement sur les enseignements de spécialité. Le candidat doit mettre en valeur ses connaissances et ses capacités argumentatives.

▸ Le candidat a choisi de rester debout pour l'échange avec le jury. Cette position lui donne l'impression de dominer son sujet. Mais il aurait tout aussi bien pu s'asseoir, en instaurant une forme de complicité.

▸ Le candidat répond avec conviction, pendant 10 minutes, aux questions posées. Son regard et ses gestes participent pleinement à son argumentation. Il réagit de façon pertinente.

▸ « L'interrogation peut porter sur toute partie du programme du cycle terminal des enseignements de spécialité de la série. Le jury est composé de deux professeurs de disciplines différentes, dont l'un représente l'enseignement de spécialité ». *BO. 13 février 2020*

Juste une QUESTION

Est-il possible de répondre « je ne sais pas » à une question du jury ?

Oui, bien entendu. Cela pourra être le cas sur une question qui porte sur vos connaissances. Dites-le sans être accablé. Ce n'est pas dramatique, car le jury n'évalue pas seulement votre savoir, mais aussi et surtout votre comportement et vos compétences orales.

Observation

1. Qui sont les membres du jury ?
2. Sur quoi le candidat peut-il être interrogé ?
3. Dans l'interaction avec le jury, de quelles qualités doit-il faire preuve ?

1 Impliquez-vous dans l'échange

- **La position.** À la fin de votre exposé, vous pouvez rester debout pour dialoguer avec le jury ou bien vous asseoir. Attendez que le jury vous le propose ou, par courtoisie, sollicitez son autorisation. La position assise permet de se détendre et de ménager une transition entre les deux premières étapes de l'oral.
- **L'écoute.** Après l'éxposé, le dialogue et l'échange avec le jury imposent désormais une attitude d'écoute. Regardez bien en face le membre du jury qui vous pose une question et signifiez-lui que vous l'avez comprise par un sourire ou un hochement de tête. Dans le cas contraire, n'hésitez pas à lui demander de la reformuler.

2 Ajustez vos réponses à la question posée

- **La demande d'éclaircissements.** Le jury peut vous demander d'éclairer un propos ambigu ou mal compris. Dans ce cas, ne répétez pas ce qui a été dit, mais reformulez vos idées de manière à les rendre plus claires, à les nuancer ou à revenir sur un détail oublié.
- **L'apport d'informations nouvelles.** Si une question demande des renseignements supplémentaires, apportez de nouveaux arguments ou de nouveaux exemples.

  Exemple. Pendant votre préparation à l'oral, prévoyez déjà une réserve d'idées et d'exemples à utiliser lors de l'entretien.

- **La réponse à une objection.** Devant une objection, vous ne devez pas vous sentir agressé. Le jury vous offre, en effet, l'occasion de rectifier une erreur. Vous connaissez la réponse qu'il attend, car vous l'avez étudiée en classe, dans vos enseignements de spécialités.
- **L'expression d'une opinion.** S'il est peu probable que le jury exprime une opinion, il est presque certain qu'il vous demandera la vôtre, car votre discours est d'abord argumentatif. Réaffirmez votre position de manière nuancée, en montrant si besoin que d'autres points de vue sur la question sont acceptables.

3 Conservez une attitude positive

- **La clarté des réponses.** Il est inutile de chercher à répondre trop vite. N'hésitez pas à prendre quelques secondes pour réfléchir à une réponse, et restez vigilant sur votre rythme, votre intonation et votre articulation.
- **Le contact avec le jury.** Il s'agit d'un entretien et vous devez faire preuve de votre aptitude au dialogue et de votre conviction. Cela passe par le sourire, le regard, les mimiques, mais aussi par votre capacité à vous servir des questions posées pour mettre en valeur vos connaissances et votre réflexion personnelle.
- **Ne pas se décourager.** Le dialogue avec le jury exige une part d'improvisation face aux questions. Il est essentiel de ne pas montrer de signes de découragement ou de renoncement : gardez la tête haute, ne commentez pas votre prestation avec des phrases négatives, ne montrez pas de signes de lassitude, qui pourraient être mal interprétés.

L'implication dans l'échange

Exercice 1

Quels avantages, quels défauts chacune de ces positions présente-t-elle ? Choisissez celle qui vous conviendra le mieux le jour de votre oral de Terminale.

Exercice 2 Travail en groupes

1. **Par groupe de quatre, écrivez sur un papier les cinq attitudes suivantes.**
2. **Tirez-les ensuite au sort et préparez votre réponse à la question posée.**
3. **Debout ou assis face à vos interlocuteurs, répondez à la question en jouant le rôle qui vous a été attribué.**

La question : « Maintenant que vous avez terminé d'exposer votre sujet, pourriez-vous nous préciser quels liens ce sujet entretient avec votre enseignement de spécialité ? »

L'attitude à adopter pour le jeu de rôle

a. Candidat sûr de lui, à l'aise et décontracté.

b. Candidat peu sûr de lui, qui cache ses lacunes derrière du bavardage.

c. Candidat timide et désorienté, qui cherche ses mots.

d. Candidat trop sûr de lui, qui en fait trop.

e. Candidat mal préparé, qui se rattrape par une attitude avenante.

Exercice 3

1. **Lisez ce dialogue entre un candidat et les membres du jury. Repérez les relances faites par le jury.**
2. **Le jury doit évaluer « la qualité d'interaction » entre le candidat et les membres du jury. Quelle évaluation faites-vous ?**
3. **Que souligne la première remarque du jury ? Comment le candidat l'utilise-t-il ?**

Jury. Nous avons été surpris par votre dernière remarque sur les climato-sceptiques…

Candidat. Je comprends que l'on puisse être surpris mais je vais préciser ma pensée. Selon moi, les climato-sceptiques existeront toujours, car leur point de vue sert les intérêts de ceux pour qui le dérèglement climatique importe peu.

Jury. D'accord. Sur quoi vous appuyez-vous pour dire cela ?

Candidat. Je m'informe sur l'actualité et j'entends les déclarations de nombreux chefs de gouvernements qui disent qu'ils ne croient pas au réchauffement climatique, par exemple.

Jury. Et ? Comprenez-vous pourquoi ?

Candidat. Je peux vous citer un Tweet ?

Jury. Bien sûr.

Candidat. C'était en décembre dernier. Un partie des États-Unis faisait face à une période de froid très dure et le président américain a tweeté : « *Ça ne serait pas si mal d'avoir un peu de ce bon vieux réchauffement climatique maintenant !* » Bref, il utilise n'importe quel argument pour faire passer sa vision du monde et nier l'évidence.

La réponse appropriée

Exercice 4

1. **Indiquez, pour chacune des interventions suivantes du jury, s'il s'agit d'une question ou d'un commentaire.**
2. **Comment le candidat interrogé peut-il « rebondir » sur chacune des questions posées ?**

- Pouvez-vous développer votre dernière idée ?

- La citation sur laquelle vous appuyez votre argumentation semble contredire votre position…
- Quel est pour vous le sens du mot « paradoxe », que vous utilisez si souvent ?
- Qu'est-ce qui justifie l'intérêt que vous portez à ce sujet ?
- Il est difficile de vous suivre sur les conclusions que vous apportez. Pourtant, votre argumentation est intéressante.
- Je m'interroge sur la véracité de l'information que vous avez citée en conclusion.
- Quelle théorie économique célèbre motive cet argument ?

Exercice 5

1. **Pourquoi la question suivante pourrait-elle déstabiliser le candidat ?**
2. **Proposez oralement une demande de reformulation.**

Jury. Pouvez-vous expliquer en quoi il y a un paradoxe entre le développement à l'accès aux savoirs numériques, qui s'étend à tout le monde aujourd'hui, et les inégalités que génère un usage fautif des ressources du numérique ?

Exercice 6 Travail en groupes

1. **Disposez la salle en îlots et répartissez-vous par groupes de quatre. Notez au brouillon l'intitulé de l'un de vos deux sujets et les grandes lignes de votre argumentation.**
2. **Échangez-vous les sujets. Inventez, sur le sujet que vous avez sous les yeux, dix questions qui pourraient être posées le jour de l'oral.**
3. **Par groupes de deux, reprenez votre sujet et découvrez les dix questions. Faites le bilan sur les questions posées. Puis mettez au point les dix réponses à apporter.**

Exercice 7

Indiquez, pour chacune des interventions suivantes, si elles veulent lever une ambiguïté, obtenir des informations supplémentaires, faire une objection ou obtenir l'expression d'une opinion.

- Vous pensez vraiment que la science pourra se passer un jour de toute expérimentation ?
- Votre vision du développement durable me semble bien gourmande en énergie…
- Pourriez-vous nous préciser cette « part d'irrationnel » (je cite) dont l'économie serait porteuse ?
- Une activité commerciale n'aurait donc qu'un but lucratif ?
- Dans quelle mesure pensez-vous que ce phénomène est irréversible ?
- Au fond, que pensez-vous de cette attitude ?
- Je crains d'avoir mal compris la citation que vous avez utilisée ? En avez-vous vérifié les sources ?
- Pourriez-vous reformuler votre conclusion, s'il vous plaît ?

Même à l'oral soignez vos phrases

En situation de communication orale, les phrases sont plus courtes et plus simples qu'à l'écrit. Les hésitations dues à l'improvisation, à la recherche des idées et aux interruptions provoquent facilement des ruptures de construction. Dès lors, veillez à ne pas juxtaposer des phrases incomplètes, à ne pas utiliser des phrases sans verbe, des élisions (« Faudrait qu'ils… »).

Exercice 8

Voici une remarque faite par un jury à un candidat. En vous aidant des pistes proposées, formulez à l'oral trois réponses possibles en respectant les objectifs indiqués :

a. Réponse qui reformule et précise un détail.
b. Réponse qui donne une information supplémentaire.
c. Réponse qui réfute une objection.
d. Réponse qui formule un point de vue personnel.

Remarque du jury. Vous avez opposé dans votre présentation la « malbouffe », que consomment surtout les jeunes, et les désirs de plus d'écologie de ces mêmes jeunes.
Quelle est la nature de cette soi-disant opposition selon vous ?

Éléments de réponse. Fast Food : pas de préoccupations écologiques. Question d'argent : les jeunes n'ont pas les moyens de bien manger. Défiler pour la terre en mangeant des hamburgers. Un quart des 15-25 ans est atteint de surpoids. Malbouffe va de paire avec consommation d'écrans et donc d'énergie. Les jeunes disent ne pas aimer les fruits et légumes : quelles raisons ? Éducation alimentaire.

52 Présenter son projet d'orientation

La dernière partie de l'épreuve orale de Terminale, d'une durée de cinq minutes, permet au candidat d'exposer au jury son projet de poursuite d'études, voire son projet professionnel. Le candidat en expose les différentes étapes.

▶ Le jury demande d'abord au candidat en quoi le sujet « qu'il a traité éclaire son projet de poursuite d'études, voire son projet professionnel. Le candidat expose la manière dont il souhaite le mener après son baccalauréat ». *BO. 13 février 2020*

▶ La candidate évoque son parcours de recherches, ses goûts et ses aptitudes, ses hésitations, ses motivations et ses choix. Là encore, il s'agit, pendant 5 minutes, d'argumenter et de convaincre.

Juste une QUESTION

Faut-il avoir des qualités d'orateur pour réussir l'épreuve orale ?

Le but de l'épreuve est de les acquérir ! Vous disposez pour cela de deux années durant lesquelles vous allez faire l'apprentissage de la rhétorique. Les cinq premières minutes seront les plus difficiles. Mais vous évoquerez une question mûrement réfléchie et préparée. Les deux étapes suivantes nécessitent surtout le sens du dialogue.

Observation

1. Quel est l'objectif de ce troisième temps de l'oral ?
2. Dans votre parcours, quel pourrait être votre projet ?
3. De quelles qualités le candidat doit-il faire preuve ?

1 Présentez et expliquez vos choix

- **Les vœux effectués.** Parcoursup vous a permis de réfléchir sur votre poursuite d'études et votre avenir professionnel. Vous pouvez commencer par présenter les vœux que vous y avez émis, en insistant sur votre premier vœu, celui qui correspond le mieux à vos aspirations personnelles.
- **L'évocation de la formation visée.** Afin de montrer que vous ne vous engagez pas à la légère, vous pouvez ensuite partager avec le jury votre vision personnelle de la filière que vous avez choisie, comme si vous passiez un entretien pour y entrer.

  Exemple. « Pour moi, ce choix correspond à… En effet, je pense que cette formation m'aidera à…, qu'elle est conforme à l'idée que je me fais de… »
- **Les débouchés envisagés.** Si vous avez déjà une idée précise du métier que vous aimeriez exercer plus tard, défendez-la. Dans le cas contraire, mettez en avant l'intérêt que vous portez aux matières que vous allez étudier.

2 Mettez en valeur vos qualités personnelles

- **Les domaines d'intérêt.** Votre choix d'orientation répond à un désir de spécialisation. Montrez dans quelle mesure il s'appuie sur une passion pour une matière ou une activité, une vocation personnelle ou même, pourquoi pas ? Une tradition familiale.
- **Les qualités personnelles.** Expliquez au jury quels sont vos points forts et les qualités que vous pensez posséder pour réussir dans la voie que vous avez choisi d'emprunter. Il peut s'agir de qualités psychologiques, intellectuelles, physiques ou humaines. L'essentiel est qu'elles soient en accord avec le parcours que vous vous proposez de faire.
- **Les points à conforter.** Quelles que soient vos qualités, il existe nécessairement des obstacles, des difficultés, des doutes ou des interrogations auxquels vous avez été confrontés. N'hésitez pas à en faire part au jury de manière à lui montrer que votre projet est mûrement réfléchi et que vous ne vous engagez pas à la légère.

3 Évoquez votre parcours d'orientation

- **Les démarches entreprises.** À la manière d'une lettre de motivation, la présentation de votre projet d'orientation passe par l'évocation des démarches entreprises pour mieux connaître la filière choisie : une visite effectuée dans un lycée ou une université dans le cadre de journées portes-ouvertes, une rencontre enrichissante, l'expérience concrète d'un stage ou d'un job d'été.

  Exemple. Les Salons de l'étudiant, en favorisant les rencontres et les échanges, peuvent avoir été un élément déclencheur de votre projet d'orientation : expliquez au jury pourquoi et comment.
- **La prise de congé.** Pour terminer votre présentation, revenez sur Parcoursup et expliquez dans quelle mesure les propositions qui vous ont été faites vous ont satisfait. Votre avenir repose en partie sur le jury qui vous accompagne dans cette épreuve orale de Terminale : remerciez-le par avance pour sa bienveillance et montrez-lui de façon personnelle que vous êtes conscient de l'enjeu particulier de cette épreuve.

Exercices

Présenter ses choix

Exercice 1

En vous aidant de la carte mentale suivante, préparez le début de la présentation de votre projet d'orientation.

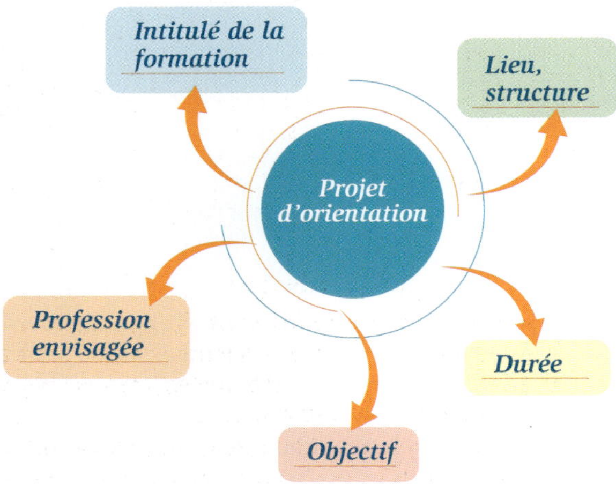

Exercice 2

1. **Quelles informations la candidate fournit-elle sur son projet d'orientation ? Relevez-les.**
2. **Sur le même modèle, présentez votre propre projet.**

« Après mon bac ST2S, j'envisage d'intégrer un institut de formation en soins infirmiers. J'ai postulé dans la métropole, mais aussi dans les différents IFSI de la région, douze en tout. Je suis particulièrement motivée pour cette formation, qui s'étale sur trois ans et mêle théorie et pratique. Surtout, elle me permettrait d'exercer un métier qui me fait rêver. Mon objectif est de devenir plus tard infirmière libérale ou, mieux encore, puéricultrice, après une quatrième année de spécialisation. »

Exercice 3

1. **Par groupes de quatre ou cinq élèves, présentez tour à tour votre choix d'orientation, sans lire les notes prises lors des exercices précédents.**
2. **À la fin de chaque présentation, faites ensemble le point sur ce qui n'a pas été dit ou bien compris.**

Mettre en valeur ses qualités personnelles

Exercice 4

1. **Au brouillon, sur une feuille de papier, répondez d'abord aux questions suivantes.**
2. **Complétez ensuite un tableau en trois colonnes, dans lequel vous indiquerez, dans le cadre de votre projet d'orientation : a) les raisons de votre choix ; b) vos qualités pour réussir ; c) les obstacles à surmonter.**

Votre profil en 10 questions

– Depuis quand avez-vous fait votre choix ?

– Sur une échelle de notes de 0 à 10, en êtes-vous satisfait ?

– Qui vous a conseillé cette orientation ? Pourquoi ?

– Quelqu'un vous conseillait-il un autre choix ? Si oui, pourquoi ?

– Quelles matières vous seront le plus utiles pour réussir ?

– Quelles matières vous font peur ?

– Quelles qualités personnelles peuvent vous aider ? Citez-en trois.

– Quelles difficultés prévisibles pourraient vous faire échouer ? Citez-en trois.

– Quelles qualités et quels défauts la filière choisie possède-t-elle à vos yeux ?

– Comment vous imaginez-vous dans trois ans ? Dans cinq ans ? Dans dix ans ?

Exercice 5

1. **D'après son argumentation, pensez-vous que le candidat est en mesure de réussir son parcours ? Sur quels éléments de son discours votre réponse s'appuie-t-elle ?**
2. **Présentez à votre tour, en les rédigeant, les raisons pour lesquelles vous pouvez réussir dans la poursuite d'études que vous avez choisie.**

« J'ai toujours adoré lire ! Les cours de français ont toujours été ceux pendant lesquels je ressentais une forme de plaisir, et même le bonheur d'être à l'école. Ils me permettaient de découvrir de nouveaux auteurs, de nouveaux univers et une autre façon d'étudier.

En choisissant la spécialité HLP, en terminale, j'ai compris à quel point j'avais besoin d'approfondir mes connaissances, pas seulement en littérature, mais dans l'ensemble des sciences humaines... C'est pour cette raison que j'aimerais intégrer une classe prépa littéraire.

Je sais que ce type de poursuite d'études demande énormément de travail. Je pense en être capable. Je peux lire et écrire des heures sans me fatiguer. J'aime être en classe et apprendre, dans tous les domaines. J'espère seulement que je pourrai tenir le coup physiquement, mais je fais du sport ! »

Évoquer son parcours d'orientation

Exercice 6

1. **Quelles sont, parmi les démarches suivantes, celles qui pourraient, selon vous, vous aider à mieux préparer votre projet d'orientation ? Citez-en trois.**
2. **Laquelle de ces démarches pourriez-vous encore effectuer pour améliorer votre projet ?**

- Vous rendre à une journée portes-ouvertes.
- Discuter avec vos parents de ce que vous souhaitez faire après le bac.
- Aller au prochain Salon de l'étudiant le plus proche de chez vous.
- Discuter de votre orientation avec un professeur.
- Faire des tests d'orientation sur Internet ou auprès d'un spécialiste.
- Consulter le site de l'Onisep.
- Vous renseigner sur les formations proposées sur Parcoursup.
- Rencontrer un étudiant ayant fait le même projet d'orientation que vous par le passé.
- Effectuer un séjour en immersion dans la filière que vous souhaitez intégrer.

Respectez le temps imparti

Lors d'une épreuve orale, il est indispensable de respecter le temps qui est imparti au candidat, sous peine de voir la fin de son discours coupée ou, pire, de terminer bien avant la fin supposée de la présentation. Vous devrez donc, lors de votre préparation, minuter avec précision les différentes étapes de votre discours et le répéter pour qu'elles s'enchaînent dans le temps imparti. Le jour J, n'oubliez pas une montre, qui vous permettra éventuellement de ralentir ou d'accélérer en fonction de l'écoulement du temps.

Exercice 7 Travail en binôme

1. **Après avoir préparé les trois étapes de votre présentation, présentez oralement votre projet d'orientation à un camarade. Veillez à respecter les cinq minutes dont vous disposez.**
2. **En s'aidant de la grille suivante, l'élève qui a écouté fait le bilan de la présentation, de manière à l'améliorer.**

	oui	non
Les trois étapes de la présentation apparaissent clairement		
L'argumentation est personnelle		
Le projet d'orientation correspond aux spécialités		
Le vocabulaire utilisé est précis		
La voix soutient efficacement le discours		
Le langage non verbal ne perturbe pas le discours		
La prise de congé est perceptible		
Le temps imparti est respecté		

LEXIQUE

A

Absurde : le terme caractérise ce à quoi on ne peut pas donner de sens. Au milieu du XXe siècle, l'absurde qualifiait plusieurs courants intellectuels et artistiques. Albert Camus a défendu la philosophie de l'absurde. Le sentiment de « l'absurde naît de cette confrontation entre l'appel humain et le silence déraisonnable du monde ». Mais l'homme conquiert sa dignité quand il devient capable de le savoir et de l'assumer. Eugène Ionesco a illustré le théâtre de l'absurde ; sa pièce la plus célèbre est *La Cantatrice chauve*.

Abyme (mise en) : l'expression, qui appartient à l'étude des structures du récit, est empruntée à la science du blason : l'abyme est le nom que prend le centre du blason lorsqu'il représente lui-même un autre écu. Il y a donc mise en abyme quand des éléments représentatifs du récit sont insérés dans un deuxième récit à l'intérieur du même roman. André Gide par exemple, dans son roman *Les Faux-Monnayeurs*, campe le personnage d'Édouard, écrivain en train d'écrire *Les Faux-Monnayeurs*.

Académie : à l'origine, ce mot désignait le jardin, du grec *Akadémos*, lieu où Platon enseignait dans l'Athènes antique. Il s'est donc, par la suite, confondu avec l'école platonicienne. Par extension, il a fi ni par désigner toute société de gens de lettres, de savants, d'artistes. En 1635, Richelieu créa l'Académie française.

Accent, on distingue : – l'accent de langue, appelé aussi accent d'intensité, qui allonge la voyelle accentuée et se trouve à une place fixe : sur la dernière syllabe d'une unité syntaxique (ou sur l'avant-dernière si la dernière comporte un e muet) ; – l'accent d'insistance dont la place n'est pas fixe et dont le but est l'expressivité ; – l'accent métrique, qui contribue à scander les vers, et qui est en général placé sur la syllabe qui précède une coupe.

Acception : sens précis que prend un mot parmi tous ceux qu'il peut avoir.

Accumulation : cette figure de style consiste à écrire, à la suite les uns des autres, une série de termes de même nature (série de noms, série de verbes...).

Actant : rôle fondamental joué par un personnage dans le récit.

Acte : la partie d'une pièce de théâtre composée d'une série de scènes ou de tableaux. Dans le théâtre classique, une pièce comportait en général cinq actes.

Action : elle désigne la suite des événements dans un récit, une pièce de théâtre, un film. L'action peut jouer un rôle secondaire, si l'auteur a préféré tenir compte de la psychologie des personnages ou de la création d'une atmosphère. Mais elle peut être essentielle comme par exemple dans le roman policier.

Adjuvant (ou auxiliaire) : il s'agit, dans un conte ou un récit, du personnage qui a pour fonction de venir en aide au héros.

Alexandrin : vers de douze syllabes : pour cette raison on peut aussi l'appeler dodécasyllabe (en grec, *dodéka* = douze). Le nom d'alexandrin, lui, vient d'un des premiers romans écrits en vers de douze syllabes, qui s'intitulait *Le Roman d'Alexandre*.

Allégorie : cette figure de style consiste à représenter une notion abstraite par une personne portant des vêtements ou des objets symboliques. Parfois elle agit ou parle. L'allégorie, figure constante dans la poésie du Moyen Âge, a vu son rôle se réduire progressivement avant le XVIe siècle et au moment de la Pléiade. Mais elle ne disparaîtra jamais et, au XIXe siècle, Baudelaire l'emploie beaucoup.

Allitération : répétition insistante, à une fréquence supérieure à la fréquence habituelle dans la langue, du même son de consonne.

Anachronisme : c'est une erreur qui consiste à attribuer à une époque des événements, des coutumes, des idées qui appartiennent à une autre époque. L'anachronisme peut aussi être voulu, pour provoquer le comique par exemple.

Anacoluthe : cette figure de style consiste à créer un écart, une rupture de construction par rapport à la syntaxe courante, comme une sorte d'erreur voulue.

Anagramme : on fabrique une anagramme lorsqu'on utilise toutes les lettres, ou une partie des lettres d'un mot, en les mettant dans un ordre différent, pour composer un autre mot. Rabelais avait choisi pour pseudonyme l'anagramme de son vrai nom Alcofribas Nasier.

Analogie : mise en relation de deux objets, deux phénomènes, deux situations qui appartiennent à des domaines différents mais font penser l'un à l'autre parce que leur déroulement, leur aspect présentent des similitudes. Le raisonnement par analogie est la recherche d'une conclusion à partir de cette mise en relation.

Anaphore : répétition du même mot ou de la même expression au début de plusieurs vers, phrases ou paragraphes.

Anthologie : recueil composé d'un ensemble de textes ou d'extraits choisis pour leur valeur esthétique (*anthos*, en grec, signifie « fleurs »).

Anthropomorphisme : attribution de la forme humaine à Dieu ou à des divinités.

Antihéros : dans une œuvre littéraire ou cinématographique, l'antihéros est un personnage principal qui ne possède aucune des qualités remarquables du héros traditionnel. Il est au contraire falot, sans envergure. Les personnages de Flaubert sont souvent des antihéros.

Antiphrase : figure de style consistant à dire le contraire de ce que l'on veut faire entendre, tout en ne laissant aucun doute sur ce qu'on pense.

Antiroman : roman qui refuse toutes les règles traditionnelles du genre, et qui dénonce ainsi les illusions sur lesquelles repose le roman. On a pu dire par exemple que Jacques le *Fataliste*, de Diderot, était un antiroman parce qu'il brouille sans cesse les intrigues, va même jusqu'à les modifier en cours de route pour empêcher le lecteur de céder à l'illusion du réel.

Antithèse : opposition, à l'intérieur d'une même unité du discours (membre de phrase, phrase, paragraphe, strophe), de deux idées, deux sensations ou sentiments, deux réalités.

Antonyme : terme de sens contraire par rapport à un autre terme.

Aparté : au théâtre, réplique entendue par le public mais non par l'interlocuteur pourtant en scène.

Aphorisme : réflexion formulée de façon brève.

Apologie : on prononce ou on écrit une apologie lorsqu'on défend inconditionnellement quelqu'un ou quelque chose.

Apologue : court récit allégorique, en vers ou en prose, contenant une morale.

Apostrophe : brusque interpellation d'une personne, ou d'une chose qui se trouve ainsi personnifiée.

Archaïsme : tour de la langue, qui n'est plus usité, mais qui peut être employé intentionnellement.

Argot : terme désignant tout lexique spécifique à une profession ou à un milieu social et qui, parce qu'il n'est pas connu des autres, est un signe de reconnaissance au sein du groupe.

Argument : idée qui sert à démontrer une thèse.

Argumentation : ensemble d'idées logiquement reliées afin de démontrer une thèse.

Argumentateur : personne qui cherche à convaincre son interlocuteur (l'argumenté).

Assonance : répétition insistante, à une fréquence supérieure à la fréquence habituelle dans la langue, du même son de voyelle. L'assonance a été employée par les premiers poètes français (Moyen Âge) avant la généralisation de la rime.

Autobiographie : comme le montre l'étymologie, c'est le récit rétrospectif qu'une personne fait de sa propre existence.

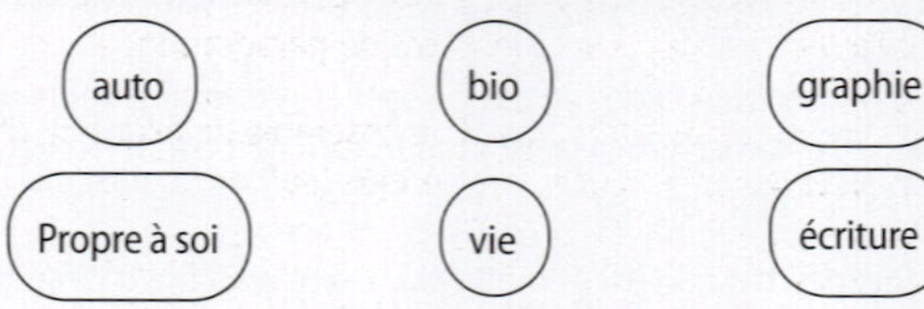

À la différence des mémoires, qui insistent avant tout sur l'époque historique à laquelle l'auteur a vécu, l'autobiographie insiste sur l'histoire individuelle (*Les Confessions* de Rousseau).

B

Ballade : poème composé de trois strophes et d'un envoi au dédicataire. Le nombre de vers de chaque strophe est égal au nombre de syllabes de chaque vers (trois strophes de huit octosyllabes par exemple). le dernier vers de chaque strophe constitue le refrain.

Bienséance : terme de la critique classique, très usité au XVIIe siècle, qui désigne la convenance, la décence, la délicatesse. La règle des bienséances dans le théâtre classique interdisait que les personnages mangent, boivent, se tuent ou meurent sur scène.

Bouffon : adjectif qui désigne ce qui fait rire par la farce, par une exagération grossière.

Bucolique : terme littéraire qui qualifie un texte évoquant la vie des bergers, mais sous une forme idéalisée.

Burlesque : adjectif qui désigne un comique outré, reposant sur l'extravagance des situations. Substantivé, il a désigné aussi un genre littéraire ou un style dont le comique naissait du contraste entre le sujet, qui se voulait noble, et le style familier et amusant dans lequel il était traité. Ce genre a été très à la mode au milieu du XVIIe siècle.

C

Cacophonie : c'est, au contraire de l'euphonie, la rencontre de sons qui ne vont pas ensemble.

Calembour : jeu de mot jouant sur la ressemblance sonore pour employer un mot ou un groupe de mots à la place d'un autre.

Calligrammes : poème que l'auteur représente sous la forme d'un dessin. Les lignes de ce dessin sont les vers eux-mêmes.

Caractérisation d'un personnage : manière dont l'auteur construit son personnage, lui donne progressivement les caractéristiques qui l'inscriront dans la mémoire du lecteur.

Caricature : portrait qui grossit les défauts de la personne, dans le but de faire rire.

Catastrophe : dans la dramaturgie classique, c'est le dernier événement, en général funeste, qui amène le dénouement d'une tragédie.

Catharsis : mot emprunté au philosophe grec antique Aristote. Pour lui, le spectateur se libère de passions qui pourraient être dangereuses. Il sort du spectacle purifié parce qu'il a libéré ses passions sur le mode imaginaire, en s'identifiant aux personnes ou situations sur scène.

Césure : coupe principale fixe dans un vers.

Champ lexical : l'ensemble des mots qui, dans un texte, appartiennent par leur dénotation à un même domaine.

Chanson de geste : poème épique écrit en langue vulgaire (XI-XIIe siècles), en alexandrins ou en décasyllabes, avec des assonances. Il comportait plusieurs milliers de vers et était récité avec un accompagnement musical. Il avait pour sujet les exploits plus ou moins merveilleux de héros réels mais souvent mythifiés. Les plus célèbres ont raconté la légende de Charlemagne.

Chiasme : figure de style consistant à faire se suivre deux membres de phrase contenant les mêmes éléments syntaxiques et lexicaux, mais dont on intervertit l'ordre dans le deuxième membre de phrase, de façon à créer un effet de miroir.

Chute : élément de surprise par lequel on termine un texte, dans la nouvelle par exemple. Dans un sonnet, c'est le dernier vers.

Citation : phrase extraite d'une œuvre connue pour illustrer une explication.

Cliché : expression ou image devenue banale pour avoir été trop souvent employée.

Comédie : genre théâtral qui vise à faire rire ou sourire le spectateur.

Commedia dell'arte : ce genre de comédie est né en Italie dans la deuxième moitié du XVIe siècle. Les comédiens, qui incarnent des personnages stéréotypés, improvisent à partir d'un canevas, c'est-à-dire d'un plan qui fixe grossièrement les éléments de l'intrigue.

Comparaison : figure de style par laquelle sont rapprochées deux réalités en fonction d'un rapport de ressemblance au moyen d'un outil de comparaison.

Concession : faire une concession, c'est admettre un point de vue différent du sien. Un raisonnement par concession commence d'abord par reconnaître que la thèse adverse se justifie dans une certaine mesure. Ensuite le raisonnement s'attache à critiquer et à exposer une antithèse. Un paragraphe, mais aussi un plan de devoir, peut être organisé en raisonnement par concession.

Confident : au théâtre, il s'agit d'un personnage secondaire qui a pour fonction essentielle de recevoir les confidences du héros. C'est par exemple le cas d'Œnone dans la *Phèdre* de Racine. Le spectateur prend ainsi connaissance des sentiments éprouvés par le héros.

Connecteur : terme qui établit un lien logique entre deux énoncés.

Connotations : l'ensemble des associations d'idées et d'impressions qui peuvent s'ajouter au sens strict d'un mot par influence du contexte, ou des références culturelles, sociales ou personnelles.

Conte : récit bref qui fait entrer le lecteur dans un monde différent du monde réel (conte merveilleux ou fantastique). Il peut inviter à la réflexion (conte philosophique).

Contrepèterie : permutation de sons, de lettres ou de syllabes, dans un ensemble de mots, pour faire surgir un autre sens générateur de comique.

Contre-rejet : fait de commencer un groupe syntaxique ou une phrase à la fin d'un vers pour le continuer au vers suivant.

Controverse : il s'agit d'un débat, d'une polémique, sur un sujet à propos duquel il y a désaccord.

Correspondance : selon cette théorie, illustrée par Baudelaire, il existerait : – des correspondances « horizontales », ou « synesthésiques », entre les différents sens (« il est des parfums frais comme des chairs d'enfants, / Doux comme les hautbois, verts comme les prairies ») ; – des correspondances verticales, c'est-à-dire une relation entre notre monde visible et un monde invisible.

Coup de théâtre : événement imprévu qui modifie le cours de l'action.

Coupes : pauses du vers, qui se situent après chaque syllabe accentuée.

D

Déduction : cette opération logique consiste à passer d'une étape à l'étape suivante, souvent sous la forme du passage d'une cause à une conséquence. La déduction peut aussi avoir un sens plus particulier qui s'oppose alors au sens de l'induction : c'est le passage du général au particulier, alors que l'induction est le passage du particulier au général.

Dénotation : sens premier d'un mot, tel que le donne le dictionnaire.

Dénouement : moment où, à la fin d'une pièce de théâtre, se résout le conflit.

Description : texte qui cherche à fournir au lecteur une représentation précise ou évocatrice d'un objet, d'un lieu, d'un individu.

Désinence : élément grammatical, composé d'une ou plusieurs lettres, qui s'ajoute à la fin d'un mot pour signifier le genre, le nombre, le temps ou le mode en conjugaison, la fonction du mot quand une langue comporte des déclinaisons.

Destinataire : en théorie de la communication, personne ou groupe auquel un message est destiné.

Dialectique : terme qui désigne l'ensemble des moyens mis en œuvre pour convaincre ou réfuter ; il désigne aussi la stratégie de la pensée qui consiste à examiner thèse et antithèse pour les dépasser dans une synthèse.

Diatribe : texte ou discours qui attaque de façon violente une personne ou une institution.

Didactique : adjectif qui qualifie tout ce qui a pour objectif d'instruire.

Didascalies : indications de l'auteur concernant les personnages présents et leur prise de parole, les décors, les costumes, les gestes, la façon de proférer le texte.

Diérèse : prononciation en deux voyelles nettement séparées de deux sons vocaliques contigus dans un même mot (l'inverse de la synérèse).

Digression : c'est un hors-sujet, c'est-à-dire un propos étranger au sujet général d'un discours, d'un débat, d'un écrit.

Dilemme : obligation de choisir entre deux partis contradictoires, mais qui tous les deux présentent des inconvénients.

Discours rapporté : paroles d'un personnage transcrites dans un récit au style direct ou indirect, ou encore au style indirect libre.

Distique : strophe de deux vers.

Dithyrambe : poème ou discours enthousiaste et élogieux.

Dizain : strophe de dix vers.

Double énonciation : terme utilisé pour le texte théâtral, signifiant que le personnage s'adresse à deux interlocuteurs à la fois : à un autre personnage, et indirectement au public.

Dramatique : adjectif. Il ne doit pas être confondu avec « tragique ». Il désigne d'abord ce qui se rapporte à l'action (en grec, *drama* = action) : on parle dans ce sens de l'intérêt dramatique d'une scène ou d'un passage. Mais « dramatique » signifie aussi tout ce qui concerne le théâtre : l'expression « genre dramatique » désigne tous les types d'œuvres théâtrales.

Dramaturgie : on donne ce nom à l'art de la composition des pièces de théâtre. De ce fait, la personne qui écrit une pièce de théâtre s'appelle un dramaturge.

Drame : genre théâtral qui s'est défini par rapport à la tragédie et à la comédie classiques. Il a pris des formes diverses en fonction de ce à quoi il s'opposait exactement : au XVIIIe siècle, le drame bourgeois (Diderot) veut prendre ses distances vis-à-vis des situations et personnages nobles de la tragédie ; au XIXe, le drame romantique (Hugo) refuse la distinction entre tragique et comique ; le drame moderne prend des formes variées qui nient la distinction en genres prédéfinis.

E

Écart : dans l'étude du style, un écart est une variation originale, propre à un auteur, qui s'éloigne de l'usage habituel du langage.

École : on appelle école un groupe d'artistes qui partagent les mêmes idées sur les techniques et les buts de leur art, comme par exemple l'école romantique ou l'école naturaliste au XIXe siècle.

Éditorial : dans un journal ou dans un magazine, un éditorial est un article qui définit la ligne politique, l'orientation de l'équipe de rédaction. Celui qui l'écrit est en général le rédacteur en chef.

Effet de réel : impression de réalité perçue par le lecteur et qui est obtenue à l'aide de procédés divers, comme par exemple la description ou l'adoption du point de vue du personnage.

Élégie : poésie lyrique, souvent amoureuse, dont le ton est mélancolique et tendre.

Ellipse : omission de un ou plusieurs éléments dans une phrase ou dans un récit.

Éloge : discours qui valorise un individu, une œuvre.

Éloquence : l'art de bien parler.

Emphase : on parle d'emphase pour caractériser une expression d'une solennité excessive.

Encyclopédie : ouvrage ayant pour ambition de recenser et exposer l'état actuel de toutes les connaissances humaines. C'est au XVIIIe siècle qu'eut lieu en France la première entreprise encyclopédique. La fabrication de cette première encyclopédie dura vingt ans et ce fut Diderot qui la dirigea.

Enjambement : il y a enjambement lorsque la fin d'un vers ne coïncide pas avec la fin d'un groupe syntaxique.

Énonciation : l'acte de production de l'énoncé.

Énumération : accumulation de termes qui décrivent une situation.

Épigramme : tout petit poème qui se termine par une attaque satirique. L'une des plus connues de la littérature française est celle de Voltaire contre un adversaire des philosophes : « L'autre jour au fond d'un vallon, Un serpent piqua Jean Féron. Que pensez-vous qu'il arriva ? Ce fut le serpent qui creva. »

Épilogue : à la suite d'un récit, l'épilogue raconte rapidement ce qui s'est passé.

Épistolaire : adjectif qui désigne tout ce qui concerne les lettres. On parle par exemple de roman épistolaire, lorsque le roman est une série de lettres échangées entre des personnages. *La Nouvelle Héloïse* de Rousseau, ou *Les Liaisons dangereuses* de Choderlos de Laclos, sont des romans épistolaires du XVIIIe siècle.

Épître : lettre en vers.

Épique : ton qui donne à un événement la valeur d'un acte héroïque.

Épopée : ce long poème narratif raconte les actions héroïques d'un homme ou d'un peuple, en y mêlant une part de merveilleux.

Essai : texte argumentatif qui analyse un aspect d'un sujet.

Étymologie : ce terme a deux sens : – science qui fait des recherches sur l'origine des mots ; – histoire d'un mot depuis son origine.

Euphémisme : figure de style dont le but est d'atténuer le sens d'un mot en employant à sa place un autre mot ou une autre expression.

Euphonie : on parle d'euphonie quand un ensemble de phonèmes produit un effet harmonieux.

Exergue : citation en tête d'un texte. On en trouve par exemple au début des chapitres dans certains romans.

Exorde : en rhétorique, c'est la première partie d'un discours, l'entrée en matière, qui a souvent pour but d'attirer l'attention et la bienveillance de l'auditoire.

Exposition : terme désignant, au théâtre, la ou les scènes dont la fonction principale est de fournir sur la situation et les personnages les renseignements nécessaires pour que le lecteur ou le spectateur comprennent l'action et ses enjeux.

F

Fable : petit récit imaginaire, en vers ou en prose, qui met en scène des animaux, ou des personnages symboliques ou allégoriques, et qui permet d'illustrer une morale.

Fabliau : forme poétique du Moyen Âge. C'est un texte narratif bref, à rimes plates, qui raconte une histoire amusante, triviale, et met en scène des personnages à l'opposé des personnages de la littérature courtoise.

Farce : petite pièce bouffonne, qui a pour but de faire rire avec un comique assez schématique.

Fiction : le terme désigne ce qui est inventé dans une œuvre littéraire.

Figure de style : procédé d'écriture qui attire l'attention du lecteur.

Focalisation (ou point de vue) : choix d'un type de narration qui consiste à faire savoir au lecteur tout ou partie de l'histoire racontée : ou il sait tout (focalisation zéro), ou il ne sait que ce qu'il verrait de l'extérieur (focalisation externe), ou il ne sait que ce que voit, pense et ressent un personnage (focalisation interne).

G

Genre : catégorie dans laquelle on rassemble les œuvres littéraires ayant un certain nombre de points communs. On parle de genre poétique, de genre romanesque…

Gradation : succession de termes d'intensité croissante (gradation ascendante) ou décroissante (gradation descendante).

Grotesque : adjectif qui désigne, en art, la représentation risible de ce qui est bizarre, caricatural, fantastique.

H

Harmonie imitative : répétition de sons par laquelle l'auteur imite le bruit de ce qui est évoqué dans le texte.

Harmonie suggestive : répétition de sons par laquelle l'auteur suggère un sentiment ou une sensation.

Hémistiche : chacune des deux moitiés de l'alexandrin ou du décasyllabe.

Hermétisme : caractéristique d'une œuvre très difficile à comprendre, secrète, et peu accessible au profane.

Héros : personnage principal d'un récit, d'une pièce de théâtre, d'un film.

Hiatus : on appelle hiatus la rencontre de la voyelle sonore qui termine un mot avec la voyelle sonore qui commence le mot suivant. La doctrine classique interdisait le hiatus en poésie, car désagréable à l'oreille.

Homonyme : on appelle homonymes des mots qui ont un sens différent mais qui se prononcent de la même façon. Exemple : sot, seau, sceau, saut.

Humour : c'est une forme d'esprit qui jette un œil neuf sur les conventions en usage, pour en dénoncer les dysfonctionnements, mais sans agressivité, à la différence de l'ironie qui est beaucoup moins bienveillante. Cependant, il existe aussi l'humour noir, qui souligne, avec une certaine cruauté et une désillusion extrême, les absurdités du monde.

Hymne : poème ou chant à la gloire des héros, des dieux. Il ne correspond pas à une forme littéraire précise. Au XVIe siècle, Ronsard a écrit de nombreux hymnes.

Hyperbole : figure de style consistant à employer des termes trop forts, exagérés.

I

Idéogramme : signe d'écriture qui représente à lui seul un objet ou une idée, et non pas seulement un son (écriture phonique), ou une syllabe (écriture syllabique). L'écriture chinoise est idéogrammatique.

Image : procédé qui a pour but de rendre une idée ou une réalité plus sensible ou plus belle, en donnant à ce dont on parle des formes qui viennent d'autres objets. La métaphore, la comparaison, l'allégorie, par exemple, sont des images.

Imbroglio : situation très embrouillée, très complexe, dans laquelle il est difficile de se retrouver. On peut parler d'imbroglio pour l'intrigue de certaines pièces de théâtre.

Implicite : propos qui n'est pas exprimé dans un énoncé mais qui est présupposé ou sous-entendu.

Incipit : première phrase d'une œuvre, qui introduit le lecteur dans cette œuvre.

Index : liste, par ordre alphabétique, des noms propres ou des sujets dont il a été question dans un ouvrage ; il en figure un à la fin de cet ouvrage.

Indices de subjectivité : sentiment, émotion ou jugement d'un locuteur qui apparaissent dans ses paroles.

Induction : type de raisonnement qui consiste à passer du particulier au général. C'est un raisonnement fréquent dans les sciences expérimentales, quand on tire des règles générales d'une série d'observations.

Intermède : sorte de divertissement entre deux actes d'une pièce de théâtre. Molière a souvent utilisé des intermèdes dans les comédies (ex. : *Le Bourgeois gentilhomme*).

Intertextualité : dans un texte, c'est l'ensemble des allusions à d'autres textes déjà écrits, aux idées qui existent déjà, aux motifs culturels déjà développés par d'autres écrivains. Quand on explique un texte, il est important de savoir déceler ces allusions plus ou moins implicites.

Intimiste : adjectif qui qualifie une œuvre littéraire ou un fi lm centré sur la peinture très approfondie et très nuancée de la vie psychologique.

Intonation : mouvement mélodique de la parole, caractérisé par des variations de hauteur.

Intrigue : enchaînement des événements dans un récit de fiction ou dans une pièce de théâtre. Dans un récit de fiction, on peut mettre en évidence les phases successives de l'intrigue.

Inversion : dans une phrase, construction non conforme à l'ordre habituel de succession des mots. L'inversion permet parfois de mettre en valeur un terme.

Ironie : moquerie qui consiste à faire entendre le contraire de ce qu'on dit, ou à donner aux mots un sens détourné.

L

Légende : ce terme a deux sens. Il désigne un récit en grande partie imaginaire, mais qui s'est développé sur un fond de réel. Dans un tout autre domaine, il désigne le texte qui accompagne une image.

Leitmotiv : thème ou formule qui revient plusieurs fois dans une œuvre.

Lexique : terme employé pour désigner l'ensemble des mots propres à un groupe ou à une personne.

Linguistique : science fondée par Ferdinand de Saussure, qui a pour ambition l'étude des faits de langue phonétiques, syntaxiques, sémantiques ou sociaux.

Litote : figure de style consistant à dire le moins pour suggérer le plus.

Lyrisme : on qualifie ainsi l'expression de sentiments personnels intimes.

M

Madrigal : quelques vers destinés à faire un compliment galant.

Manifeste : texte théorique qui proclame les intentions d'un mouvement intellectuel, artistique, politique.

Marivaudage : terme qui désigne ce qui fait penser aux échanges amoureux des pièces de Marivaux : galanteries précieuses, raffinement, frivolité élégante.

Maxime : c'est une règle de conduite. Mais c'est aussi la formule concise et frappante qui énonce cette règle de conduite. Au XVIIe siècle, La Rochefoucauld en a écrit un recueil.

Mélodrame : drame populaire qui accentue et exagère les effets de pathétique. Beaucoup de mélodrames ont été écrits au XIXe siècle.

Mémoires : récit autobiographique où l'auteur raconte sa vie et les événements historiques dont il a été acteur et témoin.

Merveilleux : à la différence du fantastique où le lecteur hésite entre une solution rationnelle et l'irruption de l'irrationnel, dans le merveilleux la présence du surnaturel est acceptée comme telle. C'est par exemple le cas dans les contes de fées.

Métalangage : ensemble des termes et des propos utilisés pour décrire une langue ; c'est la langue parlant de la langue.

Métaphore : figure de style qui consiste à utiliser, pour désigner une réalité, un terme ou des termes (métaphore filée) qui sont habituellement employés pour désigner une autre réalité qui entretient avec la première un rapport de ressemblance.

Métonymie : figure de style consistant à désigner un référent par un terme désignant habituellement un autre référent, mais qui entretient avec le premier un rapport soit de contenant à contenu (« la salle a applaudi »), soit d'instrument pour celui qui l'emploie (« c'est le premier violon »), soit de lieu pour la chose (un coulommiers).

Métrique : étude des éléments de mesure dont sont formés les vers.

Mise en scène : art de porter à la scène un texte en utilisant les ressources de l'espace scénique (déplacement des acteurs, décor, lumière).

Modalisation : tout ce qui dans l'énoncé définit l'attitude de l'émetteur par rapport à cet énoncé, en particulier son degré d'adhésion, les nuances qu'il apporte.

Monologue : au théâtre, il s'agit des propos que tient un personnage qui se trouve (ou se croit) seul.

Monologue intérieur : l'expression appartient au lexique du récit. Elle désigne l'artifice qui consiste à rapporter telle quelle la pensée du personnage, comme si nous étions à l'intérieur de sa conscience.

Moraliste : on donne ce nom à un écrivain qui dépeint les mœurs, qui réfléchit sur la nature humaine et les comportements des hommes. On peut par exemple considérer que La Bruyère, écrivain du XVIIe siècle, est un moraliste.

Moralité : le terme possède en littérature un sens particulier. Il s'agit d'une sorte de pièce de théâtre brève, qui comporte souvent des allégories de notions appartenant à la morale, et qui a existé à la fin du Moyen Âge.

Mystère : dans une acception littéraire ce mot désigne une sorte de pièce de théâtre religieuse qui était courte au début mais qui est devenue de plus en plus longue : dans la première moitié du XVIe siècle, elle pouvait durer jusqu'à plusieurs jours. Son sujet était toujours tiré de l'Ancien ou du Nouveau Testament.

Mythe : on peut dégager trois sens : – le mythe est un récit fabuleux anonyme, auquel on peut trouver un sens symbolique, et qui fait partie des traditions d'une communauté humaine ; – on appelle également mythe la représentation de faits ou de personnages de façon amplifiée et déformée parce que cela exprime les désirs de la communauté qui véhicule ce mythe ; – dans un sens péjoratif, on traite de mythe une construction de l'esprit qui ne repose sur rien de réel. N

Narrateur : celui par lequel est racontée une histoire. Le narrateur peut être l'un des personnages ; et même lorsqu'il n'est pas un personnage il est celui qui prend en charge le récit sans vraiment représenter l'auteur, sauf dans le cas de l'autobiographie.

Néologisme : invention d'un mot qui n'existait pas précédemment dans le lexique. Le terme de néologisme désigne aussi le mot inventé lui-même. Le fait de donner un sens nouveau à un mot déjà existant peut aussi créer un néologisme.

Nouvelle : récit bref, qui se distingue du conte parce qu'il ne fait pas appel au merveilleux, et du roman par sa brièveté.

O

Objection : argument qui sert à réfuter une thèse.

Octosyllabe : vers de huit syllabes.

Ode : poème lyrique dans lequel le poète exprime ses sentiments. Elle est composée de plusieurs strophes, semblables par le nombre et la mesure des vers.

Omniscient : le narrateur est omniscient lorsque par convention il est censé tout connaître sur les événements et les personnages, y compris leur pensée.

Onirique : on caractérise ainsi un texte où abondent les visions de rêve ou de délire.

Onomatopée : mot qui rappelle, par ses sonorités, le bruit que fait l'objet, l'être, ou l'action qu'il désigne. Exemple : le glouglou, le coucou, le tic-tac.

Opposition : mode de raisonnement qui confronte des idées contradictoires.

Oraison funèbre : expression qui désigne le sermon ou le discours écrit pour être prononcé au moment de la mort d'un personnage illustre. Au XVIIe siècle, Bossuet en a écrit un certain nombre, en particulier *L'Oraison funèbre d'Henriette de France*.

Oxymore (ou alliance de mots) : figure de style permettant de relier étroitement dans la même expression deux termes évoquant des réalités contradictoires.

P

Pamphlet : il est destiné à attaquer une personne ou une institution. Voltaire en a écrit beaucoup, souvent anonymes ou sous des pseudonymes, pour ne pas être poursuivi par la censure.

Panégyrique : discours de cérémonie, composé pour chanter la gloire d'une personne illustre.

Parabole : petit récit qui a pour but de dégager une morale, une leçon, par l'intermédiaire de son symbolisme.

Paradoxe : un paradoxe est une idée qui surprend parce qu'elle est en contradiction avec ce qui est habituellement admis.

Parallélisme : succession de deux constructions lexicalement et/ou syntaxiquement très proches pour exprimer deux idées.

Paraphrase : elle consiste à réécrire un texte avec d'autres mots mais sans rien changer au sens du texte. Faire de la paraphrase quand on commente un texte, c'est répéter le contenu du texte sans expliquer la façon dont il est écrit, sans apporter des précisions pour élucider et interpréter.

Parataxe : ce procédé consiste à juxtaposer des phrases sans exprimer le lien logique qui les unit.

Paratexte : le terme désigne l'ensemble des informations données sur un texte : introduction, notes, renseignements biographiques sur l'auteur…

Parodie : imitation comique, qui peut même être moqueuse.

Paronomase : figure de style qui consiste à rapprocher des mots dont les sonorités sont voisines mais les sens différents.

Paronyme : on appelle paronymes des mots de sens différents mais proches par leurs sonorités. *Exemple* : avoir-asseoir, argent-ardent… Ils peuvent être responsables de confusions qui perturbent la communication, mais ils sont aussi à l'origine de la figure de style qu'on appelle la paronomase. Le jeu sur les paronymes est aussi une source inépuisable de quiproquos comiques (ex. : la grammaire et la grand-mère dans la fameuse scène 6 de l'acte II des *Femmes savantes*).

Pastiche : écrit dans lequel l'auteur imite le style d'un autre auteur. Ce peut être dans une intention parodique, c'est aussi un moyen d'apprendre soi-même à écrire. Dans certains cas, le pastiche atteint même les dimensions d'un véritable texte littéraire : Marcel Proust a réalisé de remarquables pastiches, en particulier ceux qui sont réunis dans son recueil intitulé *Pastiches et Mélanges*.

Pastorale : dans ces textes littéraires, les personnages sont des bergers mais ne sont pas du tout décrits de façon réaliste. Ils sont maniérés, raffinés.

Pathétique : caractère d'un texte qui provoque une grande émotion, qui éveille par exemple des sentiments de pitié.

Pause : moment d'un récit où l'action cède la place à la description.

Période : phrase complexe amplement, clairement et harmonieusement développée, qui comporte une phase montante et une phase descendante.

Péripétie : dans une pièce de théâtre ou un récit, c'est un changement brusque de la situation.

Périphrase : remplacement d'un mot par une expression équivalente qui exprime une des qualités ou un des attributs de la réalité désignée.

Péroraison : en rhétorique, c'est la dernière partie d'un discours, qui fait appel à la pitié ou à la clémence.

Personnification : figure de style consistant à prêter des comportements ou des sentiments humains à un être inanimé ou à un animal.

Phonème : la plus petite unité de son de la langue. Chaque langue en comporte un certain nombre qui se lient pour former des mots.

Picaresque : le mot vient de l'espagnol « picaro », qui signifie coquin. Les romans picaresques mettent en scène les tribulations de personnages qui circulent à travers le pays et les milieux sociaux, et sont parfois sans scrupules.

Plagiat : le fait de recopier des passages appartenant à d'autres auteurs, en faisant croire qu'on les a écrits soi-même.

Plaidoyer : discours qui défend un individu ou une thèse.

Pléonasme : le fait de donner deux fois la même information dans une expression, ex. : « monter en haut ».

Poème en prose : poème qui abandonne la forme du vers et qui valorise la recherche du rythme de la phrase et des images.

Point de vue (voir focalisation).

Polémique : le terme vient du grec *polemos*, qui signifi e « la guerre ». – Adjectif = qui suppose une attitude critique. – Nom = débat violent opposant des idées.

Polysémie : pluralité de sens d'une unité de discours (mot, expression, phrase…). Le terme ou l'expression admet plusieurs sens entre lesquels rien ne permet de choisir.

Poncif : on parle de poncif lorsqu'un thème ou une forme d'expression est d'une grande banalité.

Préface : texte qui présente une œuvre pour en défendre l'originalité.

Préfixe : élément composé d'une ou plusieurs lettres, qui se place au début du radical d'un mot pour en modifier le sens.

Présent de narration : cette expression qualifie le présent utilisé pour raconter un récit passé lorsqu'on veut le rendre plus vivant.

Présupposé : idée présente dans un énoncé comme une vérité acquise.

Prétérition : figure de style qui consiste à parler de quelque chose en commençant par annoncer qu'on ne va pas en parler : « Je ne vous dirai pas… ».

Progression du discours : mode d'enchaînement des idées et des exemples dans un texte argumentatif.

Prologue : au théâtre, il s'agit d'une déclaration qui précède la pièce elle-même. Extérieure à l'intrigue, elle peut annoncer ce que sera l'intrigue, en proposer d'emblée une interprétation, etc. L'*Antigone* de Jean Anouilh, par exemple, commence par un prologue, comme toutes les pièces antiques.

Prosodie : étude de la durée et du caractère mélodique des sons dans un poème.

Prosopopée : figure de style qui consiste à imaginer le discours d'une personne morte ou absente, ou même d'une chose personnifiée.

Protagoniste : on désigne ainsi l'acteur qui joue le rôle principal dans une pièce de théâtre, un fi lm ou même une situation quotidienne.

Pseudonyme : nom d'emprunt sous lequel un artiste, un écrivain se fait connaître.

Purisme : souci extrême de la correction du langage.

Q

Quatrain : strophe de quatre vers.

Quintil : strophe de cinq vers.

Quiproquo : confusion qui peut porter sur un personnage, un objet ou un lieu, qui est pris pour un autre. Le quiproquo est un ressort de la comédie, il permet à l'action de rebondir. Un quiproquo célèbre du théâtre français se trouve dans *L'Avare*, lorsque Harpagon parle du vol de sa cassette pendant que le prétendant de sa fille Marianne croit qu'il s'agit de celle-ci.

R

Rabelaisien : on emploie cet adjectif pour qualifier ce qui rappelle la verve excessive, grossière mais aussi pleine de vie qui caractérise l'œuvre de Rabelais.

Radical : partie centrale du mot, porteuse de sa signification essentielle, avant que s'ajoutent préfixes, suffixes, désinences.

Récit : ce terme offre deux sens bien distincts. Il désigne d'abord un texte racontant un événement ou une série d'événements. Mais il possède aussi un sens spécifique par lequel il s'oppose à la notion de discours.

Redondance : c'est donner plusieurs fois la même information sous des formes différentes. Le pléonasme est une des manifestations de la redondance.

Réfutation : en rhétorique, il s'agit de la partie du discours où l'on démonte les arguments de la thèse adverse.

Règles : d'un point de vue littéraire, ce mot prend un sens très précis quand on fait référence à la période classique. Les règles étaient les contraintes que les écrivains étaient tenus de respecter. C'était en particulier le cas pour le théâtre.

Rejet : terme indiquant qu'un groupe syntaxique, une phrase ou une proposition s'achève, non à la rime, mais au début du vers suivant.

Réplique : au théâtre, c'est ce qu'un acteur répond à un autre.

Réquisitoire : discours qui dresse la liste des méfaits, des crimes commis par un individu.

Réseau lexical : ensemble des mots d'un texte qui, par leur sens dénoté, mais aussi par leurs sens connotés (c'est la différence avec le champ lexical) se rattachent à un même domaine.

Rhétorique : ce mot a plusieurs sens. Il peut signifier l'art de bien parler et l'éloquence oratoire. Mais il désigne aussi l'art de présenter les idées de la façon la plus persuasive possible.

Rime : répétition du même son à la fin de deux ou plusieurs vers.

Rime intérieure : répétition de la rime finale au milieu du vers.

Roman : à l'origine, le nom de roman a été donné à la langue vulgaire issue du latin. Par extension, on a donné le nom de roman à un écrit en langue romane, qui n'était d'ailleurs pas un écrit en prose, mais une forme poétique en octosyllabes (*Le Roman de Renart*). Puis il a désigné un récit en prose d'aventures imaginaires. Actuellement, la prise en considération de sa longueur conduit à faire la distinction entre la nouvelle, récit court, et le roman, récit beaucoup plus long.

Roman d'apprentissage : roman qui raconte la formation d'un être humain parfois depuis son enfance, mais plus souvent pendant son adolescence et les premières années de sa maturité. On appelle aussi ces types de romans des romans de formation. *L'Éducation sentimentale* de Flaubert en est un.

Roman-feuilleton : roman paraissant par épisodes dans la presse. Ce genre est né au XIXe siècle, et de nombreux écrivains ont alors fait connaître plusieurs de leurs romans de cette façon avant de les publier en librairie (Balzac).

Romanesque : ce terme a deux sens bien distincts. Il désigne tout ce qui se rapporte au roman. Mais il qualifie aussi tout ce qui rappelle le côté très sentimental et très aventureux des intrigues de romans faciles.

Rondeau : poème composé d'octosyllabes organisés en trois strophes de cinq, trois puis cinq vers. Les deux dernières strophes sont suivies d'un refrain.

Rythme : dans un vers, il est caractérisé par le retour, à intervalles relativement réguliers, des temps marqués ou accents rythmiques. Par exemple le rythme de l'alexandrin classique correspond à une accentuation sur la 6e et la 12e syllabe. Cette régularité est un des traits distinctifs de la poésie classique, puisqu'en prose, et dans le vers libre, la place des syllabes accentuées n'est pas prédéterminée.

Rythme du texte : rapports qui s'établissent entre le temps de la fiction et celui de la narration. Le récit s'accélère par des omissions, des ellipses, des anticipations. Il ralentit par des retours en arrière, des pauses.

S

Satire : dans un premier sens, le terme désigne un poème de forme libre, à rimes plates. Mais il s'applique aussi à des écrits en prose. Le but de la satire est de critiquer les mœurs ou une institution. Très souvent l'auteur y attaque les vices et les ridicules de ses contemporains.

Satirique (texte) : qui dénonce et ridiculise les défauts d'un individu ou d'une société.

Scène (récit) : épisode raconté de façon détaillée.

Scène (théâtre) : unité de découpage d'un acte qui correspond à l'arrivée ou au départ d'un personnage.

Schéma actantiel : ensemble des rôles fondamentaux remplis par les personnages d'un récit.

Schéma narratif : succession logique d'actions qui expliquent le décalage entre la situation initiale et la situation finale d'un récit.

Sémantique : cette partie de la linguistique étudie la signification des mots. L'adjectif « sémantique » signifie : « qui concerne le sens ».

Sentence : pensée exprimée de façon dogmatique et littéraire à la fois.

Situation argumentaire : contexte qui permet de définir les enjeux d'une argumentation et les positions des interlocuteurs.

Sizain : strophe de six vers.

Solécisme : faute de syntaxe.

Sommaire : épisode d'un récit raconté avec une grande brièveté.

Sonnet : poème composé de quatorze décasyllabes ou alexandrins répartis en deux quatrains et un sizain lui-même divisible en deux tercets. Les deux quatrains comportent les mêmes rimes : le dernier vers crée un effet de surprise.

Sophisme : raisonnement structuré et articulé qui, de par sa construction, donne l'impression de véracité rigoureuse alors qu'il est en réalité faux.

Sous-entendu : propos implicite que l'on peut logiquement déduire d'un énoncé.

Stance : la stance est un groupe de vers formant un système de rimes complet. Au pluriel, les stances signifient un poème composé de ce type de strophes, et qui aborde un sujet sérieux, philosophique, religieux ou élégiaque.

Stéréotype : idée toute faite, qui se révèle à la fois banale et simpliste.

Stichomythie : ce terme appartient au lexique du théâtre. Il désigne la partie d'un dialogue dramatique où les interlocuteurs se répondent vers pour vers.

Strophe : groupe de vers organisé en un ensemble structuré qui participe à la composition d'un poème.

Suffixe : élément composé d'une ou plusieurs lettres, qui s'ajoute à la fin du radical d'un mot pour en modifier le sens.

Synecdoque : figure de style consistant à employer, pour désigner un être ou un objet, un mot désignant une partie ou la matière dont il est fait.

Suspense : dans un récit ou un fi lm, c'est le moment de l'action qui crée chez le lecteur ou le spectateur une attente anxieuse.

Syllogisme : raisonnement qui consiste à tirer une conclusion à partir de deux propositions : les prémisses. Exemple : les hommes sont mortels (prémisse majeure). Or Socrate est un homme (prémisse mineure). Donc Socrate est mortel (conclusion). Les syllogismes, pour être justes, obéissent à des règles rigoureuses étudiées dès l'Antiquité par les philosophes (Aristote).

Symbole : métaphores, images, objets concrets qui évoquent une idée, un idéal ou un état d'âme.

Synecdoque : désignation d'un être ou d'un objet au moyen d'une partie de cet être ou de cet objet (ex. : des bras s'agitaient = des individus).

Synérèse : prononciation en une seule syllabe des deux sons vocaliques contigus dans un même mot. On dira par exemple « lion » en une seule syllabe.

Synonymes : mots qui ont le même sens, ou un sens très proche.

Syntaxe : la syntaxe est la partie de la grammaire qui concerne la façon dont se combinent les divers constituants de la phrase.

T

Tercet : strophes de trois vers.

Terminologie : ensemble des termes propres à une science, à une technique, ou à un domaine artistique.

Thème : élément de contenu qui revient très souvent à l'intérieur d'une œuvre. Par exemple, le thème de l'eau peut être étudié chez Maupassant, ou le thème de l'automne chez Apollinaire.

Tirade : au théâtre, le terme désigne une suite de phrases ou de vers que l'auteur dit sans interruption.

Tragédie : dans sa définition classique, pièce de théâtre centrée sur une situation de crise que vivent des personnages hors du commun, et qui se termine mal.

Tragi-comédie : genre dramatique du XVIIe siècle, qui mêlait à la tragédie des éléments de comédie. *Le Cid*, qui se termine bien, alors qu'une tragédie doit se terminer mal, a été qualifié de tragi-comédie.

Tragique : texte qui émeut le spectateur en lui présentant des situations sans issues.

Trilogie : désigne un ensemble de trois œuvres dramatiques dont les sujets font suite les uns aux autres. Au XVIIe siècle, Beaumarchais a écrit une trilogie comprenant *Le Barbier de Séville*, *Le Mariage de Figaro* et *La Mère coupable*.

Trope : terme ancien de la rhétorique qui désigne toutes les figures de style dans lesquelles on emploie les mots avec un sens différent de leur sens habituel. C'est le cas de la métaphore, de la synecdoque, de la métonymie.

Truculent (style) : un style qui n'hésite pas à employer des mots crus, grossiers ou des mots violents.

Truisme : désigne de façon péjorative une banalité, une vérité tellement évidente qu'elle ne valait pas la peine d'être dite.

Type (personnage) : personnage qui incarne une qualité, un défaut, ou qui représente un groupe social, un style de vie.

U

Utopie : le mot signifie à l'origine le pays de nulle part (*utopia* : le non-lieu). C'est le titre que l'écrivain anglais Thomas More a donné à son œuvre, dans laquelle il imagine une société idéale. Ce fut le point de départ d'un genre littéraire qui consiste à imaginer une communauté parfaitement organisée. C'est ce que fait Rabelais quand il décrit l'abbaye de Thélème, ou Voltaire lorsqu'il imagine le pays d'Eldorado dans *Candide*.

V

Vaudeville : comédie fondée sur des séries de quiproquos et de hasards (genre qui triomphe après 1850 avec Eugène Labiche).

Vers : énoncé identifiable par le retour à la ligne et par le rythme.

Vers impair : vers qui comprend un nombre impair de syllabes.

Vers libres : cette expression a d'abord été employée pour désigner le mélange de divers types de vers dans un ensemble ne respectant pas les systèmes strophiques traditionnels (chez La Fontaine par exemple). Puis l'expression a évolué et peut désigner aussi des vers non rimés.

Verset : dans la Bible, phrase ou petit paragraphe, portant chacun un numéro. Le terme a été repris par Claudel et désigne un ensemble de mots prononcés d'une seule respiration et au terme desquels on va à la ligne, ce qui fait alors du verset l'unité de base de la poésie non versifiée.

Versification : contraintes qui définissent le vers du point de vue du mètre, du rythme, de la rime.

Vitesse du récit : étude comparée du temps de la fiction (durée de l'intrigue, chronologie de l'action) et du temps de la narration (importance accordée à un événement par le récit).

Vraisemblance : c'est le fait de donner l'impression que ce que l'on raconte aurait pu se passer tel quel dans la réalité. Pour certains auteurs, le vraisemblable est encore plus exigeant que le vrai, puisque « le vrai peut parfois n'être point vraisemblable ».

Vulgarisateur : un vulgarisateur a pour but de mettre à la portée du grand public les connaissances des spécialistes.

CRÉDITS ICONOGRAPHIQUES

p. 16 © Éditions Gallimard ; **p. 18** Fine Art Images/Heritage Images/Photo12 ; **p. 23h** ©Electa/Leemage ; **p. 23bg** BIS / Ph. Hubert Josse © Archives Larbor ; **p. 23bd** BIS / © Archives Larbor ; **p. 34hg bd** © Éditions Gallimard ; **p. 34hd** © Le Livre de poche ; **p. 34bg** © Librio/Flammarion **p. 41** © Fondation Folon / Adagp, Paris, 2020 ; **p. 42** © Le Monde ; **p. 45** © L'Équipe.fr ; **p. 46g** The Granger Collection, New York Collection Christophel ; **p. 46d** Photo Centre Pompidou, MNAM-CCI, Dist. RMN-Grand Palais / Jean-François Tomasian © Fondation Foujita / Adagp, Paris, 2020 ; **p. 48h** DeAgostini/Leemage ; **p. 48b** RMN - Grand Palais/ Adrien Didierjean ; **p. 49h** RMN-Grand Palais / René-Gabriel Ojéda / © Adagp, Paris, 2020 ; **p. 49g** BIS/Ph. Tate Gallery, Londres/Coll.Archives Bordas/ © Adagp, Paris, 2020 ; **p. 49d** BIS / Ph. Archives Nathan © The estate of Jean-Michel Basquiat / Adagp, Paris 2020 ; **p. 50h** Electa/Leemage ; **p. 50b** akg-images ; **p. 51h** World History Archive/ABACA © Hans Hartung / Adagp, Paris 2020 ; **p. 51b** CORBIS/Webistan/Reza ; **p. 52h** Jemolo/Leemage ; **p. 52b** Jean-Claude Varga/ akg-images ; **p. 53h** Photo Musée d'Orsay, Dist. RMN-Grand Palais / Patrice Schmidt ; **p. 53m** Digital image, The Museum of Modern Art, New York/Scala, Florence © Succession Picasso, 2020 ; **p. 53b** Christies's Images LTD. 2016 © The Henry Moore Foundation. All Rights Reserved, DACS/Adagp, Paris, 2020 www.henry-moore.org ; **p. 63** © youthforclimatelyon.fr ; **p. 67** © Le Livre de poche ; **p. 71** Bianchetti/Leemage ; **p. 73** Electa/Leemage ; **p76** Costa/Leemage ; **p. 80** © Adagp, Paris, 2020 © Photothèque R. Magritte / BI, Adagp, Paris, 2020 ; **p. 85** Mairie de Paris, 2012 ; **p. 89** BIS/Ph. Musée Maurithuis, La Haye –Archives Bordas ; **p. 96** BIS / Ph. C. Roux © Archives Larbor ; **p. 103** BIS / Ph. Scala © Archives Larbor ; **p. 105** Hervé Champollion / akg-images ; **p. 109** BIS / Ph. Hubert Josse © Archives Larbor ; **p. 120** Bibliothèque nationale de France 4-Y2-5119 (2) ; **p. 125** © Adagp, Paris, 2020 © Photothèque R. Magritte / BI, Adagp, Paris, 2020 ; **p. 133** Erich Lessing/akg-images ; **p. 136** BIS / Ph. Coll. Archives Larbor ; **p. 141** © Agathe Poupeney ; **p. 149** akg-images ; **p. 154** "Mon Oncle" de Jacques Tati (1958) © Les Films de Mon Oncle – Specta Films CEPEC ; **p. 159** BIS / © Archives Larbor ; **p. 162** Fondation Léa Nature ; **p. 167** BIS / Ph. Coll. Archives Larbor Illustration Galanis Demetrius © Adagp, Paris 2020 ; **p. 171** © Agathe Poupeney / Divergence ; **p. 178** © Sylvie Bataille/Droits réservés ; **p. 183** BIS / Ph. © Archives Nathan ; **p. 187** Bibliothèque nationale de France 4-LI7-45 (1-2) ; **p. 192** BIS / Ph. Coll. Archives Nathan Dessin Antoine Calbet ; **p. 197** Iurii/Shutterstock ; **p. 225** © Henri GALERON/Droits réservés ; **p. 246** © Le Livre de Poche ; **p. 249** Jean-Philippe Baltel/Sipa Press

N° de projet 10261843
Depot legal: Avril 2020
Imprimè en Mars 2020 par Rotolito S.p.A.

Édition : Marine Vives
Conception couverture et maquette : Anne-Danielle Naname
Illustrations : Maud Hopsie
Mise en page : Nord Compo et Anne-Danielle Naname
Relecture : Nathalie Rachline
Fabrication : Christine Aubert

978-2-09-167097-3